全国独家首发

听君几招话 胜读十年书

随书附送光盘1张

炒股就这几招

超值升级版 2

股票分析资深专家
中国最权威、最旺人气作者
中央电视台特约财经评论员
李幛喆（李几招）著

股市最权威的百科全书 从入门到精通面面俱到

全国新老股民人手一册 选股炒股赚钱就这几招

CHAOGUJIUZHEJIZHAO

连续18年荣获全国财经图书排行榜销量冠军

百万销量 长销不衰

经济管理出版社
ECONOMY & MANAGEMENT PUBLISHING HOUSE

图书在版编目（CIP）数据

炒股就这几招（超值升级版第2版）/李几招著．—北京：经济管理出版社，2015.7
ISBN 978-7-5096-3789-0

Ⅰ.①炒…　Ⅱ.①李…　Ⅲ.①股票投资—基本知识　Ⅳ.①F830.91

中国版本图书馆CIP数据核字（2015）第107201号

组稿编辑：郝光明　郭丽娟　王　琼
责任编辑：王　琼
责任印制：黄章平
责任校对：超　凡

出版发行：经济管理出版社
（北京市海淀区北蜂窝8号中雅大厦A座11层　100038）
网　　址：www.E-mp.com.cn
电　　话：（010）51915602
印　　刷：三河市聚河金源印刷有限公司
经　　销：新华书店
开　　本：787mm×1092mm/16
印　　张：25
字　　数：518千字
版　　次：2015年7月第2版　　2015年7月第1次印刷
书　　号：ISBN 978-7-5096-3789-0
定　　价：68.00元

·版权所有　翻印必究·
凡购本社图书，如有印装错误，由本社读者服务部负责调换。
联系地址：北京阜外月坛北小街2号
电话：（010）68022974　邮编：100836

全国荣誉排行榜

1996~2014 年，据各大新华书店权威统计：《炒股就这几招》连续 18 年荣获全国财经图书排行榜销量冠军，18 年畅销不衰，1996 年创造了北京中山公园图书节签名售书 1 天 4000 本的纪录，堪称财经图书奇迹。

由中国书刊发行业协会、中国财经证券类媒体、凤凰财经图书榜、《中国新闻出版报》、《中国图书商报》、《出版人》杂志、书业营销创新论坛组委会、图书发行会、图书博览会、全国图书节、各大书市等授予《炒股就这几招》的各种荣誉有：

2005 年，荣获最受股民欢迎的普及读物；

2006 年，荣获中国股市的“新华字典”称号；

2007 年，荣获中国图书榜中榜经管类最佳图书营销奖，经管类零售排行榜冠军，全行业优秀畅销品种（社科类）；

2008 年，荣获“中国股民扫盲读本”称号，股票类图书销量冠军；

2009 年，被股民推荐为最受欢迎的股票类图书；

2010 年，多次荣登财经图书销售榜第一名；

2011 年，荣获金牌牛市图书冠军；

2012 年，荣登中国图书财经排行榜冠军；

2013 年，获得全国财经图书网络、实体书店销售第一名；

2014 年，荣登全国财经图书排行榜、财经图书网络销售榜第一名。

牢记李几招语录　炒股终身受益

李几招炒股十大经典语录

▲ 初入股市一定要先买（卖）100 股反复试验 10 次以上甚至更多；

▲ 炒股没有专家、股神和大师，更没有救世主，炒股全靠你自己；

▲ 炒股要听党的话；

▲ 买卖股票一分钟，研究股票十年功；

▲ 买卖股票是徒弟，敢于止损是师傅，耐心等待是爷爷；

▲ 买卖股票不以价位低高为准，而以趋势为准；看不准上升（下降）趋势，就一只股也不买（卖）；

▲ 灵活掌握 20%规律；

▲ 牢记“八个千万不要”（见前言）；

▲ 要想炒好股，先学做好人；

▲ 炒股没有不散的筵席，因此要时刻牢记风险，防止贪心，见好就收，落袋为安。

金杯银杯，不如全国股民的口碑
金奖银奖，不如全国股民的褒奖

全国亿万股民对《炒股就这几招》系列书的火热评价

《炒股就这几招》系列书出版十多年，收到全国各地许多中小股民的来信或邮件，对本书好评如潮，正可谓：金杯银杯，不如全国股民的口碑；金奖银奖，不如全国股民的褒奖。现选摘部分评价。

大批股民在购买《炒股就这几招》

特此向各位新股民推荐李幛喆先生的《炒股就这几招》，我认为本书有三大特点。

（1）内容系统全面。从开篇的如何开户到最后的“十大绝招”，涵盖了基础知识、股市术语、技术指标、股市理论、财务指标、识庄跟庄、经典绝招等各个板块。可以说，即使是一个“菜鸟”，认真读完这本书也可以获得“初段”职称。

（2）语言通俗易懂。市面上介绍如何炒股的书数不胜数，为何我独荐此书，最重要的原因就是它语言通俗，读着不累。相信绝大多数股民和我一样专业性并不是很强，如果读一本理论性很强的书，费了很大力气看完也是似懂非懂，不会有明显效果。

（3）作者谦虚低调。股票类书籍我读过很多，作者或多或少都有些吹捧自己的行为，但在《炒股就这几招》，不但几乎找不到夸耀自己的语句，而且作者不止一次强调一些招数的局限性和具体适用情况，其谦虚低调的行事作风让我非常尊敬。秉承谦虚谨慎，客观公正应该是每个从业人员都要遵守的道德底线。

（来源：价值中国网，作者张磊，原文标题《炒股应该学几招》）

李老师：您的书经过实践检验，的确很实用。2010~2014 年，股市没有太大的行情，但是我严格按照您的绝招操作，每年都取得了 20%以上的收益，周围赔钱的股民都特别崇拜我。实际上我明白，不是我有什么本事，是您的绝招给我的指点啊。

股民：王惠民

李老师：您好！我是新股民，看了您的《炒股就这几招》很受启发，获益匪浅。特别是看了您在光盘中通俗易懂、深入浅出的讲解，可以说这本书是我所阅读过的有关股票书里最实战的，一点也不夸张。

您的读者：陈以闻

李老师，你好！首先要感谢你，我是一个在深圳的打工者，从 2001 年开始，就是跟随你的书学习炒股的，并从中获益颇深。依照你教的投资准则，我从 2002 年起用仅有的 1 万元存款投资到股市中，在 5 年时间变成了 50 万元，扣除这 5 年的工薪收入 10 万元后，我的收益增长了 40 倍啊。

股民：HUDYXY

李教授你好，无意中看到《炒股就这几招》，刚开始随便看了一下，马上觉得很适合我这种新股民，就买回后一口气把光盘看完，顿时感觉自己又上了一个层次。

股民：xkxf

尊敬的李老师您好，拜读了您的大作，它在排行榜上有名，我很喜欢您著书的风格。

股民：chang_ 110

与有肝胆人共识，从无字句处读书。您的“绝招”好棒。

股民：未名

李教授：你好！有幸读到你的力作《炒股就这几招》，使我这初涉股海的股盲对炒股常识多少有些了解。之前由于一无所知招致了不少冷眼，你的书是所有股票书籍中写得最好的一本。

股民：何群英

李教授：您好！很喜欢您博客中的文章和书，受益匪浅，非常感谢！

股民：董红星

李老师：拜读了您的大作《炒股就这几招》，受益颇深。2007 年 5 月，我受朋友的影响，成为了一个新股民。初入股市，一筹莫展。怎样选股，如何买卖股票，一概不懂。为了迅速进入角色，我来到书店介绍股票知识的书架前面，左翻右看，总觉得不尽如人意。当看到您所著的《炒股就这几招》一书时，好像有一种莫名其妙的亲切感。这本书深入浅出，从开户、转账到买卖股票以及选股的一些方法都介绍得淋漓尽致，而且通俗易懂。现在，我已经熟练地掌握了买卖股票的基本操作。

股民：钟火金

李教授：2007 年红火的股市把我妻子“拽”了进去，在事先没有打招呼的前提下，她自己一人办完了入市手续。我很吃惊，妻子都入市了，自己居然不晓得。股票我是很早就听闻的，但我不懂。于是，我决定拿出一段时间学习学习、研究研究。我径直来到新华书店，翻阅炒股书海，相中了您的著作，粗略拜读，感觉很好，就买了回来。还买了光盘，妻子还表扬了我。看光盘比看书好，光盘我刚看完第一遍，感觉您为人厚道，有一颗善良的心，学识渊博，睿智机敏。以后我会仔细拜读您的大作，争取做一名“好学生”，成为既长知识，又长才干，给家庭带来阳光的男子汉……

股民：王武奇

李教授您好，我是一名监狱警察，我认为《炒股就这几招》写得很好，要是早买这书，我可能早入门了。我希望您能再写一些实用性强的、指导具体操作的书。

股民：井民月

李教授您好，我从 2007 年 5 月 1 日入的市到现在已盈利××万元，我的入市资金是××万元。经历了“5 · 30”行情之后，立志不读股票书，再不碰股票，但是我去了北京西单图书大厦，还是买了您的《炒股就这几招》一书，仔细研读之后，受益匪浅。

股民：张川

李老师：你好！我是一位新股民，原来对股票市场一点也不了解，自从看了你撰写的《炒股就这几招》后受益匪浅。书的内容通俗易懂、简单明了，而且入市小试身手也小有斩获，在此由衷向你表示感谢。

股民：亚玲

尊敬的李老师：您好！我准备介入股市，但我啥都不懂，就去新华书店查找股市入门的书籍。找了一上午，关于股市的书籍让人眼花缭乱，太多了，最后看见了您所著的《炒股就这几招》，简单一看，呵，真让人高兴。我想知道的炒股入门知识，书上都有，还配有光盘，回家就迫不及待看光盘看书，书质好，图像清晰，虽然有好多还看不懂，但心情激动啊。

股民：小徐

你好李教授，我是你的忠实读者!!! 我一连买了 3 年的《炒股就这几招》，读后感觉受益匪浅。从入市连续亏损，直到看过你的几招后，就一直盈利绵绵!!!

股民：赵威

李老师：你好！我今天在书店很荣幸地看到你的新书《炒股就这几招》，因我一直不懂炒股，又加上身边很多人炒股失败，更使我对炒股不感兴趣，但看了你那本书后突然对炒票有了新的认识，所以就购买了你的书，希望从中学到更多有关炒股的知识，让自己今后也通过炒股增加些收入。

广东肇庆市股民：林火英

众多股民问：《炒股就这几招》内容每年更新，更接近现在的炒股环境，确实很超值，实用价值更强。每年什么时候会出版新的《炒股就这几招》？通过什么渠道可以买到？

出版社经问李几招后回答：谢谢关注，每年 2 月左右根据股市情况与市（时）俱进，更新该书内容并出版，在各地新华书店及当当、卓越亚马逊和京东等网站均有出售。

出版说明

一、严正声明

《炒股就这几招》由李幛喆（李几招）撰写，全国仅本出版社出版。目前发现有不道德的出版社，假冒本书《炒股就这几招》书名和李幛喆（李几招）本人的名字，或者采用鱼目混珠的书名，大量盗用本书的内容，对此卑鄙的行为，本出版社将按照《著作权》的有关办法，坚决追究，严惩不贷。

在此特别声明：任何人、任何媒体（包括网站）或者本社认为的各种传播媒介，都不准以任何形式转载、摘登、引用本书的任何信息，否则视为侵权，严厉追究。本书严禁盗版，违者必究。举报电话：010-63320530。

二、开盘写作的原因

1996~2014 年，我出版了《炒股就这几招》系列书后，读者的追捧使此系列书连续十多年位于中国图书排行榜前列，这完全是朋友们支持的结果，借此机会，衷心表示感谢。

我这十几年先后收到了全国股民几万封来信（含电子邮件），许多朋友，特别是新入市和正准备入市的朋友，建议我为他们写一本适应入门的指导书。因此，此书主要是针对新股民而写，但对老股民也非常适用。

三、写作的基本设想

本书全部采用真实例子来证明一个概念、一个技术指标的应用方法。特别指出的是，在运用时万不可机械照搬，所举的例子只是提供了一种解题的方法及思路，是否“高考”成功，要看现场发挥能力，提醒股民运用指标一定要灵活。

对新股民而言，光盘直接讲解更易懂。因此，本书免费配送一张讲解光盘，您买书时一定记得向书店索要。此外，由于一张光盘容量有限，为满足股民要求，专门配合此书出版了另一套上百集系列光盘，此系列光盘讲解更加详细，具体垂询《炒股就这几招》邮箱：cgjzjz@163.com。

四、特别声明

（1）股市变幻莫测，其规定、政策、概念等也经常发生变化，作者和出版社不另行通知，但是本书将会在第二年再版发行时，修改、充实相关内容。

李几招在中央电视台分析股市

（2）我从不在社会上集资炒股，不开设李几招工作室，对盗用我的名字在网上发表文章，用我的名字、相片和某出版社的名义非法出版什么“这招、那招……”之类炒股书，甚至以我的名义集资炒股、开设李几招工作室等，一律为非法行为。如果股民欲加入我的股票 QQ 群，必须实名制，具体办法见我博客说明。

（3）炒股有极大风险，股市变幻莫测，本书仅介绍炒股的基本概念和技巧，它不是股票推荐和股评书，书中有些招法不可能十全十美，而且还会漏招百出。因此，您炒股的盈亏与作者、本书以及出版社无任何关系。

（4）我是作者，您是读者，更重要的是咱们都是股市上的朋友，因此，建立一个长期沟通的渠道十分重要。请直接用《炒股就这几招》邮箱——cgjzjz@163.com 联系，或登录我的博客和微博联系（直接搜索李几招、李幛喆即可）。

国务院经济体制改革办公室
中央电视台《中国证券》特约财经评论员
中央财经大学证券史研究员

李几招

2015 年 2 月

前言

3、2、1预备……开始炒股

◎ 炒股还是不炒股

炒股，还是一辈子不炒股，这是现代经济社会中摆在每一个公民面前的“大是大非”问题，常有人说“我这辈子不玩股”，但是每年加入炒股大军的人数，还是在加速递增，可见人们的炒股意识是随着经济发展进程而逐渐产生、强化，最后转为具体行动的。

试想，在10年、20年前，有几个人认识到电脑、私家车、智能手机在个人生活中的重要性？而如今，你不会用电脑，不会开车，没有手机，你就与世隔绝，成了现代文盲，被时代淘汰。可以肯定的是，今后股民人数还会增加，到那时，与老朋友在一起，除了叙旧外，共同话题也许就是谈炒股的经验、体会和招法了。如果你不炒股，朋友们除了与你谈谈往事外，也就再无话可说，也不可能老是旧话重提。而炒股朋友之间，则新话题层出不穷，不赶紧说还没份了。1988年，我认识一位现在已离休的老领导，当初反对炒股票，现在他也与时俱进，加入了炒股大军（具体输赢不详）。因此，还在股市门外甚至不屑一顾的朋友们，斟酌一下风险后，开始炒股吧。

◎ 我对股份制、股票产生了兴趣

1984年起，我对股份制、股票产生了兴趣，更准确地说是对股份制、股票的知识一概不知，但又想深入地了解它们。因此，我利用一切机会，多方获取信息，几乎赔进了所有业余时间并“侵占”了部分工作时间，去学习有关股票知识。

起初主要是在理论方面下的功夫比较多，因为1989年以前中国没有股票市场，而且在中国能不能发展股份制上，争议很大。有一些人把股份制、股票市场与资本主义私有制画等号，极力反对试行股份制，还有许多人不理解股份制。本人及其他同人当然是全力赞同试行发展股份制、股票市场，并坚持认为在中国发展股份制是一条可行、有效之路（见本人1993年著的《股份制宣言》）。

如今，反对股份制、股市的人已悄然无息了，不理解股份制的人也理解了，原来反对的人现在还坚决支持发展股份制和股票市场（可能是认识到了股市圈钱的好处），谁也阻挡不了股市发展的历史脚步。从中国共产党的“十三大”到“十八大”

可以看出：管理层正式肯定了股份制、股票市场，股份经济独特的功能已被绝大多数人认同，"实践是检验真理的唯一标准"是千真万确的。

◎ 我的股市分析：对错和预言

1990 年 12 月，中国的深圳、上海先后成立了证券交易所，我学习的方向由此转向股市分析，因为理论必须与实际相结合。这些年，我结合宏观背景和中国股市的具体实践，试笔写了许多"豆腐块"股评文章，属"快餐文化"，理论价值不高。同时，还试笔写了十几本书，其中《炒股就这几招》系列书最为畅销而且长销。除此之外，1993 年写过《股份制宣言》；从 2000 年起，开始对中国股史进行总结，每年撰写一本反映中国股市进程的《中国股市发展报告》；2010 年出版了《中国股市风云档案 30 年》。

此外，我还在电视台、报纸、电台等媒体分析、主持证券节目，以试图为股民观众找到宏观面与股市面有机结合的感觉。近几年说对的主要有：提出 2000 年股市涨一年，2001 年股市涨半年；坚定看好 2006 年、2007 年和 2009 年牛市；坚定看空 2007 年 10 月至 2008 年 10 月的行情；正确预测了 2010 年、2012 年、2013 年及 2014 年的波段行情。

使我感到内疚的是，也发生过失误：1998 年初和 1999 年初，我认为，沪指应该在年初跌破 1000 点；2001 年 5 月，我认为，B 股 6 月第二阶段开放后的两天内应该有两次涨停；2009 年认为沪指可能上升到 5000 点。事实证明我错了，请朋友们原谅我的失误，我今后将努力学习，提高自己判断盘体大势的水平。

2000 年底，我撰写了《终于成功——中国股市发展报告（1980~2000）》这本股史书。书中对 2001~2010 年的股市做了一些预言：上证指数将突破 3000 点、5000 点……全球将以沪深股票指数为风向标之一；中国股票将出现 200 元、300 元价格的股票；中国股民中会有一位长期持股不动的人成为千万富翁。

以上预言全部兑现。有些预言还显得保守了。比如，"中国股民中会有一位长期持股不动的人成为千万富翁"的预言，实际上，2007 年已经有 89 个人持股不动成为亿万富翁了。

◎ 感谢最可爱的人

1998 年，我曾在报刊上发表了随想《谁是最可爱的人》，文中谈道：每一个时代都有最可爱的人，如 20 世纪 50 年代，抗美援朝志愿军最可爱。当代谁是最可爱的人呢？

我认为是咱全国股民！

你看：股民为国家、国有企业贡献的真金白银每年都接近 5 万亿元，咱股民，最可爱！

你看：股民最关心国家大事、国际大事，准时看报、看电视新闻，特关心国家大事的是咱股民，最可爱！

你看：股民业务学习最自觉、最积极；财务报表、宏观知识、K 线图、利率等，以前你逼他学都不成。特爱学习的是咱股民，最可爱！

你看：有些人过去政治上比较激进，现在炒股后，民主人权都不关注了，最希望社会稳定、国家安定。特别带头维护稳定的是咱股民，最可爱！

你看：咱股民每日 9:30 准时“上班”，甚至提前 10 分钟“上班”；15:00 准时“下班”。风雨无阻，不迟到早退，休息日“加班”是常事。特遵守纪律的是咱股民，最可爱！

你看：咱股民自己掏钱去股市“就业”，不给国家增加负担，特能理解国家的是咱股民，最可爱！

你看：股票一涨，股民高兴，一些餐馆等相关行业也跟咱股民沾光；股票一跌，咱股民也就自言自语道，“唉，又跌了，没事，还会涨”，然后沉默走出营业部。特别能忍受痛苦的是咱股民，最可爱！

你看：咱股民好多还是球迷，尽管股票被套，但还是为中国足球冲出亚洲呐喊，熬夜看世界杯、德甲、意甲、英超等比赛。特盼望中国足球“解套”的是咱股民，最可爱！

股票涨也爱你，跌也爱你，咱股民最可爱！！！

这篇“最可爱”的随想发表后，引起了相当多人的共鸣，许多人写信给我谈他们的想法，有一点非常值得我钦佩：写信的股民，大多数被套牢，但他（她）们丝毫没有表达出对套牢任何的不满，而是检讨自己操作失误，令我深受感动，对此再次证明：咱股民最可爱！！！

◎ 要学炒股，先学做人

初看，炒股与做人是风马牛不相及之事，其实不然，我一直以为：炒股是人性真正本质的大暴露。人之初，究竟是性本善，还是性本恶，且不去争论，但就人本身而言，存在各种各样的优点和缺点，人的优点，我就不在此处多表扬了，但在股市的炒股活动中，人就暴露了许多缺点：

（1）人具有贪欲的特性。尤其在市场经济环境下，主要表现在：贪得无厌，忘恩负义，不择手段敛财。在炒股中，个别股民将人性的此缺点进一步放大，表现得淋漓尽致。典型的是，自己的账户资金升值已达 20%、50%……300%以上，但还是不死心，不平仓，挣多了还想再挣更多。我不反对您多挣，全世界的钱您一个人都挣走，这是您的本事，我和全世界的人民都为您祝贺，但是可能吗？您必须要衡量自己是不是挣大钱的料，如果不是，最好还是以一个普通股民的身份正确认识自己，认识股市，特别要认识到各行各业挣钱如此之艰难的背景下，您没费什么劲，手指头一动，账户资金升值就达 20%、50%……300%以上，您应该知足了。但是许多股民最后结果往往是悲惨套牢，其最根本的原因就是太贪。所以，股民一定要克服人性贪婪的弱点，知足者常乐，而贪婪者常悲。

（2）人具有很大的惰性。主要表现在：如果没有生存、竞争压力，人们则陷入贪图享乐、不思进取的享乐生活圈中。我们通常只看到体育运动员站在领奖台，高举奖杯享受成功的辉煌时刻，却无法体会他（她）为此付出的血泪代价。因此，不论哪个行业哪个人，要想夺取“金牌”，背后都须付出“流汗、流泪、流血”的成本。所以，您要炒股，您就必须克服贪图享乐、不思进取的惰性，必须要比常人付出百倍的精力、资源去学习、钻研股市的各种政策、技术、技巧等。功夫不负有心人，一分耕耘，一分收获；种瓜得瓜，种豆得豆。

（3）人具有一定的投机赌博习性。主要表现在：人们很喜欢赌一把，撞大运，摸大彩，尽管中奖的概率极低，但许多人还是乐此不疲，这充分反映了人本身存在投机赌博习性，这也是自然的，否则世界上的赌场、彩票的销售、有奖促销等类似的经营行为也早就消失了。但我们必须适可而止，不能依赖于赌一把、撞大运、摸大彩来提升我们的生活质量。炒股本身存在风险，从某种意义上讲，就带有投机赌博成分。比如，亏损股，它的风险最大，但是一旦扭亏为盈，它的股价也会一步登天，因此炒亏损股就带有很大的投机赌博性质，这也是为什么亏损股的股价有时比业绩好的股票的股价炒得还高的原因之一。但我们绝不能靠投机赌博去买卖股票，最关键的还是要多学习、多实践，甚至要多“流血”，及时总结经验教训，“与市俱进”，再加上您可能遇到的一点点运气，最后才能大功告成。

（4）人具有一定的依赖性。主要表现在：做事缺少主见，希望依赖他人指点迷津，坐享其成。一些股民在炒股中就是这样：买卖股票，主要靠打听消息，靠股评，自己的分析很少。及时与他人沟通交流信息，听股评是需要的，但是买卖股票是挣钱的行为，过分依赖别人不现实，现在无偿为您服务的也不多，骗子更多，各种小道消息五花八门，因此，炒股还是要克服依赖性，以己为主。

（5）人具有一定的涣散习性。主要表现在：行为具有很大的随意性、自我性和分散性，因此，社会管理层必须要制定有关法律、法规、规章等各种制度来加强纪律，规范个人的行为。比如，您在单位上班，就有各种规章制度管束您，就有领导、同事监督您，您就必须遵守纪律和道德规范，不能我行我素。但在股市炒股，环境不同了，最主要的是，您自己是独来独往，此时您的涣散习性就暴露无遗了。由于没有纪律管束您，没有他人监督您，您买卖股票可以为所欲为，自由自在，但此时隐患也应运而生了。主要是您没有给自己制定一个严格的买卖股票的纪律，即使制定了纪律，由于没有“领导、同事”的严格监督，您自己也没有及时自觉执行，结果是功亏一篑，所以您必须克服人的涣散习性，炒股中一定要制定有关纪律，特别是盈利目标和止损边界。最最重要的是：执法必严，自我监督。

（6）人具有喜吹不喜批的陋习。主要表现在：遇到开心顺心之事，则眉飞色舞，喜形于色，忘乎所以，逢人显耀；遇到挫折困难，则寝食难安，愁眉不展，逢人唠叨，怨天尤人。人的这个缺点在炒股中表现得也很突出。例如，炒股盈利后，就杯盘狼藉猛撮一顿，逢人就吹嘘自己的业绩；而炒股失败后，情绪一落千丈，对自己的亲人和周围的同事发无名火，遇到股友，则无休止的车轱辘话唠唠叨叨，而且从不总结失败的教训，更不做自我批评，而是指责他人，甚至污蔑他人，将失败的原因全部归结于股评、政策、庄家等。我认为，作为一个股民，一定要坚决克服这个喜吹不喜批的陋习，炒股不管盈亏，最好不要逢人唠叨，要不动声色，城府在胸。要赢得起，输得起。尤其亏损时，更要多从自身查找原因，多做自我批评、自我反思，不能把责任都归结于他人。

人还有其他缺点，以上列出的几点我认为在炒股中表现较为突出，如果不注意约束克服，则对股民终生炒股非常不利。实际上股民也可以通过炒股，发现自己的人性缺点，然后逐一克服，不断提高自己做人的修养，好人有好报，好人炒股一定可以炒好。如果您炒股业绩不断提高，也说明您的为人水平有了提升；如果您炒股水平徘徊不前，甚至老是亏损，说明您在克服人性缺点方面还有不足。所以我提出了要学炒股，先学做人的观点。

◎ 炒股累了：看看股民电视剧

股民每天炒股，的确很累，尤其是赔钱后，更是身心疲惫，但是身体是炒股的本钱，有一个好身体，才能在炒股战场上转败为胜。对此，股民炒股累了，可以看看咱们股民自己的电视剧《你炒股吗》。

中国股市发展已经多年，股民为国家作出了巨大贡献，但是反映股民生态的影视作品寥寥无几，为此，我自编、自导、自演了首部中国股民电视剧（11集）。

李几招在导演现场给摄像师和演员说戏（邢勇摄影）

此剧的精彩看点是：情节曲折，生动活泼，语言幽默，内涵深刻。尤其出彩的是，剧中人物均由来自全国各地股民扮演，他们不要任何报酬，本着喜欢和反映原始人物的心态出演。他们操着浓厚的方言，一丝不苟参加演出，其演技非常出彩。以至于影视界专家看后都赞扬说，没想到，这帮股民业余演员的演技还真像那么回事，专业演员也演不出这个效果，股民里真是人才济济啊。

我拍摄反映股民生活的影视剧，在心里打腹稿已经酝酿了10年，2009年正式开始动笔写作剧本，经过无数次修改并公开招聘演员后，2010年5~7月拍摄，之后自己进行后期制作，终于在2011年1月16日上传网络播出。之后，许多电视台的证券频道予以播出，股民口碑相传，争先恐后观看，点击率节节攀升，收视率非常好。该电视剧由北京指南针科技发展股份公司和李几招共同投资拍摄，在此特别感谢指南针公司的大力支持。

股民们，如果您炒股累了，可在优酷网、百度视频或者作者博客内搜索《你炒股吗》，进行收看。

许多股民看了该电视剧后，非常希望再继续拍摄第二部、第三部……并且表示愿意参加演出。为此特告知：股民电视剧，我还要继续拍摄下去；如果您有参加演出的意愿，可以与我联系。

◎ 最后的啰唆

此前言啰唆连篇，耽误您时间了，对不起。不过我还要最后啰唆几句：

一是您动手炒股之前，最好将此书看完，以免覆前车之辙。

二是您先“摸着石头过河”，买卖股价 3 元左右的 100 股反复试验几次，找找感觉，然后再实施新的买卖计划。

三是记住“八个千万不要”原则：千万不要鼓动他人炒股；千万不要给他人荐股；千万不要向别人借钱炒股；千万不要委托他人炒股；千万不要合作炒股；千万不要替人炒股；千万不要轻信股评、消息炒股；千万不要赚了到处吹嘘，亏了怨天尤人，垂头丧气。

四是炒股是个性化很强的活动，所以您一定要自己做决策，不能人云亦云，更不能相信什么所谓的“股神”、“大师”，那些人都是骗子。

五是您必须清楚地认识到：炒股是一个投资加投机的风险活动，要做好亏损赔钱的心理准备。

本书在写作过程中，得到王跃青、李东岳、王国强、刘锦荣、赵桂荣、白凤英及谢晶晶等人的大力支持，他们帮助我整理了大量资料和图表，特此致谢。

作者抛砖领您进门，引玉修行在您个人了。现在就请您开始炒股，先“开盘”从第一页看起，看看《炒股就这几招》，为您奉献了什么高招。

更多互动沟通方式：

①每日关注李几招的新浪、和讯等微博和博客；

②实名制加入李几招的 QQ 群，具体方法见李几招博客；

③《炒股就这几招》邮箱联系方式：cgjzjz@ 163. com。

目录

（股市循环周期从哪天算起/基金专家炒股行吗，可否买基金/基金为何跌破净资产值，如何看待基金走势/一天可买卖一只股票吗？上网炒股要注意哪些问题？卖出股票之后，资金能马上到账吗/如何避免踩地雷）

（骗子欺骗股民的手法：如何防止证券诈骗/北京、上海、深圳人士分析股市的特长/股评的马后炮：收听、收看股评，信还是不信/小道消息不可信/不能听信任何人的消息/管理层指定披露信息的媒体有哪些，选择看哪些电视股评和证券报比较理想/电视上、报纸上推荐的个股可信吗/荐股高手、大师可信吗/股神推荐的股票为什么不好找/黑嘴股评置之不理/您为何不做个股推荐/炒股没有救世主，不靠别人，靠自己/股评家很富有吗/您炒您自己的股让别人去说吧）

（学生炒股能赚到出国等费用吗/学生可以炒股吗，炒股软件实用吗/股票最长停牌不能超过多长时间/网上申购新股资金何时解冻/可转换公司债券换成股份后什么时候到账/本地的账户卡到其他地方炒股有影响吗/开通了创业板交易，到其他证券部交易需要等待吗/行情表是否显示网络投票信息）

（股民闲置的资金利息归谁/为什么要加权计算股本/股权登记日由谁来决定，送转股方案可变吗/送转股的股票除权前后究竟卖不卖/申购新股、股票转托管等收费吗/不想参加配股何时卖出/同事之间炒股可以商量、合作吗）

（上市公司送、转股后为什么要除权摊平/上市公司回购股份和送股哪个好，如何操作/股票软件中平均线设置不一样怎么办/均线如何设置最佳/公司送股、转股、配股能否提前知道/上市公司发行股票、境外投资是否需要披露信息/如何迅速获得上市公司第一手信息/散户如何参加股东大会/上市公司公布的电话或电子信箱形同虚设怎么办）

（新股发行价定100元就敢炒到200元/新股申购一定要亲自对号/年底主力资金清算吗/遇到重大突发事件是否关闭股市/集中筹码到哪儿查/炒股能凭感觉、走捷径吗/1+1=2对吗，市盈率多高合适）

（个性决定输赢吗/为什么没挣到钱反而亏了，难道散户不能做股票吗/90%的股民赔钱，股市风险比例是多少/血本无归，如何找到支点撬起地球/买卖股票献四招/炒股另一绝招——五点法/如何看待波浪理论/B股市场希望何在）

（您对证券从业人员和股民、基民有什么建议/要学炒股先学做人/股票升值30%卖出行吗/不理解20%这一招/20%这招应灵活运用/炒股是您的爱好吗/如何关注李几招微博和加入李几招QQ）

附 件

第一大招　基本概念板块

（ABCD　几招明确）

特别说明：首先欢迎读者翻开此书，如果您准备开始炒股，第一大招就是为您——新股民设立的。不可否认，股海茫茫，风险很大，如果您匆匆下股海，则可能会后悔莫及。所以在您炒股之前，一定要了解股票的基本概念。本板块从股票的“ABCD”起步，由浅入深，循序渐进地为您介绍股票的基本知识。

特别提示：本书所有章节，如无特殊说明，股价均指为收盘价。

第一节　中国人、外国人开设账户的资格

如果您是已经年满 18 周岁的中国公民（含境内 16 周岁以上不满 18 周岁，以自己的劳动收入为主要生活来源的中国公民），或者是获得中国永久居留资格的外国人，都可以申请开立一码通账户、A 股账户、B 股账户、股转系统账户、封闭式基金账户、信用证券账户以及中国证券登记结算有限责任公司根据业务需要设立的其他证券账户。

股民应当以本人名义申请开立证券账户，不得冒用他人名义或使用虚假证件开立证券账户。使用以本人名义开立的证券账户，不得违规使用他人证券账户或将本人证券账户违规提供给他人使用。

股民可以开立单边 A 股账户。股民可以申请注销一码通账户，也可以单独申请注销子账户。

外国的自然人以及中国香港、澳门特别行政区和台湾地区的自然人，持有中国护照并获得境外国家或者地区永久居留签证的中国公民，可以申请开立一码通账户、B 股账户以及中国结算根据业务需要设立的其他证券账户。

在内地工作和生活的中国香港、澳门特别行政区和台湾地区的居民还可以申请开立 A 股账户、股转系统账户、封闭式基金账户、信用证券账户。

如果您下决心开始炒股，首先可以到现场（也可以非现场，后文介绍）即证券营业部开设您个人的证券账户，此程序一点也不复杂。具体步骤如下：

◎ 现场开户具体步骤

第一步：优化选择

首先找一家您认为交易方便的营业部，如离家近或离单位近的营业部。我建议，找一家交易佣金低廉的营业部，因为佣金费实行浮动，大体在0.2‰~1‰。不过佣金不同，可能硬件、软件的服务水平也不同，所以您要考虑好两者之间的关系。之后，必须由您本人带上您的身份证原件到营业部去办理具体的开户事宜。

第二步：股东注册登记

准备好身份证，您到营业部指定的柜台前向工作人员说明来意，一般只需说："您好，我准备炒股开账户，请问如何办理?"此时，工作人员将递给您几张表格和协议书，有开户申请登记表、委托交易协议书、指定交易协议书等。这些表格和协议书填起来也不费事，基本上是固定格式。您一定要字迹清楚逐项填写。

另外，如果您要炒创业板的股票，最好一起开户，开户步骤基本与上相同。但是管理层要求具有两年以上（含两年）股票交易经验的股民才可以申请开通创业板市场交易。不过没有关系，如果您不具备两年交易经验，也想参与创业板市场交易，则签署《创业板市场投资风险揭示书》时，还应当就自愿承担市场风险抄录"特别声明"。上述文件签署5个交易日后，证券营业部才可为您开通创业板市场交易。

如果您要炒B股，则与开A股账户不同的是：A股是先开户，再转钱；而B股是先转钱，再开户。即您必须先到您存有外汇并是营业部指定的银行，去办理转到证券营业部的资金进账手续，然后持进账凭证和身份证到营业部办理开户手续。沪市B股开户费19美元，深市B股120港元。

注意：名字和身份证号码不要写错。如果实在不清楚如何填写，也不要不好意思，主动问工作人员，她（他）会耐心答复您。填写好这些表格和协议书后，工作人员将您的个人资料逐项输入计算机。您将开户费交给工作人员。国家规定开户费：沪深两市共40元，无其他费用。此外，个别的营业部免费开户。交完费用后，工作人员给您开出收据，并将您签字的协议书（副本）和股东账户卡等一同给您。

提醒您注意的：一是在开户的过程中，注意保管好个人的资料，不要理睬与您搭话的陌生人，更不能向别人暴露自己的名字、身份证号码和交易密码。有不懂的地方，问工作人员，不要随便问陌生人。离开柜台前，检查自己的东西是否遗留在柜台上。二是如果几个互相认识的人一起去开户，填写个人资料和输入交易密码时，最好也要互相回避，以免节外生枝。三是您开户的所有资料一定要妥善保管，一旦丢失股东卡等，应该立即通知营业部采取必要的措施，以防不测。之后再根据规定，逐步补办。如果您不想炒股了，准备撤户，券商不应收任何费用。

另外提醒注意：一是千万不要写错名字，将身份证和股东卡名字核对，一旦有错，请登记人员修改；二是沪深两市股东账户一齐开，不要只开一个账户；三是股东卡领到后，保管好，不要让别人看到您的股东卡号码，防止以后黑客侵入您的账户盗买盗卖股票或骗提现金。

◎ 非现场开户（见证开户和网上开户）

非现场开户：欲炒股的人也可以不去证券营业部现场开户，证券公司可以进行非现场开户（见证开户、网上开户）。通过非现场方式开户的，应当由本人亲自办理。开户代理机构应当对证券账户非现场开户欲炒股者进行回访并保存回访记录，回访内容包括核实欲炒股者是否本人开户，核实开户是否为欲炒股者本人意愿。

开户代理机构可以先回访、回访成功后开立证券账户，也可以先开立证券账户、回访成功后方允许证券账户使用。

开户代理机构通过非现场方式为欲炒股者开立证券账户的，可通过邮寄等方式向欲炒股者发放证券账户卡；若经欲炒股者同意，也可不打印纸质证券账户卡，但应当以短信、电子邮件等适当方式及时将开户结果反馈给欲炒股者。

开户代理机构应当采集自然人欲炒股者或机构欲炒股者经办人头部正面照，妥善保管欲炒股者开户申请材料以及本办法要求的记录证券账户非现场开户过程采集的影像（音）资料。影像（音）资料应清晰可辨、真实有效。

见证开户：指开户代理机构工作人员在营业场所外面见欲炒股者，验证欲炒股者身份并见证欲炒股者签署开户申请表后，为欲炒股者办理证券账户开立手续；当面见证开户的，开户代理机构可以委派两名或两名以上工作人员为其办理开户手续，其中至少一名应为见证人员；视频见证开户的，开户代理机构可以委派一名或一名以上工作人员视频面见欲炒股者，并由开户代理机构见证人员通过实时视频方式完成见证。

欲炒股者一定要开户代理机构工作人员出示工作证件，可通过开户代理机构网站、开户代理机构客服热线核实其身份，并可以通过中国证券业协会网站核实执业资格，以防被骗。

欲炒股者提交开户申请材料后，开户代理机构应当审核欲炒股者与其提供的有效身份证明文件的一致性，以及欲炒股者有效身份证明文件等开户申请材料的有效性。开户代理机构还应当通过身份证阅读器或公安部身份证核查系统核查自然人欲炒股者或机构欲炒股者经办人有效身份证明文件的真实性。

网上开户：指开户代理机构通过数字证书验证欲炒股者身份，并通过互联网为欲炒股者办理证券账户开立手续。自然人欲炒股者申请开立证券账户，可以通过网上开户方式办理。欲炒股者应当使用中国证券登记结算有限责任公司或该公司认可的其他机构颁发的数字证书作为网上开户的身份认证工具。欲炒股者应当使用数字证书登录开户代理机构网站，按要求提交开户申请材料。开户代理机构应当对数字证书记载的欲炒股者信息与欲炒股者开户申请表填报的信息进行一致性比对，审核开户申请材料后，按照相关规定为欲炒股者办理开户手续。

第三步：第三方存管——到银行办理资金存管手续

开设了股东账户，您必须注入资金（俗称“保证金”）才可买股票。现在的证券营业部不直接接触股民的资金，而是由银行等独立第三方存管，这样股民的证券交易资金、证券交易买卖、证券交易结算托管就实现了“三分开”，保证了股民炒股的安全。

第三方存管就是银行托管（保管）客户的资金，证券公司只托管（保管）股民的股票，股民通过券商和银行端系统自行进行“银行资金转到证券”、“证券资金转到银行”的业务，简称“银转证”、“证转银”。股民可以开通多家银行的银证转账业务，但是只可以开通一家银行的第三方存管，银证转账可以开通港元（美元不行）资金划转业务，第三方存管开通人民币资金划转业务。

因此，您必须带上身份证、股东卡、银行卡/存折、第三方存管协议书等到对应银行（工商银行、建设银行、招商银行等均可）网点办理第三方存管银行确认手续。这些手续办好后，您将资金转入营业部后，您就正式成为中国的股民，就可以炒股了。

第四步：掌握基本操作知识

完成以上步骤后，不要急于买股，而是要学习我写的《炒股就这几招》书中介绍的一些简单的基本知识，如什么是股票、集合竞价、连续竞价、开盘闭市时间、涨停跌停板制度、K 线形态等。

学习《炒股就这几招》需提醒注意：

一是要把通俗易懂的《炒股就这几招》全篇通读，有条件的话，还要把我的另外一系列光盘看完（具体可通过 cgjzjz@ 163. com 邮箱联系）。其他的故弄玄虚的炒股书可以不看，否则一头雾水，不得要领。二是多向周围的老股民学习，勤问勤学，不耻下问。三是千万别一开户就手发痒或禁不住旁人劝，迅速买进股票，应冷静、沉着几天，安定情绪。四是不易添进多种设备或增加某些不必要投入，如马上买一些荐股软件、配置高性能电脑、花高价上学习班和买多种报纸、上网浏览多种股评等。在刚入市又没有赚钱的情况下，这些投资会给您带来很大的经济负担，待今后挣到钱后可再逐渐增加些必要设备。

第五步：试探性买卖股票

读完《炒股就这几招》后，您就可以下股海试水了，首先，您面临的就是买什么股票的问题。现在数千只股票令人眼花缭乱，难以下手，您要掌握以下原则：一是买一些稳定绩优股。二是买 2~5 元的股票。三是买自己熟悉行业的股票，如您是学电脑的，那您对该行业了解清楚，买股踏实；您了解家电行业，您可以决定是否介入此类股等。四是买热门股，如果刚入市就赶上炒热某某概念，可随即跟进。

其次，您面临的就是买股票的数量问题。我劝告您，作为初入市的新股民，万万不能全仓操作，您要先买 100 股，再卖 100 股，反复十几次，小试身手，熟悉操作程序，掌握操作技能，体会盈亏心态，检讨得失经验，然后再进行全仓战斗。

再次，买进股票后您面临的就是卖出的问题了。一是买进热门股后第二、第三天就小赚一笔，可以考虑卖出，初尝赚钱的喜悦；二是买进后没涨，请耐心等待；三是刚买后就被套住，也别着急，耐心持有或者干脆赔本割肉，考验自己套牢止损的意志；四是卖股后又上涨也别后悔。

最后，您面临的就是具体操作方法的问题了。现在买卖股票主要是网上交易，此外可以通过电话、自助终端等自助委托方式买卖股票。您决定买股票后，要记住股票代码，如中国宝安代码是 000009，记住您的股东代码和交易密码。您进入网上交易页面后，屏幕上弹出“人机对话”方式，按屏幕提示依次完成操作。如果您采用电话委托或现场磁卡委托，则根据提示依次操作即可。

注意：您当日买的股票只能到第二天才能卖出，而当日卖出股票成交后，资金返回，您可以当日再买进股票，即“T+1”。当天买卖股票后，第二天可在营业部或网上打印一份清单（交割单），核对您买卖的情况，如有疑问，请立即查询。

此步需提醒注意：一是操作交易时一定要保密进行，不要泄露交易密码，不要找人代替。实在发生困难，请营业部专业人士协助解决，这样比较安全。二是交易完成后，一定要记住合同号，以备万一。三是在网上或磁卡机交易完成后，一定要退出系统，您离开营业部，不要忘记自己的物品。四是尽量不要和陌生人交谈买卖情况。五是买卖股票初战告捷后，不能得意忘形，一定要见好就收；初战不利时，也不能垂头丧气。六是您初次买卖 100 股，主要是找感觉、悟哲理。七是不宜相信股评，自己多做分析。八是不要与人合作炒股，也不要给别人出主意，否则“好心办坏事”，伤了朋友间多年的感情不值得，尤其是千万不能借钱炒股！

走完以上这五步，您就完成了入门程序。至于如何提高炒股技术，培育炒股修养，磨炼炒股意志，获得更大的回报，那就“修行在个人”了。任何人都无法帮您，这是实话。

不过我最后要提醒大家：不要相信那些什么短期就翻几倍的“高手”，这些所谓的“高手”百分之百都是骗子。

好了，现在祝贺您正式成为中国的股民了。

◎ 股民的账户资料保管多少年，自然人死亡怎么办

股民开户后，如果不想炒股了，可以注销账户，其账户业务资料的保管期限自证券账户注销后起算，不得少于 20 年。股民如果不想注销账户，也可向开户代理机构申请办理休眠账户激活，也可以申请注销原休眠账户后新开证券账户。

如果自然人投资者死亡，证券资产合法继承人或承继人等相关当事人应当申请注销证券账户，如果相关当事人未按要求注销的，开户代理机构有权注销投资者相关证券账户。

◎ 如何炒作沪港通的股票

沪港通是上交所和香港联合交易所允许两地股民通过当地证券公司（或经纪商）买卖规定范围内的对方交易所上市的股票，即两地股民分别委托上交所会员或者港交所参与者，通过上交所或者港交所在对方所在地设立的证券交易服务公司，买卖规定范围内的对方交易所上市股票。由于香港股票交易成本高、规则复杂等原因，建议新股民不要炒作香港股票。

所以，限于篇幅，不过多介绍，对炒作香港股票有兴趣的朋友，可通过电子邮箱cgjzjz@163.com与我联系，我将给您发具体的文字介绍。

第二节 炒股风险和自知之明

◎ 炒股各种各样的风险随时随地存在

您成为股民后，要知道，炒股各种各样的风险随时随地都存在，一般而言有：公司的业绩与收益恶化的风险；股票盲目爆炒的风险；宏观面调控经济的风险；不可抗力产生的风险（突发地震、突发恐怖袭击、突然提高或下调了印花税等）……

股市的风险谁也无法准确预测，股民只能好自为之。

◎ 十人炒股：真是“一盈二平七亏”吗

从世界和中国的炒股经历看，十人炒股的确是“一盈二平七亏”。中国股市历年调查都证明了这个颠扑不破的真理。例如，2011年，盈利的股民仅为22.05%，亏损的占77.94%。其中盈利30%以上的股民占2.65%，而亏损30%以上的股民占22.04%，亏损50%以上的股民占11.4%。而2010年出现亏损的股民占参与调查股民的48.49%，2011年亏损的股民相比2010年增加了29.45%。

有62.05%的股民认同是市场内幕交易太多导致中小股民遭受损失，50.55%的股民选择了是对市场和公司的基本面把握不够准确所致，而48.46%的股民选择了是上市公司信息披露不及时、不充分造成的，另有46.19%的股民选择了是对宏观经济变化趋势和国家政策把握不清所致。

从入市时间与盈利的关系来看，新股民亏损比例最高。2001~2005年入市的股民中盈利的比例最高，占比为30.17%。而2009年之后入市的股民亏损占比随入市时间推后而日渐增高，2011年入市股民中亏损的占比达到了86.32%。

因此，您炒股就要有亏损的心理准备。

◎ 自知之明：炒股自身的基因天分很重要

干任何事情，要想成功，除了后天的勤奋和努力外，自身是否具备成功的基因和天分也非常重要。不得不承认，人的基因和天分是有差别的：有人适合当官，有人适合经商，也有人适合演戏唱歌，有人适合搞科研，有人适合搞体育……为什么同样的时间、条件，有人就考上大学，有人就考不上？刘翔就可以获得 110 米栏比赛的冠军，而其他人练了一辈子也不行？这说明，人的基因天分很重要。

炒股也一样，很多股民也非常努力地学习，但是最后真正成功的还是少数人。这就是基因天分使然，所以，股民在炒股中，如果发现自己总是失败，干脆就彻底告别股市，您要有自知之明，因为您不适合炒股，或者说从娘胎里出生您就不具备炒股的基因，再炒下去，还会赔钱。

第三节 炒股基本知识

◎ A 股、B 股、H 股、一级市场、二级市场

A 股：在我国境内由境内公司发行，由境内投资者（国家允许的机构、组织和个人）购买的，在境内交易的人民币普通股票。例如，深宝安（000009）等股票就是 A 股。

B 股：上市公司在境内发行和上市，以人民币表明面值，由外国人和中国台湾地区、港澳特区的法人、自然人和其他组织以及境内外的中国公民，以外币认购和买卖的特种股票。例如，1991 年 12 月 10 日，我国发行了首只 B 股深南玻（200012）。

H 股：上市公司注册地在境内，但在我国香港发行和上市，以港币表明面值，由外国人和中国台湾地区、港澳特区的法人、自然人和其他组织以外币认购和买卖的特种股票。例如，1993 年 6 月，我国的青岛啤酒公司第一个在香港特区发行了 H 股。因为香港特区的英文是 Hong Kong，所以简称为 H 股。

一级市场（发行市场）：股票处于招募阶段，正在发行，不能上市流通的市场。

二级市场（流通市场）：股票可以进行买卖的市场。

◎ 绩优股、蓝筹股、垃圾股

绩优股：一般指公司业绩优良的股票，其每股收益、净资产收益率连续几年处于领先的地位，且分红较好。

蓝筹股：西方赌场中有蓝色、红色和白色三种颜色的筹码，蓝色筹码最值钱，所以套用在股市上，蓝筹股就是指公司业绩优良，在行业内和股市中占有重要地位的

股票。

目前我国缺少真正意义上的绩优股和蓝筹股。

垃圾股：一般指公司业绩很差的股票，其净利润亏损，每股收益和净资产收益率处于负值。通常在这类股票简称前加*ST、ST注明，有退市的可能。例如，第一家退市的水仙电器股票。

◎ 国有股、法人股、公众股、机构投资者

国有股：由国家和国有法人投资形成的股份。

法人股：由国有法人和非国有法人投资形成的股份。

公众股：自然人和法律允许的机构投资者购买公司股票形成的股份。

机构投资者：证券投资基金、社会保障基金、证券公司、保险公司、合格境外机构投资者（QFII）、信托投资公司、财务公司等。

◎ 次新股、黑马股、板块股

次新股：一般指上市不到两年的股票。例如，东方网力、友邦吊顶等。

黑马股：一般指股价突飞猛进的股票。例如，2000年冲上100元的亿安科技（000008）股票（见图1-1）、连拉23个涨停的海虹控股（000503）股票等。

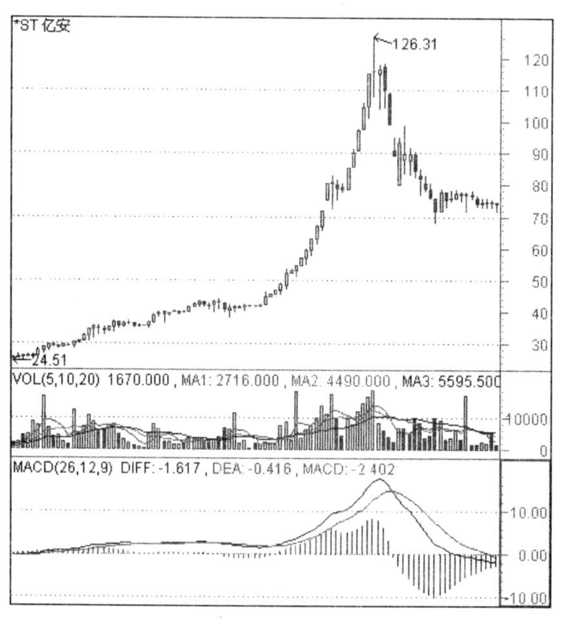

图1-1　冲上100元的黑马股如今风光不再

板块股：一般指同处一个行业上市公司的股票，如科技板块、钢铁板块等。

◎ 优先股

优先股：指优先于普通股股东分配公司利润和剩余财产，但参与公司决策管理等权利受到限制的一种股份。“优先”在何处?

首先，优先分配利润，即优先股股东按照约定的票面股息率，优先于普通股股东分配公司利润。公司应当以现金的形式向优先股股东支付股息，在完全支付约定的股息之前，不得向普通股股东分配利润。优先股股息率可以采用固定股息率或者浮动股息率。其次，优先分配剩余财产，即公司因解散、破产等原因进行清算时，公司财产在按照《公司法》和《破产法》有关规定进行清偿后的剩余财产，应当优先向优先股股东支付未派发的股息和公司章程约定的清算金额，不足以支付的按照优先股股东持股比例分配。但是，优先股的表决权受到限制，即优先股股东一般不出席股东大会会议，所持股份没有表决权。但是如果修改公司章程中与优先股有相关的内容，一次或累计减少公司注册资本超过10%时，公司合并、分立、解散或变更公司形式时，公司要发行优先股时等，上述事项的决议，除须经出席会议的普通股股东（含表决权恢复的优先股股东）所持表决权的2/3以上通过之外，还须经出席会议的优先股股东（不含表决权恢复的优先股股东）所持表决权的2/3以上通过。

◎ 大盘股、小盘股

大盘股：没有统一的标准，一般约定俗成指股本比较大的股票。例如，2013年中国农业银行股本达到3247.94亿股。

小盘股：没有统一的标准，一般约定俗成指股本比较小的股票。例如，开元仪器（300338）2012年上市初期流通股本只有1500万股。

◎ 市价总额、为什么大盘股可以影响指数

市价总额：指在某特定时间，交易所市场上挂牌交易的证券按当市价格（收盘价）计算的证券总金额。

举例来说，1991年4月3日，深圳证券交易所挂牌的5种股票的收盘价分别为49元、14.57元、13.04元、12.26元和13.48元，该日这5种股票的发行量分别为6790万股、2104.02万股、4133.268万股、1250万股和9000万股，则该日深圳股票市场的市价总额为：6790×49+2104.02×14.57+4133.268×13.04+1250×12.26+9000×13.48=553908.3861万元。

市价总额反映证券市场的规模，应注意：它是以各股票的发行量为权数的，所以发行量大的大盘股变动，对市价总额变动的影响就大。当大盘股变动激烈时，市价总额指标呈较大幅度增减，这就是一些庄家通过拉抬大盘股股价从而影响股指的一个重要原因。

股价指数点位是以总股本为基数计算的，而大盘股的总股本都在几十亿股、上千亿股，例如，2014 年 12 月，沪指冲到 3000 点，就是大盘股拉动的。但是，主力也会打压大盘股从而达到打压股指的目的。2008 年，中国石化从 29.31 元跌到 8 元左右，带动沪指跌到 1600 点左右，也是大盘股暴跌引起的，可见，大盘股影响指数的升降。

◎ 炒股时间、股票代码、报价单位

炒股时间：周一到周五，9:30~11:30；13:00~15:00。法定的公众假期除外，如春节、国庆节等。由于深交所收盘是采用集合竞价，所以深交所下午的实际交易时间是 13:00~14:57；14:57~15:00 为收盘集合竞价时间。

上交所接受会员竞价交易申报的时间为每个交易日 9:15~ 9:25；9:30~11:30；13:00~15:00。

股票代码：用阿拉伯数字表示股票的不同含义。沪市 A 股票买卖的代码是以 60 打头，例如，运盛实业股票代码是 600767，人民网为 603000；B 股买卖的代码是以 900 打头，例如，上电 B 股代码是 900901。沪市新股申购的代码是以 73 打头，例如，2012 年 8 月 1 日隆鑫通用发行新股，其申购的代码是 732766，它的股票代码是 603766。

深市主板 A 股票代码是以 000 打头，例如，顺鑫农业股票代码是 000860。中小板股票代码是以 002 打头，例如，新和成股票代码是 002001。创业板股票代码是以 300 打头，例如，特锐德股票代码是 300001。B 股买卖的代码是以 200 打头，例如，深中冠 B 股代码是 200018。深市新股申购的代码与深市股票买卖代码一样。

报价单位：A 股申报价格最小变动单位为 0.01 元人民币。例如，您要买进农业银行，填单的价格为 2.52 元，而不能填 2.052 元。B 股申报价格最小变动单位为 0.001 美元（沪市）和 0.01 港元（深市），例如，您要买进或卖出轻骑 B，填单 0.352 美元即可。

◎ 即时行情与交易信息

即时行情：指证券行情表上的时点信息。内容包括证券代码、证券简称、前收盘价格、最新成交价格、当日最高成交价格、当日最低成交价格、当日累计成交数量、当日累计成交金额、实时最高 5 个买入申报价格和数量、实时最低 5 个卖出申报价格和数量。

首次上市证券上市首日，其即时行情显示的前收盘价格为其发行价；恢复上市股票上市首日，其即时行情显示的前收盘价为其暂停上市前最后交易日的收盘价或恢复上市前最近一次增发价。

沪深两所每个交易日发布证券交易公开信息包括即时行情、证券指数等。

◎ 哪些股票实行涨跌幅限制

涨跌幅：指统计期内股票期末价格相对期初价格的变化幅度，其计算公式：涨跌幅=［（期末收盘价÷期初前收盘价）-1］×100%。例如，某股票1月10日收盘价19元，1月9日收盘价18.77元，则该股1月10日涨跌幅为：［（19÷18.77）-1］×100%=1.23%（四舍五入）。

沪深两所都对股票、基金交易实行价格涨跌幅限制，涨跌幅限制比例为10%。ST、*ST、未股改的股票价格涨跌幅限制比例为5%。因为创业板股票没有ST、*ST和未股改的股票，所以没有5%价格涨跌幅限制比例。

涨跌幅限制价格的计算公式为：涨跌幅限制价格=前收盘价×（1±涨跌幅限制比例），计算结果按照四舍五入原则取至价格最小变动单位。如果当天股价达到了上限或下限时，不得再有涨跌，术语称为涨（跌）停板。当天市价的最高上限称为涨停板，最低下限称为跌停板。例如，某股票昨日收盘价为10元，今天它的股价涨跌浮动范围是9~11元。如果是ST股，涨跌幅度为5%。例如，某ST股票昨日收盘价为6元，今天它的股价涨跌浮动范围是5.7~6.3元。所以您报价时，要遵循涨跌停板规则，否则就是无效申报。

上市首日不实行价格10%涨跌幅限制的有：首次公开发行上市的股票和封闭式基金；增发上市的股票（上交所）；暂停上市后恢复上市的股票；退市后重新上市的股票。但第二天则要遵循涨跌停板规则。

例如，2014年1月17日，纽威股份上市，当天价格涨幅就达到43.49%。同年1月10日，*ST聚友在停牌6年零7个多月后，更名为“华泽钴镍”恢复上市，收盘该股票暴涨了73.13%。但是，第二天，这两只股票则要遵循10%涨跌停板规则了。

对增发的股票，深交所规定要限制涨跌幅，比如，2013年8月9日，成都路桥增发的新股7567.57万股上市，就实行10%的价格涨跌幅限制。而上交所对增发的股票不限制涨跌幅。例如，2013年7月17日，昆明制药增发新股2695.42万股上市，就不设涨跌幅限制。

虽然沪深两所对首次公开发行上市的股票和封闭式基金、暂停上市后恢复上市的股票、退市后重新上市的股票不设涨跌幅限制，但都有临时停牌的制度。应注意：在连续竞价阶段，买卖无价格涨跌幅限制的证券，如新股，沪深两所也有专门规定，详见《新股上市特别规定：实行临时停牌制度》。

◎ 偏离值、价格振幅、换手率的计算公式

收盘价格涨跌幅偏离值的计算公式为：

收盘价格涨跌幅偏离值=单只股票（基金）涨跌幅-对应分类指数涨跌幅

对应分类指数包括沪深两所分别编制的A股指数、B股指数、基金指数、中小板

综合指数、创业板综合指数等。如果连续 3 个交易日内日收盘价涨跌幅偏离值累计达到±20%的，就属于异常波动。深交所还规定：ST 和*ST 股票连续 3 个交易日内日收盘价涨跌幅偏离值累计达到±12%的，也属于异常波动。

例如，外高桥公司股票（A 股和 B 股）自 2013 年 8 月 30 日起连续 3 个交易日每天涨幅都在 10%（2013 年 8 月 30 日、2013 年 9 月 2 日和 2013 年 9 月 3 日），3 天的涨幅为 30%，而同期沪指涨幅分别为 0.05%、0.00% 和 1.18%，3 天累计涨幅为 1.23%。可见，外高桥连续 3 个交易日内日收盘价涨跌幅偏离值累计 = 30% - 1.23% = 28.77%，偏离值超过了 20%，属于异常波动。

价格振幅的计算公式为：

价格振幅 = ［（当日最高价格 - 当日最低价格）÷当日最低价格］×100%

例如，深赤湾某日最高价格 10 元，最低价格 9.75 元，其价格振幅 = ［（10 - 9.75）÷9.75］×100% = 2.56%。

股票换手率：指股票成交量（或成交金额）与相应股票股本（或股票市值）的比率，换手率包括股本换手率、市值换手率。通常对单只股票仅采用股本换手率，对一组股票（剔除暂停上市股票）采用市值换手率。

股本换手率：指当日股票成交量与其流通股本的比率。计算公式为：

股本换手率 =（当日成交股数÷流通股本）×100%

例如，平安银行某日成交股数为 144.1 万股，流通股本为 49.7 亿股，股本换手率 =（114.1÷49.7）×100% = 2.3%。

市值换手率：指当日股票成交金额与其流通市值的比率。计算公式为：

市值换手率 =（当日股票成交金额÷流通市值）×100%

连续 3 个交易日内日均换手率与前 5 个交易日的日均换手率的比值达到 30 倍，且该股票连续 3 个交易日内的累计换手率达到 20%的，属于异常波动。

股票换手率的高低可以衡量市场交易的活跃度和流动性。换手率高好还是低好，不能一概而论，股市低迷，换手率就低；成熟市场，换手率也低；股市投机性强，换手率高。

我国股市换手率在全球股市中位居前列，2010～2012 年，中小板换手率分别为 806%、421%、405%；创业板换手率分别为 1771%、766%、806%；A 股换手率分别为 350%、218%、182%。

◎ 股价异常波动证券交易所公开信息和停牌

股票、封闭式基金竞价交易出现下列情形之一的，属于异常波动：

连续 3 个交易日内日收盘价涨跌幅偏离值累计达到±20%的；

连续 3 个交易日内日均换手率与前 5 个交易日的日均换手率的比值达到 30 倍，且该证券连续 3 个交易日内的累计换手率达到 20%的。

股票交易发生异常波动的，其公司根据情况决定是否停牌。例如，外高桥 2013 年 9 月开始连续 3 个交易日，收盘价格涨幅偏离值累计达 20%以上，但是没有停牌。又如，昌九生化在 2013 年 11 月 4 日开始跌停，该公司曾经两次发布股票交易异常波动公告，但是没有停牌，11 月 14 日起，该股连续 7 日跌停，最后只好停牌。再如，新民科技股价连续 3 个交易日内（2013 年 10 月 17 日、2013 年 10 月 18 日、2013 年 10 月 21 日）收盘价格涨幅偏离值累计超过 20%，公司股票就于 10 月 22 日开市起停牌，停牌期间该公司进行了自查，自查结果公告后，10 月 24 日其股票开市起复牌。

股票交易发生异常波动的，上市公司应当于下一个交易日披露股票交易异常波动公告。

比如，2013 年 10 月 24 日，有媒体全面揭露了青岛金王上下游核心供应商、客户间的隐秘关联关系，并对公司油品贸易的公允性乃至真实性提出质疑。当日公司股票被紧急停牌。又如，大元股份 2013 年 10 月筹划资产重组股权转让等重大事项，该公司股票就自 10 月 17 日起停牌。

此外，如果发生不可抗力、意外事件、技术故障、无法申报或行情传输中断情况等，证券交易所可以实行技术性停牌或临时停市等措施。2013 年 8 月 16 日 11:02~11:05，光大证券突然直线暴涨暴跌，上交所没有及时停牌，就遭到质疑。

◎ 发生交易异常情况股民损失，证券交易所赔偿吗

股民在炒股中，可能会碰到异常情况，如果发生不可抗力、意外事件、技术故障及沪深两所认定的其他异常情况，导致部分或全部交易不能进行的，沪深两所可以决定技术性或临时停市。

出现行情传输中断或无法申报的会员营业部数量超过营业部总数 10%以上的交易异常情况，沪、深两所可以实行临时停市。

因交易异常情况及沪深两所采取的相应措施造成的损失，沪深两所不承担责任。可见，股民碰到这些异常情况造成股票无法买卖，只有自认倒霉，沪深两所不负任何责任。

◎ 上市公司召开股东大会不停牌和其他的停牌

上市公司在交易时间召开股东大会，其股票交易不停牌。2013 年 5 月 16 日，因股东与高管矛盾爆发，上海家化召开股东大会就不停牌。

但是发生上市公司预计应披露的重大信息在披露前已难以保密或者已经泄露，可能或者已经对公司股票及其衍生品种的交易价格产生较大影响的；上市公司进行重大资产重组的；公共传媒中出现上市公司尚未披露的重大信息，可能或者已经对公司股票及其衍生品种的交易价格产生较大影响的；等等，就要停牌。

例如，2013 年 10 月 17 日，雪人股份公告披露，正在筹划对外购买资产事项，公司股票于 2013 年 10 月 17 日开市时起停牌。

◎ 一手、现手、新股民初次买多少股合适

一手就是100股。买入股票时，申报数量应当为100股（份）或其整数倍，即应以一手为整数倍进行。如买100股、5200股等，不能买入150股、3120股。

卖出股票时，随便，但是余额不足100股（份）部分，就应当一次性申报卖出。由于配股中会发生不足一手的情况，如10送3股，您有100股，变为130股，这时可以卖出130股或者30股。

股票单笔申报最大数量应当不超过100万股。

现手：指当时成交的手数。例如，某股票开盘就成交了5000股，即成交了50手。

由于新股民不熟悉股票特点，最好买一手（100股）试试，再卖出一手试试，反复十几次，找找感觉，然后再进行大手笔买卖。

◎ 集合竞价（开盘价如何产生）和连续竞价（有效申报）

集合竞价：指开盘前规定的时间内接受的买卖申报一次性集中撮合的竞价方式。

9:15~9:25为开盘集合竞价时间，沪深证交所开始接受股民有效的买卖指令，如涨跌幅必须按规定填单（一般股票涨跌幅是10%，ST股5%，当日上市的新股除外），否则主机不接受。在9:30正式开盘的一瞬间，沪深证交所的电脑主机开始撮合成交，以每只股票最大成交量的价格来确定每只股票的开盘价格。下午开盘没有集合竞价。

如果股民在集合竞价阶段填单后，又想撤单，是否可以撤单？沪深两所在时间上有差异规定。

上交所的规定是：在每个交易日9:20~9:25的开盘集合竞价阶段，交易主机不接受撤单申报；其他接受交易申报的时间内，未成交申报可以撤销。

深交所的规定是：每个交易日9:25~9:30的开盘集合竞价阶段，交易主机只接受申报，但不对买卖申报或撤销申报作处理。14:57~15:00深交所交易主机不接受参与竞价交易的撤销申报；在其他接受申报的时间内，未成交申报可以撤销。

集合竞价输入的报单不能撤单，但也不作废，待9:30开盘后，参加连续竞价。

买卖股票有10%（ST股5%）价格涨跌幅限制的，在价格涨跌幅限制以内的申报为有效申报，超过价格涨跌幅限制的申报为无效申报。

注意：新股在集合竞价阶段，沪深两所有专门规定，详见《新股上市特别规定：实行临时停牌制度》。

集合竞价时，成交价的确定原则为：可实现最大成交量；高于该价格的买入申报与低于该价格的卖出申报全部成交；与该价格相同的买方或卖方至少有一方全部成交。

连续竞价：指开盘后对买卖申报逐笔连续撮合的竞价方式，一般股票有效竞价范围为10%，ST股票为5%。集合竞价中没有成交的买卖指令继续有效，自动进入连续竞价等待合适的价位成交，而无效的买卖指令主机不接受。例如，股票价格涨跌幅超过10%（ST股5%）限制等（当日上市的新股除外）。

注意：在连续竞价阶段，买卖无价格涨跌幅限制的股票，如新股，沪深两所有专门规定，详见《新股上市特别规定：实行临时停牌制度》。

连续竞价时，成交价的确定原则为：

（1）最高买入申报与最低卖出申报价格相同，以该价格为成交价。例如，甲方以5元买入股票，乙方以5元卖出股票，此时的成交价为5元。

（2）买入申报价格高于集中申报簿当时最低卖出申报价格时，以集中申报簿当时的最低卖出申报价格为成交价。例如，甲方以5元买入股票，乙方以4.8元卖出股票，此时的成交价为4.8元。

（3）卖出申报价格低于集中申报簿当时最高买入申报价格时，以集中申报簿当时的最高买入申报价格为成交价。例如，甲方以4.8元卖出股票，乙方以5元买进股票，此时的成交价为5元。

需要注意：集中申报簿指交易主机某一时点有效竞价范围内按买卖方向以及价格优先、时间优先顺序排列的所有未成交申报队列。

◎ 股票成交原则与买卖股票为何不成交

股票成交的原则：按价格优先、时间优先的原则撮合成交。价格优先的原则：较高价格买入申报优先于较低价格买入申报，较低价格卖出申报优先于较高价格卖出申报。时间优先的原则：买卖方向、价格相同的，先申报者优先于后申报者。先后顺序按交易主机接受申报的时间确定。

通俗理解就是谁给的价格优惠，谁先排队来买卖股票，谁就先成交。例如，许多股民同时买某股票，此时乙股民输入的买入价格是10元，甲股民输入的买入价格是10.01元，则甲股民优先成交，这就是价格优先。

如果大家都输入10.01元买入，则按照先来后到排队等待成交，即谁先输入的10.01元的买单，谁就先成交，这就是时间优先。

反过来卖股票也照此办理。例如，许多股民同时卖某股票，此时乙股民输入的卖出价格是10元，甲股民输入的卖出价格为9.98元，则甲股民优先成交，这就是价格优先。

如果大家都输入9.98元卖出，则按照先来后到排队等待成交，即谁先输入的卖单，谁就先成交，这就是时间优先。

掌握好这个规则，对我们在“疾风暴雨”的行情操作中帮助极大。特别是价格优先规则，新股民一定要深刻体会。例如，行情一旦启动，您还空仓的话，此时应该迅速采用价格优先规则，高填买单以迅速成交，防止踏空；而行情一旦开始下跌，您还满仓的话，此时应该迅速采用价格优先规则，低填卖单以迅速成交，防止套牢。

明白了“价格优先、时间优先”这个道理，您就明白了为什么委托买卖股票有时会发生不成交的情况：

（1）遵循价格优先、时间优先原则。如某股票市价 8 元，您填买入（或卖出）8 元，但全国那么多股民都在填 8 元价位，这就要“时间优先”了，俗话讲先来后到，要排队。先填 8 元，先成交。等到您时，可能价格变成 8.2 元（或 7.98 元），您就买不到了（或卖不出了）。所以您操作时，要明白这个原理。

（2）价位合适，并且也长时间没变，为何不成交呢？这里有一个交易量的问题。如某股票 8 元，但卖出有 5 万股（或买入只有 5 万股），而买入有 10 万股（或卖出只有 7 万股），因此卖买之间空缺 5 万股（买卖之间空缺 2 万股），尽管 8 元价位合适，但只能满足 5 万股成交，剩下的 5 万股只有等待（空缺 2 万股也如此）。

◎ 成交量、成交额、平均每笔成交、总量、量比、量比指标

成交量：指在统计期内全部股票成交数量合计，包含竞价交易和协议交易（大宗交易）。简单理解就是买卖股票的数量。如卖方卖出 10 亿股，买方同时买入 10 亿股，此笔股票成交量为 10 亿股。

成交额：指在统计期内全部股票成交金额合计。简单理解就是各类股票的价格乘上其成交量的总计金额，例如，卖方卖出 10 亿股，买方向卖方支付 10 亿股的价款，即为成交额。又如，某投资者以每股 10 元的价格成交了 200 股，又以每股 15 元的价格成交了另 100 股，股票成交额为：10×200+15×100=3500（元）。

如果用股票成交额除以总成交量，即得出每股成交量的加权平均股份。

平均每笔成交：竞价成交均由证券交易所电脑主机自动撮合，每一笔均有平衡的买卖盘对应，由于成交是以撮合成功为准逐笔进行，故这里的“笔”指撮合成交的次数，即不管买卖盘的委托笔数是多少，多少次撮合成交即显示有多少成交笔数。如上，一次买进 1000 股，分 200 股和 800 股两次成交，即显示两笔买卖，每笔成交分别为 200 股和 800 股。平均每笔成交为（800+200）÷2=500 股。

总量：股票一天交易量的总和。

量比：指股票从开盘交易到目前累计成交总手数与前 5 日成交总手数在相同时间的平均值之比值。电脑软件自动实时计算出量比指标。

量比指标公式：

量比=现成交总手/［过去 5 日平均每分钟成交量×当日累计开市时间（分）］

量比指标是 5 天的盘口成交变化，量比值越大，表明该股成交活跃，可以参考建仓或平仓。

一般理解是，量比为 0.8~1.5 倍，成交量处于正常水平，股价盘整。量比在 1.5~

2.5倍，股价温和缓升，若股价下跌，则可认定短期上升结束。量比在2.5~5倍，则为明显放量。量比达5~10倍，则为剧烈放量，如果股价处于底部，可以考虑买进持有；如果股价在顶部了，可以考虑卖出。

◎ 市价委托、限价委托、撤单为何不成功

市价委托：客户委托会员按市场价格买卖证券，即股民直接按当时显示的股票价格买卖就是市价委托。例如，贵州茅台（600519）现在显示价格为206.56元，如果立即填单按此价格买卖，就是市价委托。注意：当你按市价发出买卖指令，但是送达交易主机时有一定时间，如果此时股价发生变化，你的买卖也可能不成交。

限价委托：指客户委托会员按其限定的价格买卖证券，会员必须按限定的价格或低于限定的价格申报买入证券，按限定的价格或高于限定的价格申报卖出证券。例如，股民不按当时显示的股票市价买卖，而是自己定一个价格等待买卖（不能违反有关涨跌幅的规定），就是限价委托。例如，贵州茅台现在显示价格为200.56元，股民填单200.46元等待买进，如果股价直接回落低于200.46元，也属于限价委托买进。卖出时，股民填单210.98元等待卖出，如果股价直接上升到了220.12元，也属于限价委托卖出。

股民发出股民买卖指令后，决定撤销委托买卖的指令是可以的，但是如果成交了就不可以反悔了。

撤单为何不成功：是对撤单的理解有误。例如，投资者用电话或网上委托，电话里传来“接受委托撤单”的声音或网上页面显示“接受委托撤单”的字样，然而结果是没有撤单，撤单不成功问题出在哪？关键是“接受委托撤单”只是“接受”，并未“成功撤单”，所以不能认为“接受委托撤单”就是“撤单成功”。

此外，上交所在每个交易日9:20~9:25的开盘集合竞价阶段，交易主机不接受撤单申报。其他接受交易申报的时间内，未成交申报可以撤销。

深交所的规定是：每个交易日9:25~9:30的开盘集合竞价阶段，交易主机只接受申报，但不对买卖申报或撤销申报作处理。14:57~15:00深交所交易主机不接受参与竞价交易的撤销申报；在其他接受申报的时间内，未成交申报可以撤销。

◎ 买卖股票成交后反悔和发生意外情况怎么办

股民填单买卖股票成交后（其成交结果以证券交易所交易主机记录的成交数据为准），如果想反悔是绝对不行的，买卖双方必须承认交易结果，履行清算交收义务。

如果因不可抗力、意外事件、交易系统被非法侵入等原因造成严重后果的交易，沪深两所可以采取适当措施或认定无效。对显失公平的交易，经证券交易所认定并经理事会同意，可以采取适当措施，并向中国证监会报告。例如，“3·27”国债期货

就宣布当天交易无效。

◎ 建仓、补仓、平仓、斩仓、全仓、半仓、满仓

建仓：指买入股票并有了成交结果的行为。例如，您买入了中国石油 1000 股，可称为建仓。

补仓：指分批买入股票并有了成交结果的行为。例如，您先买进了中国石油 1000 股，之后再次买进 5000 股，这就是补仓。

平仓（清仓）：指买进股票后，股价上涨有盈利后卖出股票并有了成交结果的行为。例如，您以 10 元买进了中国石油 1000 股，第三天您以 11 元卖出 1000 股，并且顺利成交。此行为称作平仓。

斩仓（砍仓）：指买进股票后，股价开始下跌造成亏损后卖出股票并有了成交结果的行为。例如，您第一天以 48 元买进了中国石油 1000 股，第二天该股价下跌，您认为股价还可能继续下跌，于是当天以 47 元卖出 1000 股，并且顺利成交。此行为称作斩仓。

全仓：指买卖股票不分批、不分次，而是一次性建仓或一次性平仓、斩仓并有了成交结果的行为。例如，一次性买进中国石油 6000 股，卖出时，一次性卖出 6000 股。并先后顺利成交。

半仓：指买卖股票仅用 50%的仓位，例如，买股票仅用 50%的资金建仓，平仓、斩仓卖出股票仅卖掉 50%。又如，建仓时，用 50%的资金买进中国石油 3000 股，而留一半资金等待观望，择机行动；卖出时，仅卖出 1500 股，另一半股票择机行动。

满仓：指已经用全部的资金买进了股票，您账上没有充足的钱再继续买进股票了，此时您的仓位已经填满了。

◎ 多头、利多、空头、利空、看平、多翻空、空翻多、轧多、轧空、踏空

多头（多方、看多）：指预计股价上升，看好股市前景的股民。例如，1999 年 5 月 19 日行情一发动，许多人纷纷看多后市，大胆建仓，成为多头。

利多（利好）：有利于多头的各种信息。例如，管理层鼓励股市上升的政策；经济指标好转的信息；上市公司业绩良好等。又如，2002 年 6 月 24 日颁布的停止国有股减持的决定就是利好政策，当天几乎所有股票涨停。

如果股市已经开始下跌了，而还坚定看多的股评人和股民，就是死多头。例如，2008 年股市已经有开始下跌的迹象，但是个别的股评人和股民仍然坚持看多股市，甚至有的股评人认为沪指涨到 10000 点。结果沪指一直跌到 2008 年 10 月 28 日的 1664 点，死多头损失惨重。

如果多头们对大势能否持续上升的判断出现分歧，有的多头开始看空，于是纷纷

抛出股票，形成了多头之间互相残杀的局面，这就是多杀多。

空头（空方、看空）：指预计股价下跌，不看好股市前景的股民。例如，少数人预计 2008 年股市将有一轮大跌，于是立即平仓或斩仓，成为空头。

利空：指有利于空头的各种信息。例如，监管股市的政策出台、经济指标恶化的信息、上市公司业绩滑坡等。又如，2001 年包括国有股减持、银广夏造假等在内的 22 个不利因素就是利空，结果从 2001 年 7 月开始，股市就一路下挫长达 3 年多。

如果股市已经开始启动，而还坚定看空的股评人和股民，就是死空头。例如，2005 年 6 月 6 日，沪指跌破 1000 点，此时有人看空到 800 点，而股市已经有好转的迹象。但是个别的股评人和股民仍然坚持看空股市，甚至有的股评人认为沪指应该跌到 800 点。结果股市发动了长达两年多的牛市行情，死空头失去了绝好的机会。

如果看空的空头们对大势能否继续下跌的判断出现分歧，有的空头认为股市跌到底了，于是开始看多并建仓，形成了空头之间的分裂局面，这就是空杀空。

看平：指预计股价不涨不跌，观望股市的股民。

多翻空：指原来多头股民转为空头股民。例如，2008 年 4 月下旬，股市开始下跌，刚开始还坚持多头的股民，后来转变了观点，认为股市将有一轮大跌，不相信再创新高的神话，于是立即平仓或斩仓，由多头翻为空头。

空翻多：指原来空头股民转为多头股民。例如，2005 年 6 月 6 日，沪指跌破 1000 点，此时有人看空到 800 点。此时股市开始发动，刚开始还坚持空头的股民，后来转变了观点，认为股市将有一轮大涨，不相信 800 点的“鬼话”，于是立即追进建仓，由空头翻为多头。

轧多：指空头对多头的打击。当多头认为股市会继续上升时，他们的仓位较重。此时，空头实施强大的抛压，一举将股价打下来，让多头损失惨重。例如，2001 年 6 月 14 日，沪指再创 11 年新高 2245 点。此时许多股评人和一些人继续看多，仓位很重。2001 年 7 月中旬，空方开始轧多，一路打压股市。结果股市下跌长达 4 年多，空方取得了轧多的胜利。

轧空：指多头对空头的打击。当空头认为股市会继续下跌时，他们基本是空仓。此时，多头实施强大攻击，一举将股价推升，让空头失去机会。例如，2005 年 6 月 6 日，沪指跌破 1000 点，此时有人看空到 800 点。结果多头一路轧空，不给空方任何机会，股市开始发动了长达两年多的牛市行情，一举将沪指推到 6124 点方才罢休，多头在两年的轧空战役中大获全胜。

踏空：指一直认为股市会继续下跌并没有建仓，结果股市一路上涨，失去了赚钱的机会。例如，2005 年 6 月 6 日，沪指跌破 1000 点，此时有人看空到 800 点，结果股市开始发动了长达两年多的牛市行情，看空的股民由此踏空。

◎ 诱多、诱空、多头排列、空头排列、跳水、骗线

诱多：指主力庄家引诱股民看多，实际上主力庄家已经在悄悄平仓出货。例如，2001 年 6 月 14 日，沪指再创 11 年新高 2245 点。此时主力庄家们准备出货，而雇用股评人继续喷多，让散户们继续持仓。结果 2001 年 7 月中旬开始，主力庄家们不惜血本出货，创造了长达 4 年多的下跌行情，而被诱多者损失惨重，叫苦不迭。

诱空：指主力庄家引诱股民看空，实际上主力庄家已经在悄悄建仓进货。例如，2005 年 6 月 6 日，沪指跌破 1000 点，此时有人看空到 800 点，诱空股民不让其建仓。结果多头一路轧空，被诱空的股民建仓成本增加，后悔莫及。

多头排列：指短期均线上穿中期均线，中期均线上穿长期均线，整个均线系统形成向上发散态势，显示多头的气势。

空头排列：指短期均线下穿中期均线，中期均线下穿长期均线，整个均线系统形成向下发散态势，显示空头的气势。

跳水：比喻股市大幅快速下跌。

骗线：利用技术指标人为画出曲线，给人以股价上升或下跌的假象，达到不可告人的目的。例如，2005 年 6 月 6 日，沪指跌破 1000 点，此时股市中的一些技术指标仍然不见好转，主力庄家甚至采取了骗线的手法，让散户踏空。结果后来发生了长达两年的牛市行情，主力庄家采取骗线的手法，让散户失去了绝好的机会。

◎ 牛市、熊市、鹿市、黑色含义、坐轿子、抬轿子

牛市：指股市行情波澜壮阔，交易活跃，指数屡创新高的态势。例如，2006~2007 年就是一轮典型的牛劲十足的行情，这期间的指数屡创新高，成交额屡屡放大，板块炒作活跃，入市人数激增。

熊市：指股市行情萎靡不振，交易萎缩，指数一路下跌的态势。例如，2001 年 7 月至 2005 年 5 月，就是典型的熊市特征。这期间管理层频频出台利好政策救市，但股市仍然下跌，成交额屡屡缩小，无热点板块炒作，入市人数减少。

鹿市：指股市投机气氛浓厚。投机者如同鹿一样，频频炒短线，见利就跑。典型的，如 1995 年的“5·18”行情、2001 年的“10·23”行情和 2002 年的“6·24”行情。

黑色含义：一般指股市暴跌的态势。耶稣遇难日被人们称作“黑色星期五”。1869 年 9 月 24 日，美国股市大跌，这天正好是星期五，故美国股民称“黑色星期五”。因此，今后股市一暴跌，人们就称“黑色星期×”。我国股市在 2002 年的时候，星期一经常发生下跌，当时股民称作“黑色星期一”。

坐轿子：指预计股价上升，事先建仓，等待股价上升获利。例如，2002 年的“6·24”行情发生前期，如果事先建仓，则可以顺利坐上轿子。

抬轿子：指预计股价下跌，空仓等待；但是股价突然上升，此时赶紧追涨建仓；但是获利空间已经缩小，甚至股价上涨完毕。此行动就是帮别人抬了一回轿子。

◎ 高开、跳空高开、低开、跳空低开、跳空缺口

高开：指今日开盘价超过昨日收盘价但未超过最高价的现象。如某股票昨日收盘价为 10 元，最高价为 10. 82 元。今天一开盘，价格就达到了 10. 5 元，超过昨日收盘价 0. 50 元。但没有超过昨日最高价，即没有发生跳空缺口高开的现象，此为高开。

跳空高开：指今日开盘价格超过昨日最高价格的现象。例如，某股票昨日最高价格为 10 元，今天一开盘，价格就达到了 10. 5 元。

低开：指今日开盘价低于昨日收盘价但未低于最低价的现象。例如，某股票昨日最低价格为 9. 3 元，收盘价为 10. 02 元。今天一开盘，价格就低开为 9. 5 元，低于昨日收盘价 0. 52 元，但没有低于昨日最低价，即没有发生跳空缺口低开的现象，此为低开。

跳空低开：指今日开盘价格低于昨日最低价格的现象。例如，某股票昨日最低价格为 10 元，今天一开盘，价格就低开为 9. 5 元。

跳空缺口：指今日开盘价格超过昨日最高价格或今日开盘价格低于昨日最低价格的空间价位。例如，某股票昨日最高价格为 10 元，今天一开盘，价格就达到了 10. 5 元，跳空缺口空间价位为 0. 5 元，此为向上的跳空缺口。又如，某股票昨日最低价格为 10 元，今天一开盘，价格就低开为 9. 5 元，跳空缺口空间价位为 0. 5 元，此为向下的跳空缺口。

◎ 套牢、解套、割肉、止损

套牢：指买入股票后股价下跌造成账面损失的现象。例如，48 元买入中石油 100 股，结果该股后来跌到 10 元，此为套牢。

解套：指买入股票后股价下跌暂时造成账面损失，但是以后股价又涨回来的现象。例如，4 元买入中国石化 100 股，结果该股后来跌到 2 元，但是以后又涨到 20 元，此为解套。

割肉：指买入股票后股价下跌股民亏损斩仓出局造成实际损失的现象。例如，某股民 48 元买入中石油 100 股，结果该股后来跌到 20 元，买入的股民无奈卖出，此为割肉。

止损：指买入股票后股价下跌股民亏损斩仓出局以防股价进一步下跌造成更大损失的行为。例如，48 元买入中石油 100 股，结果该股第二天跌到 46 元。买入的股民预计该股可能还要下跌，于是 46 元果断割肉卖出 100 股，赔了 200 元，后来该股跌到了 10 元，如果股民不果断卖出，实际的损失更大为 3600 元。因此，及时止损是必要的，这点对新股民而言是非常不容易做到的，但是您必须学会止损，不能因小亏变

大亏。

◎ 对敲、筹码、金叉、死叉

对敲：是典型的投机手段。投机者利用各种手段在许多营业部开设多个账户，然后以自己为交易对象进行不转移实际股票所有权的虚假交易的行为。例如，2000 年亿安科技冲上 100 元和 2001 年中科创业股价虚假操纵案都是典型的庄家对敲的骗局。

筹码：是对买进但暂时未卖出待价而沽的股票的俗称。例如，庄家手中有大量的筹码，就是指有大量的股票还没有卖出。

金叉（黄金交叉）：主要指（其他指标也适用）短期移动平均线向上穿过中期移动平均线或短期、中期移动平均线同时向上穿过长期移动平均线的走势图形中的交叉点，此交叉点是建仓的机会，所以把此交叉点称作黄金交叉，简称金叉。

死叉：主要指（其他指标也适用）短期移动平均线向下穿过中期移动平均线或短期、中期移动平均线同时向下穿过长期移动平均线的走势图形中的交叉点，此交叉点意味着股价要下跌，应该及时平仓，所以把此交叉点称作死叉。

◎ 买盘、卖盘、委买手数、委卖手数、委比

买盘：指买入股票的资金意愿和实际行为。例如，主力看好贵州茅台，于是大量买入该股，在盘口上显示资金正在介入该股，买盘积极。

卖盘：指卖出股票的资金意愿和实际行为。例如，主力看淡中国中铁，于是大量卖出该股，在盘口上显示资金正在退出该股，卖盘积极。

委买手数：指已经输入证交所主机电脑欲买进某股票的委托手数。现在营业部的终端电脑显示前五档委买手数，后边的委买手数一般股民看不到。例如，目前股民看到的买盘一、二、三、四、五，就是在不同价位揭示欲买入股票的手数。

委卖手数：指输入证交所主机电脑欲卖出某股票的委托手数。现在营业部的终端电脑只显示前五档委卖手数，后边的委卖手数一般股民看不到。例如，目前股民看到的卖盘一、二、三、四、五，就是在不同价位揭示欲卖出股票的手数。

委比：指通过对委买手数和委卖手数之差与委买手数和委卖手数之和的比率计算［（委买手数-委卖手数/委买手数+委卖手数）×100%］揭示当前买卖委托的动向。例如，某股票交易时，在它的买盘口，分别显示五档买盘：10 元，有 10 手欲买入；9.99 元，有 12 手欲买入；9.98 元，有 30 手欲买入；9.97 元，有 40 手欲买入；9.96 元，有 70 手欲买入。在它的卖盘口，分别显示五档卖盘：10 元，有 10 手欲卖出；10.01 元，有 12 手欲卖出；10.02 元，有 20 手欲卖出；10.03 元，有 16 手欲卖出；10.04 元，有 2 手欲卖出。此时委比=［（10+12+30+40+70）-（10+12+20+16+2）］÷［（10+12+30+40+70）+（10+12+20+16+2）］=45.95%。

这个 45.95%是正值，表明该股买盘的力量大于卖盘，股价此时上升的可能性

大；如果是-45.95%，则表明买盘的力量小于卖盘，股价此时上升的可能性不大。值得注意的是：这是一种“可能性”，因为委比的情况时刻在发生变化，因此要灵活观察盘口的委比买卖动向，不要被一时的假象迷惑。

◎ 红盘、绿盘、平盘、回转交易

红盘：红，代表股价上升，今日收盘价高于昨日收盘价，称作红盘报收。

绿盘：绿，代表股价下跌，今日收盘价低于昨日收盘价，称作绿盘报收。

平盘：股价基本上没涨没跌，称作平盘报收。通常用白色表示。

证券的回转交易指股民买入的证券，经确认成交后，在交收前全部或部分卖出。指股民买入的证券，在交收前不得卖出，通俗讲就是T+1（T是指“Trade”交易的英文的第一个字母）。即当天买进的股票只能在第二天卖出，而当天卖出的股票确认成交后，返回的资金当天就可以买进股票。例如，您今天买进中国石油100股，只能明天卖出。如果您明天卖出中国石油100股并确认成交后，返回的资金您当天马上又可以买进该股或其他股票。

◎ 开盘价、最高价、最低价、收盘价

开盘价：当日该股票的第一笔成交价。股票的开盘价是通过集合竞价方式产生，不能通过集合竞价产生的，以连续竞价方式产生。

最高价：指股票当天最高成交的价格。

最低价：指股票当天最低成交的价格。

收盘价：沪深两所规定不同。上交所规定，证券的收盘价为当日该证券最后一笔交易前一分钟所有交易的成交量加权平均价（含最后一笔交易）。当日无成交的，以前收盘价为当日收盘价。

深交所规定，证券的收盘价通过集合竞价的方式产生。收盘集合竞价不能产生收盘价或未进行收盘集合竞价的，以当日该证券最后一笔交易前一分钟所有交易的成交量加权平均价（含最后一笔交易）为收盘价。当日无成交的，以前收盘价为当日收盘价。

但下列情形的除外：首次公开发行并上市股票、上市债券上市首日，其即时行情显示的前收盘价为其发行价；恢复上市股票上市首日，其即时行情显示的前收盘价为其暂停上市前最后交易日的收盘价或恢复上市前最近一次增发价；基金上市首日，其即时行情显示的前收盘价为其前一交易日基金份额净值（四舍五入至0.001元）；证券除权、除息日，其即时行情显示的前收盘价为该证券除权、除息参考价。

◎ K线、阳线、阴线、上影线、下影线、实体线

K线：用红、绿颜色分别表现股票的开盘、最高、最低、收盘价格的状态的图线

（注：本书阳线用白色表示，阴线用黑色表示）。

阳线：当日股价收盘价高于开盘价。例如，某股票今天开盘价 10 元，收盘价 10. 11 元，则今天某股票收为阳线。

阴线：当日股价收盘价低于开盘价。例如，某股票今天开盘价 10 元，收盘价 9. 81 元，则今天某股票收为阴线。

上影线：当 K 线为阳线时，反映在 K 线图上就是上影线为当日最高价与收盘价之差；当 K 线为阴线时，上影线为当日最高价与开盘价之差的线段。

下影线：当 K 线为阳线时，反映在 K 线图上就是下影线为当日开盘价与最低价之差；当 K 线为阴线时，下影线为当日收盘价与最低价之差的线段。

实体线：当日收盘价与开盘价之差。如果收盘价高于开盘价，实体为红色柱体；反之为绿色（黑色）柱体。

例 1：沪指某日开盘价 1515 点，最高价 1530 点，最低价 1513 点，收盘价 1525 点。则：上影线 = 1530 - 1525 = 5 点，下影线 = 1515 - 1513 = 2 点，实体线 = 1525 - 1515 = 10 点。此时可描述为：今日沪指收出一个上影线为 5 点，下影线为 2 点，实体为 10 点的阳线（见图 1-2）。

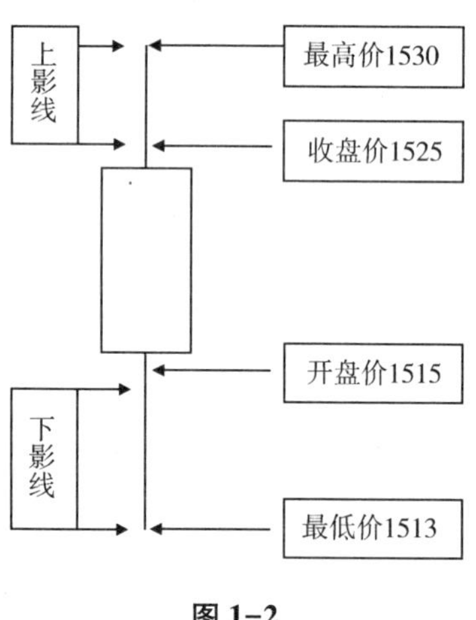

图 1-2

例 2：沪指某日开盘价 2213 点，最高价 2226 点，最低价 2177 点，收盘价 2183 点。则：上影线 = 2226-2213 = 13 点，下影线 = 2183-2177 = 6 点，实体线 = 2183 - 2213 = -30 点。此时可描述为：今日沪指收出一个上影线为 13 点，下影线为 6 点，实体为 30 点的阴线（见图 1-3）。

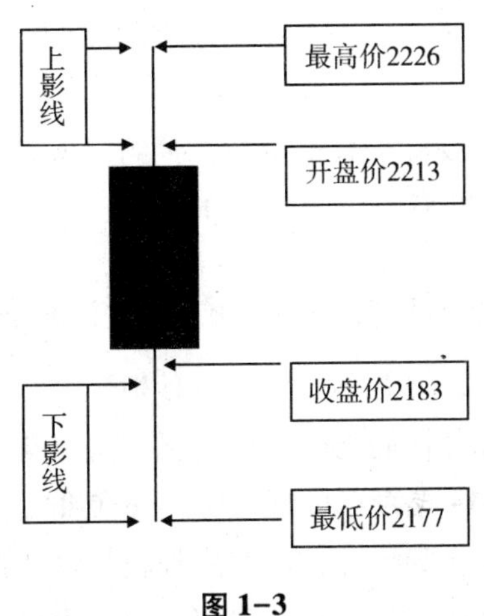

图 1-3

◎ 股票指数、股指编制、股票价格指数的点

股票指数（以下简称“股指”）：是度量组成该指数的所有股票的市场平均价格水平及其变动情况的指标。根据不同覆盖范围，股指可分为综合指数和成份指数。通常将包括某证券交易所全部上市股票的指数称为该交易所的综合指数，而将部分股票组成的指数称为成份指数。

股指编制：一是抽样，在众多股票中根据一定的规则抽取少数具有代表性的成份股；二是新股上市何时计入指数，即新股上市首日到计入指数的时间间隔；三是加权方式，如按价格、总市值或自由流通市值加权等；四是计算方法，如算术平均或几何平均等。

上证综指和深证综指采用算术平均的总市值加权，新股上市后第 11 个交易日进入指数；沪深 300、中证 100 等中证系列指数，采用算术平均的自由流通市值加权，成份股按一定规则选取，一般于每年 1 月和 7 月的第一个交易日进行成份股定期调整。

沪深两所都各自编制自己的综合指数、成份指数、分类指数等证券指数。

综合指数一般用于反映宏观面和股市本身变化的趋势。它的编制原理是：当日股价市值与基准日股价市值的比率。例如，沪指基准日定在 1990 年 12 月 19 日。今日即时指数=上日收市指数×（今日总市值÷上日总市值）。

深交所于 1995 年 1 月 3 日最早开始编制深证成指并于同年 2 月 20 日实时对外发布。之后，上交所也编制了成份指数。

2005 年以前，我国股市中有 2/3 的股本不流通，所以综合指数反映股市的变化不太科学，而成份指数是以流通股为基数编制的，有一定合理性：“谁流通，计算谁”。但是现在已经是全流通了，所以成份指数意义不大。

分类指数是按照股票板块（金融板块、房地产板块等）编制的指数，用于反映各自行业的态势。

股票价格指数的点：对股价指数单位的一种约定俗成的叫法。例如，昨天沪指收盘为2200点，今天收盘为2300点，上升了100点。

◎ 大盘和个股分时图中的白线、黄线、红绿柱线、黄色柱线

股市指数每秒都在变化，但是不可能把每秒指数的曲线变化都表现在股市的走势图上，曲线走势图仅显示每分钟的指数走势情况，这就是大盘指数曲线分时图。在大盘指数曲线分时图当中，有一条白色曲线和一条黄色曲线。

白色曲线：是指大盘的实际指数，用股本加权平均法计算的指数，即用每个股票总股本乘以当日市价累计之和再除以每个股票的总股本之和，最后乘以基数，得出的指数。

黄色曲线：不含股本加权的指数，即不考虑股票盘子的大小，采用简单平均法计算的指数，将各股的市价之和除以市场的股票总数，最后乘以一个基数而得出指数。

例如，假设有两只股票组成的股票市场，A股票股本为1.23万股，当日收市价2.26元；B股票的股本为2.48万股，当日收市价为1.40元。基数为1000点。

如果用加权平均法计算，当日指数为[(1.23万股×2.26元+2.48万股×1.40元)/(1.23万股+2.48万股)]×1000=1685.12（点）；

而用简单平均法计算，当日指数则为[(2.26元+1.40元)/2]×1000=1830.00（点）。

可见，股本权数对大盘指数影响较大，也更加反映了大盘的实际态势。因此当白线在黄线之上时，表示当日大多是大盘股领涨；反之，白线在黄线之下，表示当日主要是中小盘股上涨或是大盘股疲软。

红绿柱线：在红白两条曲线的红绿柱状线，是大盘当时所有股票的买盘与卖盘在数量上的比率。红柱线长，表示买盘力量大；绿柱线长，表示卖盘力量大。

黄色柱线：在红白曲线图下方，表示大盘每一分钟的成交量，单位是手（每手等于100股）。

个股曲线分时走势图的白色曲线和黄色曲线与大盘的白色曲线和黄色曲线含义不同，个股的白色曲线表示该种股票实时成交的价格。黄色曲线则表示该种股票实时成交的平均价格，当天成交总金额除以成交总股数。个股黄色柱线表示该股每一分钟的成交量。

个股的成交明细：显示个股动态每笔成交的价格和手数，在盘面的右下方显示（见图1-4）。

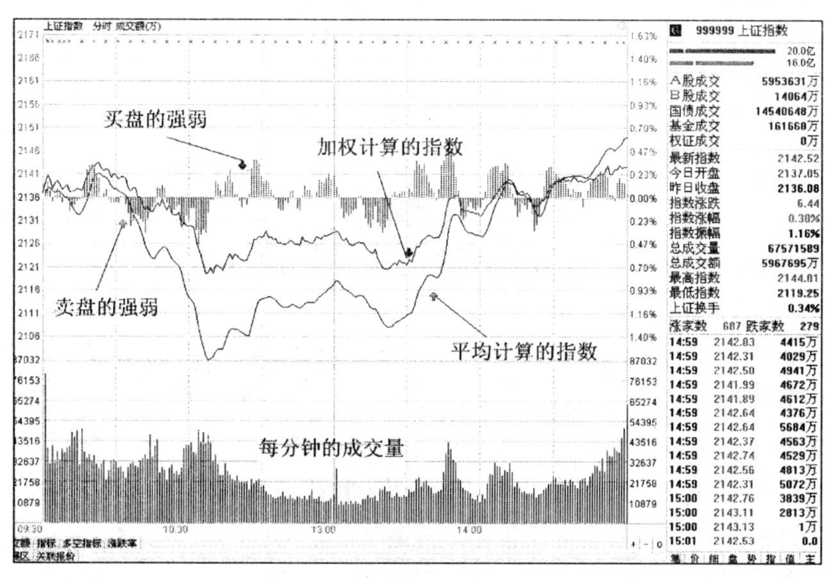

图 1-4

◎ 市盈率和市净率：关心哪个

市盈率（PE）：指上市公司每股股价与每股收益的比率。通常用上市公司股票市值与其对应的归属母公司股东净利润的比率进行计算，亏损股不计算市盈率。

$$PE=\frac{P}{EPS}=\frac{CAP}{NP}$$

其中，

PE——市盈率

P——每股收盘价

EPS——每股收益

CAP——股票市值

NP——该股份对应的归属母公司股东净利润

多只股票的平均市盈率通常用上市公司股票市值合计与其对应的归属母公司股东的净利润合计的比率进行计算（剔除暂停上市公司股票）：

$$PE=\frac{\sum_{i=1}^{n} CAP_i}{\sum_{i=1}^{n} NP_i}$$

其中，

PE——市盈率

n——股票只数

CAP_i——第 i 只上市公司股票市值

NP_i——第 i 只上市公司股票对应的归属母公司股东的净利润

静态市盈率：指统计期末上市公司每股股价与最新年度财务报告中披露的每股收益的比率。通常用上市公司股票市值与其最新年度财务报告中对应的归属母公司股东净利润的比率进行计算。

滚动市盈率：指统计期末上市公司每股股价与最近连续 4 个季度产生的每股收益合计的比率。通常用上市公司股票市值与其最近连续 4 个季度对应的归属母公司股东的净利润合计的比率进行计算。

预测市盈率：指统计期末上市公司每股股价与预测每股收益的比率。其中，预测每股收益采用以下方法计算：

预测每股收益=一季度财务报告中实现的每股收益×4；

预测每股收益=半年财务报告中实现的每股收益×2；

预测每股收益=三季度财务报告中实现的每股收益×4/3。

例如，某股年底收盘价为 193.3 元，该股此年底每股收益为 8.44 元，因此，该年底该股市盈率为 22.9 倍（193.3÷8.44）。

市盈率是一个动态指标，一是每日收市价在变化，二是上市公司送配股后，股本发生变化，因此，每股收益也要变化，所以市盈率计算应随时按新的每股收益相应调整。如某上市公司年度分配方案为 10 送 3，10 配 3，其每股收益为 1.71 元。送股前收市价为 27.16 元，计算市盈率为 15.88 倍（27.16÷1.71）。而送配后，股本变大，每股收益由 1.71 变为 1.07。如再以 27.16 元算市盈率则为 25.38 倍（27.16÷1.07）。

由于股价和股本随时在变化，而每股收益一年只计算一次，所以用市盈率作为唯一衡量股市的标准是不科学的。

市净率（PB）：指上市公司每股股价与每股净资产的比率，通常用股票市值与对应的归属母公司股东权益的比率进行计算，亏损股不计算市净率。

$$PB=\frac{P}{BPS}=\frac{CAP}{NA}$$

其中，

PB——市净率

P——每股收盘价

BPS——每股净资产（资本公积金、资本公益金、法定公积金、任意公积金、未分配盈余等项目合计，是股票净资产，也称净值）

CAP——股票市值

NA——对应的归属母公司股东权益

通常用最新财务报告中的每股净资产数据进行市净率计算。多只股票的平均市净率通常用上市公司股票市值合计与其对应的归属母公司股东的权益合计的比率进行计算（剔除暂停上市公司股票）：

$$PB = \frac{\sum_{i=1}^{n} CAP_i}{\sum_{i=1}^{n} NA_i}$$

其中，

PB——市净率

n——股票只数

CAP_i——第 i 只上市公司股票市值

NA_i——第 i 只上市公司股票对应的归属母公司股东的权益

例如，贵州茅台 2011 年底收盘价为 193.3 元，2011 年每股净资产为 24.07 元，则市净率为 8.03 倍。

市净率指标更实在地反映了股东的权益。因为每股净资产还包括了股东对公司净资产的拥有权益，比市盈率中每股收益反映得更全面。从贵州茅台指标可知，市净率低于市盈率，该股有一定的投资价值。所以，股民在关心市盈率的同时，也要关注市净率。

◎ 股票面值、股票市值、上市公司市值、股票净值

股票面值：印在股票票面上的那个价值。股票面值一般都是 1 元，发行不一定按照“面值”，通常可采用溢价（高于票面）发行。

股票市值：某股票价格乘以其对应股票数量，就是该股的市值。如某天该股股价为 5 元，流通股数量 100 万股，该股当天的市值就是 500 万元。如果当日股票无交易价格，则采用最后交易日的收盘价；暂停上市股票的价格以零计算；仅发行 B 股的上市公司，其非流通股不进行股票市值计算；对当日除权股票进行市值计算时，需要包含在途股份（已登记未上市）的市值。

2013 年 4 月末，全球股票市值排名前四的国家为美国、日本、英国、中国，市值分别为 20.68 万亿美元、4.49 万亿美元、3.82 万亿美元、3.71 万亿美元。

上市公司市值：指统计期末根据上市公司股票价格和对应股本计算的股权价值合计。

股票净值：指账面价值，即股票所含的实际价值。股票净值=公司净资产/普通股总股数。例如，某公司净资产 1.2 亿元，该公司共发行 1350 万股普通股票，其账面价值=1.2/1350=8.89 元/股。

由于股票净值代表每股股票所拥有的实际资产，净值如果为负值，意味股份公司已经资不抵债，因此对股票的净值极为重视。

◎ 买卖股票要交什么税和交易费用、沪市的零散费用

股票交易费用是股民在买卖股票时支付的各种税收和费用，包括印花税、证券交

易佣金、交易经手费、过户费等。

2008 年 9 月 19 日起，证券交易印花税改为单边征收，只对卖出方（或继承、赠予 A 股、B 股股权的出让方）征收证券（股票）交易印花税，对买入方（受让方）不再征税，税率是 1‰。简单来说，买股票什么税也不交，卖股票只交印花税。如以 3.15 元卖出某股票 2000 股，应交印花税为：（3.15×2000）×1‰=6.3（元）。

证券交易佣金费（每个营业部规定不同，在 0.2‰~1‰浮动），均以成交额为计算基数。

例如，您以 3 元买入中国联通（600050）1000 股，您不应该缴纳印花税，您应该缴纳的佣金费（假如规定为 1‰）为：1000（股）×3（元）×1‰=3（元）。

如果该股过几天上升到 3.8 元，您要卖掉这 1000 股，则您应该缴纳的印花税为：1000（股）×3.8（元）×1‰=3.8（元）。同时缴纳的佣金费为：1000（股）×3.8（元）×1‰=3.8（元）。

通过这一买一卖，您共缴纳了 10.6 元费用，而您净赚了 789.4 元。

此外，深沪两市佣金费是按成交金额一定比例收取的，如 2‰（每个营业部规定不同），但沪市如不足 10 元，则最低收 10 元。如某人卖出马钢股份（600808）500 股，价格为 2 元。如果 500 股成交，则佣金费是 2 元（500×2×2‰），不足 10 元。因此收佣金费不是收 2 元，而是收 10 元。有的人总买一些小额股票，如果按这个原理，是不划算的。如某人一天买入 3 只股票：

马钢（600808）2 元买入 100 股：100×2×2‰=0.4（元）

津劝业（600821）5.41 元买入 100 股：100×5.41×2‰=1.082（元）

厦工股份（600815）5.27 元买入 100 股：100×5.27×2‰=1.054（元）

上述 3 只买入股票的佣金费均未超过 10 元，所以收费按 10 元收，投资者则交 30 元。因此，在沪市买卖股票不宜太零散，要考虑不足 10 元收 10 元的成本。

此外，沪市还有一个 1‰的过户费，即每 1000 股收 1 元，不足 1000 股，如您买 500 股，也收 1 元，不是收 5 角，因此，您在沪市买卖股票时，要考虑这个因素。

深市没有成交过户费。所以，零散买卖深市股票是合适的。

◎ 股票盗卖谁负责，股票账户卡丢失如何处理（黄股民的绝招）

股票被盗卖是证券营业部偶尔会发生的事，但这一“偶尔”，却使股民和券商都很烦恼。一般发生股票盗卖是由两方面造成的：一是股民自己没有保护好自己的股东账号及密码；二是券商的工作有疏漏。因此，股票发生盗卖，股民和券商都有不可推卸的责任。

如果股民不慎，将股票账户卡丢失，应立即到您交易所属证券营业部说明情况，出示您本人的身份证件（如身份证一同丢失，需到户籍派出所开身份证遗失证明），让营业部锁定您的账户，防止有人盗卖。证券营业部办理挂失时不能收取任何费用。

然后股民再重新开户，就又可以从事股票买卖了。

北京黄××读者曾不慎遗失了股东账户卡，他写信告我，希望别人在遗失股东账户卡后采取以下处理招法：

（1）如果你买的股票正在配股缴款期间，你冻结了自己的账户，错过缴款期，损失就大了。因此，你最好果断做出决定：要不卖出全部股票；要不赶紧缴配股款（没有配股情况除外，可申请挂失）。

（2）按规定，重新办理账户卡转户 2~7 天即可。但你要填表、跑路以及一系列很难预料的事（交易所工作效率、忘带身份证、路不熟、人多排队、公路上塞车等），所以，可能半个月你才能重新办妥新账户（弄不好得一个月）。此期间如赶上配股期间或股价波动很大时，你的账户被冻结则不利。因此，你要考虑这些因素。

（3）你最好赶紧更改一个密码，暂不申请冻结，同时到营业部讲明任何人不能在自己账上交易，请营业部协助一下。有条件可让营业部调出你的账户资料，你始终监督你的股票有无异常。待你缴款后或在高价卖出后，再申请挂失冻结。

（4）申请挂失后，你必须迅速重新办理开户手续，不要坐等营业部的通知，必须不怕麻烦，亲自多跑、多问。

最后我要提醒大家，一定要保管好自己的股东证件，不易老带在身上。最好复印一套完整的股东证件，以备万一。同时，交易密码一定要保密，任何人都不能告诉（含自己的老婆或老公）。

在此谢谢黄先生为大家提供的这个招法。

◎ 退市风险警示“*ST”、其他风险警示“ST”

风险警示有两种：一是终止上市的风险警示，简称“退市风险警示”，在公司股票简称前冠以“*ST”字样；二是其他风险警示，在公司股票简称前冠以“ST”字样。

ST 是英文 Special Treatment 的缩写，*ST 和 ST 股票价格的日涨跌幅限制为 5%。

例如：赛迪传媒（000504）原来是其他风险警示，即 ST 传媒。因 2011 年、2012 年净利润均为负值，所以该股票 2013 年 10 月 29 日变为退市风险警示 *ST 传媒。

注意：创业板股票没有“退市风险警示”，即不在公司股票简称前冠以“*ST”字样，而是规定首次风险披露时点及要求创业板公司每 5 个交易日披露一次风险提示公告，强化退市风险信息披露要求。

上市公司出现以下情形之一的，沪深两所对其股票实施 *ST 退市风险警示：

（1）最近两个会计年度经审计的净利润连续为负值或者被追溯重述后连续为负值。

（2）最近一个会计年度经审计的期末净资产为负值或者被追溯重述后为负值。

（3）最近一个会计年度经审计的营业收入低于 1000 万元或者被追溯重述后低于

1000 万元。

（4）最近一个会计年度的财务会计报告被会计师事务所出具无法表示意见或者否定意见的审计报告。

（5）因财务会计报告存在重大会计差错或者虚假记载，被中国证监会责令改正但未在规定期限内改正，且公司股票已停牌 2 个月。

（6）未在法定期限内披露年度报告或者中期报告，且公司股票已停牌 2 个月。

（7）公司可能被解散。

（8）法院依法受理公司重整、和解或者破产清算申请。

（9）因股权分布不具备上市条件。

上市公司出现以下情形之一的，沪深两所对其股票实施 ST 其他风险警示：

（1）被暂停上市的公司股票恢复上市后或者被终止上市的公司股票重新上市后，公司尚未发布首份年度报告。

（2）生产经营活动受到严重影响且预计在 3 个月内不能恢复正常。

（3）主要银行账号被冻结。

（4）董事会会议无法正常召开并形成决议。

（5）公司被控股股东及其关联方非经营性占用资金或违反规定决策程序对外提供担保，情形严重的。

例如，2011 年 9 月 5 日山东海龙被 ST，其原因就是：2010 年末公司未履行担保程序亦未履行及时披露义务，对外担保（未包括合并报表范围内的担保）所涉金额达 42300 万元，占 2010 年期末经审计净资产的 43.9%。截至 2011 年 9 月 2 日，该公司仍未解决上述违规担保，且 2011 年上半年公司新增违规对外担保 10000 万元。

如果上述情形消除后，上市公司可以向证券交易所申请撤销风险警示。

例如，2012 年 6 月 8 日，*ST 昌九、*ST 天目齐发公告称，因 2011 年度净利润实现盈利，两公司股票被实行退市风险警示的情形已经消除，但仍符合其他风险警示的情形。基于此，两公司股票在 6 月 8 日停牌 1 天后，于 6 月 11 日起恢复交易，同时撤销退市风险警示*ST，但是还要实行其他风险警示 ST。所以两公司股票简称分别由“*ST 昌九”、“*ST 天目”变更为“ST 昌九”、“ST 天目”，股票日涨跌幅限制仍保持不变。

同年 6 月 8 日，ST 金花发布公告称，公司 2011 年度归属于上市公司股东的扣除非经常性损益的净利润为 618089.79 元，归属于上市公司股东的所有者权益为 916111909.82 元，公司主营业务运营正常。经上交所批准，6 月 12 日，公司证券简称由“ST 金花”变更为“金花股份”，股票交易的日涨跌幅限制由 5%变为 10%。

◎ 暂停上市

简单来讲，上市公司净利润出现连续三年亏损的、净资产连续两年为负值的、营业收入连续两年低于1000万元的、连续两年财务会计报告被会计师事务所出具无法表示意见或者否定意见的审计报告的以及股票已经被*ST风险警示后公司在两个月内仍未披露应披露的年度报告或者中期报告的等，沪深两所就暂停其股票上市。

例如，2012年5月17日，济南轻骑摩托车股份有限公司发出股票暂停上市公告。该公告披露，因公司2009年、2010年、2011年连续三年亏损，公司股票自2012年5月23日起暂停上市。

◎ 恢复上市

上市公司暂停上市后，如果在法定期限内披露了最近一年的年度报告；最近一个会计年度经审计的扣除非经常性损益前后的净利润均为正值；最近一个会计年度经审计的营业收入不低于1000万元；最近一个会计年度经审计的期末净资产为正值；最近一个会计年度的财务会计报告未被会计师事务所出具保留意见、无法表示意见或者否定意见的审计报告；保荐机构经核查后发表明确意见，认为公司具备持续经营能力，公司具备健全的公司治理结构、运作规范、无重大内控缺陷等条件后，上市公司就可以恢复上市。

例如，济南轻骑2009年、2010年、2011年连续3年亏损，公司股票自2012年5月23日起暂停上市。如果该公司在“法定期限内披露的最近一期年度报告仍然出现亏损”等，该公司就只能退市了。但是该公司2012年净利润为87.72万元，扭亏为盈，因此避免了退市。

上市公司其股票恢复上市，公司股票在恢复上市的首日不设涨跌幅限制。

例如，原名“湖南金果实业股份有限公司”由于2007年度、2008年度、2009年度连续3年亏损而暂停上市，后该公司2010年实现盈利，并更名为湖南发展集团股份有限公司。2012年6月15日恢复上市，恢复上市首日，交易不设涨跌幅限制，首日上升了31.09%。恢复上市首日后的下一个交易日起，该股票交易涨跌幅限制为10%。

◎ 终止上市（退市）

如果上市公司其股票被暂停上市后，因净利润第四年还出现亏损的、净资产第三年还为负值的、营业收入第三年还低于1000万元的、第三年财务会计报告还是被会计师事务所出具无法表示意见或者否定意见的审计报告的等，就只能退市了。

例如，*ST创智因2004年、2005年、2006年连续3年亏损，自2007年5月24日起暂停上市。公司自2009年以来至今没有主营业务收入，持续经营能力存在重大问题。2013年，该股票退市。

还有就是主动退市，上市公司如果发生上市公司向所有股东发出回购全部股份或者部分股份的要约，导致公司股本总额、股权分布等发生变化不再具备上市条件；上市公司因新设合并或者吸收合并，不再具有独立主体资格并被注销；上市公司股东大会决议解散等，其股票要主动退市。但是主动退市应当召开股东大会作出决议，须经出席会议的股东所持表决权的2/3以上通过，并须经出席会议的中小股东所持表决权的2/3以上通过。

还有就是强制退市，即上市公司因首次公开发行股票申请或者披露文件存在虚假记载、误导性陈述或者重大遗漏，致使不符合发行条件的发行人骗取了发行核准；或者对新股发行定价产生了实质性影响，受到证监会行政处罚被暂停上市后，上市公司社会公众持股比例不足公司股份总数的25%，或者公司股本总额超过4亿元，社会公众持股比例不足公司股份总数的10%；上市公司股票连续20个交易日（不含停牌交易日）每日股票收盘价均低于股票面值（沪市按美元计算，深市按港元计算，下同）；上市公司因净利润、净资产、营业收入、审计意见类型或者追溯重述后的净利润、净资产、营业收入等触及规定标准，其股票被暂停上市后，公司披露的最近一个会计年度经审计的财务会计报告显示扣除非经常性损益前后的净利润孰低者为负值等。

上市公司如果出现首次公开发行股票申请或者披露文件存在虚假记载、误导性陈述或者重大遗漏，致使不符合发行条件的发行人骗取了发行核准，或者对新股发行定价产生了实质性影响，涉嫌欺诈发行罪被依法移送公安机关而暂停上市，在证监会作出移送决定之日起一年内等，也要强制退市。

如果仅发行A股股票的上市公司，连续120个交易日（不包含公司股票停牌日）实现的累计股票成交量低于500万股，或者连续20个交易日（不包含公司股票停牌日）的每日股票收盘价均低于股票面值的，也要退市。

如果仅发行B股股票的上市公司，连续120个交易日（不包含公司股票停牌日）实现的累计股票成交量低于100万股，或者连续20个交易日（不包含公司股票停牌日）的每日股票收盘价均低于股票面值的，也要退市。例如，2012年7月9日，闽灿坤B连续18个交易日收盘价低于每股面值，距离“20日生死底线”退市仅剩2天，8月2日闽灿坤B赶紧宣布停牌，后进行了缩股，避免了退市。

既发行A股股票又发行B股股票的上市公司，连续120个交易日（不含公司股票全天停牌的交易日）其A股股票累计成交量低于500万股且其B股股票累计成交量同时低于100万股的，或者连续20个交易日（不包含公司股票停牌日）A股、B股每日股票收盘价同时均低于股票面值的，也要退市。

深交所对中小企业板和创业板还有一个增加的规定是（不包括主板）：中小企业板和创业板上市公司股票通过深交所交易系统连续120个交易日（不含公司股票全天停牌的交易日，对新股交易采取特别交易或者停牌制度所导致的除外）股票累计成交量低于300万股（创业板是100万股）的，或者中小企业板和创业板上市公司最近36个月内累计受到深交所3次公开谴责的，也要退市。

注意：创业板没有“退市风险警示处理”，而是强化了退市风险信息披露，针对不同的暂停上市和终止上市情形，深交所规定首次风险披露时点及要求公司每5个交易日披露一次风险提示公告。具体见《创业板退市的特殊规定》。

当然，上市公司的股票退市后，还可以向沪深两所申请重新上市。其基本条件是：公司最近3年无重大违法行为，财务会计报告无虚假记载；公司最近2个会计年度经审计的净利润均为正值且累计超过2000万元（净利润以扣除非经常性损益前后孰低者为计算依据）；公司在申请重新上市前进行重大资产重组且实际控制人发生变更的，符合中国证监会《上市公司重大资产重组管理办法》规定的借壳上市条件；最近1个会计年度经审计的期末净资产为正值；最近两个会计年度的财务会计报告被会计师事务所出具标准无保留意见的审计报告；保荐机构经核查后发表明确意见，认为公司具备持续经营能力；公司具备健全的公司治理结构、运作规范、无重大内控缺陷等。

深交所对退市的特殊规定还有：

（1）其交易实施另板行情即时揭示，同时其证券简称更改为“××退”。

（2）要求公司在进入退市整理期的首个交易日、前25个交易日的每5个交易日、最后5个交易日的每日均发布一次退市风险提示公告，并要求公司及时就市场传闻进行澄清说明。

（3）要求公司在其公告正文中应以“特别提示”的方式，对“已进行交易日”、“预计剩余交易日”（或最后交易日）做出特别提示。

（4）通过券商进行前端控制，要求投资者在首次买入退市整理期股票之前必须签订书面或者电子的风险揭示书，并通过系统提醒投资风险，保证投资者对相关风险已充分知悉。

（5）规定上市公司在退市整理期间不得筹划、实施重大资产重组等事项，以防范借重组概念恶炒退市整理期股票的现象。

特别指出，一些上市公司为了避免退市，采取财务造假的办法，比如，紫光古汉2005年到2008年连续4年，通过虚开普通发票、虚增主营业务收入和虚减财务费用等手段虚增利润造假。2013年3月8日，遭到证监会的处罚，给予该公司警告并处以50万元罚款，对该公司的负责人分别处以15万元到33万元罚款。这样处罚很轻描淡写，该公司也没有退市，违法成本太低，股民颇有微词。

◎“非标”意见对退市的影响

非标准意见审计报告简称“非标”，“非标”意见包括带强调事项段的无保留意见、保留意见、否定意见和无法表示意见等形式。如果上市公司年报被“非标”，则说明上市公司问题严重。

被出具否定意见或无法表示意见是上市公司的退市条件，如果上市公司出现首个会计年度财务会计报告被出具否定意见或无法表示意见的，其股票将实行退市风险警示；公司股票实行退市风险警示后，首个会计年度财务会计报告仍被出具否定意见或无法表示意见的，其股票将暂停上市；公司股票暂停上市后，首个会计年度财务会计报告再次被出具否定意见或无法表示意见的，其股票将终止上市（退市）。

有的会计师事务所失职，在对重要审计领域未获取充分、适当证据的情况下，就出具标准审计报告。2008~2012 年，财政部对 435 家会计师事务所、857 名注册会计师予以行政处罚。

◎ 创业板退市的特殊规定

深交所对创业板的退市规定是：

1. 暂停上市

简言之，上市公司出现净利润最近 3 年连续亏损，最近 1 个年度的财务会计报告显示当年年末经审计净资产为负，最近 2 个年度的财务会计报告均被注册会计师出具否定或者无法表示意见的审计报告的等，就要暂停上市。

上市公司可能出现暂停上市风险的，应当在：

（1）公司连续 2 年亏损的，在披露其后首个半年度报告时；

（2）因财务会计报告存在重要的前期差错或者虚假记载，须对以前年度财务会计报告进行追溯调整的，在知悉追溯调整导致最近 3 年连续亏损时；

（3）公司知悉年末净资产为负时；

（4）因财务会计报告存在重要的前期差错或者虚假记载，须对以前年度财务会计报告进行追溯调整的，在知悉追溯调整导致最近 1 年年末净资产为负时；

（5）公司最近 1 个会计年度的财务会计报告被注册会计师出具否定或者无法表示意见的审计报告的，在披露其后首个半年度报告时；

（6）因上市公司的财务会计报告被注册会计师出具非标准无保留审计意见被中国证监会或者深交所责令改正但未在规定期限内改正的，在规定期限届满后次一交易日；

（7）未能在法定披露期限内披露年度报告或者半年度报告的，在定期报告法定披露期限届满后次一交易日；

（8）公司因股权分布或者股东人数发生变化导致连续 10 个交易日不具备上市条件的，在其后首个交易日；

（9）知悉股本总额发生变化不再具备上市条件时；

（10）预计可能出现“上市公司出现净利润最近 3 年连续亏损，最近 1 个年度的财务会计报告显示当年年末经审计净资产为负，最近 2 个年度的财务会计报告均被注册会计师出具否定或者无法表示意见的审计报告的”；

等等时点上，首次发布公司股票可能被暂停上市的风险提示公告，之后每 5 个交易日发布一次，直至暂停上市风险消除或者深交所作出公司股票暂停上市的决定。

暂停上市风险提示公告主要内容包括：公司股票可能被暂停上市的情形；董事会关于消除暂停上市风险的意见及已经和将要采取的具体措施；公司接受投资者咨询的主要方式等。

暂停上市后的公告主要内容包括：有关股票暂停上市决定的主要内容；董事会关于争取恢复股票上市的意见及具体措施；暂停上市期间公司接受投资者咨询的主要方式等。

2. 恢复上市

简言之，如果创业板上市公司消除了以上暂停上市的隐患后，就可以申请恢复上市。深交所将在受理暂停上市公司恢复上市申请后的30个交易日内，作出是否核准其股票恢复上市申请的决定。

3. 终止上市

简言之，如果创业板上市公司没有消除以上暂停上市的隐患，而且未能在法定披露期限内披露暂停上市后首个年度报告；或者净利润第4年还是为负、净资产第2年还是为负；或者暂停上市后年度披露的首个半年度财务会计报告还是被注册会计师出具否定或者无法表示意见的审计报告；公司最近36个月内累计受到深交所3次公开谴责；公司股票连续120个交易日通过深交所交易系统实现的累计成交量低于100万股（因深交所对新股交易采取特别交易或者停牌制度所导致的除外）；公司股票连续20个交易日每日收盘价均低于每股面值等，就只能终止上市（退市）了。

由于创业板没有“退市风险警示处理”，因此，深交所规定上市公司可能出现终止上市风险的，出现“上市公司出现净利润最近3年连续亏损，最近1个年度的财务会计报告显示当年年末经审计净资产为负，最近2个年度的财务会计报告均被注册会计师出具否定或者无法表示意见的审计报告的”，应当自披露相关定期报告时；因财务会计报告存在重要的前期差错或者虚假记载，对以前年度财务会计报告进行追溯调整，导致最近两年净资产为负的，在知悉追溯调整导致最近两年净资产为负时；最近36个月内受到深交所公开谴责两次，在第二次被公开谴责时；这些时点首次发布公司股票可能被终止上市的风险提示公告，之后每5个交易日发布一次，直至终止上市风险消除或者深交所作出公司股票终止上市的决定。

如果创业板上市公司出现股票连续90个交易日通过深交所交易系统实现的累计成交量低于75万股的，必须在次一交易日发布公司股票可能被终止上市的风险提示公告，其后每个交易日披露一次，直至自上述起算时点起连续120个交易日内通过深交所交易系统实现的累计成交量高于100万股或者深交所作出公司股票终止上市的决定。

此外，创业板上市公司股票出现连续10个交易日每日收盘价低于每股面值的，在次一交易日发布公司股票可能被终止上市的风险提示公告，其后每个交易日披露一次，直至收盘价低于每股面值情形消除或深交所作出公司股票终止上市的决定。

创业板上市公司发布公司股票可能被终止上市的风险提示公告主要内容是：公司股票可能被终止上市的情形；董事会关于消除终止上市风险的意见及已经和将要采取的具体措施；公司接受投资者咨询的主要方式等。

创业板上市公司在股票被终止上市前，应当与具有从事代办股份转让主办券商业务资格的证券公司签订《委托代办股份转让协议》，聘请其作为公司股票被终止上市后代办股份转让的主办券商。

上市公司在收到深交所关于终止其股票上市决定后及时披露股票终止上市公告。股票退市公告主要内容是：终止上市决定的主要内容；退市整理期的相关安排；终止上市后公司的联系人、联系地址、电话和其他通信方式等。

自深交所作出上市公司股票终止上市的决定后 15 个交易日届满的次一交易日起，公司股票交易进入退市整理期。退市整理期交易期限为 30 个交易日。

退市整理期间，创业板上市公司股票进入退市整理板交易，并不再在创业板行情中揭示。退市整理期间，公司股票价格的日涨跌幅限制为 10%。

退市整理期间，上市公司应当在整理期的前 25 个交易日内每 5 个交易日发布一次股票将被终止上市的风险提示公告，在最后的 5 个交易日内每日发布一次股票将被终止上市的风险提示公告。

退市整理期届满，上市公司股票就彻底退市了。创业板上市公司应当在股票退市后立即安排进入代办股份转让系统的相关事宜，保证创业板公司股份在退市整理期届满后 45 个交易日内可以进入代办股份系统转让。

◎ 风险警示板和退市整理期的区别

上交所设置了风险警示板，深交所没有设置。进入风险警示板交易的股票有两类：一是被实施风险警示的股票，包括 ST 公司、*ST 公司，简称“风险警示股票”，自 2013 年 1 月 4 日开始，包括 23 家 ST 公司股票和 20 家*ST 公司股票为“风险警示股票”，正式进入风险警示板交易。二是被做出终止上市决定，但仍处于退市整理期尚未摘牌的股票，在股票简称前冠以“退市”标志。

可见，上交所被实施退市风险警示的股票，并非退市整理股票。

风险警示股票和退市整理股票的共同点是：都在风险警示板交易，单独显示行情；股民只能通过限价委托的方式进行交易，不能使用市价委托。而区别是：

（1）交易期限不同。进入退市整理期的股票实际可交易时间是 30 个交易日，整理期间原则上公司股票不停牌。如有特殊原因需要全天停牌的，累计停牌天数不可超过 5 个交易日。其间公司股票全天停牌的，不计入 30 个交易日内。但全天停牌的交易日总数最多不能超过 5 个交易日，以防止出现“停而不退”的情况。之后，便会对该股票进行摘牌，并根据退市公司的选择和申请，移至退市公司股份转让系统或其他合格场外市场进行股份转让。而风险警示股票则没有交易期限的规定。

（2）涨跌幅限制不同。风险警示股票价格的涨跌幅限制为5%，退市整理股票价格的涨跌幅限制为10%，但A股前收盘价格低于0.05元人民币的，其涨跌幅限制为0.01元人民币，B股前收盘价格低于0.005美元的，其涨跌幅限制为0.001美元。公司股票的简称将后缀“退”字，但交易时间、买卖申报、买卖委托、竞价等均与主板、中小企业板和创业板现有交易模式相同。

（3）信息披露频率不同。上市公司股票进入退市整理期后，公司需分别于其股票进入退市整理期前、整理期交易首日、整理期交易前20交易日中的每5个交易日、最后5个交易日的每日进行公告。对于风险警示股票，其信息披露频率与主板股票一致。

（4）信息公布不同。一是风险警示股票当日换手率达到30%的，属于异常波动，证交所可对其实施盘中停牌，直至当日收盘前5分钟。二是限制单一账户买入数量，即单一账户当日累计买入单只风险警示股票的数量不得超过50万股。三是风险警示股票，连续3个交易日内日收盘价格涨跌幅偏离值累计达到±15%的，证交所将分别公告该股票交易异常波动期间累计买入、卖出金额最大5家会员营业部的名称及其买入、卖出金额。对于退市整理股票，上交所将专门公布其当日买入、卖出金额最大的5家会员证券营业部的名称及其各自的买入、卖出金额。退市整理股票其退市整理期间交易不纳入沪深两所指数的计算。

（5）退市选择途径不同。面对退市，上市公司董事会应当选择以下议案之一提交股东大会审议：

第一项，继续推进重大资产重组等重大事项且股票不进入退市整理期交易；终止重大资产重组等重大事项且股票进入退市整理期交易。

选择前款第一项议案的，如经股东大会审议通过，证交所将在作出终止上市决定后5个交易日届满的次一交易日起，直接终止公司股票上市，不再安排退市整理期交易；如审议未通过的，证交所将在作出终止上市决定后5个交易日届满的次一交易日起，安排公司股票进入退市整理期。

第二项，如果选择第二项议案的，如经股东大会审议通过，证交所将在作出终止上市决定后5个交易日届满的次一交易日起，安排公司股票进入退市整理期；如审议未通过的，证交所将在作出终止上市决定后5个交易日届满的次一交易日起，直接终止公司股票上市，不再安排退市整理期交易。

股东大会审议议案，股民可以网络投票，且应当经出席会议的股东所持表决权的2/3以上通过。公司未在规定的期限内召开股东大会的，其股票不进入退市整理期交易。规定期限届满后的5个交易日内，对公司股票予以摘牌。

注意：上市公司在退市整理期间不得筹划、实施重大资产重组等事项，以防范借重组概念恶炒退市整理期股票的现象。但是无论上市公司是否选择进入退市整理期、是否终止重大重组，只影响公司股票在摘牌前是否有最后30个交易日期限的交易机会，不会改变公司股票到期摘牌被终止上市的结果。

选择不进入退市整理期交易的公司，其公司股票将进入全国性场外交易市场转让股份。

2013 年，*ST 炎黄和*ST 创智退市就采用了“不进入退市整理期交易而继续筹划或推进重组进程”的办法。*ST 创智 2 月 8 日摘牌，4 月 22 日进入全国中小企业股份转让系统交易，代码为 400059。*ST 炎黄 3 月 27 日退市，6 月 4 日进入全国中小企业股份转让系统交易，代码为 400060。

（6）股民参与退市股票买卖要求：必须具备两年以上证券投资经历和 50 万元以上的资产规模；沪市规定只许卖，不许买；必须通过书面或电子形式签署《风险警示股票风险揭示书》后，才能申请购买风险警示股票；签署《退市整理股票风险揭示书》后，才能申请购买退市整理股票。在股民每次提交买入退市整理股票的委托前，必须阅读并确认风险提示。客户提交买入退市整理股票的委托时，会员应当采取有效方式向其充分提示风险；公司将按规定多次以公告方式披露其股票将退市的风险。

（7）强制退市公司必须进入退市整理期，而主动退市公司不适用退市整理期的相关规定。

（8）退市整理期间，公司不得筹划或者实施重大资产重组等重大事项。

◎ 上市公司退市怎么办

退市整理期届满，上市公司股票就彻底退市了。

股票退市后，股民也不是无路可退，股票在退市整理期届满后的 45 个交易日内进入了全国中小企业股份转让系统（俗称三板），股民可以到那里去转让股票。例如，2001 年水仙电器、粤金曼、深中浩先后退市，之后到三板转让，其股价也发生过暴涨。2013 年，ST 创智（三板代码：400059）、ST 炎黄（三板代码：400060）也到三板转让。目前退市公司在三板转让的股票有 58 家。代码开头为 400。

上市公司股票由于退市，其股票的转让交易系统、证券代码、托管单元编码等将发生变化，因此股民需要到您所在的证券营业部办理公司股份的重新确认手续，否则，您无法转让股票。退市股份转让系统不设置指定的代办券商（以前指定），所有券商均可接受客户委托；退市公司信息披露可以电子方式进行，无须在报纸上刊登公告。退市公司的信息披露事项包括定期报告和重大事项公告，信息披露渠道为公司网站、中国证监会指定的非上市公众公司信息披露平台和沪深两所网站。

此外，上市公司应于上市后 6 个月内，就必须选择一家证券公司签署《委托代办股份转让协议》。比如，龙洲股份（002682）2012 年 8 月 6 日，与东北证券股份有限公司签署《委托代办股份转让协议》，约定一旦公司股票被终止上市，则由东北证券股份有限公司担任代办股份转让的主办券商，为公司提供股份转让代办服务，公司向其支付代办费。

作为持有退市股票的普通股民如何参与退市三板交易呢？这需要股民具有3年以上股票投资经验、证券及资金账户不低于50万元。否则，股民仅能通过股份转让系统卖出其之前已持有的退市公司股份，而不能再通过转让系统买入该公司股份或者参与其他公司的股份转让，即只能卖出，不能买入。券商要建立股民资质审查制度，对股民进行前端控制。

每周一至周五的9:30~11:30、13:00~15:00，为退市公司股份转让系统接受转让申报提供股份转让服务的时间。股份转让系统每天只提供一次集合竞价，不提供连续竞价，转让日接受申报时间结束后，转让系统对当天接受的所有转让申报按照价格优先、时间优先原则，以一次性集中撮合竞价方式配对成交。股份转让价格涨跌幅为5%，股民只能以限价委托的方式买卖，不能采取市价委托方式。

上交所规定公司退市之后到公司申请重新上市的时间间隔为“一个完整会计年度届满后”，深交所规定是“应当不少于一个完整的会计年度或者18个月”。沪深两所规定重新上市的最关键的一条是：最近两个会计年度经审计的净利润均为正值且累计超过2000万元。深交所特别规定，“退市整理期间及退市后，公司是否因涉嫌内幕交易、市场操纵等被证监会立案调查或者司法机关立案侦查”的情况。同时，重新上市保荐书中增加的内容包括“公司存在的主要风险，包括但不限于市场风险、经营风险、技术风险、政策风险、公司治理与内部控制风险”一条，而在法律意见书增加的内容包括“公司股本总额、股份权益变动及公司股份登记托管情况的合法合规性”两条。

◎ 你敢不敢炒作*ST股，或一夜暴富或血本无归

*ST股票包括ST股票，由于亏损或其他原因，退市的风险非常大，但是资产重组一旦成功恢复上市，股民就可以一夜暴富。2005年后，有57只股票被停牌，资产重组恢复上市后，仅有6只上市后下跌，其余的暴涨，其中有22只股票恢复上市当天涨幅超过100%，更有8只股票涨幅超过500%，而变身中福实业、顺发恒业、棱光实业和国中水务的4只股票，涨幅更是超过1000%。其中顺发恒业，2006年4月暂停上市的公司，2009年6月恢复上市时，涨幅高达1255%，夺得了暴涨冠军。

中国股市历年涨幅中，资产重组股都是名列前茅。例如，2011年，*ST圣方（新华联）暴涨486.33%；*ST国祥（华夏幸福）暴涨206.31%；ST中源暴涨160.48%。2010年，*ST光华（恒逸石化）暴涨380.42%；ST昌河（中航电子）暴涨282.85%；*ST威达暴涨278.42%等。

2013年资产重组成功暴涨的有江苏宏宝12个连续涨停；圣莱达连拉7个涨停板；梅花伞股价在短短10个交易日内逆市大涨104%；*ST申龙恢复上市最高暴涨350%等。

可见，炒作*ST股可以一夜暴富。“股神”巴菲特的投资理念是选择蓝筹股长期持有，但是目前中国股市真正的蓝筹股几乎没有。而且如果你以100多元买入清华紫光，300多元买入中国船舶，按照巴菲特的投资方法，这辈子解套无望了。如果您长期坚守而不及时止损，可能后果不堪设想。

因此，炒股不妨要剑走偏锋，欧洲富达国际有限公司董事总经理波顿（英国人），就喜欢炒亏损股，他不关心那些评级最高最好的股票，而是寻找那些被市场低估的股票。他在1979~2007年，实现了平均20%的收益率，与巴菲特的平均23%收益率相差不大。

不过，炒作*ST股票、ST股票风险极大。深市主板ST股票、*ST股票2005年以来因重大事项停牌150余次，其中停牌一个月以上的有59次。一些ST股票、*ST股票暂停上市多年才恢复上市，如“*ST鑫安”暂停上市近4年，“*ST圣方”暂停上市5年以上。一些ST股票、*ST股票甚至暂停上市或停牌多年。许多*ST股还被退市了，如2001年退市的水仙电器，2013年退市的*ST炎黄、*ST创智。

*ST股票震荡非常厉害，甚至吓人。2012年7月、8月，因上交所对*ST的政策反复变化，导致了ST板块的暴跌暴涨。例如，“*ST盛润”比较典型，2010年5月该股停牌资产重组。2011年8月10日复牌后股价连续18个涨停，至9月21日累计上涨141%。9月26日后股价连续7个跌停并持续走低，至2012年1月6日最大跌幅达67%。2月，公司发布新重大资产重组草案，股价连续10个涨停后又连续跌停。又如，“*ST偏转”，2011年3月28日公司发布重大资产重组草案，随即股价连续8个涨停，至4月8日累计上涨48%。4月19日股价开始连续下跌，至5月30日跌幅达41%。

2012年4月24日，A股每股净资产最高的为贵州茅台，每股净资产24.07元。但是，2011年初至2012年5月，58家一钱不值的垃圾股，其涨幅反而超过了贵州茅台。

此外，ST股票经常不按常规出牌，比如，ST合臣（600490）2012年上半年净利亏损，居然还实施每10股转增15股的高送转计划，令人匪夷所思。

炒作*ST股票就是“双刃剑”，是剑走偏锋，还是随波逐流，就看你敢不敢了，可谓：撑死胆大的，饿死胆小的。

◎ 股民如何知道上市公司重大资产重组消息

资产重组的股价都一飞冲天，尤其是ST股票，所以中小股民非常希望在第一时间知晓上市公司资产重组的消息，以便及时建仓。对于上市公司资产重组的信息披露，沪深两所要求非常严格，以上交所为例：要求上市公司在公共媒体或市场出现涉及上市公司重大资产重组的消息可能或者已经对公司股票及其衍生品种交易价格产生重大影响的，上市公司应当及时予以关注并向本所提供重组传闻传播的来源，以及控股股东或者实际控制人（以下简称“相关方”）确认目前及未来3个月内是否存在涉及上市公司重大资产重组事项的回函，并发布澄清公告。上市公司确认已开始筹划重大资产重组事项，或者相关方回函确认已开始筹划涉及上市公司的重大资产重组事项的，上市公司应当立即向上交所申请停牌，并披露开始筹划重组的时点及相关进展情况。

如果上市公司及其相关方确认目前尚未开始筹划涉及上市公司的重大资产重组事项，但存在重组意向、不能确认未来3个月内是否开始筹划涉及上市公司重大资产重组事项的，上市公司应在澄清公告中说明上述情况，并按照上交所相关规定召开投资者说明会，同时申请股票停牌。参与投资者说明会的人员至少应当包括上市公司董事长或总经理、董事会秘书、控股股东或者实际控制人代表、财务顾问（如有）。上市公司应当在投资者说明会召开后及时披露投资者说明会召开结果公告，如实向投资者披露投资者说明会的召开情况及说明的主要内容，并在提交公告披露申请当日申请股票复牌。

如果上市公司及其相关方确认目前及未来3个月内不会开始筹划涉及上市公司重大资产重组事项的，应当在澄清公告中承诺未来3个月内不会开始筹划涉及上市公司的重大资产重组事项。

如果上市公司进入重大资产重组停牌程序后，确有特殊原因无法在30天的规定期限内完成重组预案或者报告书草案，应当在原定复牌日6个交易日前向上交所提交书面延期复牌申请。申请材料形式完备并经上交所确认后，上市公司应在原定复牌日披露重组延期复牌公告。延期复牌公告应包括重组框架介绍、目前重组工作进展、无法按期复牌的具体原因及预计复牌日期。继续停牌时间不超过30天。30天停牌期满后仍无法披露重组预案或者报告书草案且拟继续推进重组的，应当按照上述要求再次申请延期复牌，并在延期复牌公告中披露重组方案具体情况及最新重组工作进展。但是上市公司因筹划重大资产重组累计停牌时间原则上不超过3个月。

◎ 发行新股如何核准，说明书载明内容和路演

新股发行很神秘，第一次公开发行股票的审核工作流程包括受理⟶见面会⟶问核⟶反馈会⟶预先披露⟶初审会⟶发审会⟶封卷⟶会后事项核准发行等主要环节。

图1-5　某上市公司正在路演

核准后，公司向社会公开募集股份，必须公告招股说明书并载明：发起人认购的股份数；每股的票面金额和发行价格；无记名股票的发行总数；募集资金的用途；认股人的权利、义务；本次募股的起止期限及逾

期未募足时认股人可以撤回所认股份的说明。

路演：英文 Road Show 的直译，指上市公司发行新股时，公司领导和股票承销商通过网络与股民互动，向股民介绍公司情况，接受股民的咨询的行为。

◎ 新股发行预披露制度

招股说明书预先披露制度：指发行人及其中介机构对中国证监会审核部门关于发行申请反馈意见落实完毕后，即在中国证监会网站预先披露招股说明书，同时报送发审会材料的一种制度，其目的就是让社会监督，及时发现问题。新股发行的预先披露时间为发审会之前 1 个月左右。

新股发行预披露制度实施后，股民可以质疑招股说明书的疑点，这几年，先后有山西天能科技、广东新大地、湖南胜景山河公司等，被股民和媒体质疑，最后停止发行新股，避免了圈钱的骗子公司的产生。

◎ 新股的发行价格如何确定

新股发行价格既可以通过向网下投资者询价的方式确定，也可以通过发行人与主承销商自主协商直接定价等其他合法可行的方式确定。上交所还规定：发行人与主承销商既可以在初步询价确定发行价格区间后，通过累计投标询价确定发行价格并向参与累计投标询价的对象配售股票的方式进行，也可以通过初步询价确定发行价格并向参与申购的对象配售股票的方式进行。

不管哪种定价方式，发行人和主承销商应当在招股意向书和发行公告中披露本次发行股票的定价方式。网下投资者报价后，发行人和主承销商应预先剔除申购总量中报价最高的部分，剔除的申购量不得低于申购总量的 10%，然后根据剩余报价及申购情况协商确定发行价格。

◎ 股民个人可否参与新股询价

询价：指买方向卖方询问商品价格的过程。新股发行的询价：给投资者一个询价区间（即申购价格上限和下限），然后根据投资者对该询价区间占大多数价格认同来确定发行价格后，以该价格进行配售。

询价对象是证券投资基金管理公司、证券公司、信托投资公司、财务公司、保险机构投资者、合格境外机构投资者。

为保证公平，管理层允许股民个人参与新股的询价，主承销商可以自主推荐个人投资者参与新股询价，推荐不多于 20 名机构投资者、10 名个人投资者成为推荐类询价对象。被推荐的个人投资者应具有 5 年以上投资经验、无违法违规记录，投资资金是自有资金。由于网下新股申购的配号必须对应所需的最低资金量，所以对资金的要求很高，每个营业部都不一样，一般范围是 500 万元到 2000 万元不等。

此外，股民个人（机构也如此）只能选择网下发行或者网上发行中的一种方式进行新股申购，如果已经参与了网下初步询价，就不能再参与网上申购了。

◎ 市值配售申购新股、申购新股冻结的资金利息归谁

市值配售新股：根据股民持有的一定市值确定其网上可申购的额度，即以沪市每10000元市值、深市每5000元市值配一个申购单位（上海为1000股，深圳为500股）的原则计算股民可申购额度，上海市值不足10000元、深圳市值不足5000元的部分不计算可申购额度。如果同一天有多只股票发行的，此申购额度对股民申购每一只股票均适用，即市值可以重复使用，如同一天有多只新股发行的，股民可以用已确定的市值参与多只新股的申购。

沪深两所T-2日日终，计算前20日的日均市值，然后T-1日发送可申购额度给券商，股民就可在T日到托管券商处查询自己的市值。

不合格、休眠、注销和无市值证券账户不能参与新股申购。

申购新股采用市值配售，空仓不能申购新股，股票账户内要留有一定数量的资金，即申购新股，一要有股票，二要有钞票。同时，股民申购数量不能超过主承销商规定的申购上限，且不得超过持有市值对应的可申购额度。市值配售新股给予配号后，最终以摇号抽签的方式确定股民的获配股数，上交所和深交所的规定大同小异。

上交所规定：每一个申购单位为1000股（每1000股给一个配号），申购数量应当为1000股或其整数倍，但最高不得超过当次网上初始发行股数的1‰（不足1000股舍去），且不得超过9999.9万股。

深交所规定：每一个申购单位为500股（每500股给一个配号），申购数量应当为500股或其整数倍，最高不得超过当次网上初始发行股数的1‰（不足500股舍去），且不得超过999999500股。

例如，我武生物2014年发行股份总数是2525万股，其中，新股发行股数为1100万股，老股转让股数为1425万股，回拨前网下发行数量为1515万股，占本次发行数量的60%，所以网上初始发行数量为1010万股（2525减去1515）。参与此次网上申购的单一证券账户申购委托不少于500股，超过500股的必须是500股的整数倍，但不得超过网上初始发行股数的1‰，即10100股，由于必须是500股的倍数，所以100股舍去，申购上限定为10000股。

沪深两所市值分开计算申购新股，即沪市市值仅能申购沪市发行的新股，深市市值仅能申购深市发行的新股。

市值计算：T-2日前20个交易日（含T-2日）的日均持有市值。如果股民相关证券账户开户时间不足20个交易日的，按20个交易日计算日均持有市值。例如，在T-2日前20个交易日，王股民持有某只股票5000股，该股票“在T-2日前20个交易日”的收盘价平均为5元/股，王股民持有的股份市值为25000元。

T 日就是网上申购日，T-2 日，就是申购的前两个交易日。

纳入计算的市值：指的是股民持有的股市（深圳包括主板、中小板和创业板）非限售 A 股股份市值，还包括融资融券客户信用证券账户的市值和证券公司转融通担保证券明细账户的市值，但是不包括 B 股股份、基金、债券、优先股或其他限售 A 股股份的市值。融资融券客户信用证券账户的市值虽然可以合并计算到股民的市值中用于申购新股，但是，该客户信用证券账户不能用于申购新股。

需要注意：一是首次公开发行新股形成的非限售 A 股如果无相应收盘价，则不计算市值；二是不合格、休眠和注销证券账户不计算市值。至于投资者持有的非限售 A 股股份发生司法冻结、质押以及存在上市公司董事、监事、高级管理人员交易限制的，不影响市值的计算。

如果 T 日有多只新股发行，上交所的同一股民可以通过其指定交易的证券公司查询其市值或可申购量；深交所股民同一证券账户多处托管的，其市值合并计算，投资者持有多个证券账户的，多个证券账户的市值合并计算。

以苏州纽威阀门股份有限公司为例，该股票发行时间安排是：询价推介时间 2014 年 1 月 2~6 日，定价公告刊登日期 2014 年 1 月 8 日，网下申购日期和缴款日期 2014 年 1 月 8~9 日，网上申购日期和缴款日期 2014 年 1 月 9 日。

首次公开发行股票后总股本 4 亿股（含）以下的，网下初始发行比例不低于本次公开发行股票数量的 60%；发行后总股本超过 4 亿股的，网下初始发行比例不低于本次公开发行股票数量的 70%。例如，新宝股份 2014 年发行后总股本超过了 4 亿股，此次发行股份数量为 7600 万股，所以网下初始发行数量为发行数量的 70%，即 5320 万股。而我武生物总股本在 4 亿股以下，所以它 2014 年发行股份数量为 2525 万股（包括发行新股和老股转让），而网下发行数量占本次发行数量的 60%，即 1515 万股。

新股发行特别规定：应安排不低于本次网下发行股票数量的 40% 向通过公开募集方式设立的证券投资基金和社保基金投资管理人管理的社会保障基金配售，安排一定比例的股票向根据《企业年金基金管理办法》设立的企业年金基金和符合《保险资金运用管理暂行办法》等相关规定的保险资金配售。公募基金、社保基金、企业年金基金和保险资金有效申购不足安排数量的，发行人和主承销商可以向其他符合条件的网下投资者配售剩余部分。对网下投资者进行分类配售的，同类投资者获得配售的比例应当相同。公募基金、社保基金、企业年金基金和保险资金的配售比例应当不低于其他投资者。

网上股民有效申购倍数超过 50 倍、低于 100 倍（含）的，应当从网下向网上回拨，回拨比例为本次公开发行股票数量的 20%。比如，纽威股份网上有效申购倍数为 93. 95 倍，高于 50 倍，低于 100 倍，发行人和主承销商将发行股份的 20% 由网下回拨至网上。回拨后网下最终发行数量为 4125 万股，占本次发行总量的 50%，网上最终发行数量为 4125 万股，占本次发行总量的 50%。

网上股民有效申购倍数超过 100 倍的，回拨比例为本次公开发行股票数量的 40%；如果网上股民申购热情高涨，有效申购倍数超过 150 倍的，回拨后，网下的发行比例不超过本次公开发行股票数量的 10%，其余全部回拨到网上。

以深交所为例：甲公司和乙公司同时定于 T 日在深交所进行网上申购，网上发行量分别为 5000 万股和 2000 万股，按 1‰计算，则申购上限分别为 5 万股和 2 万股，发行价格都为 10 元。

1. 计算持股市值和可申购额度

T-2 日收市后，按 T-2 日前 20 个交易日（含 T-2 日）的日均持有市值计算，股民张某持有深圳市场非限售 A 股股份的总市值为 20.9 万元，则张某能够获配 41 个（号）申购单位（20.9 万元/0.5 万元），可申购新股 41×500=20500 股，其可申购额度少于甲公司的 5 万股申购上限，却超过了乙公司的 2 万股申购上限。因此，张某最多只能申购甲公司 20500 股，乙公司 20000 股，超过部分为无效申购（沪市是每 1 万元市值对应一个申购单位，深市是 5000 元对应一个申购单位）。

2. 发行申购

T 日，张某向资金账户内足额存入了 405000 元，然后在交易时间内向深交所申购了甲公司 20500 股和乙公司 20000 股新股。

3. 配号

T+1 日，中国结算公司对申购资金进行冻结和验资，根据实际到账的申购资金确认有效申购总量，按每申购单位配一个号，对所有有效申购按时间先后顺序连续配号。张某对甲公司和乙公司的申购都是有效的，分别包括 41 个（20500/500）和 40 个（20000/500）申购单位，所以他获得了 41 个甲公司的配号和 40 个乙公司的配号。之后，由主承销商根据申购总量决定是否需要摇号抽签，如果申购量大于发行量，就要摇号，张股民是否中签，就看运气了。

机构和股民在网下、网上申购新股时，全部申购款在 3~4 天被冻结，2007~2012 年，平均冻结资金为 2852.17 亿元，其 4 天产生的利息 1000 多万元，这些相当可观的利息，最后全部归证券投资者保护基金所有。

◎ 自然人中小股民可以参加网下配售新股吗

网下发行：指发行人及主承销商向询价对象进行询价配售的部分，不论主承销商通过自己的簿记系统还是通过交易所网下申购电子平台进行询价和配售，均称网下发行。

理论上自然人中小股民可以参加网下申购，比如，2014 年初发行的新宝股份，就有自然人黄炽恒以 10.5 元/股的价格申购 1000 万股。又如，纽威股份也有两名自然人，分别为张景春与陈学东，各以 17.75 元/股和 17.68 元/股的申报价格获配 450 万股和 700 万股。

但是发行人和主承销商对中小股民规定一些苛刻条件，如一般都要求资金在500万元以上、有5年以上炒股经历、素质高等，这意味着中小股民参与网下配售新股的可能性几乎为零。

◎ 新股老股一起发，老股转让采用什么形式

公司第一次发行新股时，可以新股老股一起发，即公司股东将其持有时间在36个月以上的股份，以公开发行方式一并向社会公众发售（老股转让）。一家公司成立的时候，发起设立的公司股东们都有原始股，这部分老存量股，在该公司发行新股的时候，按照一定前提条件可以对外与新股一起发售，这就是老股转让。

发行新股也可以选择不进行老股转让，比如，2014年1月16日新股陕煤股份就不进行老股转让。

◎ 新股跌破发行价和公司欺诈发行怎么办

如果公司上市后6个月内，其股票连续20个交易日的收盘价均低于发行价，或者上市后6个月期末收盘价低于发行价，发行人控股股东、持有发行人股份的董事和高级管理人员持有公司股票的锁定期限自动延长至少6个月。

上市后3年内公司股价低于每股净资产时，控股股东、公司董事、高级管理人员应该回购本公司股票。

欺诈发行：指证券发行阶段中信息披露义务人没有依法履行信息披露义务、向市场与投资者提供虚假发行信息的行为。中国股市建立以来，先后发生过的欺诈发行案有红光实业、江苏三友、通海高科、立立电子、大庆联谊、胜景山河、山东巨力、苏州恒久、绿大地等。

对于欺诈发行，股民可以举报，现在公司要发行新股前期，必须接受证券公司的辅导，在此期间，社会各界和公众如果发现问题，就可以向管理层举报。例如，2013年7月6日，天珑移动技术股份有限公司拟首次公开发行股票并上市，就接受了中信建投证券股份有限公司的辅导，并公布了有关举报电话。

发行人招股说明书有虚假记载、误导性陈述或者重大遗漏，对判断发行人是否符合法律规定的发行条件构成重大、实质影响的，将依法回购首次公开发行的全部新股，且发行人控股股东将购回已转让的原限售股份。由于发行人招股说明书有虚假记载、误导性陈述或者重大遗漏等，发行人及其控股股东、实际控制人、董事、监事、高级管理人员等相关责任主体致使投资者在证券交易中遭受损失的，将依法赔偿投资者损失。

因为发行人首次公开发行其制作、出具的文件有虚假记载、误导性陈述或者重大遗漏，给投资者造成损失的，保荐机构、会计师事务所等证券服务机构将依法赔偿投资者损失。

◎ 新股上市的特别规定：实行临时停牌制度

特别提醒：由于沪深两所对新股上市的规定经常发生变化，因此本书出版后和您买了本书后，如果其发生变化，请股民及时按照最新的规定执行，本书对新股上市的规定朝令夕改无能为力，只能在下一本新书中予以介绍。

由于新股的特殊性，如上市首日不实行 10%涨跌停板制度等，因此沪深两所 2014 年 6 月有专门规定：新股上市首日盘中成交价较当日开盘价首次上涨或下跌达到或超过 10%的，临时停牌时间为 30 分钟，复盘后成交价较当日开盘价仅允许再上升 20%，但是不停牌。第二天则开始实施 10%涨跌幅制度。连续竞价阶段，有效申报价格不得高于发行价格的 144%且不得低于发行价格的 64%。有效申报价格范围的计算结果按照四舍五入的原则取至 0. 01 元。

◎ 股票前的 N 含义，新股肯定赚钱吗

N 是英文 New 的首位字母。当新股首日上市时，为区别起见，则在新股名称前加上 N。例如，2012 年 8 月 16 日，新股顾地科技上市，股票名称为：N 顾地（见图 1-6）。第二天，则恢复正常的顾地科技名称。

	002694 N顾地	
44.85%		
38.44%	委比 0.00% 委差	0
32.03%	卖⑤	
	卖④	

图 1-6 顾地科技首日上市名称为 N 顾地

2013 年 5 月 23 日，华海药业增发新股 6330 万股上市，其股票前也标注 N（见图 1-7）。

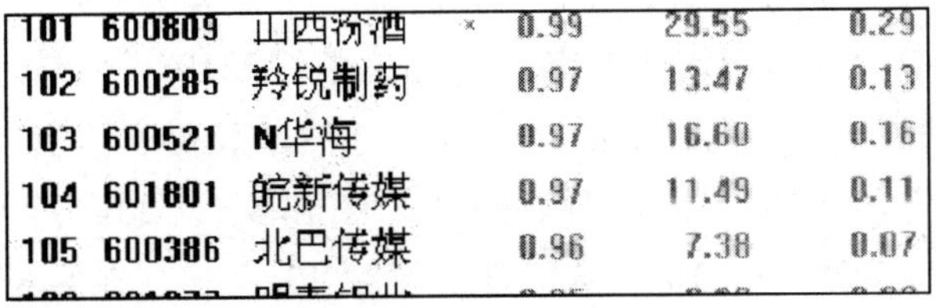

101	600809	山西汾酒	0.99	29.55	0.29
102	600285	羚锐制药	0.97	13.47	0.13
103	600521	N华海	0.97	16.60	0.16
104	601801	皖新传媒	0.97	11.49	0.11
105	600386	北巴传媒	0.96	7.38	0.07

图 1-7 增发新股上市名称加注 N

如果 ST 公司资产重组恢复上市，上交所（深交所无此规定）规定首日股票名称前加 NST。例如，*ST 宏盛（600817）2013 年 2 月 8 日恢复上市交易首日，公司股

票简称为“NST 宏盛”（见图 1-8），从恢复第二个交易日起，股票简称为 ST 宏盛。该股票恢复上市的第一个交易日不设涨跌幅限制，所以当日暴涨 65.84%（按开盘参考价 5.65 元计算），自第二个交易日起股票交易的涨跌幅限制为 5%。

	代码	名称	涨幅%	现价	涨跌	买入价	卖出价
1	600817	NST宏盛	65.84	9.37	3.72	9.43	9.45
2	600556	NST北生	34.60	4.24	1.09	4.25	4.26
3	600247	成城股份	10.09	6.33	0.58	6.33	-

图 1-8　*ST 公司资产重组恢复上市首日名称前加 NST

与宏盛科技一起在上交所恢复上市的还有 ST 北生，也加上了 N，但是同日恢复上市的深市几个股票就没有加上 N，见图 1-9。

	代码	名称	涨幅%	现价	涨跌	买入价	卖出价
1	000622	*ST恒立	373.21	5.30	4.18	5.29	5.30
2	000403	*ST生化	282.02	19.33	14.27	19.33	19.35
3	000831	*ST关铝	115.30	19.70	10.55	19.70	19.76
4	000670	S*ST天发	83.47	8.66	3.94	8.66	8.67
5	000681	*ST远东	81.82	6.00	2.70	6.00	6.01
6	000498	*ST路桥	53.02	5.57	1.93	5.56	5.57
7	000657	*ST中钨	44.34	14.29	4.39	14.28	14.29
8	000757	*ST浩物	43.98	5.50	1.68	5.48	5.50
9	300134	大富科技	10.04	10.63	0.97	10.63	-

图 1-9　ST 公司资产重组恢复上市首日股票简称

ST 股票恢复上市，上交所设开盘参考价，如 ST 宏盛和 ST 北生，不是按照停牌前的收盘价计算涨跌幅，而是分别设定了参考价为 5.56 元和 3.15 元。同日在深交所恢复上市的 ST 恒立、ST 关铝等几只股票则以停牌前收盘价为准计算涨跌幅。

新股上市当天，一般都上升，而且上升的幅度在 10%~80%，有的甚至翻倍，例如，2012 年 10 月 9 日，洛阳钼业上市当天就暴涨了 221%。但是近几年，也有不少新股上市当天就跌破发行价的，例如，2004 年苏泊尔和美欣达上市，打破了新股不败的神话，两家公司上市首日分别下跌 8.27% 和 9%。2012 年的加加食品下跌 26.33%；裕兴股份下跌 16.50%；慈星股份下跌 13.66；江南嘉捷下跌 11.37% 等。2010 年、2011 年新股上市首日破发比例分别为 7%、30%。

所以，2012 年 4 月 11 日，隆基股份在沪市上市，该公司第一个带头有特别提示，即“本公司股票将在上海证券交易所上市。相关统计显示，2009~2011 年，日均持有市值 10 万元以下的中小投资者，在沪市新股上市 10 个交易日内买入的，亏损账户数过半，尤其是在上市首日因盘中价格涨幅过大被临时停牌的新股交易中，股价大幅拉升阶段追高买入的，亏损账户数超过 90%。本公司提醒投资者应充分了解股票市场风险及本公司披露的风险因素，在新股上市初期切忌盲目跟风‘炒新’，应当审慎决策、理性投资”。

结果，该股当日下跌了 5.95%。

但是总体看，新股上市当天就上升的占 70%，所以你申购新股，如果中签了，当天就卖肯定赚钱。

因此，我总结为：新股不申白不申（没有手续费等），白申新股谁不申（没有中签退回原款），申了新股也许不白申（万一中签），新股赚钱下次还得申（新股上市暴涨就赚钱）。

至于 ST 股票恢复上市，就更暴涨了，如 2013 年 2 月 8 日，12 只 ST 股票集体恢复上市，结果都暴涨，其中 ST 恒立暴涨 373.21%居首位。

◎ 新股上市：哪些股份当天就可以上市流通

网下配售的股票当天就可以上市流通，此举意在增加流通量抑制爆炒新股。

2012 年 5 月 25 日，深市浙江美大、东诚生化、顺威股份 3 只新股上市。5 月 29 日，沪市首只全流通股票华贸物流上市，它们网下配售的股票就全部可以上市流通。

但是限售股不能在上市的当日流通。限售股指承诺在一定的时期内不上市流通或在一定的时期内不完全上市流通的股票。限售股什么时候可以流通呢？股权分置改革当天或新股上市当天算起：1 年后可抛售 5% ；2 年后可抛售 10%；3 年后就可抛售全部股份了。

比如，2011 年 3 月 3 日，徐家汇上市，初始流通股为 5600 万股。一年后的 2012 年的 3 月 5 日（3 月 3 日是周六），首发限售股 21437.06 万股解禁开始流通了。

◎ 上市公司从股民手中募集的资金如何管理

上市公司通过首次公开发行股票、配股、增发，发行可转换公司债券，发行分离交易的可转换公司债券，非公开发行证券和权证，从股民手中募集了上亿元的资金，圈钱后如何管理使用这些资金，股民非常关心。这些募集的资金必须按照招股说明书或募集说明书所列用途使用，未经股东大会批准不得改变。

如果有闲置募集资金，在暂时补充流动资金时，仅限于与主营业务相关的生产经营使用，不得通过直接或间接的安排用于新股配售、申购，或用于股票及其衍生品种、可转换公司债券等的交易。上市公司的董事、监事和高级管理人不得参与、协助或纵容上市公司擅自或变相改变募集资金用途。

比如，中国神华就将闲置募集资金 65 亿元暂时用于补充流动资金，期限为 2012 年 10 月 9 日至 2013 年 4 月 8 日。募集资金补充流动资金的期限届满后，该公司已于

2013 年 4 月 8 日将该笔资金全部归还至募集资金专户。之后，该公司再次将募集资金 65 亿元暂时用于补充流动资金，期限为 2013 年 4 月 10 日至 2014 年 4 月 9 日，到期归还至募集资金专户。

上市公司也被允许使用闲置募集资金购买安全性高、流动性好的投资产品，如固定收益的国债、银行理财产品等。比如，2013 年 11 月 8 日，南京新联电子公告披露，用闲置资金 2300 万元购买了光大银行阳光理财对公“保证收益型 T 计划”2013 年第二十期产品。

◎ 增发新股

增发新股：指上市公司再次发行新股的行为，采用向原股东按持股比例优先配售，剩余部分以网上、网下定价发行相结合的方式。例如，2013 年 7 月 25 日，成都路桥采用向公司原股东优先配售和网上、网下定价发行的方式增发新股。公司原股东最大可按其股权登记日 2013 年 7 月 25 日收市后登记在册的持股数量，按照每 10 股配 2.26 股的比例行使优先认购权。

第四节　炒股技巧知识

◎ 股民常犯的错误有哪些

大部分股民在炒股中是赔钱的，有的甚至赔得惨不忍睹，10 万元最后就剩 1 万元了，真是小汽车进去，自行车出来。我认识的股民有的已经炒股十几年了，结果还是亏损累累。究竟是为什么呢？可谓，赚钱各有各的原因，赔钱的原因都是一样的。

（1）资金不多，买的股票不少。我认识很多股民，资金也就是 10 万~30 万元，撑死了也就 100 万元。结果受到什么“鸡蛋不能放在一个篮子里”的理论影响，买了 20~50 只股票。且不说您是否很好研究过这些股票的基本面和技术指标，就是一旦发生系统性暴跌，你卖都来不及。

所以，炒股要按电影《南征北战》的战术，与其伸出五指，不如握紧拳头。集中资金优势，买入 3~6 只股票，最多不超过 10 只股票，就足够了。

（2）打听消息，不去学习。有些股民，很少学习，天天就是到处打听消息。且不说打听消息是要触及刑法的，就是打听到消息的人，有几个赚钱了？股民应该把大量时间花费在学习上，去上市公司实地调研，你都不了解上市公司的情况，怎么就可以随便买股票啊。知己知彼，百战不殆嘛。有人说，我没有时间、没有经费去上市公司调研。此话差矣。你有时间打听消息，就没有时间学习吗？去外地调研上市公司可能有经费问题，但是有多少股民去本地的上市公司实地调研的？连买了本地上市公司的股票，都不去参加该上市公司召开的股东大会的股民大有人在。

所以，炒股还是要扎扎实实地学习、调研，才能百战不殆。

（3）信心和耐心不足，担心和贪心有余。买股票前稀里糊涂，不知道为什么买，缺乏信心。买入后担惊受怕，哪怕是正常的技术性小幅震荡下跌也惶惶不可终日，经常被震仓出局。股票好不容易上升了，又缺乏足够的耐心，提前出局与牛股失之交臂。而一旦自己的股票暴涨，贪心暴露，不赶紧落袋为安，见好就收，结果鸡飞蛋打，后悔莫及。

所以，炒股要心态平和、静若止水，小富即康，才能笑到最后。

（4）絮絮叨叨，怨天尤人。一些股民赔钱后，逢人就像祥林嫂那样絮絮叨叨；同时怨天尤人，把责任都推到管理层、上市公司、股评家身上。从来就不检讨自己的过失。买卖股票赔钱的确有客观原因，如上市公司造假、管理层监管不力、股评家胡说八道等。但是买卖股票的决定权在你自己手里，而且有些就是自己的主观判断失误，比如，上市公司年报里面的数据恶化，但是自己没有去解读年报，而是盲目听信什么资产重组的传言，于是投机赌一把，结果可想而知。

所以，炒股赔钱后，一定要淡定，多做自我批评，寻找赔钱的根源，才能反败为胜。否则就会陷入恶性循环的圈子里，难以自拔。

（5）瞻前顾后，不敢割肉。亏损累累的股民都是不敢止损的人。我们必须承认，谁都会犯错误，但是知错必改是非常重要的。可是许多股民在自己的股票暴跌开始后，不甘心自己的盈利化为乌有，而瞻前顾后、侥幸或自己安慰自己固执地绝不割肉。结果由原来的微小亏损，变成重大亏损。当年银广夏从 50 多元十几个跌停暴跌到 8 元左右打开跌停后，我就苦口婆心力劝买入银广夏的一个股民赶紧割肉逃跑。结果这个股民固执己见，绝不割肉，理由就是都跌成这样了，割肉亏损太大了。他纯属是阿 Q 精神，实际上，不割肉账面上一样是亏损，赶紧割肉买入其他的股票，或者是银广夏跌到 2 元再买回来，岂不可以减少亏损甚至盈利？

历年的调查显示：股市下跌后，有 51.81%的股民没有止损计划，同时在设置止损的股民中，仅有 3.03%的股民会严格执行止损计划，说明股民的止损理念不强。

我认识的几个炒股成功者，都是敢于止损割肉的高手。所以，从一定意义上讲，衡量炒股高手的标准之一，就是看谁敢先割肉止损，谁更敢割肉止损。炒股不敢割肉，你就一辈子也没有领会炒股的真谛。你就会亏损累累，永世不会翻身。因此，您什么时候敢于止损割肉了，您就在股市博士毕业了。

◎ 炒股看什么书比较好

经常有朋友问我，炒股看什么书比较好？不客气地说，您就看我写的《炒股就这几招》系列书就完全可以了。因为我写的《炒股就这几招》系列书，自 1995 年到现在，一直畅销不衰。为什么？就是我是真正踏踏实实，并且结合中国股市进行实际写作，而且每年都根据政策的变化和股市的具体情况，与时（势）俱进地更新内容，从来不忽悠读者。

而现在许多出版社出版的炒股书，都是出版社找来的枪手东拼西凑写出来的，作者的名字、背景、头衔、学历等都是假的。然后起一个吸引眼球的书名，如《炒股秘笈》、《炒股大黑马》、《短线炒股王》、《炒股大赢家》、《捕捉大牛股》等。而内容都是网上抄袭来的，我的《炒股就这几招》就被许多书抄袭了主要内容，再添加一些什么是短线的牛股啊、1 年翻几倍啊、推荐大牛股啊等具有诱惑力的佐料，甚至直接盗用我的书名和内容就不负责任地出版了。

这些骗人的书可以让新股民热血沸腾，以为今天买书看，明天就成为百万富翁了。于是读者特别是新股民就毫不犹豫地掏钱买书（有些人还买了几十本），结果是上当受骗了。而赚钱的是出版社和不法作者。

更可恶的是，一些假作者就是骗子，借出版炒股书的机会，留下联系方式，蒙骗读者加入他们的炒股群体，或者参加他们的炒股培训班，然后收取读者高昂的会员费和培训费。

我一直告诫股民，炒股是一个个性化很强的活动，不可能凭一本书（何况是东拼西凑的骗子书）就可以赚钱。包括作者写的《炒股就这几招》系列书，也是抛砖引玉，可谓师父领进门，修行在个人（我不是什么师父）。《炒股就这几招》系列书领您进门，如何修行就在您个人了。

◎ 借鉴佛学炒股是否可行

炒股有各种方法，也有人利用佛学的理念来指导炒股。深圳市有一位余先生就认为，佛学对于投资和人性的体悟尤为重要，佛学不仅倡导理念上的认知，更强调践履和修行。反映在投资上，谁都知道在别人恐惧的时候应该贪婪，在别人贪婪的时候应该恐惧。但具体到股票投资，当众人恐慌真正来临时，又有多少投资者能够克服自身人性中的恐惧勇敢进场呢？

余先生认为，价值投资类比为佛教中的净土宗，对价值投资的坚守有点类似于念佛，策略应对就像参禅。跌多了的时候要有“我不入地狱谁入地狱”的勇气和慈悲心，市场涨多了要有“放下屠刀，立地成佛”的清醒！投资要学会“不取不舍”，涨多了更要学会“舍”。天下万物，殊途而同归，一致而百虑。事人、事心、事神。无魔不成道，成就越大，心魔也就越大。慧能和尚主张修生活禅，股民就要主张“修投资禅”，在投资中修行。要“修心”、“养心”、“静心”。

佛学的一些理念对炒股是有帮助的，但是能够运用好实属不易。

此外，有些人还利用天体运行规律、《易经》、农历节气、《孙子兵法》等五花八门的方法来分析股市，有的有道理，有的就说得有点云山雾罩，玄乎其神了。股民权当参考，不可当真。

◎ 抢反弹还是抢反转

股市在下跌中存在反弹和反转两种形态，股民面临的难题就是抢反弹还是抢反转？我观点很鲜明：坚决不抢反弹，坚决抢反转。

反弹是股市中长期下跌的短暂回抽而已，犹如篮球落地，上升的动能越来越小，最后完全落在地上一蹶不振。比如，1998 年、2008 年、2012 年的行情就是如此，所以，股民为了赚点蝇头小利，冒险去抢反弹，非常危险。尽管反弹经常发生，但是因为你不可能准确短期抄底和逃顶，所以抢反弹的股民，十有八九都鸡飞蛋打了。

反转是股市中长期底部确定后开始的上升行情，这个行情每年会发生一次，上升行情起码延续 3 个月以上，2006 年和 2007 年甚至延续了 2 年。此时你可能也不会准确抄到反转的底部，但是你完全可以在底部的 10%左右进场，从而保证了基本 10%~30%的收益。

判断反转行情的关键是：

第一，一般反转的底部发生在当年的 11 月到次年 2 月的跨年度区间。比如，2012 年初、2013 年初等。特殊的年份除外，如 1999 年、2005 年等。

第二，此时股市经过 3~5 个月的暴跌或阴跌，其股价、成交量和人气都极度低迷。

第三，此时管理层开始释放利好的信息。比如，2004 年的“国十条”；2008 年底，管理层释放 4 万亿元投资计划；2012 年初，温家宝总理要求“提振股市信心”；2012 年底停止发行新股。

第四，一旦发生利空信息，股市反其道而行之，不跌反涨。如 1997 年年初，邓小平逝世；1999 年 5 月 17 日，美国轰炸中国驻南斯拉夫大使馆；2005 年的国有股全流通改革等。这些利空信息反而促使了一轮大反转行情的爆发。

第五，技术形态多头形态排列。其表现在，K 线小阳线频频出现；跳空高开出现；岛形反转显现；股价和成交量和谐放大；热点板块涌出等。

当然还有其他反转的特征，但是你抓住以上几个关键点后，果断进场应该十拿九稳了。此时最重要的就是迅速买入业绩好、价位低、热点热、题材多、股性活的股票。

◎ 炒股是不是需要每天紧盯盘面

我认识的许多股民从股市开盘到收盘，每分每秒、寸步不离地盯着股市盘面，生怕错过买入或卖出的机会。我认为，没有必要这样每天紧盯盘面。

（1）既然你下决心买了股票，就要有信心，相信你买的股票肯定上升，耐心等待就是了。

（2）股票的上升或下跌，是由各种因素导致的，不是你紧盯盘面形成的。

（3）买股票后需要信心、耐心，也就是要保持良好的心态，不为外界所干扰。

而你整天紧盯盘面，股价的微小波动，都会搅乱你的心态，心理压力也会增大，结果往往被震荡出局。

（4）卖出股票后，你紧盯盘面，生怕踏空，稍有反弹你就立即杀入，结果被套，之前的盈利前功尽弃。

（5）紧盯盘面，你几乎不能安心工作，放弃了正常的生活、必要的社交活动和体育运动等。你在股市上频繁地进进出出，追涨杀跌，心态紊乱，恶性循环，导致精神崩溃，最后输得一塌糊涂。

我从来不紧盯盘面，买入股票后，就耐心等待几个月（一般是3~5个月）坐享其成。卖出股票后也耐心等待几个月甚至更长的时间，待底部大体确定后再买入股票。我在等待的时间内，该干嘛就干嘛，工作、生活、社交活动和体育运动一个都不少。其结果往往是得到了许多意想不到的获利机会。

当然，股市到了关键的时刻，你就必须花费几天紧盯盘面。比如，2007年，股市被炒得热火朝天的时候，营业部人头攒动，很多人都认为沪指要大涨到10000点。这时候，你必须紧盯盘面，随时准备平仓逃跑。1999年5月和2005年5月，股市极度低迷，营业部人烟稀少，很多人都认为沪指要跌到800点。这时候，你必须紧盯盘面，在沪指即将跌破1000点的时候，随时准备建仓。

所以，在股市的关键时刻，你要紧盯盘面，及时作出建仓或平仓的决定。其他时间，任由股票上升和下跌，你自岿然不动就是了。

◎ 股民必须要遵守纪律

人们在日常的工作中，都必须遵守纪律。炒股也是一样，要遵守纪律。比如，你买股票之前，一定要给自己制定一个目标，盈利达到多少就必须平仓，绝不贪心。但是在实际炒股中，大部分股民会受到股市乐观气氛的影响而不遵守炒股纪律。比如，2007年沪指突破了6000点后，股民们热血沸腾，贪恋和欲望充斥着股民的毛孔，自己制定的目标和纪律早已抛在脑后，最后的结果就是套牢亏损。

华尔街某投资公司曾做过一个炒股试验，他们分别找了10个人，有白领精英、股票经纪人、学生、军人、企业家，给他们10万美元去炒股，最后的获胜者是军人。其原因就是军人养成了令行禁止、遵守纪律的习惯。

所以，炒股要向军人学习，令行禁止，严格遵守自己的投资目标和纪律，就一定能够立于不败之地，成为常胜将军。

◎ 股民应该关注上市公司高管的人品

我们通常和一个人打交道，首先要看这个人道德、品质和素质，也就是经常说的人品。如果这个人的人品很差，我们就不和他往来了。反之亦相反。就上市公司的高管而言也是一样。有些上市公司弄虚作假、坑蒙拐骗、铁公鸡一毛不拔、对股民置之不理等，都是上市公司高管人品的真实写照。

例如，中国足球赌球大案的前足协高官谢亚龙曾经担任过中体产业的董事长；绿大地欺诈发行股票案；双汇发展的瘦肉精事件；中国石化被爆出天价灯、天价酒、天价名片、含水油事件；中国石化高管陈同海和中国石油高管蒋洁敏被双规；苏泊尔的质量门事件；紫金矿业和哈药股份的污染事件；华英农业死鸭流入市场事件以及上市公司屡遭管理层谴责等。这些都说明这些上市公司的高管人品不好。

所以，股民在选择股票时，除了看上市公司的每股收益、净资产收益率、每股净资产等，一定要看看这家上市公司管理层高管的人品。我们买一只股票，从某种意义上讲，就是买上市公司高管的人品。如果这家上市公司总是屡屡被处罚、负面新闻太多、社会公德太差，就说明这个上市公司是个垃圾公司，股民就应该坚决摒弃。

◎ 与“势”俱进：辩证理解追涨杀跌

经常有人劝告股民炒股不能追涨杀跌。我认为有失偏颇，从某种意义上讲，追涨杀跌正是股市发生转折（上升或下跌）的信号，因为上升了，还会再上升；下跌了，还会再下跌，这是股市的惯性，所以对追涨杀跌要辩证理解。

（1）如果股市长期盘整在底部，慢慢或突然开始上升了，由于各种原因（误判或没有时间看盘等），你错过了建仓的第一时间，那么就赶紧追涨，在第二时间建仓还来得及，亡羊补牢，犹未为晚。如果你还胆小怕事，不敢追涨，你就彻底失去了赚钱的良机。

（2）如果股市经过一轮上涨，突然开始下跌了，由于各种原因（误判或没有时间看盘等），您错过了平仓的第一时间，那么就赶紧杀跌，在第二时间平仓还来得及，保住起码的胜利果实或及时止损。如果您为自己没有赚到顶部的钱而耿耿于怀，还在犹犹豫豫，抱有反弹上升的幻想，不愿意杀跌，那么您就全军覆没，被严重套牢，可能一辈子都无翻身之日了。

（3）那些所谓的能精确判断股市的底部和顶部的高手和炒股软件都是骗人的。任何人都不能精确判断股市的底部和顶部，既然如此，股民就要学会追涨杀跌。

2006 年和 2007 年的大牛市行情，最能说明问题。2005 年 6 月，沪指跌破 1000 点，此时有人看空到 800 点。之后，大盘股开始发动，刚开始许多人还坚持空头，后来有人反应极快，认为股市将有一轮大涨，不相信 800 点的鬼话，于是立即追进建仓，由空头翻为多头。您当时出于稳健的考虑或误判了局势也没有关系，没有在 1000 点附近建仓，还可以追涨，在 2000 点、3000 点必须迅速建仓，就可以亡羊补牢，吃到后半段的行情。

2007 年 10 月，长达两年之久的大牛市行情结束，其典型特征是 2007 年 10 月后，股市已经开始猛跌了，许多股评人还根据图表技术的分析得出这只是暂时的下跌，沪指还会在 2008 年底以前，涨到 7000 点、8000 点、10000点……还有股评人认为，4000点是21世纪铁底，3000点是21世纪银底，2000点是21世纪金底。后来铁的事实证明，这些严重错误的结论极大地误导了股民。

2007年10月16日开始的下跌行情，所有股票几乎都是一起暴跌，此时您如果没有及时平仓也没有关系，但是要紧随股市趋势而动，赶紧在第二时间或者第三时间逃命，您就可以保住起码的盈利。哪怕及时止损也在所不辞。

综上所述，追涨杀跌就是与“势”俱进，不能完全地批判。当然，如果股市上升或下跌已经进入第五、第六……时间段了，你就要慎重留神，不要成为击鼓传花的接棒人。

◎ 面对上市公司的突发事件：赶紧逃跑

上市公司的突发事件主要指突然、意想不到的负面事件。比如，红光股份上市当年就亏损的事件；双汇发展瘦肉精事件；2012年通化金马、吉林制药的毒胶囊事件；京威股份管理层不慎买股票导致退市危机事件；万科卷入安信有毒地板事件；苏泊尔电饭煲不合格事件；紫金矿业和哈药股份污染环境事件；等等。

面对上市公司的突发事件，股民别无选择，当天只有赶紧平仓逃跑，越快越好，待以后股价稳定后再买进也不迟。

◎ 爆炒股票小心账户被停止

普通股民如果你爆炒某只股票，特别是爆炒新股，也会被交易所制裁。比如，2012年5月16日，上交所对爆炒人民网、翠微股份和怡球资源等新股交易中出现的异常交易行为账户予以口头或书面警示，同时对多个账户采取了盘中暂停当日交易的处罚措施，并有若干账户被限制交易3个月。

2012年4月27日，人民网上市就暴涨，结果首日因涨幅过大以及成交活跃，盘中两度被临时停牌。上交所对人民网首日交易中出现新股异常交易行为的几个股民，及时采取了警示措施，向相关投资者所在营业部发出了警示函，并对存在严重异常交易行为且经提醒仍不改正的“赖某某”、“楼某”等4个账户，及时采取了盘中暂停当日交易措施。

◎ 内盘和外盘的奥妙

内盘：用S表示（英文卖出Sell），是主动性卖盘，在成交量中以主动性叫卖价格成交的数量，所谓主动性叫卖，即卖方主动以低于或等于当前买一的价格挂单卖出股票时成交的数量。内盘反映卖方的意愿，显示空方的总体实力。

例如，某股票“买1”的价格是10元，你要迅速卖1000股股票，在跌停板10%的规则下，你可以填单9.99元到9元任一价位，这就是主动性的抛盘。“买2”、“买3”的价格或者更低的价格报单卖出股票，这些报单都计入内盘，主动性抛盘越多，说明许多股民都准备平仓逃跑，后市继续下跌的可能性就越大。或者说，后市继续下跌的可能性大，许多股民都准备平仓逃跑。

外盘：用 B 表示（英文买入 Buy），是主动性买盘，在成交量中以主动性叫买价格成交的数量。所谓主动性叫买，即买方主动以高于或等于当前卖一的价格挂单买入股票填单时成交的数量，外盘反映买方的意愿，显示多方的总体实力。

例如，某股票“卖 1”的价格是 10 元，你要迅速买进 1000 股股票，在涨停板 10%的规则下，你可以填单 10.01 元到 11 元任一价位，这就是主动性的买盘。“卖 2”、“卖 3”的价格或者更高的价格报单买进股票，这些报单都计入外盘，主动性买进盘越多，说明许多股民都准备建仓，后市继续上升的可能性就越大。或者说，后市继续上升的可能性大，许多股民都准备建仓。

以卖方成交的单子纳入成交池中就是外盘。请注意是“卖方成交”的概念，不是“卖方”的概念。比如，某只股票看好，许多人主动买入该股，结果该股涨停了。这时只要有人卖，就能够立即成交，这种以卖方成交的单子就归入成交池的外盘。外盘大说明有人来买，显示买势强劲。

反之，以买方成交的单子纳入成交池中就是内盘。请注意是“买方成交”的概念，不是“买方”的概念。比如，某只股票看坏，许多人主动卖出该股，结果该股跌停了。这时只要有人买，就能够立即成交，这种以买方成交的单子就归入成交池的内盘。内盘大，说明大多数的买入价都有人拼命卖，显示卖方力量较大。

内盘和外盘的简单理解：内盘就是内部里边的股票往外卖；外盘就是外部外边的资金往里买股票。

外盘和内盘相加则为成交量。如内盘和外盘大体相近，则买卖力量相当。

如果股票没有涨停（或跌停），属于正常交易，此时某只股票的买卖情况如下表所示：

买价（元）	委托数量（手）	卖价（元）	委托数量（手）
10.32	51	10.39	262

此时 10.32 元的买入委托价和 10.39 元的卖出委托价是无法成交的，买卖双方处于等待状态。

这时，如果买盘主动报出一个 10.39 元买入的单子，则股票立即会在 10.39 元的卖方价位立即成交，此笔以主动买入成交的单子即为外盘。

反之，如果卖方突然甩出一个 10.32 元卖出的单子，则股票立即会在 10.32 元的买方价位立即成交，此笔以主动卖出成交的单子即为内盘。

因此，我们会发现，当股市走牛时，以主动买入成交的外盘非常大，大量的卖出单子被多方统统扫光，甚至导致股票涨停；而当股市走熊时，以主动卖出成交的内盘非常大，空方将大量的卖出单子统统给了买入方，甚至导致股票跌停。

内盘和外盘，这两个统计指标不是沪深两所计算的，是股票软件自己计算的。当软件收到一笔新数据时就会将成交价与上一次显示的买①和卖①进行比较，如果成交价小于或等于买①，那么相应的成交量就被加到内盘指标上去；如果大于或等于卖①，那么对应的成交量就被加到外盘指标上去。如果在两者之间则内外盘各分一半，这样内盘加上外盘就等于总的成交量。由于各个通信站点接收讯号有差异，所以不同的软件所计算出来的内盘和外盘是不一样的。

◎ 从成交量明细表里 B、S 和紫色数字观察主力动向

按下 F1，就会出现成交量明细表，里面有花花绿绿的数字。英文买进是 Buy，卖出是 Sell，买入用红色标注，卖出用绿色标注。所以，成交量明细表的红 B 就代表买入，绿 S 代表卖出。后面的具体数字单位是“手”，一手等于 100 股，比如 100、50，不是 100 股、50 股，而是 100 手、50 手，相当于 10000 股、5000 股。

此外，还有一组紫色的数字，这是软件有意把 500 手以上的买卖成交设置为紫色，以提醒股民注意有大笔买入或卖出的单子。

在股票涨停时，你就可以看到，往往是一大笔标出紫色的大单子和若干汹涌的红色 B 买单跟风把股价推到涨停；而股价跌停时，则是一大笔紫色的大单子和若干汹涌的绿色 S 卖单跟风把股价打压到跌停。

一般而言，如果股价跌的时间很长且很深，红 B 反复出现，成交量明显放大，出现了价升量增的态势，表明主力即将大幅拉升；在主力洗盘时，股票交投活跃，红 B 和绿 S 交替出现，主力是在增仓。如果股价已经很高且被反复爆炒过，此时绿 S 频频出现，成交量也在放大，说明主力已经准备逃跑了。

第五节　股票、股份公司、证券市场扩展知识

◎ 股票、股份有限责任公司

股票：指公司签发的证明股东所持股份的凭证。过去确实有一张“纸”作为股票。现在沪深证交所股票实行无纸化，是电子记账式股票了，所以，您已经看不到这张“纸”了。您的电子记账式股票由证券交易所代您委托保管，简称托管。

股份有限责任公司：指全部资本分为等额股份，股东以其持有股份为限，对公司承担有限责任。公司以其全部资产对公司的债务承担有限责任。所谓有限责任，通俗指您有公司 1000 股股票，那么您承担的公司责任为“1000 股”有限的责任。依法设立的股份有限公司，必须在公司名称中标明股份有限公司或者股份公司字样，必须依

法制定公司章程，公司营业执照应当载明公司的名称、住所、注册资本、实收资本、经营范围、法定代表人姓名等事项。

上市公司与非上市公司相比较，最主要的区别就是上市公司的全部资本要划分为等额股份，一般面值是 1 元（也有其他面值的，如洛阳钼业每股面值为 0.20 元，2012 年 9 月 21 日，洛阳钼业将 A 股发行价定为 3 元人民币）。

超过面值发行股票的就是溢价发行；小于面值发行股票的是折价发行；等于面值发行股票的是面值发行；我国不允许公司折价发行股票。股票的面值与股份总数的乘积为股本，股本等于公司的注册资本，在会计核算上，股份公司有“股本”科目。

由于是溢价发行股票，所以公司发行股票后，需要增加的股份按面值记入“股本”科目，将溢出的部分扣除发行手续费、佣金等发行费用后，则记入“资本公积”科目。

一家非股份公司的企业要改制为股份公司，全部资本要划分为等额股份，例如，某企业改制前的净资产为 6023.56 万元，然后将 6000 万元折为 6000 万股，其余 23.56 万元计入资本公积，改制后的股份公司的股本就是 6000 万股。如果该公司要增资扩股，如某年 5 月和 9 月，18 名自然人和 9 名自然人分别对该公司增资 700 万股和 500 万股，增资价格都是每股 5 元，溢价的金额 4800 万元计入资本公积，该公司的股本增加到了 7200 万股。

如果该公司对社会发行新股 2400 万股，定价为 25 元，募集资金为 60000 万元，扣除各项发行费用后，募集资金净额为 55246 万元。2400 万股作为新增加股份，该公司的股本增加到了 9600 万股，溢价为 52846 万元，则计入资本公积，该公司资本公积增加到了 57669.56 万元，该公司的每股资本公积金为 6.01 元（57669.56/9600），转股的能力很强。假如该公司以总股本 9600 万股为基数，向全体股东按每 10 股转增 10 股，转股后总股本就变成 19200 万股了（有关资本公积和转股，还可以参考《财务指标板块》的“资产负债表”有关内容）。

◎ 上市公司股本

上市公司股本（上市公司总股本）：指统计期末上市公司发行的全部股份数量合计。本书上市公司股本仅指上市公司在境内发行的股份数量，包括 A 股股本、B 股股本和其他不流通的境内股本。

A 股股本：指上市公司发行的人民币普通股票数量。

B 股股本：指上市公司发行的人民币特种股票（人民币标示面值，以外币购买和交易的股票）数量。

上市公司股本分为：

限售股本：指统计期末未解禁的限售股的数量合计，包括 A 股限售股本、未股改公司的非流通股本、纯 B 股公司的非流通股本。

非限售股本：也称为流通股本。计算公式为：非限售股本=上市公司股本-限售股本。

A股流通股本：A股非限售股本，指上市公司非限售股本中A股数量的合计。计算公式为：A股流通股本=A股股本-A股限售股本。

自由流通股本：指可供投资者在证券交易所自由买卖的A股股票数量。计算公式为：自由流通股本=A股股本-A股限售股本-（如果合计持有超过5%）6类股本中的非限售股本。其中6类股本指：①公司创建者、家族和高级管理人员长期持有的股份，②国有股份，③战略投资者持有的股份，④被冻结股份，⑤受限的员工持有的股份，⑥上市公司交叉持有的股份；合计持有是指以上6类股本的股东及一致行动人持有的限售股与非限售股按股东的合计；5%是指合计持有的股本与A股股本的比例。

◎ 股东和股民

您合法购买了某公司的股份，您就是该公司的股东。按其股份，您相应有责任、义务、权利、利益、风险等，即同股、同权、同责、同利、同险。

股民是一种俗称，指经常活跃在股市进行股票买卖，赚取差价的群体。股民和股东的差别是，股东相对比较固定，而股民流动性强。所以有一个说法，炒股炒成了股东。意思是，某股民买了股票后被套，由此停止了频繁的交易，由股民变为股东。

◎ 专业股民（机构投资者）和普通股民

按照财务状况、证券投资知识水平、投资经验、风险承受能力等情况，分为专业投资者和普通投资者。专业股民（机构投资者）包括商业银行、证券期货经营机构、保险机构、信托公司、基金管理公司、财务公司、合格境外机构投资者等专业机构及其分支机构以及社保基金、养老基金、投资者保护基金、企业年金、信托计划、资产管理计划、银行及保险理财产品、证券投资基金等。

专业股民以外的其他股民，就是普通股民了。

◎ 中国证监会的职能

国务院证券监督管理机构（中国证监会）依法对证券市场实行监督管理，维护证券市场秩序，保障其合法运行。中国证监会的主要职责是：依法制定有关证券市场监督管理的规章、规则，并依法行使审批或者核准权；依法对证券的发行、上市、交易、登记、存管、结算进行监督管理；依法对证券发行人、上市公司、证券公司、证券投资基金管理公司、证券服务机构、证券交易所、证券登记结算机构的证券业务活动进行监督管理；依法制定从事证券业务人员的资格标准和行为准则，并监督实施；依法监督检查证券发行、上市和交易的信息公开情况；依法对违反证券市场监督管理法律、行政法规的行为进行查处等。

中国证监会为国务院直属正部级事业单位，设主席、副主席、纪委书记、主席助理。设有股票发行审核委员会，委员由中国证监会专业人员和所聘请的会外有关专家担任。中国证监会在省、自治区、直辖市和计划单列市设立 36 个证券监管局以及上海、深圳证券监管专员办事处。

◎ 什么是证券交易所

证券交易所是为证券集中交易提供场所和设施，组织和监督证券交易，实行自律管理的法人。证券交易所的设立和解散，由国务院决定。

证券交易所设理事会。证券交易所设总经理一人，由国务院证券监督管理机构任免。

证券交易所应当为组织公平的集中交易提供保障，公布证券交易即时行情，并按交易日制作证券市场行情表，予以公布。未经证券交易所许可，任何单位和个人不得发布证券交易即时行情。

◎ 证券公司开展的业务范围

设立证券公司，必须经国务院证券监督管理机构审查批准。未经国务院证券监督管理机构批准，任何单位和个人不得经营证券业务。证券公司经营的主要业务是：证券经纪；证券投资咨询；证券承销与保荐等。

◎ 如何召开股东大会

股份有限公司股东大会由全体股东组成。股东大会是公司的权力机构，股东大会应当每年召开一次年会。有下列情形之一的，应当在两个月内召开临时股东大会：

（1）董事人数不足本法规定人数或者公司章程所定人数的 2/3 时。

（2）公司未弥补的亏损达实收股本总额 1/3 时。

（3）单独或者合计持有公司 10%以上股份的股东请求时。

（4）董事会认为必要时。

（5）监事会提议召开时。

（6）公司章程规定的其他情形。

单独或者合计持有公司 3%以上股份的股东，可以在股东大会召开 10 日前提出临时提案并书面提交董事会；董事会应当在收到提案后 2 日内通知其他股东，并将该临时提案提交股东大会审议。临时提案的内容应当属于股东大会职权范围，并有明确议题和具体决议事项。

股东可以委托代理人出席股东大会会议，代理人应当向公司提交股东授权委托书，并在授权范围内行使表决权。

◎ 中小股民是否需要参加股东大会

中小股民参加股东大会，是直接了解上市公司的最好机会，因为您可以直接面对面与上市公司的管理层进行沟通，这种机会您平时不可能实现。而且，中小股民完全有可能否定大股东的议案。2012 年，就有闽东电力、现代投资、安纳达、渝三峡 A、格力电器、武钢股份等多起中小股东参加股东大会，最后投反对票否决了大股东的议案。

可是，现在中小股民很少参加股东大会，参加外地的股东大会牵涉到路费等问题，但是我建议，中小股民最好还是抽出时间，起码参加一下您所在地的上市公司的股东大会。

股东大会通知中应当列明会议召开的时间、地点、方式，以及会议召集人和股权登记日等事项，并充分、完整地披露所有提案的具体内容。在股东大会决议公告前，召集股东持股比例不得低于 10%，召集股东应当在发布股东大会通知前向证券交易所申请在上述期间锁定其持有的全部或者部分股份。

例如，××××年 6 月 8 日，某公司召开股东大会，时间为该年 6 月 29 日 9:30；召开地点：××市××街×号公司会议室；召集人：公司董事会；召开方式：现场投票；会议出席对象：该年 6 月 26 日股权登记日持有公司股份的股东并可以以书面形式委托代理人出席会议和参加表决，该股东代理人不必是本公司股东；会议审议事项有：该年年度董事会工作报告、2011 年年度利润分配预案等。

参会登记方法：现场登记、信函登记、传真登记；登记时间：该年 6 月 27 日上午 9:00~11:30，下午 1:30~5:00；登记地点：××市××街×号公司投资者与投资者关系服务部。

会议登记办法：参加本次会议的非法人股东，该年 6 月 27 日持股东账户卡及个人身份证，委托代表人持本人身份证、授权委托书、委托人股东账户卡、委托人身份证；法人股东持股东账户卡、营业执照复印件、法定代表人资格证明书、授权委托书、出席人身份证到公司登记。异地股东可用信函或传真方式登记。参会费用：与会股东食宿交通费自理。

上市公司开完股东大会后，其股东大会决议公告应当包括以下内容：

（1）会议召开的时间、地点、方式、召集人和主持人，以及是否符合有关法律、行政法规、部门规章、其他规范性文件和公司章程的说明。

（2）出席会议的股东（代理人）人数、所持（代理）股份及其占上市公司有表决权股份总数的比例；未完成股权分置改革的上市公司还应当披露流通股股东和非流通股股东出席会议的情况。

（3）每项提案的表决方式、表决结果；未完成股权分置改革的上市公司还应当披露分别统计的流通股股东及非流通股股东表决情况；涉及股东提案的，应当列明提案股东的姓名或者名称、持股比例和提案内容；涉及关联交易事项的，应当说明关联股东回避表决的情况；未完成股权分置改革的上市公司涉及需要流通股股东单独表决的提案，应当专门作出说明；发行境内上市外资股或同时有证券在境外证券交易所上市的上市公司，还应当说明发出股东大会通知的情况、内资股股东和外资股股东分别出席会议及表决情况。

（4）法律意见书的结论性意见。若股东大会出现否决提案的，应当披露法律意见书全文。

股东大会上不得向股东通报、泄露未曾披露的重大事项。

◎ 股东的表决权：50%以上才可以通过议案

股东出席股东大会会议，所持每一股份有一份表决权。但是，公司持有的本公司股份没有表决权。

股东大会作出决议，必须经出席会议的股东所持表决权过半数以上（50%）通过。比如，2012 年 5 月 18 日，武钢召开股东大会审议一项武钢股份 450 亿元日常关联交易的议案，由于持有约 66 亿股的大股东武钢集团必须回避表决，因此，共有 1.64 亿股对该议案投票反对，反对率为 65%，武钢股份关联交易议案没有通过。

如果股东大会作出修改公司章程、增加或者减少注册资本的决议，以及公司合并、分立、解散或者变更公司形式的决议，必须经出席会议的股东所持表决权的 2/3 以上通过。

◎ 上市公司召开股东大会是否必须提供网络投票方式

管理层鼓励设立股东大会网络投票系统，方便股东行使表决权。但是不一定要网络投票。

上市公司召开股东大会审议议案时，除现场会议投票外，有些议案必须给中小股民提供网络投票方式。

比如，向社会公众增发新股（含发行境外上市外资股或其他股份性质的权证）、发行可转换公司债券、上市公司购买的资产总价较所购买资产经审计的账面净值溢价达到或超过 20%的、在上市公司发展中对社会公众股股东利益有重大影响的相关事项、重大资产重组、股权激励、股份回购等，都必须提供网络投票方式。

对于创业板，深交所还增加了一条规定，一年内购买、出售重大资产或担保金额超过公司最近一期经审计的资产总额 30%的，也必须采取网络投票方式表决。

比如，ST 北生 2013 年 4 月 25 日 14:30 召开公司 2013 年第三次临时股东大会，审议关于公司重大资产置换及发行股份购买资产暨关联交易的议案，就采取现场投票和网络投票相结合的方式。

如果上市公司与关联人进行的与日常经营相关的关联交易，就可以不提供网络投票方式。比如，2012 年 5 月 18 日，武钢召开股东大会审议一项武钢股份 450 亿元“日常关联交易”的议案，就没有提供网络投票方式。不过，由于持有约 66 亿股的大股东武钢集团必须回避表决，因此，占公司 2.4%的股份投票反对，武钢股份关联交易议案没有通过。

股民如果采用网络投票，必须是股东大会股权登记日登记在册的股东，而且您只能选择现场投票、网络投票或符合规定的其他投票方式中的一种表决方式，不能采用多种投票方式。

上市公司召开股东大会并为股东提供股东大会网络投票系统的，应当在股东大会通知中明确载明网络投票的时间、投票程序以及审议的事项。

股东大会网络投票的开始时间，不得早于现场股东大会召开前一日下午 3:00 并不得迟于现场股东大会召开当日上午 9:30，其结束时间不得早于现场股东大会结束当日下午 3:00。

上市公司年度股东大会采用网络投票方式的，提案人提出的临时提案应当至少提前 10 天由董事会公告。提案人在会议现场提出的临时提案或其他未经公告的临时提案，均不得列入股东大会表决事项。

上市公司股东或其委托代理人通过股东大会网络投票系统行使表决权的，应当在股东大会通知规定的有效时间内参与网络投票。

上市公司股东或其委托代理人通过股东大会网络投票系统行使表决权的表决票数，应当与现场投票的表决票数以及符合规定的其他投票方式的表决票数一起，计入本次股东大会的表决权总数。网络投票给中小股民提供了反对大股东的机会。

例如，2012 年 5 月 18 日，武钢股份召开股东大会，审议有关 450 亿元的关联交易方案，由于关联股东武钢集团回避表决，结果持有公司约 1.16 亿股的第二大股东深圳吉富创投投下反对票，否决了武钢股份 450 亿元日常关联交易议案。

2012 年 5 月 24 日，中国北车召开股东大会，采用了现场记名投票与网络投票相结合的方式。18.17 亿股参与了网络投票，占比为 0.0633%，由于各项议案的同意票数均超过 1/2，因此都获正式通过。

不过，中小股民网络投票的积极性不高，2010 年到 2012 年，股东大会实行网络投票，股东平均参与率不到 0.25%。

需要注意的是：因为 A 股实行 T+1 日交收，B 股实行 T+3 日交收，所以，如果股民同时买入同一家上市公司的 A 股和 B 股，但因为股份到账的实际日期和股权登记日不同，就可能出现股民不同时享有 A 股和 B 股投票权的情况。此外，上市公司的 H 股股东不能通过交易系统进行网络投票。

◎ 网络投票的具体方法

上市公司股东大会网络投票系统包括两个：一是沪深交易所的交易系统，一般在股票开盘交易时间 9：30～11：30，13：00 到 15：00 投票；二是互联网投资系统（http：//wltp. cninfo. com. cn）（沪市除外），此系统投票比较麻烦，股东需按照《深交所投资者网络服务身份认证业务实施细则》的规定办理身份认证，取得“深交所数字证书”或“深交所投资者服务密码”后，再登录互联网投票系统投票，此系统投票时间较长，开始投票的时间一般为股东大会召开前一日下午 3：00 整，结束时间为现场股东大会结束当日下午 3：00 整。股东大会股权登记日登记在册的所有股东，才有权通过网络投票系统行使表决权。

沪市：A 股代码前三位为“600”的，其 A 股投票代码为“738×××”（×××为其 A 股代码后三位），如：浦东金桥的投票代码就是 738639；A 股代码前三位为“601”的，其 A 股投票代码为“788×××”；A 股代码前三位为“603”的，其 A 股投票代码为“752×××”发行 B 股的上市公司其 B 股投票代码为“938×××”（×××为其 B 股代码后三位）。

深市主板、中小板的投票代码为“36+股票代码的后四位”，如中国宝安股票代码为“000009”，则投票代码为“360009”。创业板的投票代码从“365000”起，按股票代码后四位顺序号编制，如股票代码为“300001”，则投票代码为“365001”。投票简称为“××投票”。

股东进行网络投票的具体规定如下：

（1）买卖方向为买入。

（2）在“委托价格”项填报股东大会议案序号。如 1. 00 元代表议案 1，2. 00 元代表议案 2，依次类推。每一议案应以相应的委托价格分别申报。

对于逐项表决的议案，如议案 2 中有多个需表决的子议案，2. 00 元代表对议案 2 下全部子议案进行表决，2. 01 元代表议案 2 中子议案①，2. 02 元代表议案 2 中子议案②，依次类推。

对于选举董事、由股东代表出任的监事的议案，如议案 3 为选举董事，则 3. 01 元代表第一位候选人，3. 02 元代表第二位候选人，依次类推。

（3）对于采用累积投票制的议案，在“委托数量”项下填报选举票数，累积投票议案表决与其他议案表决不同，无反对和弃权表决，在“买入价格”项填写累积投票表决议案（根据股东大会通知，该议案对应的是所选择的候选人编号），在“委托数量”填写针对该候选人所投出的表决权股份数。一个股东账户拥有的表决权的总股数=股东账户所持股份×应选人数。股东可以将拥有表决权的股数平均分投给各候选人，也可集中全部投给某一候选人，但针对各候选人投出的表决股数总计不得超过该股东所拥有表决权的总股数，否则被作为废票处理。对于不采用累积投票制的议案，在“委托数量”项下填报表决意见，1 股代表同意，2 股代表反对，3 股代表弃权。

（4）对同一议案的投票只能申报一次，不能撤单。

（5）股东大会有多项议案需表决时，可以设置“总议案”，对应的议案号为 100（申报价格为 100.00 元）。

（6）不符合上述规定的投票申报，视为未参与投票。

股东通过网络投票系统投票后，不能通过网络投票系统更改投票结果。

股东对同一议案出现总议案与分议案重复投票时，以第一次有效投票为准。如股东先对分议案投票表决，再对总议案投票表决，则以已投票表决的分议案的表决意见为准，其他未表决的议案以总议案的表决意见为准；如果先对总议案投票表决，再对分议案投票表决，则以总议案的表决意见为准。

如同一股东账户通过以上两种方式重复投票，股东大会表决结果以第一次有效投票结果为准。

投票时，申报股数代表表决意见，其中 1 股代表同意，2 股代表反对，3 股代表弃权。对同一议案多次申报的，以第一次申报为准。

例如，成都路桥（002628）于 2012 年 12 月 12 日召开 2012 年第三次临时股东大会审议《关于公司符合申请公开增发人民币普通股（A 股）条件的议案》等议案，就采取现场投票与网络投票相结合的方式，网络投票时间为 2012 年 12 月 11 日~2012 年 12 月 12 日，其中，通过深交所交易系统进行网络投票的具体时间为 2012 年 12 月 12 日上午 9:30~11:30，下午 1:00~3:00；通过深交所互联网投票系统（http://wltp.cninfo.com.cn）进行网络投票的具体时间为 2012 年 12 月 11 日下午3:00~2012 年 12 月 12 日下午 3:00 任意时间。公司股东应选择现场投票、网络投票中的一种方式，如果同一表决权出现重复投票表决的，以第一次投票表决结果为准。

◎ 中小股民如何与上市公司沟通

有股民问我，上市公司的联系电话经常无人接听，即使有人接电话，也是对股民敷衍了事。对此，您可以向上市公司所属地证监局或公司挂牌上市的交易所反映情况，监管机构必将严查严办，各地证监局及交易所的联系方式，在证监会和沪深两所官方网站都可以查询。

上市公司应当配备信息披露所必要的通信设备，加强与股民特别是社会股民的沟通和交流，设立专门的股民咨询电话并对外公告，如有变更应及时进行公告并在公司网站上公布。公司应保证咨询电话线路畅通，并保证在工作时间有专人负责接听。如遇重大事件或其他必要时候，公司应开通多部电话回答股民咨询。公司应当在公司网站开设投资者关系专栏，定期举行与股民见面活动，及时答复公众投资者关心的问题，增进股民对公司的了解。

比如，2012 年 9 月 11 日 15:00~17:00，宁波证监局就与宁波上市公司协会、深圳证券信息有限公司联合举办“宁波辖区上市公司投资者网上集体接待日活动”。宁波辖区的高管都参加了本次活动，通过网络在线交流形式，就公司治理、发展战略、经营状况、融资计划、可持续发展等股民所关心的问题，与股民进行一对多形式的沟通与交流。

还有，为方便与股民进行沟通，舒泰神（300204）就定每个月第一周的周四 13：30~17:00，为“投资者接待日”，但是业绩快报披露前 10 日、定期报告披露前 30 日等信息披露敏感期间不接待股民来访。如果股民有意到该公司现场参观交流，则在每月“投资者接待日”前 2 个工作日与公司证券部联系接待登记。

上市公司的投资者关系管理工作就是中小股民与其沟通主要的方式。董事会秘书一般担任投资者关系管理负责人。

深交所规定，上市公司不得在投资者关系活动中以任何方式发布或泄露未公开重大信息。上市公司通过股东大会、网站、分析师说明会、业绩说明会、路演、一对一沟通、现场参观和电话咨询等方式进行投资者关系活动时，应当平等对待全体投资者，为中小投资者参与活动创造机会，保证相关沟通渠道的畅通，避免出现选择性信息披露。

上市公司在业绩说明会、分析师会议、路演等投资者关系活动开始前，应当事先确定提问的可回答范围。提问涉及公司未公开重大信息或者可以推理出未公开重大信息的，公司应当拒绝回答。

上市公司应当建立和中小股民沟通的有效渠道，定期与中小股民见面。公司应当在年度报告披露后 10 个交易日内举行年度报告说明会，公司董事长（或总经理）、财务负责人、独立董事（至少一名）、董事会秘书、保荐代表人（至少一名）应当出席说明会。会议主要内容是：公司所处行业的状况、发展前景、存在的风险；公司财务状况和经营业绩及其变化趋势；投资者关心的内容等。

上市公司可设立公开电子信箱与投资者进行交流。中小股民可以通过信箱向公司提出问题和了解情况，公司也可以通过信箱回复或解答有关问题。

深交所还有投资者关系互动平台，上市公司指派或授权董事会秘书或者证券事务代表负责查看互动平台上接收到的中小股民提问，根据情况及时处理互动平台的相关信息。

上交所规定，上市公司应当保证咨询电话、传真和电子信箱等对外联系渠道畅通，确保咨询电话在工作时间有专人接听，并通过有效形式向投资者答复和反馈相关信息。

上市公司通过上述渠道向投资者答复和反馈信息的情况应当至少每季度公开一次。

上市公司应当建立公司官方网站，并在该网站设立投资者关系管理专栏，用于收集和答复投资者的问题和建议，及时发布和更新投资者关系管理工作相关信息。

上市公司应当为中小股东参加股东大会以及发言、提问提供便利，为投资者与公司董事、监事、高级管理人员交流提供必要的时间。

上市公司应当为中小股东到公司现场参观、座谈沟通提供便利，合理、妥善地安排参观、座谈活动。

上市公司应当努力提高信息披露的有效性，增强定期报告和临时报告的可读性。

上市公司相关重大事项受到市场高度关注或质疑的，除应当按照上市规则及时履行信息披露义务外，还应当通过现场、网络或其他方式召开说明会，介绍情况、解释原因，并回答相关问题。上市公司董事长、总经理、董事会秘书、财务总监或其他责任人应当参加说明会。

上交所通过上交所网站、热线电话等方式接受中小股民关于上市公司投资者关系管理工作的投诉。对存在与投资者沟通渠道不畅、投资者投诉较多的上市公司，上交所将视情形采取监管措施。

◎ 股民如何与中国证监会和沪、深证券交易所沟通

股民如果要反映或咨询问题可通过以下途径：中国证监会电子信箱 gzly@ csrc. gov. cn；中国证监会热线 010-12386；中国证监会官方网站投资者保护栏目——12386 热线频道；中国证监会股民投诉电话：010-66210166，010-66210182。

沪、深两所全国统一的服务热线电话：上交所：400-8888-400；深交所：400-808-9999。

只要是在股市开市时间 9:30~15:00，股民还可以随时拨打深交所的热线电话或写短信至 0755-82083000，反映您的问题。

如果上市公司不回答股民问题，或打电话无人接听等，股民可以打电话至深交所 4008089999 反映情况；工作建议与投诉至电子信箱：cis@ szse. cn；深市上市公司举报电子信箱：jbxx@ szse. cn。

沪、深两所电子信箱的联系方式：上交所：gzrx @ sse. com. cn ；深交所：cis@ szse. cn。

此外，股民可从 http：//irm. cninfo. com. cn 登录“深交所互动易”，在“查看问题与答复栏”输入上市公司代码，即可查看相关上市公司的提问及回复。股民也可自己向上市公司提问，与上市公司直接沟通交流。

上交所信息网络有限公司还推出了信息短信免费提醒服务。短信提醒服务内容包括首次公开发行 A 股、配股发行以及公开增发。如果您需要短信订阅，则需在信息公司网站上注册，填报股东账号，并根据网站提供的激活码到上交所交易系统中进行“密码服务”激活以完成身份认证，之后便可以在网站上订阅短信提醒服务了。

更多沟通方式详见本书最后“附件 1　中国证监会等管理层联系方式”。

◎ 上市公司重大事件指什么

上市公司重大事件主要指：公司的经营方针和经营范围的重大变化；公司发生重

大债务和未能清偿到期重大债务的违约情况；公司发生重大亏损或者重大损失；公司的董事、三分之一以上监事或者经理发生变动；公司涉嫌犯罪被司法机关立案调查，公司董事、监事、高级管理人员涉嫌犯罪被司法机关采取强制措施等。

◎ 谁是证券交易的内幕信息知情人

证券交易内幕信息的知情人包括：发行人的董事、监事、高级管理人员；持有公司5%以上股份的股东及其董事、监事、高级管理人员，公司的实际控制人及其董事、监事、高级管理人员；发行人控股的公司及其董事、监事、高级管理人员；由于所任公司职务可以获取公司有关内幕信息的人员；证券监督管理机构工作人员以及由于法定职责对证券的发行、交易进行管理的其他人员；保荐人、承销的证券公司、证券交易所、证券登记结算机构、证券服务机构的有关人员等。

管理层禁止证券交易内幕信息的知情人和非法获取内幕信息的人利用内幕信息从事证券交易活动。

◎ 内幕信息和内幕交易

内幕信息：指证券交易活动中，涉及公司的经营、财务或者其他对该公司证券的市场价格有重大影响的尚未公开的信息。比如，公司的经营方针和经营范围的重大变化；公司发生重大债务和未能清偿到期重大债务的违约情况；公司发生重大亏损或者重大损失；公司减资、合并、分立、解散及申请破产的决定；公司分配股利或者增资的计划；上市公司收购的有关方案等。

内幕交易：指证券交易内幕信息的知情人和非法获取内幕信息的人在内幕信息公开前，买卖该证券、泄露该信息、建议他人买卖该证券的违法行为。对内幕交易认定主要是两个特征：一是信息尚未公开；二是对证券价格有重大影响。

常见的内幕交易行为有：交易型——内幕信息知情人直接利用内幕信息买卖证券；泄露型——内幕信息知情人向他人泄露内幕信息，他人据此从事交易；建议型——内幕信息知情人建议他人买卖证券。

◎ 何为内幕信息罪，股民打听小道消息小心被判刑

有些股民特别喜欢打听小道消息，殊不知，您这样的行为是触犯了刑法。因为构成内幕交易、泄露内幕信息罪有：是内幕信息知情人或非法获取人；该信息为内幕信息；在内幕信息尚未公开前，买入或者卖出该证券，或者从事与该内幕信息有关的期货交易，或者泄露该信息，或者明示、暗示他人从事上述交易活动等。

对内幕交易、泄露内幕信息罪规定：涉嫌下列情形之一的，应予立案追诉：证券交易成交额累计在50万元以上的；期货交易占用保证金数额累计在30万元以上的；获利或者避免损失数额累计在15万元以上的；多次进行内幕交易、泄露内幕信息

的等。

可见，您打听小道消息，您就是“内幕信息非法获取人”，在内幕信息尚未公开前，您买入或者卖出该证券，或者从事与该内幕信息有关的期货交易，或者泄露该信息，或者明示、暗示他人从事上述交易活动，这都构成违法。

这几年，触犯内幕信息犯罪的有：国家统计局副处级干部孙振泄露国家秘案；中国人民银行干部伍超明泄露涉密经济数据案；从伍超明处获取过这些泄密数据的还有15位，除一名学者、一名证券媒体记者和一名央行天津分行人士外，其余12人分别来自6家证券投资、管理和咨询机构——博时基金、安信证券、华泰联合证券、东方证券、国信证券和财富证券，获取上述内部信息的证券从业人员为内幕信息非法获取人，所以也要被审判；原中山市委副书记、市长、市政府党组书记李启红内幕交易中山公用股票案；原南京经委主任刘宝春高淳陶瓷内幕交易案；广发证券公司原总裁董正青内幕交易案；银河证券公司原总裁肖时庆内幕交易案；黄光裕内幕交易中关村股票案等。

可能股民会问，我一个中小股民，就是在朋友吃饭、聚会或聊天中打听的小道消息，也要被追责吗？

对，要被追责。因为该小道消息有可能是内幕信息，您获知后就成为内幕信息知情人，如果您再据此买卖股票，或者好心把内幕信息告诉您朋友赶紧买卖该股票，您不仅触犯了刑法，把您的朋友也拉下水了。你们如果达到立案标准，就要被一起追究刑事责任了。还有就是利用内幕信息交易股票没有赚钱反而赔钱也要追究刑事责任吗？对，不以你是否赚钱为标准，而是以你是不是进行了内幕交易为追究刑事责任的标准。所以，炒股还是要以正规的渠道获得信息为准。

◎ 质疑上市公司：股民千万不能造谣、传谣

股民赔钱有怨气，有的股民就造谣或传谣发泄不满，这样做是违反了有关法律。2012年8月13日和14日，股民张某、陈某、曹某分别编造了“中信证券巨亏29亿元”、“王东明被带走”、“里昂证券大规模人员离职”的虚假信息。

经过调查，9月3日，中国证监会通报称，这是河南省张某、浙江省陈某和湖北省曹某3人编造、传播的虚假信息。

2013年10月23日，江粉磁材公告警告：近日，投资者通过股吧、短信等途径散布关于本公司筹划重大资产重组事项的谣言，引发广大投资者猜测并误导投资者投资判断，导致公司股价异常波动。公司谴责谣言散布者及相关当事人不负责任的行为，并在此声明，保留追究其法律责任的权利。

但是股民是不是可以质疑上市公司财务数据造假、发布虚假信息呢？或者说，怎么才能区分为是质疑还是造谣呢？作者认为，判断标准是股民质疑上市公司的时候有没有真凭实据、是不是客观公正分析、有没有商业利益借此欺诈、是不是托儿等。那

么如果股民秉公办事、有真凭实据、客观公正的分析，没有商业利益和欺诈行为，不是托儿等，上市公司就不能认为股民是造谣。

例如，“天地侠影”汪炜华 2012 年起，在博客、微博连续质疑广汇能源，2013 年 10 月 12 日，被警方以“涉嫌编造并传播证券、期货交易虚假信息罪”拘留，股民和上市公司各执一词，争论很大。

《证券法》有关规定是，禁止国家工作人员、传播媒介从业人员和有关人员编造、传播虚假信息，扰乱证券市场；扰乱证券市场的，由证券监督管理机构责令改正，没收违法所得，并处以违法所得 1 倍以上 5 倍以下的罚款；没有违法所得或者违法所得不足 3 万元的，处以 3 万元以上 20 万元以下的罚款。

损害商业信誉罪，是指捏造并散布虚伪事实，损害他人的商业信誉，给他人造成重大损失或者有其他严重情节的行为。损害商业信誉的行为与正常的舆论监督的界限就是媒体在报道中有没有故意捏造并散布虚伪事实。

所以，我们股民炒股，千万不能造谣、传谣，否则股市赔钱不说，还要被判罚款，岂不是雪上加霜。如果股民买了该公司的股票，还有可能获操纵证券市场罪，移送司法机关追究刑事责任。

◎ 上市公司的收购方式

收购人可以通过取得股份的方式成为一家上市公司的控股股东，可以通过投资关系、协议、其他安排的途径成为一家上市公司的实际控制人，也可以同时采取上述方式和途径取得上市公司控制权。

但是，收购人负有数额较大债务，到期未清偿，收购人最近 3 年有重大违法行为或者涉嫌有重大违法行为，收购人最近 3 年有严重的证券市场失信等行为，就不得收购上市公司。

通过证券交易所的证券交易或者通过协议转让方式，投资者及其一致行动人拥有权益的股份达到一家上市公司已发行股份的 5%时，应当在该事实发生之日起 3 日内编制权益变动报告书，向中国证监会、证券交易所提交书面报告，抄报该上市公司所在地的中国证监会派出机构，通知该上市公司，并予公告；在上述期限内，不得再行买卖该上市公司的股票。

投资者及其一致行动人拥有权益的股份达到一家上市公司已发行股份的 5%后，通过证券交易所的证券交易，其拥有权益的股份占该上市公司已发行股份的比例每增加或者减少 5%，应当依照前款规定进行报告和公告。在报告期限内和作出报告、公告后 2 日内，不得再行买卖该上市公司的股票。

比如，至 2013 年 7 月 17 日收盘，三亚成大投资有限公司累计持有沙河股份约 1261. 91 万股，占公司总股本的 6. 26%，持股比例远超 5%的举牌红线。此次增持后，三亚成大成为沙河股份第二大股东。沙河股份此次举牌在持股比例超过 5%时，并没有停止买入，在增持达到6.26%才公告，违反了以上规定。

2013年8月1日，鹏博士发布公告披露，公司第二大股东北京通灵通电讯技术有限公司与上海秦砖投资管理有限公司构成一致行动人，两公司合计持有公司股份1.03亿股，占公司总股本的7.47%。在上海秦砖持有股票和通灵通公司持股比例超过鹏博士总股本5%时未能及时向上市公司通报并进行信息披露，也违反了以上规定。

1. 要约收购

投资者自愿选择以要约方式收购上市公司股份的，可以向被收购公司所有股东发出收购其所持有的全部股份的要约（以下简称“全面要约”），也可以向被收购公司所有股东发出收购其所持有的部分股份的要约（以下简称“部分要约”）。

通过证券交易所的证券交易，收购人持有一家上市公司的股份达到该公司已发行股份的30%时，继续增持股份的，应当采取要约方式进行，发出全面要约或者部分要约。

收购人通过协议方式在一家上市公司中拥有权益的股份达到或者超过该公司已发行股份的5%，但未超过30%的，以要约方式收购一家上市公司股份的，其预定收购的股份比例均不得低于该上市公司已发行股份的5%。

收购人为终止上市公司的上市地位而发出全面要约的，或者向中国证监会提出申请但未取得豁免而发出全面要约的，应当以现金支付收购价款；以依法可以转让的证券（以下简称“证券”）支付收购价款的，应当同时提供现金方式供被收购公司股东选择。

以要约方式收购上市公司股份的，收购人应当编制要约收购报告书，其应当载明：收购人的姓名；是否拟在未来12个月内继续增持；预定收购股份的数量和比例、收购价格、收购期限等事项。

收购人进行要约收购的，对同一种类股票的要约价格，不得低于要约收购提示性公告日前6个月内收购人取得该种股票所支付的最高价格。

收购人可以采用现金、证券、现金与证券相结合等合法方式支付收购上市公司的价款。收购人聘请的财务顾问应当说明收购人具备要约收购的能力。

收购要约约定的收购期限不得少于30日，并不得超过60日，但是出现竞争要约的除外。在收购要约约定的承诺期限内，收购人不得撤销其收购要约。

同意接受收购要约的股东（以下简称“预受股东”），应当委托证券公司办理预受要约的相关手续。收购人应当委托证券公司向证券登记结算机构申请办理预受要约股票的临时保管。证券登记结算机构临时保管的预受要约的股票，在要约收购期间不得转让。

收购期限届满，发出部分要约的收购人应当按照收购要约约定的条件购买被收购公司股东预受的股份，预受要约股份的数量超过预定收购数量时，收购人应当按照同等比例收购预受要约的股份；以终止被收购公司上市地位为目的的，收购人应当按照收购要约约定的条件购买被收购公司股东预受的全部股份；未取得中国证监会豁免而发出全面要约的收购人应当购买被收购公司股东预受的全部股份。

收购期限届满，被收购公司股权分布不符合上市条件，该上市公司的股票由证券交易所依法终止上市交易。比如神华国能集团有限公司自2013年6月19日起向金马集团（000602）除收购人以外的全体股东发出全面要约，7月23日，预受要约股份完成过户，神华国能持有金马集团9.51亿股股份，占金马集团股份总数的94.23%，金马集团由社会公众持有的股份已低于公司股份总数的10%，股权分布不再满足《证券法》规定的股票上市条件。金马集团董事会向深交所提出终止上市的申请，经深交所审议通过，该公司股票自8月14日起终止上市。

2. 协议收购

收购人通过协议方式在一家上市公司中拥有权益的股份达到或者超过该公司已发行股份的5%，但未超过30%的，也要“在该事实发生之日起3日内编制权益变动报告书”等。

收购人拥有权益的股份达到该公司已发行股份的30%时，继续进行收购的，应当依法向该上市公司的股东发出全面要约或者部分要约。

3. 间接收购

收购人虽不是上市公司的股东，但通过投资关系、协议、其他安排导致其拥有权益的股份达到或者超过一家上市公司已发行股份的5%未超过30%的，也要“在该事实发生之日起3日内编制权益变动报告书”等。

收购人拥有权益的股份超过该公司已发行股份的30%的，应当向该公司所有股东发出全面要约；收购人预计无法在事实发生之日起30日内发出全面要约的，应当在前述30日内促使其控制的股东将所持有的上市公司股份减持至30%或者30%以下，并自减持之日起2个工作日内予以公告；其后收购人或者其控制的股东拟继续增持的，应当采取要约方式。

例如，2011年10月9日，李月华控制下的RM收购了国中控股有限公司（00202.HK）29%的股权，成为国中控股第一大股东。由于国中天津是国中控股的全资子公司，且持有国中水务的股权比例超过30%，李月华的收购构成了对国中水务的间接收购，触发了RM公司全面要约收购国中水务股份的义务。

但由于RM公司未取得QFII资格，不能直接投资境内A股市场的上市证券；李月华和RM公司也不符合相关法律中对战略投资人和外国投资人的若干要求，因此，李月华和RM无法履行对国中水务的要约收购义务。这样，李月华收购国中控股引发的对国中水务全面要约收购义务已经变得难以履行。李月华及RM公司减持国中天津，使其持有国中水务股权比例从53.77%降至30%以下。

4. 豁免申请

符合规定情形的，投资者及其一致行动人可以向中国证监会申请下列豁免事项，例如，上市公司面临严重财务困难，收购人提出的挽救公司的重组方案取得该公司股东大会批准，且收购人承诺3年内不转让其在该公司中所拥有的权益；收购人与出让人能够证明本次转让未导致上市公司的实际控制人发生变化的；经上市公司股东大会非关联股东批准，收购人取得上市公司向其发行的新股，导致其在该公司拥有权益的股份超过该公司已发行股份的30%，收购人承诺3年内不转让本次向其发行的新股，且公司股东大会同意收购人免予发出要约等。

例如，2012年5月30日，*ST园城公告称，5月24日、25日，公司董事长徐诚惠通过二级市场增持86.77万股，约占公司股份总数的0.51%。由于徐诚惠已经通过控股股东园城集团间接持有公司29.79%股权，本次增持后，持股比例突破了30%红线。因此，*ST园城实际控制人的行为已经触发了要约收购。但是，股东持股达30%后，既可以发起要约收购，也可以按照每年不超过2%的比例继续自由增持。因此，*ST园城实际控制人可以选择不进行要约收购，只需履行信息披露义务，并在12个月内增持不超过2%即可。

5. 概念解释

（1）一致行动：指投资者通过协议、其他安排，与其他投资者共同扩大其所能够支配的一家上市公司股份表决权数量的行为或者事实。

在上市公司的收购及相关股份权益变动活动中有一致行动情形的投资者，互为一致行动人。如无相反证据，投资者之间有股权控制关系；投资者参股另一投资者，可以对参股公司的重大决策产生重大影响；持有投资者30%以上股份的自然人和在投资者所在公司任职的董事、监事及高级管理人员，其父母、配偶、子女及其配偶、配偶的父母、兄弟姐妹及其配偶、配偶的兄弟姐妹及其配偶等亲属，为一致行动人。

例如，2013年11月6日，北京东方园林股份有限公司一致人（部分董事、监事、高级管理人员）在未来6个月内增持该公司不低于150万股的公司股份；2012年6月12日，内蒙古伊泰煤炭股份有限公司发布了《关于控股股东内蒙古伊泰集团有限公司及其一致行动人增持本公司股份的公告》。增持股东及其一致行动人是伊泰集团、伊泰香港。

（2）拥有上市公司控制权：投资者为上市公司持股50%以上的控股股东；投资者可以实际支配上市公司股份表决权超过30%；投资者通过实际支配上市公司股份表决权能够决定公司董事会半数以上成员选任；投资者依其可实际支配的上市公司股份表决权足以对公司股东大会的决议产生重大影响等。

6. 收购举例

综上所述，投资者可以采取要约收购、协议收购及其他合法方式收购上市公司。下面以发出收购要约为例进行说明。

2012 年 3 月 30 日，深圳市瑞安达实业有限公司全面要约收购成都天兴仪表股份有限公司流通股股票，其要约大体内容是：要约收购价格 9.64 元；要约收购数量 6219.80 万股，占总股本的比例为 41.14%。

其要约收购目的是：2009 年 10 月 20 日，收购人受让中国南方工业集团公司、深圳市品牌投资发展有限公司、成都通德药业有限公司持有的天兴仪表第一大股东成都天兴仪表（集团）有限公司合计 78%的股权，从而控制天兴仪表 58.86%的股份。本次要约收购系收购人履行因上述股权受让行为而触发的法定全面要约收购义务，不以终止天兴仪表上市地位为目的。

其要约收购期限是：自 2012 年 3 月 15 日至 4 月 13 日。

其操作流程是：流通股股东应在有效期的每个交易日的交易时间内通过其股份托管的证券公司营业部办理要约收购中相关股份预受、撤回预受要约事宜，证券公司营业部通过深交所交易系统办理有关申报手续。瑞安达已委托国都证券有限责任公司办理要约收购中相关股份的结算、过户登记事宜。

流通股股东申报过程中申报代码 990028，要约收购价格 9.64 元/股。由于此期间该股的股价高于 9.64 元，所以没有一个流通股股东申报预受要约。

而另一起要约收购则相反。2012 年 6 月 20 日，武汉商联（集团）股份有限公司公告了《武汉武商集团股份有限公司要约收购报告书》。武汉商联（集团）股份有限公司及其一致行动人部分要约收购武汉武商集团股份有限公司股份。收购人按要约收购报告书向鄂武商 A 除收购人以外的全体流通股股东（不含武汉开发投资有限公司、武汉汉通投资有限公司）发出部分要约，按 21.21 元/股的价格收购 25362448 股鄂武商 A 股票，合计占上市公司总股本的 5.00%。本次要约收购起始时间为 2012 年 6 月 21 日（含当日），截止时间为 2012 年 7 月 20 日（含当日）。

由于此期间，21.21 元的要约收购价格高于二级市场鄂武商的股价 15 元，所以股民积极接受预约。

2012 年 7 月 20 日要约收购期满，结果预受要约股份数量为 301291959 股，超过了收购预收要约股份中的 25362448 股。

为此，收购人拟按照同等比例收购预受要约的股份，计算公式如下：

收购人从每个预受要约股东处购买的股份数量＝该股东预受要约的股份数×（本次要约的预定收购数量÷要约期间所有股东预受要约的股份总数）

该股东预受要约的股份数×(25362448÷301291959)＝该股东预受要约的股份数×0.08417897

如果某个股民预受要约的股份数为 1 万股，则收购人从该预受要约股东处购买的股份数量为：

1 万股×0.08417897＝814.789 股

要约收购也有失败的。比如，2011 年 4 月 28 日，熔盛重工对全柴动力其他股东发出要约收购书，价格为16.62元/股。但是由于各种原因，熔盛重工2012年8月17日向证监会申请撤回“向全柴动力除全柴集团之外的全体股东发出收购股份的要约的行政许可申请材料”。

此外，还有部分要约收购的情况，比如，2103年1月，沈阳化工实际控制人中国化工集团宣布对上市公司进行部分要约收购，即以每股4.55元的价格收购约1.18亿股沈阳化工股份，本次部分要约收购到4月13日到期，而其股价一直低于4.55元，股民选择接受要约，是可以获利的。但是部分要约收购与全面要约收购不同，由于收购规模有限，股东接受要约的股数越多，其最终获配比例将越低。以沈阳化工为例，如果公司全体股东（剔除大股东沈化集团）将所持股权（共44226.50万股）全部预受要约，则每位股东持股中的26.8%可高价卖给中国化工集团，其余大部分股权将返还给股民，而此时沈阳化工股价出现大幅下跌，那么股民该项整体投资就可能出现浮亏。

要约收购有时候会引起股价上升，以2013年为例，除宁波海运要约收购价格低于市场价出现折价以外，其他公司的股价都是上升的，沈阳化工、重庆啤酒、沙隆达B、粤水电都出现了涨停，深天地A在公告发布当天上涨4.9%。

◎ 上市公司回购股份（股票）

回购股份：是指上市公司收购本公司发行的流通股股份，并在收购后予以注销的行为。上市公司一般利用现金等方式，从股票市场上直接回购公司发行在外的股票。

上市公司可以回购股份，用于减少上市公司注册资本，或将股份奖励公司员工予以股权激励。

上市公司什么情况下回购自己公司的股份？一般原因是，公司股价不佳或为了激励公司员工等。例如，2012~2013年，就有10家公司由于股价低迷而出巨资回购公司股票，还有4家则是出于股权激励需要而回购股票。

2012年4月，宝钢股价跌到4元左右，跌破了同期的每股净资产6元，为维护公司股价，宝钢股份决定回购自己的股份。9月21日，回购股份开始，到2013年5月21日，回购实施完毕，回购数量为1040323164股，回购总金额为50亿元（含佣金），回购最高价为5元/股，最低价为4.51元/股。不过，回购股价后，宝钢股份的股价没有起色，始终低于每股净资产，到2013年6月，其股价在最低跌到了3元左右，全年的股价基本在4元左右徘徊。

◎ 上市公司定期报告

上市公司定期报告包括年度报告、中期报告和季度报告。上市公司应当在法律、行政法规、部门规章、其他规范性文件以及规定的期限内完成编制并披露定期报告。其中，年度报告应当在每个会计年度结束之日起4个月内（当年的1月1日到当年的

4 月 30 日)，中期报告应当在每个会计年度的上半年结束之日起 2 个月内（当年的 7 月 1 日到当年的 8 月 31 日)，季度报告应当在每个会计年度前 3 个月（1 月到 3 月)、9 个月结束后（1 月到 9 月）的一个月内编制完成并披露。第一季度季度报告的披露时间不得早于上一年度年度报告的披露时间。公司预计不能在规定期限内披露定期报告的，应当及时向证券交易所报告，并公告不能按期披露的原因、解决方案以及延期披露的最后期限。

上市公司年度报告中的财务会计报告应当经具有执行证券、期货相关业务资格的会计师事务所审计。中期报告中的财务会计报告可以不经审计，但公司有下列情形之一的，应当审计：

（1）拟在下半年进行利润分配、以公积金转增股本、弥补亏损。

（2）根据中国证监会或者本所有关规定应当进行审计的其他情形。

季度报告中的财务资料无须审计。

定期报告披露前出现业绩提前泄露，或者因业绩传闻导致公司股票及其衍生品种交易异常波动的，上市公司应当及时披露本报告期相关财务数据（无论是否已经审计)，包括营业收入、营业利润、利润总额、净利润、总资产、净资产、每股收益、每股净资产和净资产收益率等主要财务数据和指标。

◎ 上市公司临时报告

上市公司披露的除定期报告之外的其他公告为临时报告，如果上市公司发生“公司股票及其衍生品种的交易发生异常波动；董事会或者监事会就该重大事项形成决议时；有关各方就该重大事项签署意向书或者协议（无论是否附加条件或期限）时；任何董事、监事或者高级管理人员知道或应当知道该重大事项时；该重大事项已经泄露或者市场出现传闻”的情况，上市公司就应当及时披露相关重大事项。

◎ 上市公司应当披露的交易

上市公司的“交易”包括：购买或者出售资产；对外投资（含委托理财、委托贷款等)；提供财务资助；提供担保；租入或者租出资产；委托或者受托管理资产和业务；赠与或者受赠资产；债权、债务重组；签订许可使用协议；转让或者受让研究与开发项目等。上市公司发生的交易（提供担保除外）达到下列标准之一的，应当及时披露：

（1）交易涉及的资产总额（同时存在账面值和评估值的，以高者为准）占上市公司最近一期经审计总资产的 10%以上。

（2）交易的成交金额（包括承担的债务和费用）占上市公司最近一期经审计净资产的 10%以上，且绝对金额超过 1000 万元。

（3）交易产生的利润占上市公司最近一个会计年度经审计净利润的 10%以上，

且绝对金额超过 100 万元。

（4）交易标的（如股权）在最近一个会计年度相关的营业收入占上市公司最近一个会计年度经审计营业收入的 10%以上，且绝对金额超过 1000 万元。

（5）交易标的（如股权）在最近一个会计年度相关的净利润占上市公司最近一个会计年度经审计净利润的 10%以上，且绝对金额超过 100 万元。

上市公司发生的交易（提供担保、受赠现金资产、单纯减免上市公司义务的债务除外）达到下列标准之一的，除应当及时披露外，还应当提交股东大会审议：

（1）交易涉及的资产总额（同时存在账面值和评估值的，以高者为准）占上市公司最近一期经审计总资产的 50%以上。

（2）交易的成交金额（包括承担的债务和费用）占上市公司最近一期经审计净资产的 50%以上，且绝对金额超过 5000 万元。

（3）交易产生的利润占上市公司最近一个会计年度经审计净利润的 50%以上，且绝对金额超过 500 万元。

（4）交易标的（如股权）在最近一个会计年度相关的营业收入占上市公司最近一个会计年度经审计营业收入的 50%以上，且绝对金额超过 5000 万元。

（5）交易标的（如股权）在最近一个会计年度相关的净利润占上市公司最近一个会计年度经审计净利润的 50%以上，且绝对金额超过 500 万元。

◎ 中小股民怎样行使现金选择权

现金选择权：是指上市公司拟实施资产重组、合并、分立等重大事项时，相关股东按照事先约定的价格在规定时间内将其持有的上市公司股份出售给第三方或者上市公司的权利。

如果股民持有某上市公司股票的现金选择权，是选择继续持股还是要进行现金行权呢？这就要看在行权期间标的上市公司股票的二级市场价格是否高于或低于行权价格，股价高于现金选择权行权价格（约定价格），当然就不会进行行权价格，反之相反。

比如，A 公司要吸收合并 B 公司，A 公司控股股东承诺向被合并方 B 公司对吸收合并方案持异议的股东提供现金选择权，现金选择权价格以 A 公司董事会决议公告前 20 个交易日均价为基准确定为 10. 5 元，申报行权期间为 20××年×月×日至 20××年×月×日。如果某股民持有 100 份现金选择权，且在行权期间同时持有 100 股 A 公司股票。整个行权申报期间 A 公司股价最低为 13. 69 元，显然，股民就不会选择现金行权价格，反之相反。

◎ 宏盛科技股价暴涨暴跌：资产重组失败后上市公司必须这样做

资产重组往往导致股价一飞冲天，所以股民非常关注上市公司的资产重组题材。

可是有的上市公司披露资产重组预案后，股东大会审议议案前，又终止了资产重组，结果股价暴跌。对此，上交所规定，一是重大资产重组预案后，在股东大会审议方案前终止重组的；二是发布重组预案后，董事会未在规定时间内发布召开股东大会通知的，上市公司或交易对方提出终止重组动议时，应当立即采取必要且充分的保密措施，严格执行保密制度，限定相关敏感信息的知悉范围。此外，上市公司应当在股票停牌之日起5个交易日内自查二级市场交易情况，自查对象应至少包括披露预案之日前十大股东、前十大流通股东、交易对方及其他内幕信息知情人。

典型的就是宏盛科技。2010年3月19日，该股票停牌。2012年12月17日，山西省国资委原则同意山西天然气与宏盛科技进行重大资产重组并借壳上市的总体思路。2013年2月8日，该股票复牌，暴涨65.84%，之后连续间隙11个涨停，股价由停牌前的7.06元暴涨到3月27日的最高价17.35元。

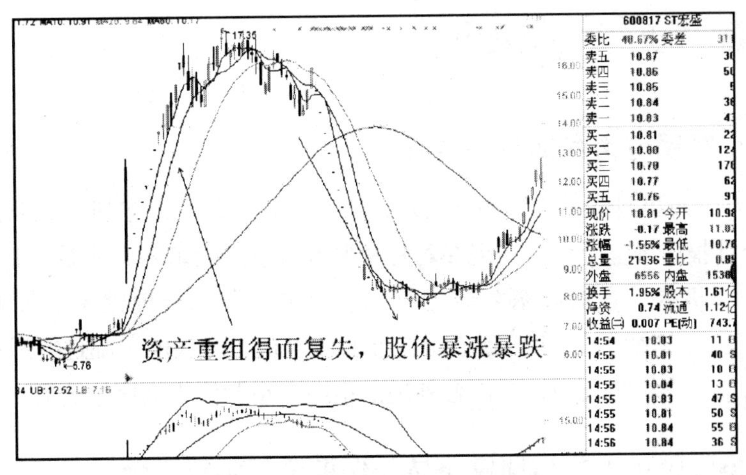

图1-10　宏盛科技股价暴涨暴跌

但是天有不测风云，宏盛公司在2013年4月23日以“因客观条件发生变化，需对重大资产重组事项进行重新评估论证，鉴于该事项存在重大不确定性等”为由，股票于当日起停牌。5月16日，宏盛公司发函要求终止资产重组框架协议，5月18日，重组方山西省国资委回函确认终止了资产重组框架协议。

5月30日该股票复牌后，连续11个跌停，股价一落千丈到7元左右。

2013年6月18日，ST宏盛针对股民质疑的“公司原董事长、董秘停牌前突然辞职，随后公司终止资产重组”召开了说明会。ST宏盛回应称：前述人员辞职，属于正常的人事变动，对董事会和经营管理层不会构成实质性影响，也与重组无关。

图 1-11　宏盛科技就资产重组突变导致股价暴涨暴跌召开说明会（李几招摄影）

第六节　股市其他必备知识

◎ 中小股民可否查询股东名册

《中华人民共和国公司法》明确规定，股东有权查阅股东名册、股东大会会议记录、财务会计报告等。上市公司现在每月掌握着最新的股东名册数据，上市公司的大股东和一些大机构，查询股东名册比较方便，中小股民查询则要求带上相关证件（股东卡、股东证明和身份证）到公司去查询，但是不提供电子邮件等远程的回信查询。不过目前许多上市公司还是以各种理由拒绝中小股民查询股东名册。

◎ 中小股民可否参与期权交易（保证金与强行平仓）

我认为中小股民不要参与期权交易，因为风险太大。期权是保证金交易，股民在卖出期权开仓时需要缴纳一定数额的保证金。期权与期货都属于保证金交易，不过期货合约的买卖双方均需要缴纳一定数额的保证金。期权交易中，只有义务方（期权的卖方）需要缴纳保证金，以表明其具有相应的履约能力，权利方（期权的买方）由于仅持有权利，不承担义务，因此并不需要缴纳保证金。

假设 50ETF 的现价为 1.478 元，客户卖出一张行权价为 1.3 元的认购期权，则股民最低需要缴纳初始保证金 4137 元（证券公司可能还会在此最低标准基础上进行一定比例上浮）。也就是说，投资者在卖出开仓前需先缴纳至少 4137 元的初始保证金。此后每日收盘后，根据最新的结算价还会计算维持保证金，出现不足时投资者需要进行补足。

强行平仓是指在某些情形下，通知股民在规定时间内自行执行平仓或补足资金或证券的要求，对投资者未在规定时限内执行完毕的，则强制进行平仓。

股民卖出期权，需要缴纳初始保证金，随着标的资产价格波动，还需追加维持保证金，当投资者保证金不足又没有及时补足，则会面临强行平仓的风险。

当出现某些特定情形时，中国结算有权采取强行平仓措施。比如，合约调整可能导致备兑开仓持仓标的不足，投资者在规定时间内如果没有补足标的证券，也没有对不足部分头寸进行自行平仓，可能面临强行平仓的风险。因此，当出现除权除息、配股、分红等情况时，投资者应密切关注账户中的保证金和锁定证券情况，做到心中有数，避免强行平仓的发生。此外，在出现规定的其他情形时也可能强行平仓。

当投资者保证金不足时，证券公司会发出追加保证金通知，如果投资者没有及时将保证金补足，证券公司可能对投资者的持仓实施部分或全部的强行平仓，直至留存的保证金符合规定的要求，弥补保证金的不足。

强行平仓可能给股民带来血本无归的损失。因此，提醒中小股民要及时关注自己持仓及保证金状况，在收到预警通知时，及时补足保证金或标的证券或自行平仓，避免强行平仓风险的发生。

◎ 中小股民可否参与股指期货

2010 年，管理层正式推出了股指期货。所谓期货，通常指期货合约，是由期货交易所统一制定的、规定在将来某一特定的时间和地点、交割一定数量标的物的标准化合约。标的物（也称基础资产），可以是实物资产，如粮食、原油等；也可以是虚拟的金融资产，如股票、国债、外汇等；还可以是金融指标，如股票指数等。

这样股指期货就明白了，就是以某种股票指数为基础资产的标准化的期货合约，简称股指期货。2010 年管理层推出的首个上市交易的品种是沪深 300 股指期货合约。买卖双方根据某一时间沪深 300 股股票指数价格的波动参与交易，简言之就是买卖沪深 300 股股票指数价格的“点”。

普通股民要参与股指期货需要：

（1）开户实行实名制。还需要与期货公司签署《股指期货交易特别风险揭示书》和期货经纪合同，然后开立期货账户。

（2）申请开户时保证金账户可用资金余额不低于人民币 50 万元。

（3）具备股指期货基础知识，通过相关测试。

（4）股指期货仿真交易经历或者商品期货交易经历要求，客户须具备至少有 10 个交易日、20 笔以上的股指期货仿真交易成交记录或者最近三年内具有至少 10 笔以上的商品期货成交记录。自然人投资者还应当通过期货公司的综合评估。综合评价指标包括投资者的基本情况、相关投资经历、财务状况和诚信状况等。

（5）自然人投资者不能存在重大不良诚信记录；不存在法律、法规、规章和交易所业务规则禁止或者限制从事股指期货交易的情形。

普通散户是否参与股指期货呢？我认为不要参与。我们必须要搞明白股指期货与

股票的最大区别是什么。

（1）股指期货交易可以卖空。股票交易不行。

（2）股民建仓股票后不管盈亏可以长期持仓。但股指期货合约有到期日，开仓后不能永久持有。更重要的是，如果账户破仓亏损，必须在规定的时间内补仓，否则可能会被强行平仓。例如：投资者开仓做多一手沪深300股股指期货，假设合约面值为100万元，一手合约的交易保证金需要12万元。如果股指价格下跌6%，投资者发生破仓亏损额为6万元，此时必须在规定的时间内补仓资金6万元，如果不能补仓，对不起，您的仓位将会被期货公司强行平仓，您血本无归，一无所有。

基于股指期货不近人情的“强行平仓”原理，我个人建议普通股民不要参与股指期货。

◎ 中小股民可否参与国债期货

国债期货（Treasury Future）：指通过有组织的交易场所预先确定买卖价格并于未来特定时间内进行钱券交割的国债派生交易方式。2013年9月6日，国债期货正式在中国金融期货交易所上市交易。

普通自然人可以参与国债期货，条件是：自然人开户须出示本人身份证并提交复印件，并在期货经纪公司指定的银行开户，原则上国债期货需存入50万元才可。

国债期货的合约标的采用名义标准券设计，即票面利率标准化、具有固定期限的假想券，采用现实中并不存在的虚拟券作为交易标的。例如，5年期国债期货合约标的为面值为100万元人民币、票面利率为3%的名义中期国债。

国债期货与股指期货同为金融期货，其标的都是金融产品，所以国债期货风险很大，我建议普通股民不要参与。

◎ 股民可否参与融资融券

融资融券：是指投资者向具有证券交易所会员资格的证券公司提供担保物，借入资金买入交易所上市的证券或借入交易所上市的证券并卖出的行为。

通俗地讲，融资是借钱买股票，到期偿还本息，也称为“买空”。融券相反，就是借到股票，到期归还股票付息，也称为“卖空”。

普通股民可以参与融资融券，但是需要证券公司要了解您的身份、财产与收入状况、证券投资经验和风险偏好等内容。对于不满足证券公司征信要求、在该公司从事证券交易不足半年、交易结算资金未纳入第三方存管、证券投资经验不足、缺乏风险承担能力或者有重大违约记录的股民，以及证券公司的股东、关联人，证券公司不得向其融资、融券。

普通散户是否参与融资融券呢？我认为不要参与。

股民融资、融券前，要事先向证券公司缴纳一定比例的保证金。保证金可以是现金，也可以以证券充抵。这是对证券公司融资融券所生债务的担保物。经交易所认可的股票、证券投资基金和债券等，可以充抵保证金。

沪深交易所目前规定，融资保证金比例不得低于 50%，股民信用账户维持担保比例不得低于 130%。证券公司在不超过上述交易所规定比例的基础上，可以根据客户资信状况等因素，自行确定维持担保比例的最低标准。

当投资者维持担保比例低于 130%时，证券公司通知追加。例如，某股民信用账户中有保证金 100 万元，如果不考虑佣金和其他交易费用，他对股票 A 融资，融资保证金金额为 200 万元（100 万元÷50%＝200 万元）。200 万元融资额加上自有的 100 万元，该股民拥有了 300 万元。如果用 300 万元买入 10 元的某股票，他可买入 30 万股。此时，该股民账户担保比例为，资产 300 万元÷负债 200 万元＝150%。

第二天该股票价格上升，怎么都好说。但是如果股票收盘价下跌到 8 元（假设没有涨跌停板），他的资产为 30 万股×8 元/股＝240 万元，维持担保比例为 120%（240 万元÷200 万元），低于了担保比例 130%。这时，该股民必须采取卖股票还款或增加保证金等方式来维持担保比例 130%，否则证券公司就可以给这个股民强制平仓，先保护自己的 200 万元毫发无损，而股民则欲哭无泪，自有的 100 万元仅剩下 40 万元了。

融券交易则相反。例如，某股民信用账户中有保证金 100 万元，如果不考虑佣金和其他交易费用，他对某股票进行融券卖出，融券保证金比例为 50%。他可融券卖出的最大金额为 200 万元（100 万元÷50%）。该股票的最近成交价为 10 元/股，他以此价格发出融券交易委托，可融券卖出的最大数量为 20 万股（200 万元÷10 元/股）。

上述委托成交后，若该证券当日的收盘价为 10 元/股，维持担保比例为（自有 100 万元+200 万元）÷负债 100 万元＝150%。

第二天该股票下跌好说，如果价格上涨就麻烦了。假如该股价收盘价 13 元/股（不算涨跌停板），这时该股民资产仍为 300 万元，负债则上升为 260 万元（20 万股×13 元/股），维持担保比例则为 300 万元÷260 万元＝115%，低于维持担保比例 130%，此时该股民要采取增加保证金或融券债务偿还等方式来提高维持担保比例到 130%。否则，证券公司进行强制平仓保住自己的 200 万元。为此，该股民如果按卖股票买股票的方式归还证券公司的融券债务，按 13 元（假设）买进 20 万股后还给证券公司 20 万股，则动用资金 260 万元（20 万股×13 元）。其中，200 万元是证券公司融券冻结的资金，不够的资金 60 万元，在股民自有的 100 万元中支付。因此，该股民就出现了亏损，100 万元仅剩 40 万元了。

2013 年 11 月 8 日，临时停牌一天的昌九生化复牌，结果连续跌停，导致融资买入昌九生化的股民根本跑不掉，如果不追加资金或增加抵押物，当跌到 1.3 倍以下时，将会被强制平仓，股民欲哭无泪。基于融资融券不近人情的合法不合情的“强行平仓”原理，我个人建议普通股民不要参与融资融券。到 2013 年，参与融资融券交易的客户中，有70%的股民账面出现浮亏，所以，普通股民千万不要持有融资融券交易这把“双刃剑”。

此外，融资融券交易需要支付利息和费用。如果股票价格下跌，则融资股民不仅要承担投资损失，还要支付融资利息；融券的股民融券卖出某股票后，如果该股票的价格上涨，则该股民既要承担股票价格上涨而产生的投资损失，还要支付融券费用。

也就是说，股民融资融券操作失败，则里外里翻倍赔钱（当然操作成功则里外里翻倍赚钱，但是很难）。1993年前后，我认识的沪深两股市里许多千万元大户就是运用这种类似融资融券的透支交易（用自有资金1000万元再借入1000万元）炒股，几乎最终都倾家荡产了。

◎ 中小股民可否参与转融通

中小股民原则上不可以。转融通业务：是指证券金融公司将自有或者依法筹集的资金和证券出借给证券公司，以供其办理融资融券业务的经营活动。即转融资业务意味着投资者可通过券商向银行等机构借钱买入股票，转融券业务意味着投资者可通过券商向基金等机构借股票卖出。

可见，转融通业务对象是证券公司，包括转融资业务和转融券业务。转融资具体运作主体是中国证券金融股份有限公司（以下简称“中证金公司”），它将自有或者依法筹集的资金出借给证券公司，供其办理融资业务的经营活动。转融券业务是指中证金公司将自有或者融入的证券出借给证券公司，供其办理融券业务的经营活动。中证金公司通过转融通业务平台向证券公司集中提供资金和证券转融通服务。

如果最近3年内没有与证券交易相关的重大违法违规记录的持股5%以上的机构，则可以进行转融通业务。个人要是开展转融通业务，各个证券营业部规定条件不一样，需要资金50万元到100万元不等，需要开通证券账户半年到2年不等。

◎ 中小股民如何购买可转换公司债券

可转换公司债券（简称可转债）：是指一种可以在特定时间、按特定条件转换为普通股票的特殊企业债券，它兼具债权和股权的特征。可转债在转换成股票前，是纯粹的债券，但转换成股票后，原债券持有人就由债权人变成了公司的股东，其转成的股票就可以买卖了。当然，债券持有人可按照发行时约定的价格将债券转换成公司的普通股票，如果债券持有人不想转换，则可以继续持有债券，直到偿还期满时收取本金和利息，或者在流通市场出售变现。

是否要将可转债转换为股票，这要看股票的价格情况而定。如果股票价格比较高，转成股票就很合适；如果股票价格下跌，可转债有保底付息性质，持有可转债就比较安全。

可转换公司债券的期限最短为1年，最长为6年，自发行结束之日起6个月方可转换为公司股票。

可转换公司债券应半年或1年付息1次，到期后5个工作日内应偿还未转股债券的本金及最后1期利息。

例如，2013年10月25日，徐工机械（000425）就公开发行可转换公司债券25亿元。股权登记日为2013年10月24日，在股权登记日收市后登记在册的发行人原A股股东优先配售，原A股股东优先配售后余额部分（含原A股股东放弃优先配售部分）采用网下对机构投资者配售和通过深交所交易系统网上定价发行相结合的方式进行。

可转债也有失效的，例如，2013年7月1日，中国石化想发300亿元可转换，可转债自证监会批复自核准发行之日起6个月内有效，由于股民不认同该可转债，中国石化没有启动此次可转债的发行，因此该可转债批复自2014年1月1日起自动失效。

◎ 中小股民可否买卖全国中小企业股份转让系统的股票

中国证券市场除了沪深两市主板市场外，为了承接STAQ和NET两个场外的遗留股份以及沪深两市退市的股票转让，于2001年成立了代办股份转让系统，当时俗称“三板市场”。2006年1月，中关村高新技术产业开发区内具备条件的股份公司进入三板市场报价转让试点，俗称“新三板”。

2012年9月20日，全国中小企业股份转让系统有限责任公司在国家工商总局注册成立，注册资本30亿元。2013年1月16日，全国中小企业股份转让系统有限责任公司正式揭牌，它整合了老三板和新三板市场，原来在三板市场转让的股份合并到全国中小企业股份转让系统中。

目前股民要参与全国中小企业股份转让系统交易，原则上仅需在深证A股证券账户内添加相应交易权限即可。对于机构投资者来说，须具备的条件：一是注册资本500万元人民币以上的法人机构；二是实缴出资总额500万元人民币以上的合伙企业；三是集合信托计划、证券投资基金、银行理财产品、证券公司资产管理计划以及由金融机构或者相关监管部门认可的其他机构管理的金融产品或资产，可以申请参与挂牌公司股票公开转让。

对于普通股民，须具备的条件：一是股民本人名下前一个交易日日终证券类资产市值500万元人民币以上，证券类资产包括客户交易结算资金、股票、基金、债券、券商集合理财产品等，信用证券账户资产除外；二是具有两年以上证券投资经验，或具有会计、金融、投资、财经等相关专业背景或培训经历。投资经验的起算时点为投资者本人名下账户在全国股份股转系统、上海证券交易所或深圳证券交易所发生首笔股票交易之日。

对于持有退市股票的股民，其参与条件见“上市公司退市怎么办”有关章节。

此外，公司在转让系统挂牌前的股东、通过定向发行持有公司股份的股东、2012

年以前已经参与挂牌公司股票买卖的投资者等，如不符合参与挂牌公司股票公开转让条件，只能买卖其持有或曾持有的挂牌公司股票（而机构投资者不受此限制）。比如，您持有水仙电器退市的股票，就可以继续参与该股票的转让买卖。

◎ 中小股民可否参与柜台交易

柜台交易：指证券公司与特定交易对手方在集中交易场所之外进行的交易或为投资者在集中交易场所之外进行交易提供服务的行为。证券公司柜台交易的产品包括经国家有关部门或其授权机构批准、备案或认可的在集中交易场所之外发行或销售的基础金融产品和金融衍生产品。

目前中小股民不能参与柜台交易，证券公司柜台交易明确定位于私募市场，是证券公司发行、转让、交易私募产品的平台，以销售和转让证券公司自己创设、开发、管理的金融理财产品及代销金融产品。柜台交易客户以机构客户为主，业务将以协议交易为主，同时尝试开展报价交易或做市商交易。

至 2013 年，柜台交易仅在海通证券、国泰君安证券、国信证券、申银万国证券、中信建投证券、广发证券及兴业证券 7 家证券公司开始试点。

◎ 中小股民可否参加股票质押回购

股票质押回购：指符合条件的资金融入方以所持有的股票或其他证券质押，向符合条件的资金融出方借入资金，并约定在未来返还资金、解除质押的交易。资金融入方是指具有股票质押融资需求且符合证券公司所制定资质审查标准的客户。资金融出方包括证券公司、证券公司管理的集合资产管理计划或定向资产管理客户、证券公司资产管理子公司管理的集合资产管理计划或定向资产管理客户。股票质押回购的标的证券为证券交易所中国结算认可的证券。股票质押回购的回购期限不超过 3 年。

例如，2013 年 11 月 2 日，格林美公告披露，公司控股股东深圳市汇丰源投资有限公司将其持有的公司股份 12000000 股质押给上海国泰君安证券资产管理有限公司，初始交易日为 2013 年 10 月 31 日，购回交易日为 2015 年 10 月 30 日。

同日，浙江万里扬也公告披露，控股股东万里扬集团有限公司将其持有的本公司股份 50000000 股质押给了中国银行股份有限公司金华市分行，用于其向中国银行股份有限公司金华市分行进行融资。

又如，2013 年 11 月 1 日，东方园林公告披露，公司控股股东何巧女，因个人资金需求，将其所持有的本公司股份 29000000 股（高管锁定股）以股票质押式回购的方式质押给西部证券股份有限公司，初始交易日为 2013 年 10 月 31 日，购回交易日为 2014 年 10 月 30 日，质押期间该股份予以冻结不能转让。截至本公告日，何巧女女士累计已质押股份 250488450 股。

同日，南洋科技公告披露，冯小玉先生将其持有的公司 3000 万股股票（其中

410万股为无限售流通股，2590万股为高管锁定股）与中信证券股份有限公司进行了股票质押式回购业务，用于向中信证券股份有限公司融资提供质押担保，此次质押式回购交易的初始交易日为2013年10月31日，购回交易日为2014年10月31日。股份质押期限自2013年10月31日起，至向中国证券登记结算有限责任公司深圳分公司办理解除质押登记之日止，质押期间该股份予以冻结不能转让。截至本公告日，冯小玉先生累计处于质押状态的股份4460万股。

可见，控股股东、大股东可以进行此项业务，而中小股民可否参加股票质押回购，原则上可以，具体如何参与，要看您所在的证券营业部如何制定客户资质审查标准。

◎ 股票大宗交易

股票大宗交易就是股票大宗买卖。通常指股票交易数量和金额很大的证券买卖。如果证券单笔买卖申报达到一定数额的，证券交易所可以采用大宗交易方式进行交易。比如，沪、深两所规定A股单笔交易数量不低于30万股，或者交易金额不低于200万元人民币的；基金大宗交易的单笔买卖申报数量不低于200万份，或者交易金额不低于200万元。

股票大宗交易不纳入即时行情和指数的计算，成交量在大宗交易结束后计入当日该证券成交总量。

一般大股东愿意以这样的“隐蔽方式”买卖股票，例如，2012年5月31日，北京博大科技投资开发有限公司通过深交所大宗交易平台以每股1.76元的价格，购入京东方公司6亿股。这6亿股的成交数量，创下A股史上最大一笔大宗交易纪录。

又如，2013年8月16日和20日，华谊兄弟公司实际控制人、控股股东之一王中军通过深交所大宗交易系统，分别减持无限售流通股合计800万股和300万股。

大宗交易的定价方式，深交所规定A股、B股、基金、债券可以采用盘后定价大宗交易方式。

◎ 约定购回式证券交易

约定购回式证券交易：指符合条件的客户以约定价格向托管其证券的证券公司卖出标的证券，并约定在未来某一日期由客户按照另一约定价格从证券公司购回标的证券，证券公司根据与客户签署的协议将待购回期间标的证券产生的相关孳息返还给客户的交易。约定购回式证券交易的标的证券为沪深两所上市交易的股票、基金和债券。B股、非流通股、限售流通股、个人持有的解除限售存量股及持有该存量股的账户通过二级市场买入的该品种流通股等不得用于约定购回式证券交易。约定购回式证券交易的购回期限不超过一年，交易时间为每个交易日的9:15~11:30、13:00~15:30。约定购回式证券交易中初始交易和购回交易的标的证券范围、数量、成交金额、购回期限等要素内容，由证券公司与客户协商确定。

例如，2013年11月8日，欣龙控股公告披露，第一大股东海南筑华科工贸有限公司将其持有的本公司980万股股权与海南筑华海通证券股份有限公司进行约定回购式证券交易，购回期限6个月，待购回期间，标的股份对应的出席公司股东大会、提案、表决等股东或持有人权利，由海通证券股份有限公司按海南筑华的意见行使；而标的股份产生的相关权益（包括现金分红、债券兑息、送股、转增股份、红利、利息或新增股份等）归属于海南筑华公司。

◎ 上市公司分红（派现、送股、转股、配股、送实物）

上市公司有各种股利分配方式，常见的就是现金分红（现金股利，亦称派现），指上市公司将未分配利润的一部分，以现金方式派发给投资者的一种分红方式，公司扣税后直接发钱给股东。例如，2013年工商银行每股派0.24862元（含税）。

此外就是股票股利，包括送股、转股、配股。

送股：上市公司按一定比例送给股民股份。例如，2014年东方网力就每10股送4股。送股的好处是上市公司不用支付现金，短线资金也愿意借此炒作。

转股：上市公司分红的一种形式，即从资本公积金中按一定比例转赠给股民的股份。例如，赛为智能2014年分红就是采用公积金中每10股转20股的办法。

配股：上市公司有偿分红的一种形式，即股民按一定比例出资购买股份。如果说送股和转股，股民不用掏一分钱的话，那么配股，股民就要按配股价掏钱了。当然配股价一般比市场价格低，股民合适。例如，2014年北斗星通就采用了每10股配3股的办法，配股价9.18元，2014年1月3日是配股的股权登记日，当时的股价大约在35元左右，所以，股民有利可图。

如果您要参加配股的话，必须登记在册。如北斗星通配股，股权登记日为2014年1月3日，您必须在2014年1月3日（T日）下午收市后，在中国证券登记结算有限责任公司深交所分公司登记在册持有北斗星通股份，才有配股资格。配股的缴款时间为2014年1月6日（R+1日）起至1月10日（R+5日）的深交所正常交易时间，逾期未缴款者视为自动放弃配股认购权。

请读者注意，您在股权登记日前持有公司股票可配股，登记日后卖出股票，仍可参加配股。但登记日后再买入股票，不能参加配股。

目前股民认为上市公司将配股变成了再次圈钱的工具，所以股民一般不愿意掏钱参加配股。

也有上市公司用实物分红的，例如，2013年南方食品开创了先例，每持有公司1000股的股民可以免费获得12罐罐装黑芝麻乳品。量子高科向每位股东赠送一份礼盒装（12杯装）龟苓膏产品。

此实物分红引起了股民的热议，股民调侃，希望房地产公司免费给股民分房子，黄金公司免费给股民分黄金，汽车公司免费给股民发汽车，人福科技送避孕套等。

对此，中国证监会表态说，这些都不符合分红的一般特征，发放实物是对股东的赠予，不属于分红，但是法律对于上市公司的赠与行为并无限制。

◎ 上市公司现金分红、送股、转股如何缴纳个人所得税

2013 年 1 月 1 日起，股息红利所得按持股时间长短实行差别化个人所得税政策，即持股期限在 1 个月以内（含 1 个月）的，其股息红利所得全额计入应纳税所得额；持股期限在 1 个月以上至 1 年（含 1 年）的，按 50%计入应纳税所得额；持股期限超过 1 年的，按 25%计入应纳税所得额。上述所得统一适用 20%的税率计征个人所得税。

此政策股民必须了解，否则您可能就差 1 天，结果被冤枉多交了税款。

持股期限：指个人从公开发行和转让市场取得上市公司股票之日至转让交割该股票之日前一日的持有时间。

股民转让股票时，按照先进先出法计算持股期限，即证券账户中先取得的股票视为先转让。持股期限按自然年（月）计算，持股一年是指从上一年某月某日至本年同月同日的前一日连续持股；持股一个月是指从上月某日至本月同日的前一日连续持股。持有股份数量以每日日终结算后个人投资者证券账户的持有记录为准。

比如：某股民于 2013 年 1 月 1 日买入某公司 A 股，2013 年 2 月 1 日卖出，则持有该股票的期限为 1 个月；如果于 2013 年 2 月 2 日以后卖出，则持有该股票的期限为 1 个月以上；如果于 2014 年 1 月 1 日卖出，则持有该股票的期限为 1 年；如果于 2014 年 1 月 2 日以后卖出，则持有该股票的期限为 1 年以上。

再如：股民小张于 2012 年 5 月 15 日买入某上市公司股票 8000 股，2013 年 4 月 3 日又买入 2000 股，2013 年 6 月 6 日又买入 5000 股，共持有该公司股票 15000 股，2013 年 6 月 11 日卖出其中的 13000 股。按照先进先出的原则，视为依次卖出 2012 年 5 月 15 日买入的 8000 股、2013 年 4 月 3 日买入的 2000 股和 2013 年 6 月 6 日买入的 3000 股，其中 8000 股的持股期限超过 1 年，2000 股的持股期限超过 1 个月不足 1 年，3000 股的持股期限不足 1 个月。

上市公司派发股息红利时，对截至股权登记日股民已持股超过 1 年的，其股息红利所得，按 25%计入应纳税所得额。对截至股权登记日股民持股 1 年以内（含 1 年）且尚未转让的，税款分两步代扣代缴：第一步，上市公司派发股息红利时，统一暂按 25%计入应纳税所得额，计算并代扣税款；第二步，股民转让股票时，证券登记结算公司根据其持股期限计算实际应纳税额，超过已扣缴税款的部分，由证券公司等股份托管机构从个人资金账户中扣收并划付证券登记结算公司，证券登记结算公司应于次月 5 个工作日内划付上市公司，上市公司在收到税款当月的法定申报期内向主管税务机关申报缴纳。

股民取得的股息红利应缴纳的个人所得税具体计算是：某投资者取得的股息红利所得为100元，如果持股1年以上的，则按25%计入应纳税所得额，则其应纳税所得额为25元；如果持股1个月到1年以内的，则按50%计入应纳税所得额，则其应纳税所得额为50元；如果持股1个月以内的，则全额计入应纳税所得额，则其应纳税所得额为100元；上述应纳税所得额乘以股息红利的法定税率20%就是应纳税额。

例如，持股1年以上的：股民小刘于某年5月24日买入某上市公司股票10000股，该上市公司此年度每10股派发现金红利4元，股权登记日为当年6月18日。上市公司派发股息红利时，先按持股1年以后再卖掉该股票的25%计算应纳税所得额，即10000股×(4元/10股)×25%=1000元，此时小刘应缴税1000元×20%=200元，实际税负是（200元÷4000元）×100%=5%。

持股1个月到1年以内的：小刘在当年6月25日（含25日）至次年5月24日（含24日）期间卖出了全部股票，则持股期限是超过1个月但在1年以内（含1年），则计算应纳税所得额为50%，应纳税所得额为10000股×（4元/10股）×50%=2000元，2000元×20%=400元，此时小刘应缴税400元，但是减去已经扣除的200元，所以再补交200元，因此，持股1个月到1年以内的卖掉该股票的实际税负是（400元÷4000元）×100%=10%。

持股1个月以内的：小刘在当年6月24日之前（含24日）就卖出了全部股票，则持股属于1个月以内（含1个月），所以计算应纳税所得额没有任何折扣，要按全额计算应纳税所得额，即10000股×（4元/10股）= 4000元，4000元×20%=800元，此时小刘应缴税800元，但是减去已经扣除的200元，所以再补交600元，因此，持股不到1个月就卖掉该股票的实际税负是（800元÷4000元）×100%=20%。

可见，股民持股时间越长，税负越低，即持股超过1年的，税负为5%；持股1个月至1年的，税负为10%；持股1个月以内的，税负高达20%。

如果是送红股，以派发红股的股票票面金额为收入额计征，即按1元票面价值计算，比如，1股送0.8股，就是相当于送了0.8元，按规定税率缴纳个税。例如，某公司某年度公司利润分配方案为：以某年12月31日总股本247990600股为基数，向全体股东每1股送红股0.8股并派发现金股利0.1元人民币（含税），合计分配股利就是247990600股×（0.8+0.1）= 223191540元。

如果某股民持有该股1万股一个月，则税款为：(0.8+0.1）×20%=1800元，即送红股您要缴款1600元，派现您要缴款200元，可见，送红股股民还要倒贴钱1600元。所以，持股期限在一个月之内，就非常不合算。

如果上市公司以资本公积金转增的股本，则不征个税。

如果股民中途办理了股份转托管、转指定、账户挂失补办、账户合并等日常业务，其持有的股份将连续计算持有期限。

股民可通过证券公司查询其股息红利差别化个人所得税的缴纳情况。股民如需获取其税款计算的详细信息，可在办理网络服务身份验证手续后，通过证券登记结算公司的网站（www.chinaclear.com.cn）查询其税款计算涉及的持有期限、股份持有变动记录等明细信息。股民也可通过拨打证券登记结算公司热线电话 4008-058-058 咨询。

某年某公司进行“某年度现金分红及资本公积金转增股本”，向全体股东每 10 股派 0.7 元人民币现金，以资本公积金向全体股东每 10 股转增 10 股。此次分派对象为：截至当年 4 月 10 日下午深交所收市后，在中国证券登记结算有限责任公司深圳分公司登记在册的该公司全体股东。

此次分红转增 10 股不征税，但是 10 股派 0.7 元则按差别化税率征税，分红则先按您持股超过 1 年计算，税负为 5%，即每 10 股派 0.665 元（0.7×5%-0.7），权益登记日后根据您是否卖掉该股，再按实际持股期限补缴税款。

如果您持股 1 个月（含 1 个月）以内就卖了该股，您每 10 股就必须补缴税款 0.105 元（0.7×20%-0.7=0.56，0.665-0.56=0.105）。

如果您持股 1 个月以上至 1 年（含 1 年）卖了该股，您每 10 股就必须补缴税款 0.035 元（0.7×10%-0.7=0.63，0.665-0.63=0.035）。

如果您持股超过 1 年了，就不需补缴税款了。提醒股民，如果您在 1 年之内卖了该股，一定要在您的资金账户留足资金，因为证券公司等股份托管机构会依法划扣税款，如果您账户资金不足，造成欠税，证券公司和托管银行也通知您补足资金，但是您没有补足资金，您就是持续欠税，上市公司、证券登记结算公司、证券公司和托管银行将协助有关税务机关依法处置，加倍罚款，您就得不偿失了。

股民需注意，应纳税所得额以股民证券账户为单位计算，持股数量以每日日终结算后股民证券账户的持有记录为准，证券账户取得或转让的股份数为每日日终结算后的净增（减）股份数。

对股民持有的上市公司限售股，解禁后取得的股息红利，按照此规定计算纳税，持股时间自解禁日起计算；解禁前取得的股息红利继续暂减按 50%计入应纳税所得额，适用 20%的税率计征个人所得税。对个人所持限售股征税的范围包含：2006 年股权分置改革新老划断后，首次公开发行股票并上市形成的限售股，上市首日至解禁日期间由上述股份而产生的送、转股。自然人大股东持股尚未解禁时就进行高送转，等到解禁时，其持有的所有股票在转让后扣除成本和费用，都得按 20%的比例纳税；如果在解禁后推出高送转方案，送转部分的股票就不是限售股，不征税。所以，有的上市公司送股、转股就放在解禁后，“合理”避免了 20%的税率。

证券投资基金从上市公司取得的股息红利所得，按照此规定计征个人所得税。

个人从公开发行和转让市场取得的上市公司股票包括：通过证券交易所集中交易系统或大宗交易系统取得的股票；通过协议转让取得的股票；因司法扣划取得的股票；因依法继承或家庭财产分割取得的股票；通过收购取得的股票；权证行权取得的

股票；使用可转换公司债券转换的股票；取得发行的股票、配股、股份股利及公积金转增股本；持有从代办股份转让系统转到主板市场（或中小板、创业板市场）的股票；上市公司合并，个人持有的被合并公司股票转换的合并后公司股票；上市公司分立，个人持有的被分立公司股票转换的分立后公司股票；其他从公开发行和转让市场取得的股票。

转让股票包括：通过证券交易所集中交易系统或大宗交易系统转让股票；协议转让股票；持有的股票被司法扣划；因依法继承、捐赠或家庭财产分割让渡股票所有权；用股票接受要约收购；行使现金选择权将股票转让给提供现金选择权的第三方；用股票认购或申购交易型开放式指数基金（ETF）份额。

凡股权登记日在2013年1月1日之后的，股民取得的股息红利所得应按差别化税收政策执行。对2013年1月1日以前股民证券账户已持有的上市公司股票，其持股时间自取得之日起计算。

对于企业股东（含机构投资者），其现金红利所得税自行缴纳。

对于境外合格机构投资者（QFII）股东，上市公司将按10%的税率代扣代缴企业所得税。

◎ 送转股出现零碎股怎么办

零碎股：指不足1股的股票，它在送股、配股后出现。比如2012年中国北车按每10股配售2.5股的比例配股，就是1股配0.25股，0.25就是零碎股。零碎股应按每一个股东应得的零股按大小排队，数量小的循环进位给数量大的股东，从大开始依次送，送完为止。如零股大小相同者，则由电脑随机抽签决定。例如，某上市公司10送1.97898179股。甲有2000股，应送395.796358股；乙有2500股，应送494.7454475股；丙和丁各有1800股，应各送356.2167222股。

按规定，甲乙丙丁先送整数股，即甲得395股，乙得494股，丙、丁各得356股。零股按大小排队。甲排第一（0.796358股），乙排第二（0.7454475股），丙和丁同排第三（0.2167222股）。于是，所剩余股总数为1.9752499股（0.796358+0.7454475+0.2167222×2）。先送甲1股，如有剩余（实际已无剩余）再送乙1股，如还有剩余，则丙和丁由电脑抽签决定送谁。如果到乙处已送完，丙和丁就不再送了。

◎ B股分红派息使用哪种货币结算、红利过期作废吗

由于B股东的性质，上市公司支付B股现金红利，是以人民币计价，并折合美元或港元来派息，折算的汇率由公司章程或者股东大会决议规定。

红利过期不作废，沪深两市将红利在登记日（深市）或交易日（沪市）的第二天自动转到股东账上。错过时间红利也不作废。您的红利转存到证券登记公司处，您可以到那儿领取。

◎ 买股票、存银行哪个合算，如何计算股息率

股息率：指每股现金分红与股票价格之间的比率，通常用对应的实际分红总额与期末股票市值的比率来计算股息率。

$$DP=\frac{DY}{CAP}\times 100\%$$

其中，

DP——股息率

DY——统计期内的对应现金分红合计

CAP——样本股票期末市值

对一组股票的平均股息率通常用总体法计算：

$$DP_{(avg)}=\left(\frac{\sum_{i}^{n} DY_i}{\sum_{i}^{n} CAP_i}\right)\times 100\%$$

其中，

$DP_{(avg)}$——平均股息率

n——股票只数

DY_i——第 i 只股票现金分红总额

CAP_i——第 i 只股票的期末市值

如果上市公司年度股息率超过 1 年期、3 年期、5 年期银行存款利率，该上市公司值得长期投资，反之相反。

股息率分为税前股息率（Gross Dividend）和税后股息率（Net Dividend），一般使用税前股息率。

2012 年，股息率最高的是海润光伏，每 10 股派 7.4 元，暂按 5%税负计算，税后 7.03 元，派息登记日 2013 年 5 月 27 日，当日收盘价为 8.15 元，该公司股息率为 0.703÷8.15=8.63%，高于银行 5 年的定期率 5.5%，值得投资。

但是中国股市发展至今，这样的公司很少，95%的上市公司股息率犹如蜻蜓点水，甚至不派息。2006~2012 年，中国股市股息率分别为 0.88%、0.36%、2.08%、1.04%、1.14%、1.82%和 2.07%，不及银行 1 年定期存款的年利率高，所以，买股票不如存银行。如果您在高位买的股票（如 88 元买的华锐风电），就更没戏了，除非您炒股博差价，那是后话。

◎ 股权权益登记日买卖股票能否参与分红

由于股票买卖是时刻进行的，所以股民持股也经常更换，上市公司分红采取派

息、送股、转股等，必须界定一个股民持股的日期，否则无法确定给谁分红。因此，确定某一天为分红基准日，这就是股权权益登记日（B股是按最后交易日为准）。在股权权益登记日（含）买进该公司股票，就可以参与该公司分红，而卖出就不行了。例如，2011年，昊华能源（601101）分红方案是：2011年每10股派3.5元（含税，税后2.95元）送2股。2012年7月11日是昊华能源股权权益登记日。如果您在2012年7月11日前持股，则可以享受分红，否则不行。

◎ 除权与除息（XR、XD、DR）

上市证券发生权益分派（上市公司送股、现金派息）、公积金转增股本、配股等情况，沪、深两所在股价上要除掉“股权和派息额”，因此，要确定除权和除息日。一般是在权益登记日（B股为最后交易日）次一个交易日对该证券作除权除息处理。

除息：英文是Exclude Dividend，简称XD。**除权**：英文是Exclude Right，简称XR。如果又除息又除权，则英文简称DR。

除权除息的计算公式为：［前日收盘价-派息额+（配股价×股份变动比例）］÷（1+股份变动比例）。

股份变动比例一般包括：配股率+送股率+转股率。

例如，2011年昊华能源（601101）分红方案是：2011年每10股派3.5元（含税，税后2.95元）送2股。股份变动比例：指证券发行人因权益分派、公积金转赠股本或者配股，导致每一股（存量股份）所对应的股份变动比例。

例如，某上市公司分红为：10配3，配股价7.5元，同时每10股送4股转4股，10股派息2元，除权前收盘价11.23元，该股除权除息理论价格为：（11.23-0.2+7.5×0.3）÷（1+0.3+0.4+0.4）=6.32元。

但是除权除息的“下跌”缺口不一定按照理论计算的除权除息价格开盘，例如，2011年昊华能源（601101）分红方案是：2011年每10股派3.5元（含税，税后2.95元）送2股。2012年7月11日是昊华能源股权登记日，7月11日该股收盘价为17.04元，由此计算昊华能源的除权除息理论价格为：（17.04-0.295+0×0）÷（1+0+0.2+0）=13.95元。

2012年7月12日是除权除息日，在7月12日这天，昊华能源的股价要产生一个“下跌”的缺口（见图1-12），理论计算是下跌到13.95元，7月12日实际当日开盘为13.57元。由于股价除权除息有“下跌”缺口，所以股民在分红时要注意此现象。

如果某股票今天除息，则在该股票名称前标明XD；如果某股票今天除权，则在该股票名称前标明XR；如果某股票今天又除息又除权，则在该股票名称前标明DR，以及时提醒股民。例如，2012年7月12日这天，昊华能源又除息又除权，所以它的股票名称前标明了DR（见图1-12）。

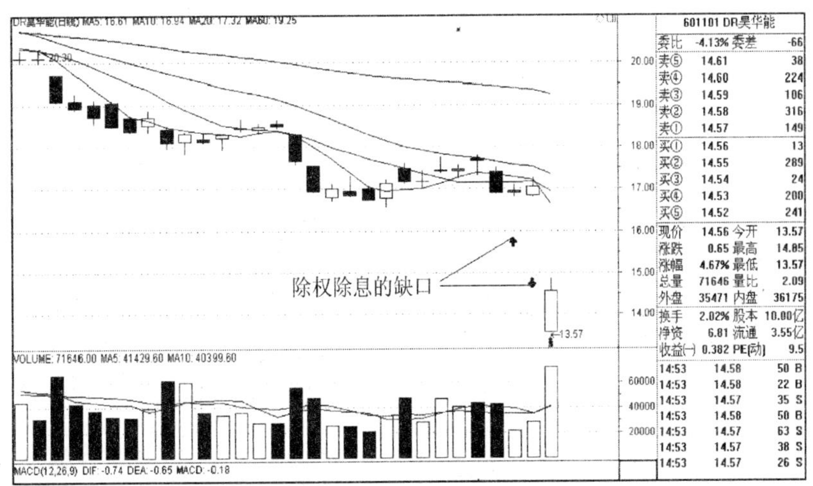

图 1-12 昊华能源又除息又除权产生了缺口

◎ 除权除息价不等于开盘价

公司派息、送股、转股、配股，有一个除权除息的理论价格，除权除息日即时行情中显示的该证券的前收盘价为除权除息价，该价格只能参考。此外，开盘价绝不等于除权除息价，但有巧合。例如，三一重工进行 2004 年的分配，每 10 股派 2 元转增 10 股。2005 年 6 月 30 日除权除息，理论计算除权除息价格是 7. 74 元，结果该股开盘价就是 7. 74 元，收盘价 7. 96 元。这完全是巧合，不能认为除权价是开盘价。

◎ 含权（息）、抢权、弃权、涨权、跌权、横权、复权

上市公司有可能送股、转股、配股和派息，但是还未正式公布信息，市场判断可能会发生送股、转股、配股和派息，就是含权（息）。

上市公司有可能送股、转股、配股和派息但是还未发生时，大量资金蜂拥而至买入该股票，就是抢权。典型的如营口港，2014 年 4 月底、5 月初曾连续 5 天涨停。6 月 10 日，营口港发布 2013 年度利润分配实施公告，每 10 股转增 20 股并派现 5. 29 元（含税），6 月 13 日股权登记。于是该股又是连续 3 天涨停，发生了抢权行情。

如果某股没有发生抢权行情，而是在送股、转股、配股和派息前节节下跌，就是弃权。

上市公司送股、转股、配股和派息时，产生了除权和除息的情况，在股价上留下下跌缺口。如果股价上涨，将此缺口填满甚至超过，就是涨权（填权）。比如，贵州茅台，2001 年上市后，每年都分红，其后就产生了除权除息缺口。但是最后都被涨权。而且从中长期看，每只股票股价涨权是必然的。

如果股价继续下跌，将此缺口越拉越大，就是跌权（贴权）。短期看，会发生跌权，中长期看，几乎没有跌权的情况。

如果股价长时间平盘，缺口没有动静，就是横权（平权）。短期看，会发生横权，中长期看，几乎没有横权的情况。

如果仅是现金分红发生了除息，则上述现象称为涨息（填息）、跌息（贴息）、横息（平息）。

如果将股价的含权复原，就是复权。到 2013 年，沪深两市股票若不除权除息，超过 100 元的个股达 144 只，超过 300 元的股票 26 家，其中爱使股份 4449 元最高，万科 A 股价为 1220 元，格力电器为 1169 元，平安银行（深发展）股价为 706 元。

复权具体计算是必须要把除权前的股价、成交量、股本恢复。例如，某股票除权前股本为 5000 万股，价格为 10 元，成交量为 500 万股，换手率为 10%；10 送 10，除权后，股本扩大为 1 亿股，股价为 5 元。除权当日该股收盘于 5.5 元，上涨 10%，成交量为 1000 万股，换手率也是 10%（假设和前一交易日相比具有同样的成交量水平）。复权后股价为 11 元，相对于前一日的 10 元上涨了 10%，真实反映了股价是否涨跌。

如果不考虑成交量等因素，则复权计算公式是：复权价格＝当前价格×（1+送股比例+配股比例）+每股红利-配股价格×配股比例。

例如，东方网力（见图 1-13、图 1-14、图 1-15）某年 11 月 18 日 10 配 3，配股价 7.5 元，同时每 10 股送 4 股转 4 股，10 股派息 2 元，12 月 30 日收盘价 11.23 元，该股 12 月 30 日复权价应为：

11.23×（1+0.4+0.4+0.3）+0.2-（7.5×0.3）＝21.53（元）

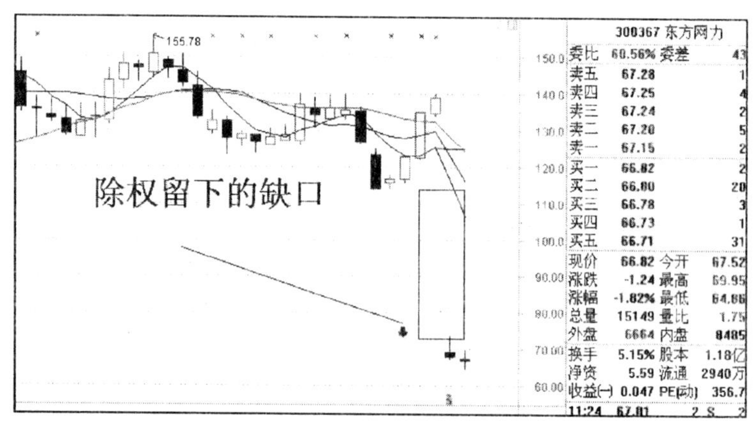

图 1-13

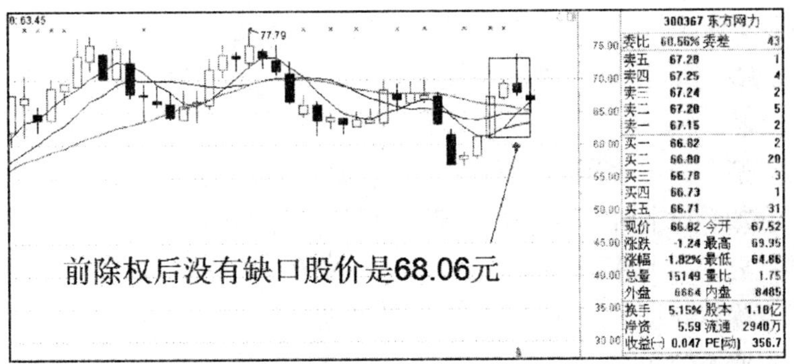

图 1-14

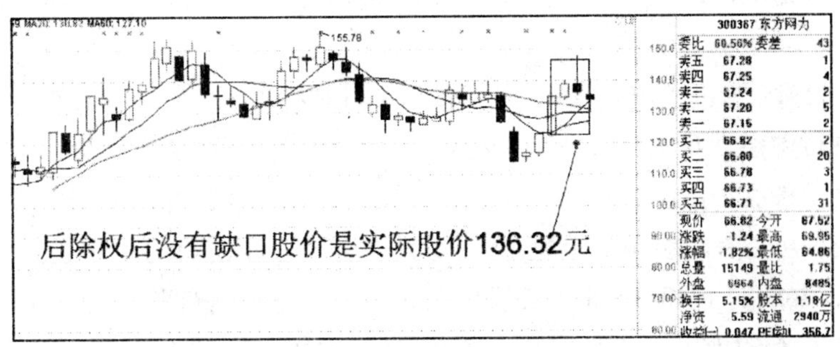

图 1-15

向前复权，就是虽然除权了，但是 K 线图形没有缺口，而股价是除权后的价格。

向后复权，就是虽然除权了，但是 K 线图形没有缺口，而股价是除权前的实际价格。

比如，东方网力 2013 年分红为每 10 股送 4 转 6 股派 2 元，2014 年 5 月 7 日除权，当日收盘价为 68. 06 元，其 K 线图形有一个除权缺口。如果向前复权，该股的 K 图形没有了缺口，其股价收盘价为 68. 06 元。如果向后复权，其 K 线图形没有了缺口，其股价是没有除权前的实际价格，即收盘价为 136. 32 元。

◎ 除权除息疑问：不应该以涨权跌权为判定标准

上市公司送股、转股、配股和现金分红后，其股价就要除权除息，K 线图就出现一个缺口，对此，股民很不理解，认为送股派息等于没有分红派息。

如果从短期看，的确是“等于没有分红派息”，但是中长期看，如果股价走出涨权、涨息行情，股民则收益丰富。比如，贵州茅台就是明显的例子。

从股份制的原理上看，除权除息是合理的。纽交所、东京证券交易所和港交所等也是这样做的。因为股份增加了，股价就要反映股价增加后的真实价格，派息了，股价就要去掉含派息的价格，真实反映股价的价格。如果股价含送股、派息的价格权数，而不剔除，就会高估该股票的价值，对其他股东就是不公平、不真实的行为。犹如一个5元的面包，切成2块，价格就是2.5元了，如果还按5元卖，就是不公平了。

例如，某年某公司的分红方案是：每10股派3.5元（含税，税后2.95元）送2股。由此，它的总股本由原来的999998560股增加为1199998272股。按新股本计算，该公司摊薄计算的2011年度每股收益为1.08元（原来是1.30元）。

如果没有除权除息，就不能反映出公司的实际价值，而是高估了公司价值，这对于其他股东也是不公平的。

有人建议应该取消除权除息，股票历史也有过这样的做法，岂知这样做是事与愿违的，因为股份制的原理是公平的，你就是人为取消了除权除息，股价也会自动除权除息的。

例如，北亚集团（600705）于2001年11月29日向社会公募增发15000万股A股股票，发行价格为6元/股，网上按10∶7.17向老股东增发，申购数量不受限制。由于此次增发首次采用了不除权的办法，除权前一日，该股价是11.18元，老股东认为有利可图，可以在二级市场上赚取4~5元的差价。于是就纷纷申购，结果超额认购1.83倍，共认购了134159870股股票。最后向网下配售仅为10.5%的股份，该公司顺利募集了8.62亿元，总股本也由5.03亿股增加为6.53亿股。

2001年12月21日起，老股东认购的增发股票才可以上市，由于不除权，股民认为可以大赚一笔。结果事与愿违，你不除权，市场是公平的，它自然除权（理论计算是9.02元）。2011年12月5日，该股开盘就在10.06元处跌停，第二天又跌停到9.05元，基本实现了自动除权。之后该股就一路下挫，到年底收盘价为8.42元。

2001年前，规定增发新股是要除权的，后来统一取消了增发新股除权的规定。因为增发新股类似于新股首次发行，虽然增发新股向公司原股东优先配售，但是其余部分则采取网上、网下定价发行相结合的方式，向社会股东和原股东发行，所以取消了增发新股的除权规定。但是人为取消除权，市场是不认同的。

2012年，格力电器增发新股，对老股东按10∶0.3优先配售，之后其余部分则采取网上、网下定价发行相结合的方式，向社会股东和老股东（优先配售后还可以继续申购）发行。此次增发新股规定不除权，2012年2月3日，该公司增发新股上市，理论计算除权价是18.55元，当天该股开盘价为18.30元，就实现了自动除权。

2012年，金发科技增发新股，对老股东按10∶1.79优先配售，此次增发新股规定不除权。2012年2月29日，该公司增发新股上市，理论计算除权价是13.10元，当天该股开盘价为12.95元，也实现了自动除权。

非公开发行的股票上市当天，也不除权。例如，北海港（000582）2013年12月26日非公开发行新增股份690026949股在深交所上市，其股价不除权，股票交易涨跌幅限制为10%。但是26日当天该股下跌了4.88%，也自动除权。

此外，2005 年开始启动了全流通的股权分置改革，当时上市公司股权分置方案多数以对价送股为主，但是送股后除权引起股民质疑。因此，沪、深两所特别规定，对价送股后复牌首日，该股票不作除权处理，交易价格不设涨跌幅限制。

作为当时的试点上市公司三一重工，股权分置方案是：每 10 股获得 3.5 股和 8 元现金，上市日是 2005 年 6 月 17 日。按照除权除息计算，该股票的除权除息价格为 17.05 元。

2005 年 6 月 17 日，三一重工公司方案实施后首日复牌，结果该股价以 17.50 元大幅低开，收盘报 16.60 元，暴跌 30.27%。可谓是自动除权除息了。之后，该公司又进行了 2004 年的分配，每 10 股派 2 元转增 10 股。2005 年 6 月 30 日除权除息，理论计算除权除息价格是 7.74 元，结果巧合的是，该股开盘价就是 7.74 元，收盘价 7.96 元。

2014 年 7 月 25 日，大连重工给股东赠送股票，相当于中小股东每股获赠 0.82 股，因为不除权，所以该股票 7 月 28 日起，连续自动除权，第五个跌停才打开（见图 1-16）。

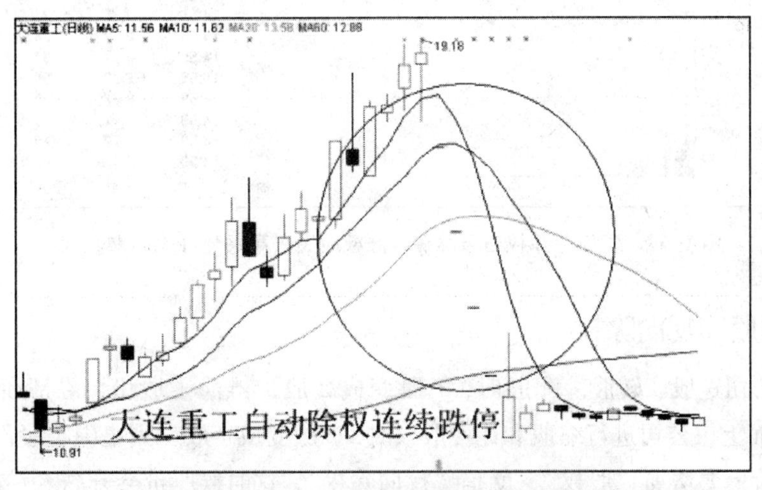

图 1-16　大连重工自动除权连续跌停

可见，除权除息是股份制原理所致，是市场自然的反映，如果人为取消，则是 K 线图上的阿 Q，自我安慰，自欺欺人。

股民对除权、除息的不理解，主要源于送转股后股价有一个除权、除息下跌缺口，但是如果股价很快就涨权，股民就兴高采烈，不会认为除权不合理了。例如，贵州茅台屡屡涨权，就没有股民质疑。又如，营口港 2014 年 6 月 16 日除权当日，股价就涨停涨权，2014 年 7 月 17 日动力源、2014 年 10 月 9 日的四川路桥亦如此。这时候股民就不会对除权产生不满，而是希望这样的除权越多越好。

再说，上市公司有时候要作缩股，缩股的话，股价要反向除权，如果缩股不作反向除权处理，那股民岂不吃亏了。

所以，不能送转股不作除权处理，缩股则作反向除权处理，两头占便宜。要除权就都除权。

可见，对于除权的质疑，股民是以股价的涨权还是跌权，上升还是下降，主观上判定合理还是不合理，都是不对的。

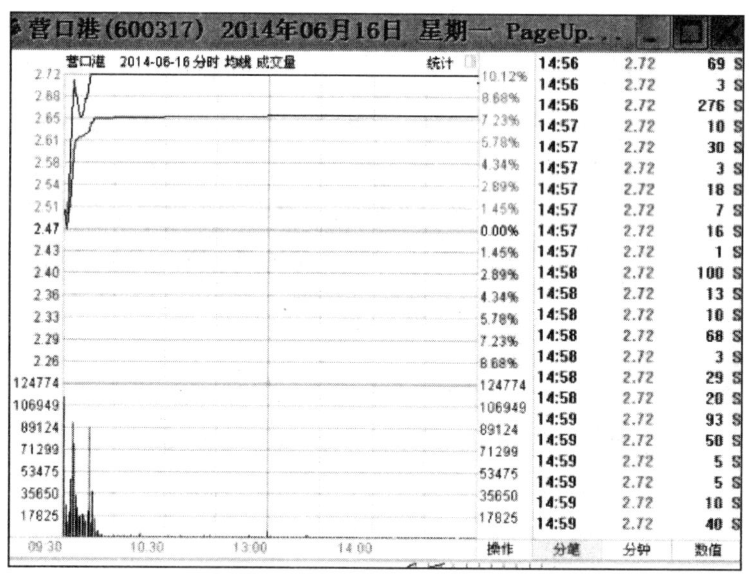

图 1-17　营口港除权当天涨停　涨权股民兴高采烈（李几招提供）

◎ 缩股和反向除权

上市公司送股、转股、配股时，1 股变成 2 股，摊薄了股份，在股价上要除掉“股权”；而上市公司进行缩股和让渡股权时，2 股变成 1 股，则集中了股份，也要除权，在股价上要增加“股权”，就是“反向除权”，这时候股价会升高。

例如，2012 年，闽灿坤为了避免退市，采取 6∶1 缩股的办法，缩股复牌开盘参考价=实施前一交易日收盘价/（缩股后股份总数/缩股前股份总数）。由于闽灿坤 B 在 2012 年 8 月 1 日（停牌前一日）收于 0.45 港元，公司总股本由 11.12 亿股缩减至 1.854 亿股，因此开盘参考价在 2.699 港元［0.45÷（1.854÷11.12）］，当日的涨跌幅限制价格为开盘参考价的上下 10%。12 月 31 日该股开盘为 2.97 港元，较 0.45 港元暴涨了 560%，之后该股连续 8 个涨停，股民大赚。

又如，2014 年 6 月 26 日，青海贤成矿业股份有限公司进行资产重组缩股，缩股完成后，公司总流通股本由重整前的 1601845390 股缩减至 198925752 股，比例减少了 12.42%（198925752÷1601845390），每个股东股份实际持股比例仅为 87.58%，即原来有100股，缩股后仅持有87.58股了，按照前面介绍的股票除权参考价计算公式，将相关参数代入公式，公司股票因进入重整程序停牌前最后一个交易日的收盘价为2.08元/股，现金红利为0元，配（新）股价格为0元，转股率是-87.58%（缩股）。

经过四舍五入处理，[2.08÷1+(-87.58%)]=16.75元（或者直接2.08÷12.42%=16.75元），该公司股票除权参考价应为16.75元/股。

◎ 操纵证券市场的特征

操纵证券市场：是指个人或机构利用资金、内部信息等制造股价震荡，误导股民买卖股票，扰乱证券市场秩序的行为。操纵证券市场行为给股民造成损失的行为人应当依法承担赔偿责任。

操纵市场的主要形式是：

（1）单独或者通过合谋，集中资金优势、持股优势或者利用信息优势联合或者连续买卖，操纵证券交易价格或者证券交易量。

（2）与他人串通，以事先约定的时间、价格和方式相互进行证券交易，影响证券交易价格或者证券交易量，即通常说的庄家对倒行为，其目的是虚增交易量，迷糊股民。

（3）在自己实际控制的账户之间进行证券交易，影响证券交易价格或者证券交易量。

比如，具备证券投资咨询业务资格的证券投资咨询机构的首放公司经理汪建中2007~2008年向社会公众发布名为“掘金报告”的咨询报告。在每次发布咨询报告前，汪建中即利用其实际控制的账户买入咨询报告推荐的证券，并在咨询报告向社会公众发布后卖出该种证券，实施操纵证券市场的违法行为。有证券投资咨询资格的邓晓波和邓悉源在2008年1~7月，二人配合采用“先买进股票，再举荐股票，后卖出股票”的方法获取非法利益。又如，个人投资者陈国生在2009年利用其控制的账户操纵中捷股份、力合股份的股票价格。

◎ 操纵股票市场的几种行为、亏损也要罚款

操纵股票市场行为最常见的有以下几种：

连续交易：单独或者通过合谋，集中资金优势、持股优势或者利用信息优势联合或者连续买卖，操纵证券交易价格或者证券交易量。这类行为被证券交易所重点监控和监管。

约定交易：俗称“对倒”，是指多个账户通过合谋，在约定的时间，以约定的价格和方式，相互间进行证券交易，达到操纵股价的目的。

自买自卖：俗称“对敲”，主要是指在自己实际控制的账户之间进行证券交易。一般这种交易方式表现为，利用分散在多个营业部的多个证券账户，通过自买自卖等

手段将股价拉升，此后相关账户高位出货。

蛊惑交易：是指行为人进行证券交易时，利用不真实、不准确、不完整或不确定的重大信息，诱导投资者在不了解事实真相的情况下做出投资决定，影响证券交易价格或者交易量，以便通过期待的市场波动，取得经济上的利益的行为。

抢帽子交易：是指证券公司、证券咨询机构、专业中介机构及其工作人员，买卖或者持有相关证券，并对该证券或其发行人、上市公司公开做出评价、预测或者投资建议，以便通过期待的市场波动取得经济利益的行为。

虚假申报：是指不以成交为目的的频繁申报和撤销申报行为，具体可分为开盘集合竞价期间的虚假申报和盘中连续竞价期间的虚假申报。开盘集合竞价期间的虚假申报，主要指开盘集合竞价在9:15~9:20允许撤单，通过高价申报和撤销申报影响开盘价的行为。在此期间，个别股民先以明显高于发行价的价格进行买入申报，导致行情揭示的虚拟开盘价快速上涨，吸引其他股民跟风买入，自己随后撤销全部买入申报，最终可能形成超出市场预期的开盘价。盘中连续竞价期间虚假申报，主要指连续竞价阶段，通过大笔申报和连续申报手段在行情揭示的有效竞价范围内申报买入，随后撤单的行为。这种行为容易造成买盘活跃的假象，误导其他股民对股价走势的判断，诱使股民，尤其是中小散户跟风买入。

特定时间的价格或价值操纵：是指行为人在计算相关证券的参考价格或者结算价格或者参考价值的特定时间，通过拉抬、打压或锁定手段，影响相关证券的参考价格或者结算价格或者参考价值的行为。

尾市交易：是指行为人在即将收市时，通过拉抬、打压或锁定手段，操作证券收市价格的行为。

拉抬打压：主要指以明显偏离市价的价格申报买入或卖出，造成股价大幅上涨或下跌。这类手段主要用于结合其他操纵市场的方式，控制股价，达到低买或高卖的目的。此外，这种行为还会发生在尾市，经常与“尾市交易”行为相结合，即通常所说的“尾市拉抬打压”，即在将收市前，以明显偏于市价的价格申报买入或卖出，导致尾市股价大幅上涨或下跌，影响当日收盘价，为其日后买入或卖出提供便利。

涨停堆单：主要指在股价已经涨停且有大量封单的情况下，明知此时在涨停价位申报买入将无法成交，仍以涨停价巨量申报买入，造成涨停价位封单急剧放大，将股价锁定在涨停价位，为日后出货提供便利。

例如，2013年9月5日，中国证监会发出行政处罚决定书，股民王建森操纵ST中冠A股票价格，利用开盘期间虚假申报、反向交易并自成交、收盘期间虚假申报、连续交易等方式交易，但是“偷鸡不成蚀把米”，最后亏损325340.37元。根据《证券法》第203条的规定，操纵证券市场没有违法所得或者违法所得不足30万元的，处以30万元以上300万元以下的罚款。所以证监会决定对王建森处以60万元的罚款。

又如，2011年6月25日，恒逸石化（原来的世纪光华、招商股份）拟向不超过

10名的特定对象发行6500万股，定向增发价格为46.4元。2012年4月9日，恒逸石化决定在文莱达鲁萨兰国大摩拉岛投资建设石油化工项目，项目一期投资估算为42.92亿美元。

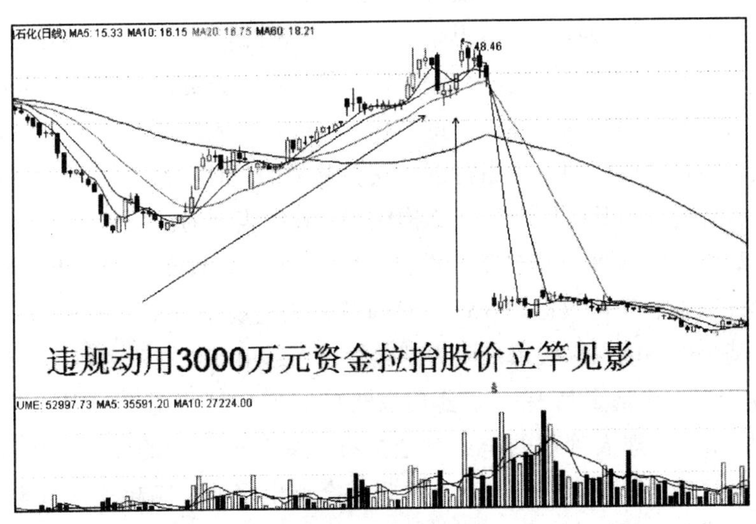

图1-18 恒逸石化拉抬股价K线图（李几招提供）

跨国投资需要大笔投资，但是2011年6月20日，恒逸石化收盘价为43.23元，低于46.4元的定向增发价格，同年12月13日惨跌至30.5元，这样就无法完成定向增发的计划，情急之下，时任恒逸石化财务负责人楼翔决定动用恒逸集团3000万元资金，借该公司2011年10股派10元送3股转7股的利好消息，指使何张水操作“何某水”、“施某红”账户拉抬恒逸石化股价。其中“何某水”账户多次买入“恒逸石化”，这招果然见效，到2012年3月20日，该股价最高价为48.46元，截至2012年5月3日，该账户持有“恒逸石化”2030398股（年报送转后），而“施某红”账户也持有“恒逸石化”747400股（年报送转后）。为此，2014年6月，中国证监会查清后决定对恒逸集团处以60万元罚款；对楼翔给予警告，并处以10万元罚款。

◎ 基金的分类（股票基金、债券基金等）

80%以上的基金资产投资于股票的，为股票基金；80%以上的基金资产投资于债券的，为债券基金；仅投资于货币市场工具的，为货币市场基金；80%以上的基金资产投资于其他基金份额的，为基金中基金；投资于股票、债券、货币市场工具或其他基金份额，并且股票投资、债券投资、基金投资的比例不符合“80%”规定的，为混合基金。

◎ 基金可以虚假宣传和操纵股市吗

不可以。基金宣传推介材料必须真实、准确，与基金合同、基金招募说明书相符，不得有虚假记载、误导性陈述或者重大遗漏；不得预测基金的证券投资业绩；不得违规承诺收益或者承担损失；不得夸大或者片面宣传基金，违规使用安全、保证、承诺、保险、避险、有保障、高收益、无风险等可能使投资人认为没有风险的或者片面强调集中营销时间限制的表述；不得登载单位或者个人的推荐性文字；基金宣传推介材料登载基金过往业绩的，应当特别声明，基金的过往业绩并不预示其未来表现，基金管理人管理的其他基金的业绩并不构成基金业绩表现的保证等。

比如，2013 年百度联合华夏基金推出了理财计划，“百发”网站上忽悠说该理财产品“保本保收益、年化收益率 8%”，此宣传就是违规。

此外，基金也不能操纵股市，因为基金管理人运用基金财产进行证券投资，不得有下列情形：①一只基金持有一家公司发行的证券，其市值超过基金资产净值的 10%；②同一基金管理人管理的全部基金持有一家公司发行的证券，超过该证券的 10%；③基金财产参与股票发行申购，单只基金所申报的金额超过该基金的总资产，单只基金所申报的股票数量超过拟发行股票公司本次发行股票的总量；④一只基金持有其他基金（不含货币市场基金），其市值超过基金资产净值的 10%，但基金中基金除外；⑤基金中基金持有其他单只基金，其市值超过基金资产净值的 20%，或者投资于其他基金中基金；⑥基金总资产超过基金净资产的 140%。

可见基金买股票的占比仅有 10%，属于分散投资和组合投资，操纵股票不容易。再说，按照有关规定，基金不允许以各种方式操纵股市。

◎ 基金管理人可以买卖股票吗

可以。如果基金管理人的董事、监事、高级管理人员和其他从业人员，其本人、配偶、利害关系人炒股，应当事先向基金管理人申报，并不得与基金份额持有人发生利益冲突，基金管理人应当建立规定人员进行证券投资的申报、登记、审查、处置等管理制度，并报国务院证券监督管理机构备案。

◎ 社会保障基金投资股票的比例

全国社保基金年投资回报率保持在 8%左右，它投资国内的范围限于银行存款、买卖国债和其他具有良好流动性的金融工具，包括上市流通的证券投资基金、股票、信用等级在投资级以上的企业债、金融债等有价证券。其中，银行存款和国债的投资比例不低于 50%；企业债、金融债不高于 10%；证券投资基金、股票投资的比例不高于 40%。

单个投资管理人管理的社保基金资产投资于一家企业所发行的证券或单只证券投

资基金，不得超过该企业所发行证券或该基金份额的 5%；按成本计算，不得超过其管理的社保基金资产总值的 10%。

社保基金理事会直接运作的社保基金的投资范围限于银行存款，在一级市场购买国债，其他投资需委托社保基金投资管理人管理和运作并委托社保基金托管人托管。

全国社保基金境外投资（投资境外的资金来源为以外汇形式上缴的境外国有股减持所得）的比例，按成本计算，不得超过全国社保基金总资产的 20%。境外投资包括：银行存款；外国政府债券、国际金融组织债券、外国机构债券和外国公司债券；中国政府或者企业在境外发行的债券；银行票据、大额可转让存单等货币市场产品；在境外证券交易所上市的股票等。

◎ 证券服务机构包括哪些

证券服务机构包括投资咨询机构、财务顾问机构、资信评级机构、资产评估机构、会计师事务所。它们从事证券服务业务，必须经国务院证券监督管理机构和有关主管部门批准。投资咨询机构、财务顾问机构、资信评级机构从事证券服务业务的人员，必须具备证券专业知识和从事证券业务或者证券服务业务两年以上经验。

投资咨询机构、财务顾问机构、资信评级机构、资产评估机构、会计师事务所未经批准，擅自从事证券服务业务的，责令改正，没收违法所得，并处以违法所得 1 倍以上 5 倍以下的罚款。

◎ 投资咨询机构被禁止的行为

投资咨询机构及其从业人员（俗称股评）从事证券服务业务不得有下列行为：代理委托人从事证券投资；与委托人约定分享证券投资收益或者分担证券投资损失；买卖本咨询机构提供服务的上市公司股票；利用传播媒介或者通过其他方式提供、传播虚假或者误导投资者的信息等。

如果发生以上所列行为之一，给投资者造成损失的，依法承担赔偿责任。

从事证券服务业务的投资咨询机构和资信评级机构，可以按照国务院有关主管部门规定的标准或者收费办法收取服务费用。

证券投资咨询机构每年都要办理年检，逾期未提交年检报告或者经审核未通过年检的，不得继续从事证券投资咨询业务。

◎ 证券投资顾问可以收取咨询费用吗

证券投资顾问业务：是指证券公司、证券投资咨询机构接受客户委托，按照约定，向客户提供涉及证券及证券相关产品的投资建议服务，辅助客户作出投资决策，并直接或者间接获取经济利益的经营活动。投资建议服务内容包括投资的品种选择、投资组合以及理财规划建议等。

证券公司、证券投资咨询机构应当按照公平、合理、自愿的原则，与客户协商并书面约定收取证券投资顾问服务费用的安排，可以按照服务期限、客户资产规模收取服务费用，也可以采用差别佣金等其他方式收取服务费用。

证券投资顾问服务费用应当以公司账户收取。禁止证券公司、证券投资咨询机构及其人员以个人名义向客户收取证券投资顾问服务费用。

证券公司、证券投资咨询机构通过广播、电视、网络、报刊等公众媒体对证券投资顾问业务进行广告宣传，应当遵守《广告法》和证券信息传播的有关规定，广告宣传内容不得存在虚假、不实、误导性信息以及其他违法违规情形。

证券投资顾问不得通过广播、电视、网络、报刊等公众媒体，作出买入、卖出或者持有具体证券的投资建议。

◎ 禁止传播虚假、不实、误导性信息的证券研究报告

证券研究报告：是指证券投资咨询业务的一种基本形式，指证券公司、证券投资咨询机构对证券及证券相关产品的价值、市场走势或者相关影响因素进行分析，形成证券估值、投资评级等投资分析意见，制作证券研究报告，并向客户发布的行为。

证券公司、证券投资咨询机构发布证券研究报告，禁止传播虚假、不实、误导性信息，禁止从事或者参与内幕交易、操纵证券市场活动。

在发布的证券研究报告上署名的人员，应当具有证券投资咨询执业资格，并在中国证券业协会注册登记为证券分析师。证券分析师不得同时注册为证券投资顾问。

从事发布证券研究报告业务的相关人员，不得同时从事证券自营、证券资产管理等存在利益冲突的业务。公司高级管理人员同时负责管理发布证券研究报告业务和其他证券业务的，应当采取防范利益冲突的措施，并有充分证据证明已经有效防范利益冲突。

发布对具体股票作出明确估值和投资评级的证券研究报告时，公司持有该股票达到相关上市公司已发行股份1%以上的，应当在证券研究报告中向客户披露本公司持有该股票的情况，并且在证券研究报告发布日及第二个交易日，不得进行与证券研究报告观点相反的交易。

证券公司、证券投资咨询机构应当采取有效的管理措施，防止制作发布证券研究报告的相关人员利用发布证券研究报告为自身及其利益相关者谋取不当利益，或者在发布证券研究报告前泄露证券研究报告的内容和观点。证券分析师不得利用公司承销保荐、财务顾问等业务项目的非公开信息，发布证券研究报告。

◎ 从重庆啤酒暴跌发问：券商的研究报告可信吗

2011年，重庆啤酒上演了一场暴涨暴跌的大戏，从而引发出“券商的研究报告可信吗”的思考。

2011 年 11 月 24 日，重庆啤酒在乙肝疫苗概念的炒作下强势涨停。11 月 25 日再次上升。11 月 26 日到 12 月 7 日，重庆啤酒停牌并发表公告披露了关于“治疗用（合成肽）乙型肝炎疫苗”的研究进度暨复牌公告。公告没有说明该公司研发 13 年的治疗用乙肝疫苗疗效究竟有多大市场预期。

结果到 2011 年 12 月 20 日，重庆啤酒已经跌了 9 个跌停。由此造成持股总数量为 4937 万股的 22 只基金和东北证券损失惨重。

令人蹊跷和引人关注的是，2009 年重庆啤酒乙肝疫苗的研究进入Ⅱ期 B 阶段临床后，2009~2011 年，有 14 家券商研究所发布重庆啤酒的研究报告共计 60 篇。浙商证券、国信证券、国泰君安、天相投顾评级该股票为中级。最看好重庆啤酒的就是兴业证券分析师王某发表的医药行业研究报告。该报告对重庆啤酒大赞有加，预测“治疗性乙肝疫苗曙光已现，预计治疗性疫苗在 2013 年可以上市……前景可能超过我们此前的预期。橘子红了，我们只需要在树下等待摘果实……”之后，王某连续发表了 28 份研究报告，不遗余力地对重庆啤酒进行强烈推荐评级，反复宣称“我们认为其成功的可能性很大”。

至于王某为何强力推荐重庆啤酒？因为大成基金重仓重庆啤酒，兴业证券有大成基金的分仓，所以兴业证券推荐重庆啤酒，大成基金就给兴业证券分仓佣金。潜规则是，卖方出报告要看买方脸色，公司发公告也需征求基金意见。

此外，一些机构（基金、券商、主力资金等）先建仓一只具有朦胧题材的股票，然后就出钱请黑嘴的券商分析师搞出个研报，把这个题材忽悠得天花乱坠，以吸引中小股民跟风建仓做接力棒。

2011 年 7 月 11 日，《理财周报》统计，至 2011 年 7 月 5 日收盘，1123 份研报中，568 份研报没有达到分析预期。其中，预测股价涨跌幅与实际股价涨跌幅偏离度最大的达到-56. 18%。555 份研报达到预期，研报全部达到预期的仅有 7 家券商。

2011 年 12 月 7 日，《投资快报》刊文揭露了 10 家券商 2011 年初研究报告推荐的股票坑害了股民，这让为此付出真金白银的投资者极度受伤，有股民痛批忽悠的研报犹如砒霜让股民中毒。

表 1-1　十大券商推荐的股票简述

股票名称代码	2011 年大概跌幅（%）	推荐的券商
东山精密（002384）	62. 81	平安证券、国海证券
康芝药业（300086）	64. 40	东方证券庄琰、第一创业巨国贤、国海证券黄秋菡
彩虹股份（600707）	61. 96	东北证券吴娜、广发证券惠毓伦、中银国际胡文洲
新中基（000972）	59. 86	渤海证券闫亚磊
海普瑞（002399）	58. 93	宏源证券、国信证券

这些券商推荐的股票不仅坑害了股民，券商自己炒股也自食其果。比如，2011年上半年中信证券自营，其每股收益0.3元，净利润29.7亿元，同比增长13.12%。但是，7~9月，中信证券每股收益仅为0.04元，环比大降71%，其主要原因就是自营炒股业务亏损。10月，中信证券首次出现2011年的月度亏损，月度亏损达1.4亿元。

东北证券也因自营炒股，2011年亏损超过1亿多元。

此外，银河证券对攀钢钒钛看到188元、兴业证券力荐重庆啤酒和哈药股份、东海证券推荐深国商、中银国际推荐彩虹股份、渤海证券力推新中基、日信证券推荐宁波联合、东方证券推荐深天马、华泰证券推荐绿大地、齐鲁证券推荐亚星化学等，事实证明，这些股票到2011年年底，都处于腰折下跌态势。

从2011年的重庆啤酒暴跌的典型例子和以上媒体的揭露可知，中小股民绝对不能完全相信券商的研究报告。

◎ 证券公司及其从业人员损害股民利益的欺诈行为有哪些

证券公司及其从业人员损害股民利益的欺诈行为主要有：违背客户的委托为其买卖证券；挪用客户所委托买卖的证券或者客户账户上的资金；未经客户的委托，擅自为客户买卖证券，或者假借客户的名义买卖证券；为牟取佣金收入，诱使客户进行不必要的证券买卖；利用传播媒介或者通过其他方式提供、传播虚假或者误导投资者的信息等。

欺诈客户行为给客户造成损失的，行为人应当依法承担赔偿责任。

例如，2009年5月18日至6月20日，曾在江苏现代工作，并具有证券投资咨询业务资格的分析师徐翀参与某电视台“天天胜券”栏目录制节目27期，期间推荐个股22只。由赵宝明等控制的向某某等14个涉案账户交易了其中14只股票，表现为推荐前集中买入，荐股当日集中卖出的交易特点，累计成交金额1.3亿元，获利近460万元。赵宝明与江苏现代存在密切关联关系，徐翀在电视节目中的荐股内容由江苏现代提供，徐翀荐股期间的报酬由赵宝明控制的涉案账户支付。他们最后都受到了管理层的查处。

◎ 证券业从业人员禁止什么行为

证券业从业人员：一般是指证券公司的管理人员、业务人员以及与证券公司签订委托合同的证券经纪人；基金管理公司的管理人员和业务人员；基金托管和销售机构中从事基金托管或销售业务的管理人员和业务人员；证券投资咨询机构的管理人员和业务人员；从事上市公司并购重组业务的财务顾问机构的管理人员和业务人员；证券市场资信评级机构中从事证券评级业务的管理人员和业务人员。

从业人员一般性禁止行为：从事或协同他人从事欺诈、内幕交易、操纵证券交易价格等非法活动；编造、传播虚假信息或者误导投资者的信息；损害社会公共利益、所在机构或者他人的合法权益；从事与其履行职责有利益冲突的业务；贬损同行或以其他不正当竞争手段争揽业务；接受利益相关方的贿赂或对其进行贿赂；买卖法律明文禁止买卖的证券；违规向客户作出投资不受损失或保证最低收益的承诺；隐匿、伪造、篡改或者毁损交易记录；泄露客户资料。

◎ 什么是“老鼠仓”及“老鼠仓”的秘密运作模式

老鼠仓：一般指在一个股价被大幅拉升前，个别人事先在低位建仓，待股价拉升到高位后，该个人仓位率先平仓卖出获利，这种仓位就是“老鼠仓”。“老鼠仓”特别在证券业从业人员中容易发生，因为他们最了解大资金建仓的信息。

“老鼠仓”主要的秘密运作模式：第一，先于他人买进，先于他人卖出。基金投资经理以自己亲属的账户，在自己所管理的基金建仓前买入该个股。例如，博时基金原基金经理马乐自 2011 年 3 月 9 日至 2013 年 5 月 30 日，任职博时基金旗下的博时精选股票基金的基金经理，利用掌控的内幕信息以外的其他未公开信息，让自己的亲属和朋友事先买进、事先卖出其基金建仓的股票 76 只，累计成交金额 10.5 亿余元。马乐从中非法获利 1883.34 万元。其他的如上投摩根基金原经理唐建、南方基金原基金经理王黎敏、西南证券前副总裁季敏波、融通基金原基金经理张野、国海富兰克林原基金经理黄林等，都是采用这样的运作模式。

第二，利用职务便利，获取第一信息后事先建仓。例如，2007 年 7 月 4 日，中山公用披露重组方案并停牌，次月复牌后公司股票价格罕见连拉 14 个涨停，而时任广东省中山市市长的李启红在 2007 年 6 月获知中山公用事业集团将和中山公用科技资产重组的信息，并收到了该公司董事长谭庆中关于购买股票的“建议”，便与其丈夫、弟媳等人购买中山公用的股票，共筹集投入 670 多万元。杨治山身兼中信证券研究部质量总监、电力行业首席分析师、漳泽电力独立董事三职，2011 年 4 月中旬，他得知漳泽电力要进行资产重组，于是借用李某账户立即买进漳泽电力。

第三，一些券商公司、基金公司、上市公司的管理人员自己亲属预先低价买入股票，然后自己管理的基金公司大幅度拉升该股票非法获利。例如，长城久富证券投资原基金经理韩刚、西南证券副总裁兼投资管理部总经理季敏波、平安资产管理有限责任公司原投资经理夏侯文浩等。

此外，还有基金公司之间互相事先建仓，然后互相拉升对方的股票等运作模式。

◎ 如何辨别非法的证券投资咨询

经常有一些机构和股评人在电视台和其他媒体摇头晃脑、口若悬河地吹嘘选股的能力，然后以高回报率诱骗股民入会，害得股民血本无归。这些机构和股评人大部分是非法无证经营证券投资咨询业务。

例如，上海证监局就查处过上海浙银投资咨询有限公司的无证券投资咨询资格的非法行为。浙银投资就曾在电视台等媒体发表股评文章并以短信或电话的方式，搞什么牛股推荐等。最后被法院判处犯非法经营罪，判处罚金 10 万元。

股民甄别哪些证券投资咨询机构是正规的方法有：通过工信部域名信息备案管理系统网站（www. mi-ibeian. gov. cn）查询证券投资咨询机构咨询网站的备案情况；通过中国证监会网站（www. csrc. gov. cn）、中国证券业协会网站（www. sac. net. cn）、中国证券投资者保护基金公司网站（www. sipf. com. cn）查询该公司是否为合法的证券投资经营机构；通过全国身份证号码查询服务中心网站（www. nciic. com. cn）核实提供服务人员的个人身份信息，现场查看和核实相关证照等。

最关键的是，不要相信什么推荐牛股的神话。对要求汇钱、在异地机构咨询的要坚决拒绝，以防上当受骗。

◎ 证券分析师（股评）的诚信如何查询

证券分析师（俗称股评）：指取得中国证券业协会颁发的证券投资咨询执业资格，并在中国证监会批准的证券投资咨询机构从事证券投资咨询业务的人员。

股民可登录中国证券业协会网站（www. sac. net. cn），通过“从业人员执业注册信息公示”栏目查询从业人员的诚信信息。

证券分析师必须以真实姓名执业。证券分析师的执业活动应当接受所在执业机构的管理。

证券分析师不得违背社会公众利益，不得利用自己的身份、地位和在执业过程中所掌握的内幕信息为自己或他人谋取非法利益，不得故意向客户或投资者提供存在重大遗漏、虚假信息和误导性陈述的投资分析、预测或建议。

证券分析师及其执业机构不得在公共场合及媒体对其自身能力进行过度或不实的宣传，更不得捏造事实以招揽业务。证券分析师及其执业机构不得进行含有歧义和误导内容的宣传，或可能会使公众对证券分析师产生不合理期望的宣传。

◎“黑嘴骗子”股评是如何引诱股民上当受骗的

很多股民，特别是新股民喜欢听股评，一天不听股评，炒股心里就没底。一些“黑嘴骗子”股评由此就乘虚而入，吹嘘自己或者包装一个股神人来欺骗股民。

这些骗子的最大特点就是大言不惭地、语不惊人死不休地胡说八道。例如，某人号称“中国股市我是第二，没有人敢说自己是第一。我在 10 年之后的 2019 年，会成为中国改革开放 40 年的十大风云人物”；有人被包装成为什么“中国股神、炒股大赛十冠王、纽约归来的金融硕士、顶级操盘手、1 万元 3 年赚钱 1000 万元……”甚至有人吹牛说“谁能在全世界范围内，找到在时间度和精确度上预测股市超过我的人，马上就能获得 10 万元人民币的奖励”等。特别搞笑的是，1996 年，一个号称“香港股神”的许××就说沪指2000年将上升到20000点，我当时看了以为报纸印刷错了，多印了一个“0”，为此打电话到报社，可报社说该“股神”的确就是这样说的，当时我就说这纯属胡说八道。

这些人的真实水平根本就不行，有网站专门为这些吹牛的人搞了个模拟炒股大师邀请赛，参赛者50多人，结果90%的“大师们”亏损，有18人亏损超过了50%，盈利最高的仅9.92%。

可见，这帮“大师”就是骗子，这些“黑嘴骗子”编造的谎言让中小股民顶礼膜拜，然后他们就设计了骗人的路线图，大致如下：

第一步：先开设一个证券投资咨询公司，招募一帮人“名正言顺”地开展业务。公司成立以后，“黑嘴骗子”股评采取什么老师、高手、大师等光亮的头衔，通过电视和其他媒体的证券类节目，吸引股民眼球，留下电话，说可以帮助股民分析其手中的股票。股民打电话后，通过来电显示记录下股民的电话，然后采用饥饿咨询法，先说某某老师很忙，正在为其他股民咨询，一会儿给您打电话等。吊起了股民的胃口。

第二步：过一段时间，“黑嘴骗子”股评突然打来电话，焦急等待的股民急不可待地接电话。“黑嘴股评”开始说你的股票不行，忽悠股民说，只需交纳几千元不等的会员费或咨询费就可为你推荐短线大牛股等，并信誓旦旦地承诺保证股民获利，不获利就退钱。还给股民签订《投资咨询服务合同》、《资金退还协议》等。股民此时就容易被感动而汇款了。

第三步：当股民与其签订初步协议并汇款后，“黑嘴骗子”股评就推荐某只股票。股民购买了该股票不管是盈利还是亏损，“黑嘴骗子”股评就以升级会员为名，让股民再追加咨询费用。股民盈利了，十有八九的股民非常相信“黑嘴骗子”股评，为了再挣大钱，会毫不犹豫地追加咨询费用。而对付亏损的股民，“黑嘴骗子”股评就会伪造什么“绝密资产重组项目内部工程”等文件，蒙骗股民，并花言巧语承诺这次一定能够获利翻番。亏损的股民此时急于解套，会有“舍不得孩子套不着狼”的想法，加上禁不住“黑嘴骗子”股评忽悠劝说，也会增加咨询费用。

第四步：股民上当受骗后，其最后的结果肯定是鸡飞蛋打。此时这帮“黑嘴骗子”股评早已逃之夭夭，股民是欲哭无泪、血本无归。

此外，管理层提醒说，有些股评骗子打着销售炒股软件的幌子，巧立各种名目，利用线下非法开展投资咨询或推荐股票的活动。他们骗人的表现形式为：

第一步：先设立网站并在网站上开设股票行情即时分析业务吸引股票投资者，或者声称可以提供股票免费诊断服务，吸引投资者拨打咨询电话或者留下注册电话。

第二步：让员工按照固定套话，接听投资者电话或者随机拨打投资者所留电话，承诺高额投资收益诱导投资者接受咨询服务，为逃避监管、整治，这些服务往往披着销售炒股软件的外衣。当投资者按照其操作获利时，就鼓动投资者升级成为“VIP客户”、“高端客户”，并缴纳一定费用，再向投资者推荐股票信息。

第三步：当投资者按照其操作出现损失时，就鼓动投资者成为他们更高级别的客户，缴纳数额更大的费用，再向投资者推荐股票信息。不法机构往往虚构所谓的专家小组，向客户提供一对一指导。而当投资者出现亏损时，公司人员会介绍另一位专家，并给予受害人所谓更大的优惠、更机密的信息，同时要求支付更多的费用，导致投资者越陷越深。

此外，骗子还以股民培训学校为名进行诈骗。其步骤是：

第一步：先给股民打电话，说是与某财经大学证券期货研究中心联合办学、免费讲课，并忽悠说有某某投资大师讲课，推荐大牛股等。

第二步：当股民去听免费课程时并不推荐股票，而是介绍炒股的基本知识等，让股民觉得这是正规的办学。

第三步：讲授炒股实战课程时，这些所谓的"中国股坛豪杰"、"中国金融教父"、"盘口秘籍语言第一人"、"波轮趋势专家"、"中国股市时空第一人"等就诱惑股民崇拜他们，然后以"涨停板揭秘"、"牛股擒拿术"、"黄金立即解套"、"牛股价值挖掘机"、"波段步步为赢"等虚无缥缈的名词蛊惑股民，让股民怦然心动，跃跃欲试。

第四步：开始了付费课程，动辄就收培训费1万元到5万元不等，或者动员股民加入他们的团队，再缴纳团队费，还会要求股民购买他们的炒股软件等。

所以，股民千万不要相信这些谎言，要杜绝一夜暴富的不切实际的幻想。对待股评一定要提高警惕，最好的办法就是自己炒股，千万不要向任何个人账户转账汇款。

当然，骗子最终没有好下场。我1990年开始做股评，也认识许多股评人，能够保持金身不败的股评人很少，大部分股评人因为坑蒙拐骗，先后被判刑，他们自己的家人也为此自杀等，落得家破人亡的境地。

◎"优胜劣汰"：揭露股市骗子秘密的路线图

股市的骗子有一种分批"优胜劣汰"手法最容易让股民上当受骗，其秘密路线如下：

第一步：收集股民信息。骗子们通过各种渠道收集32个股民（假设32个股民）的电话号码；

第二步：分成2组。骗子把32个股民分成2组各16人，然后免费分别推荐2个所谓的大牛股。此时有4种情况，即：

情况A——2个股票都暴涨；

情况B——2个股票都暴跌；

情况C——2个股票一个暴涨，一个暴跌；

情况D——2个股票不涨不跌。

如果是情况A，那骗子就扬扬得意了，有吹嘘自己的明证了，然后开始让你交费

5000 元（假设）继续为你推荐大牛股，你也会甘心情愿交费了，以便获得第二个大牛股。

如果是情况 B，那骗子就逃之夭夭，你也找不到骗子了，他换个马甲继续对其他股民行骗。

如果是情况 C，那骗子就对持有暴涨股票的那组股民吹嘘，然后也开始让这组股民交费 5000 元（假设）继续为你推荐大牛股，这组股民也会甘心情愿交费，以便获得第二个大牛股。而对持有暴跌股票的那组股民，骗子就不再理睬，被骗的股民一般也不去追究，因为骗子没有收费。

如果是情况 D，那骗子就会让股民等等，然后股票迟早会出现前面 3 种情况的任何一种。

第三步：继续分成 2 组。骗子把情况 A 的 32 个股民还是分成原来的 2 组不动。把情况 C 暴涨的股民 16 人分成 2 组各 8 人，情况 D 分组不动。然后再免费分别推荐 2 个所谓的大牛股。此时还是会出现前面的 4 种情况，即：

情况 A——2 个股票都暴涨；

情况 B——2 个股票都暴跌；

情况 C——2 个股票一个暴涨，一个暴跌；

情况 D——2 个股票不涨不跌。

然后骗子还是如法炮制，如果是情况 A，那骗子就扬扬得意了，有吹嘘自己的明证了，然后让你加码交费加倍 1 万元（假设）继续为你推荐大牛股，你也会甘心情愿交 1 万元费，以便获得第三个大牛股。

如果是情况 B，那骗子就逃之夭夭，你也找不到骗子了，他换个马甲继续对其他股民行骗。

如果是情况 C，那骗子就对持有暴涨股票的那组股民吹嘘，然后让这组股民也加码交费 1 万元（假设）继续为你推荐大牛股，这组股民也会甘心情愿交费 1 万元，以便获得第三个大牛股。而对持有暴跌股票的那组股民，骗子就不再理睬，被骗的股民一般也不去追究，因为前面多少赚了钱。

如果是情况 D，那骗子就会让股民等等，然后股票迟早会出现前面 3 种情况的任何一种。

第四步，第五步，第六步……以次类推，骗子把股民分成 4 人、2 人，持股的情况也会反复出现上述的 4 种情况，我们假如涨跌的概率各占一半的话，即：情况 C——2 个股票一个暴涨，一个暴跌（情况 A 早晚也会成为情况 C，所以我们以情况 C 为最后结果），这样持续下去，骗子不断对持有大牛股的股民要求交高额的荐股费，股民为了再次得到大牛股，也再次心甘情愿交不断加码的高额费，而且还认为这是应该交给“老师专家”的辛苦钻研费。最后骗完 31 个股民后，就剩下的那个持有 5 个大牛股的 1 个股民，产生一个所谓的冠军，此时让这个冠军交多少钱他都会俯首帖耳乖乖交费，因为就他一直尝到了 5 大牛股的甜头。但是迟早骗子推荐的股票会暴跌，所以直到骗子推荐的暴跌股票出现，这个冠军泡沫也就烟消云散了，此时骗子也赚得盆满钵满，结果大部分股民被骗得倾家荡产，后悔莫及。

如果是把股民的人数扩大，骗子就会骗取更多股民的钱，比如是 1024 人，那么依次分组就是 512、256、128、64、32、16、8、4、2 人一组，最后产生一个所谓的冠军，然后冠军也牺牲后，骗子赚的钱更是可观。这种分批“优胜劣汰”的骗术最容易让股民上当受骗。

◎ 证券经纪人可以信任吗

证券经纪人：是指通过证券从业人员资格考试，接受证券公司的委托，代理其从事客户招揽和客户服务等活动的证券公司以外的自然人。须注意，证券经纪人不一定是证券公司的员工，所以对于他的行为和语言要慎重对待。

证券经纪人从事客户招揽和客户服务等活动，应当向客户充分提示炒股的风险，不能夸大其词忽悠客户。证券经纪人不得有下列行为：

（1）替客户办理账户开立、注销、转移，证券认购、交易或者资金存取、划转、查询等事宜。

（2）提供、传播虚假或者误导客户的信息，或者诱使客户进行不必要的证券买卖。

（3）与客户约定分享投资收益，对客户证券买卖的收益或者赔偿证券买卖的损失作出承诺。

（4）采取贬低竞争对手、进入竞争对手营业场所劝导客户等不正当手段招揽客户。

（5）泄露客户的商业秘密或者个人隐私。

（6）为客户之间的融资提供中介、担保或者其他便利。

（7）为客户提供非法的服务场所或者交易设施，或者通过互联网络、新闻媒体从事客户招揽和客户服务等活动。

（8）委托他人代理其从事客户招揽和客户服务等活动。

（9）损害客户合法权益或者扰乱市场秩序的其他行为。

◎ 炒股软件可信吗，中国证监会如何应对

现在各种炒股软件多如牛毛，让人眼花缭乱。但 90%是骗人的。这几年，公安部门经常破获利用博客、QQ 群，以销售炒股软件为名，从事非法证券经营业务的案件。例如，2010 年 1 月，肖某国把自己包装成股坛大师，利用博客、多个 QQ 号码，以 3800 元的价格销售“股神分析师”软件，诈骗股民。2012 年 5 月 29 日，广东省公安厅经侦局联合广东证监局，一举捣毁涉案窝点 5 个，抓获涉案主犯肖某国。

有些股民特别迷信这些炒股软件。我奉劝各位股民，千万不能相信这些炒股软件，只能作为参考。这是因为：

（1）没有一个指标、一个软件可以准确预测股票走势，如果真有的话，那这个指标和软件可能公开卖给你吗？难道他自己留着赚钱不更好吗？

（2）设计技术指标和软件的所谓专家都把技术分析弄得神乎其神，让你感到这里面的学问深不可测，你就会对其顶礼膜拜，买下这些软件。实际上，股市的技术指标及其分析非常简单，我在此书的有关章节，结合中国股市的实际，删繁就简、言简意赅地对技术指标都做了最通俗的介绍，你一看就懂。完全没有必要去买那些软件。

（3）现在的各类炒股软件都是马后炮，就是根据已经发生的结果再分析过程，弄几个什么阴阳线啊、花花绿绿的圈圈啊、红绿灯啊、股市瀑布啊等来点缀炒股的界面。实际上完全是华而不实。

所以，炒股还是靠自己，如果你没有自己的分析和主见，你就不要炒股。

对炒股软件泛滥骗人的事件，中国证监会发布过《关于加强对利用“荐股软件”从事证券投资咨询业务监管的暂行规定》，自 2013 年 1 月 1 日起施行。《暂行规定》明确：向投资者销售或者提供“荐股软件”，并直接或者间接获取经济利益的，属于从事证券投资咨询业务，必须取得证券投资咨询业务资格。《暂行规定》特别提醒股民，在购买“荐股软件”和接受证券投资咨询服务时，要询问从事证券投资咨询的机构或者个人是否具备证券投资咨询业务资格，可以通过中国证监会网站（www. csrc. gov. cn）和中国证券业协会网站（www. sac. net. cn）进行查询核对，也可以向证监会及其派出机构进行核实。同时，投资者如发现非法证券投资咨询活动，请及时向公安机关、证监会及其派出机构举报。

◎ 公募基金和私募基金可信吗

我可以肯定地说，不可信。不要迷信所谓的基金专家，股市没有专家，不要听他们基金的自吹自擂。再说，基金公司有许多是刚刚毕业的大学生，根本没有炒过股，水平还不如老股民，就敢厚颜无耻地带人炒股?

买基金的人刚开始不懂，被基金忽悠了，说买基金不会亏损，尤其是忽悠老年人。所以凡是买过基金的人，都后悔莫及。

公募基金自成立以来，基本是亏损。远的不说，2011 年基金亏损为 5004 亿元；2012 年，基金亏损为 2315 亿元，所以，总体上基民无钱可分。

2013 年 6 月 3 日，中国证券投资基金业协会披露了《基金投资者情况调查分析报告（2012 年度）》，调查结果显示，2012 年，仅有 23%的基民盈利。

私募基金更是忽悠老百姓。2011 年阳光私募基金有 792 只，平均收益率为 −17. 89%。2012 年上半年，635 只阳光私募基金产品的平均回报率仅为 1. 45%。2011 年到 2012 年上半年，就有 158 只阳光私募产品因亏损无颜面对基民，而提前清盘，创下历史新高。

所以，炒股还是靠自己，如果你没有自己的分析和主见，你就不要炒股。

◎ 收费荐股的QQ群都是骗财骗人的

现在有许多QQ群招呼股民入群，忽悠说可以帮助股民炒股。作者认为，许多QQ群都是骗财骗人的。有参加过QQ群的股民说，加入这些群还是比较方便的，不需要交钱，提交验证信息即可。但是要得到他们的“内幕消息”或者“牛股”就要你交钱了，而且不保证盈利。你交钱后，就给你推荐一只股票，如果盈利了，你需要再给付他10%~30%比例的酬劳。如果亏损，QQ群也不负任何责任。此外，QQ群会要求你在他所在的证券公司开户，而其会有佣金提成。还有一些群则是要求购买他们价格高昂的软件，你不购买他们的软件，就立即变脸把你踢出QQ群。

我也有李几招QQ群，但是我承诺绝不以任何形式收费，而且我为防止骗子混入本群收费、荐股、蒙骗股民，凡是欲入我群的朋友，需要发电子邮件注明您的真实电话、真实地址、真实姓名、真实身份证号码（请发身份证复印），我核实准确身份后（包括打电话核实）才能允许加入李几招QQ群。

◎ 购买原始股发大财是骗局

中国股市建立以来，骗子设计的购买原始股发大财，坑害了许多人。例如，2005年陕西杨陵亨泰绿色高科技股份有限公司对外宣称其股票将于新加坡上市，承诺每股价格不低于3.6元，并以该公司证券部的名义向公众销售股票。该公司共向363名投资者以2元至3.6元不等的价格销售股票，金额累计达780余万元。

为什么有很多人上当受骗，归根结底，还是相信了一夜暴富、天上掉馅饼等这样的天方夜谭的忽悠，所以，千万不要存在侥幸心理。

◎ 虚假陈述造成股民损失怎样和上市公司打官司

证券市场虚假陈述：是指信息披露义务人违反证券法律规定，在证券发行或者交易过程中，对重大事件作出违背事实真相的虚假记载、误导性陈述，或者在披露信息时发生重大遗漏、不正当披露信息的行为。

虚假记载：是指信息披露义务人在披露信息时，将不存在的事实在信息披露文件中予以记载的行为。

误导性陈述：是指虚假陈述行为人在信息披露文件中或者通过媒体，作出使投资人对其投资行为发生错误判断并产生重大影响的陈述。

重大遗漏：是指信息披露义务人在信息披露文件中，未将应当记载的事项完全或者部分予以记载。

不正当披露：是指信息披露义务人未在适当期限内或者未以法定方式公开披露应

当披露的信息。

因上市公司虚假陈述造成股民损失的，股民完全可以理直气壮地与上市公司打官司。但是股民必须是在国家批准设立的证券市场进行的股票交易。股民对虚假陈述行为人提起的民事赔偿诉讼，人民法院肯定受理。虚假陈述证券民事赔偿案件，由省、直辖市、自治区人民政府所在的市、计划单列市和经济特区中级人民法院管辖。

股民提起虚假陈述证券民事赔偿诉讼，要提交行政处罚决定或者公告，或者人民法院的刑事裁判文书，此外还须提交自然人、法人或者其他组织的身份证明文件，进行交易的凭证等投资损失证据材料等证据。

打官司的关键是如何界定股民在虚假陈述实施日及以后，至揭露日或者更正日之前买入该股票还是已经卖出了该股票。

以 *ST夏新为例。2009 年 11 月 17 日，*ST夏新发布公告称，公司于 2009 年 11 月 16 日收到中国证监会行政处罚决定书，对夏新电子给予警告，并处 60 万元罚款，同时对相关高管作出处罚。

*ST夏新虚假陈述揭露的实施日起点为 2007 年 4 月 14 日。2008 年 4 月 3 日，公司发布公告收到证监会立案调查通知之日就不算虚假陈述揭露日了。因此，在 2007 年 4 月 14 日以后、2008 年 4 月 3 日前买入夏新电子，在 2008 年 4 月 3 日之后卖出存在亏损或在 2008 年 4 月 3 日后继续持有的投资者可提起索赔。即使在 2008 年 4 月 3 日后一直持有股票，也有可能获得赔偿，并不需要卖出股票。注意：2008 年 4 月 3 日之后买入夏新电子则不能获得赔偿。

股民打官司诉讼时效一般是 2 年，如果超过诉讼时效，投资者的损失将无法获得赔偿。*ST 夏新是 2009 年 11 月 16 日收到中国证监会行政处罚决定书的，所以 * ST 夏新案诉讼时效就截至 2011 年 11 月 17 日。诉讼时效特殊的可以延长到 20 年，比如，如果是内幕交易罪、泄露内幕信息罪最高刑为 5 年以上 10 年以下有期徒刑的，其追诉时效为 10 年。

股民打官司如果胜诉，上市公司就必须赔偿股民的损失，但是赔偿也有遥遥无期的，最典型的例子就是蓝田股份。此案 2001 年就开始正式立案，2007 年法院判决股民胜诉，但到了 2012 年股民仍不能拿到赔偿款。

2009 年 9 月 9 日，五粮液因为涉嫌违反了证券法的规定被证监会立案调查。但是到 2014 年，中小股民才胜诉，141 名中小股民获赔 1344 万元。

当然，打官司的结果也可以和解。比如，2007 年杭萧钢构案成为震动中国证券市场的大案。2009 年 5 月 20 日在杭州市中级人民法院调解下，原被告双方实现了全面和解，127 位受损股民获得高达 82%比例的现金赔偿。

此外，中小股民打官司需要事先向律师缴纳诉讼费（一般是索赔金额的 2%），一旦胜诉，可以退回。还有就是律师费，律师费通常是先缴纳一部分，打赢官司获赔后再按约付完其他尾费。

◎ 系统风险造成的炒股损失谁赔偿

股民打官司要注意，如果股民在炒股中部分损失是由证券市场系统风险所导致的，法院在审理案件时，股民就可能败诉。

系统风险（Systematic Risk）就是由游离在上市公司外部不可抗力的宏观面因素变化引起的风险。这些因素包括政权更迭、战争冲突、突发自然灾害、宏观经济政策、利率和汇率、通货膨胀、货币政策、能源危机、经济周期循环等。

系统风险是由股市外部共同因素引起的，会随时发生，谁也无法预测。比如，突发了地震；突发了恐怖袭击；突然提高或下调了印花税等。系统风险对所有股票的作用力是共同的（只是敏感程度高低而已），没有差别歧视。所以，股票持有者都会受到不同程度的影响，股民无法通过差别分散投资来规避风险。因此，如果股民炒股因系统风险引起的亏损，就只能自负亏损了。

例如，2011 年 5 月 27 日，莫股民因德棉股份虚假陈述，造成她的股票损失惨重，就和德棉股份打官司，索赔近 1150 万元。2011 年 10 月 9 日，山东省济南市中级人民法院一审认为“德棉股份股价的下跌系因股市系统风险所致，与德棉股份公司的虚假陈述无必然因果关系”，以此驳回莫某的诉讼请求。莫某上诉至山东省高级人民法院后，仍然维持原判。

类似败诉“系统风险”的还有与荣华实业打官司的赵某，兰州中院认为赵某在 2009 年 7 月 29 日开始购入荣华实业股票时，上证指数当日的收盘指数为 3438 点，至 2009 年 9 月 1 日近一个月的股票交易中，上证指数下降了 800 多点。由此可见，赵某的损失是由其主观投资选择和市场系统性风险竞合的结果，与荣华实业未如实披露信息无因果关系，赵某的损失应由其自行承担。判决驳回赵某的诉讼请求，案件受理费由赵某承担。

◎ 与证券公司发生纠纷怎样投诉

股民在炒股中，可能遇到券商的软硬件服务不好、佣金标准高或者不能一视同仁、阻挠股民转户、交易软件不畅通等情况。股民和券商发生纠纷时，首先可以私了；不行就向证券营业部的上一级反映；再不行，就向当地证监会派出机构证监局或中国证监会投诉。中国证监会投诉电话：010-66210182、66210166，办公地址：北京市西城区金融大街 19 号富凯大厦，邮编：100033。

股民投诉最好采用实名制方式，并提供相关证据，以便核查处理。

◎ 股民和上市公司、券商发生纠纷可以私了吗

管理层可以帮助私了。2012 年 6 月 11 日，中国证券业协会颁布了《证券纠纷调解工作管理办法（试行）》、《证券纠纷调解规则（试行）》、《调解员管理办法（试

行)》3个规则，说明管理层介入了证券纠纷调解工作。

中国股市建立以来，股民和上市公司、券商发生纠纷、矛盾和争议时，解决的办法有股民写信或上访投诉、上市公司和券商与股民私了、股民打官司等。

2012年8月，中国证券业协会建立了纠纷调解机制，俗话说，就是私了。中国证券业协会成立证券纠纷调解中心，组织实施证券纠纷调解基本制度，并依据基本制度制定实施细则和内部操作流程等；负责证券纠纷调解申请的受理、调解小组或调解员的指定、调解实施、回访、调解文书制作、档案管理等工作；负责调解员的日常管理等工作；统计分析证券纠纷调解工作的相关信息；负责与法院、仲裁机构以及其他纠纷调解机构的联络交流工作；向证券投资者、会员提供证券纠纷调解业务咨询。

到2013年，中国证券业协会在全国范围内聘任了126名证券纠纷调解员。调解了300多起纠纷。如果股民与证券营业部之间发生交易纠纷，沪深两所还可以提供必要的交易数据。

◎ 上市公司发布虚假信息股民可以得到赔偿吗

发行人、上市公司公告的招股说明书、公司债券募集办法、财务会计报告、上市报告文件、年度报告、中期报告、临时报告以及其他信息披露资料，有虚假记载、误导性陈述或者重大遗漏，致使投资者在证券交易中遭受损失的，发行人、上市公司应当承担赔偿责任；发行人、上市公司的董事、监事、高级管理人员和其他直接责任人员以及保荐人、承销的证券公司，应当与发行人、上市公司承担连带赔偿责任；发行人、上市公司的控股股东、实际控制人有过错的，应当与发行人、上市公司承担连带赔偿责任。

万福生科就是首例创业板涉嫌欺诈发行股票的案件。管理层调查发现，万福生科在2008~2011年累计虚增收入约7.4亿元，虚增营业利润约1.8亿元，虚增净利润1.6亿元左右。2013年5月10日，中国证监会处罚万福生科并移送公安机关追究刑事责任。

当日，平安证券宣布，将先行垫付出资3亿元设立万福生科虚假陈述事件投资者利益补偿专项基金，股民于2012年9月15日之前卖出万福生科股票或于2013年3月2日之后买入万福生科股票所产生的投资损失，则不予以补偿。而2011年9月14日到2013年3月2日期间，买入且持有至2013年3月2日以后的投资者，均可获得补偿；2012年9月15日此前买入且在该日期后卖出而遭到损失的投资者，纳入基金补偿对象范围；2012年10月26日中报虚假陈述，而遭受损失的投资者纳入基金补偿对象。万福生科实际控制人龚永福和杨荣华夫妇承诺将承担依法应当赔偿的份额，并将3000万股万福生科股票质押给中国证券投资者保护基金有限责任公司管理，作为履行赔偿责任的保证。

此举成为股市第一个先行为股民垫付理赔案例。

◎ 可否将我的股票转给或赠送他人办理非交易过户

不可以。股票非交易过户仅限于：①经深交所确认的协议转让；②死亡继承过户；③离婚导致的财产分割；④司法裁定过户；⑤法人资格丧失所涉及的股份非交易过户；⑥向基金会捐赠证券的非交易过户。

如果彼此之间误用彼此账户买入股票，也不能办理非交易过户。

◎ 股民的交易记录保存多长时间

客户的证券买卖委托，不论是否成交，其委托记录应当按照规定的期限，保存于证券公司。证券公司接受证券买卖的委托，应当根据委托书载明的证券名称、买卖数量、出价方式、价格幅度等，按照交易规则代理买卖证券，如实进行交易记录；买卖成交后，应当按照规定制作买卖成交报告单交付客户。

证券公司应当妥善保存客户开户资料、委托记录、交易记录和与内部管理、业务经营有关的各项资料，任何人不得隐匿、伪造、篡改或者毁损。这些资料的保存期限不得少于20年。

第二大招　技术指标板块

（实战讲解　几招搞定）

此板块重点介绍常见的 K 线形态和技术指标，如十字星、圆弧底、MACD、威廉指标等。但提醒读者注意的是：因为股市确实无任何规律可循，再加上技术指标被公开化后，已经有钝化的现象，不能完全按书中所讲操作，死守教条。股民在运用时要注意现场灵活发挥，同时要多结合基本面、题材面等综合因素考虑，最好自己能总结出一套规律，那才叫制胜之招！

特别说明：技术指标它不神秘，您别让那些高谈阔论的专家唬住，许多技术指标一点即破。因此，股民掌握它不难，让“神秘”的技术指标走下“神坛”是完全可能的。

我相信，您只要融会贯通，加强实战学习，神秘技术指标，几招搞定。

第一节　移动平均线

◎ 基本概念

移动平均线（MA）指一定时期内的股价（成交额、成交量）之和与此时期的比值数。例如，中国联通某年 10 月 13 日到 10 月 17 日股票 5 天的收盘价（用成交额、成交量也可以）分别为 3.22 元、3.21 元、3.2 元、3.18 元、3.22 元。由此计算该股的平均价为：（3.22+3.21+3.20+3.18+3.22）÷5=3.21 元。该股的 5 日平均价格为 3.21 元。简单表示为 MA（5）=3.21 元。如果将若干个 5 日平均线累计连续画出，则形成了该股的 5 日平均曲线。如果我们需要 10 日、20 日、30 日、N 日……的平均线，将其数字和日期取其 N 日计算即可。

◎ 基本作用

移动平均线是股市实战经常运用的指标。一般而言，5 日到 20 日的移动平均线是短期移动平均线；30 日到 100 日移动平均线是中期移动平均线；100 日以上则为长期移动平均线。如果短期移动平均线上穿中期移动平均线，一般认为，股价处于上涨的态势，股民可建仓或持仓等待盈利；反之则相反。如果中期移动平均线上穿长期移动平均线，说明股价还有上涨的可能，但是毕竟上涨的时间很长了，此时要注意股价下跌的可能；反之，如果中期移动平均线下穿长期移动平均线，说明股价还有下跌的可能，但是毕竟下跌的时间很长了，此时要注意股价见底反弹的可能。

美国人葛南维研究用股价和移动平均线之间上下交换位置来决定买卖股票的八原则。

原则一：平均线由降转升，买进。

原则二：平均线上升，股价略下跌，买进。

原则三：平均线上升，对股价有支撑；股价也上升，买进或持有。

原则四：平均线下降，股价加速下降，并持续一定时间企稳后，买进。

以上四原则是买进原则，以下是卖出四原则：

原则一：平均线由升转降，卖出。

原则二：平均线下降，股价上升，卖出。

原则三：平均线对股价有压力，卖出。

原则四：平均线和股价强烈上升并持续一段时间，卖出。

◎ 实战运用

中国联通（600050，见图2-1），某年1~9月，5日平均线一直与10日线、20日线平均线缠绕，显示股价难有作为。之后，10月，5日线开始穿越10日线、20日线，该股有上涨的迹象，此时可建仓。结果股价从当年9月的3元左右涨到第二年1月的5元左右，上涨了67%左右。如果5日线开始下穿10日线、20日线、100日线，原则上应该平仓。

移动平均线用成交量计算可以从另一角度考察股价趋势。如果和股价的移动平均线结合分析则更为客观。

第二节 K线形态实战应用

◎ 千姿百态的K线形态

K线是用红、绿线（本书用白色代表红K线，黑色代表绿K线）分别表现股票的开盘、最高、最低、收盘价格状态的图线。由于它的形状像蜡烛，所以又称蜡烛曲线图。英文蜡烛拼法为Candle，曲线英文拼法为Curve，发音均为“K”，所以简称K线图。

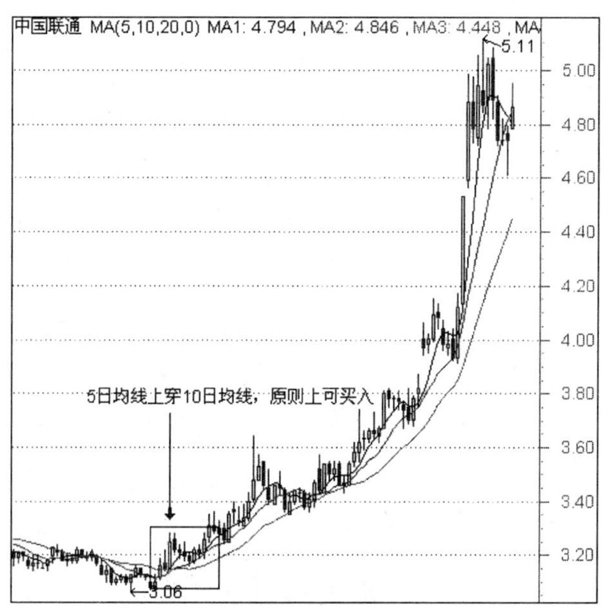

图 2-1 中国联通的移动平均线示意

1. 阳线

收盘价高于开盘价，K 线图的实体为阳线，在电脑屏幕上 K 线图用红色表示。例如，明星电力（600101，见图 2-2），某年 1 月 29 日，收盘价为 13.46 元，开盘价为 12.77 元。收盘价高于开盘价，K 线图的实体为阳线，在电脑屏幕上明星电力的 K 线图用红色表示。

图 2-2 明星电力的阳线

2. 阴线

收盘价低于开盘价，K 线图的实体为阴线，在电脑屏幕上 K 线图用绿色表示。例如，恒瑞医药（600276，见图 2-3），某年 1 月 14 日，收盘价为 8.97 元，开盘价为 9.1 元。收盘价低于开盘价，K 线图的实体为阴线，在电脑屏幕上恒瑞医药的 K 线图用绿色表示。

图 2-3 恒瑞医药的阴线

3. K 线实体

K 线实体指开盘价与收盘价之间的距离实体。如果收盘价高于开盘价，K 线图的实体为阳线，在电脑屏幕上 K 线实体用红色柱体表示；如果收盘价低于开盘价，K 线图的实体为阴线，在电脑屏幕上 K 线实体用绿色柱体表示。如明星电力（600101，见图 2-2）的 K 线图用红色柱体表示；恒瑞医药（600276，见图 2-3）的 K 线图用绿色柱体表示。

4. 光头光脚大阳线

股价开盘价为最低价，收盘价为最高价的特大红色柱体 K 线形态。例如，某年 1 月 14 日，招商银行（600036，见图 2-4）的开盘价为 8.53 元，此价为最低价，然后一路上涨，收盘价为 9.38 元，此价为最高价。结果 K 线图表现出一根 0.85 点的特大红色柱体光头光脚大阳线。

5. 光头光脚大阴线

股价开盘价为最高价，收盘价为最低价的特大绿色柱体 K 线形态。例如，某年 1 月 21 日，中国联通（600050，见图 2-5）的开盘价为 3.3 元，此价为最高价，然后一路下跌，收盘价为 3.16 元，此价为最低价。结果 K 线图表现出一根 0.14 点的特大

图 2-4 招商银行光头光脚的大阳线

绿色柱体光头光脚大阴线。

图 2-5 中国联通光头光脚的大阴线

6. 上影线

K 线实体上方一根较长的实线即为上影线。如果发生在股价顶部带有较长上影线的红色K线（绿K线更要警惕），一般认为，股价在顶部做最后的冲锋后，可能会逐渐下跌；而如果在股价底部带有较长上影线的红色K线，一般认为，股价在底部做进一步的夯实后，将开始逐渐上涨。又如，某年12月15日，威远生化（600803，见图2-6）在股价顶部带有较长上影线的K线，此时可平仓。之后该股连续4天下跌。

7. 下影线

K线实体下方一根较长的实线即为下影线。如果发生在股价顶部带有较长下影线的绿色K线，一般认为，股价在顶部做最后的冲锋后，可能会逐渐下跌；而如果发生在股价底部带有较长下影线的红色K线，一般认为，股价在底部做进一步的夯实后，将开始逐渐上涨。例如，某年1月7日，威远生化（600803，见图2-6）发生在股价底部带有较长下影线的红色K线，此时可以建仓。之后该股连续上升，1月30日，该股价上涨到最高价6.31元。

图2-6　威远生化的上下影线

8. 十字星

十字星是K线图中经常出现的一种形态，其特征是，上下影线长度基本一致，中间实体较短，表明开盘价与收盘价相当。一般认为，十字星在底部出现，是较好的买入点；在顶部出现，应及时卖出。现举例说明：

某年7月10日，有研硅股（600206）在底部出现了十字星，股价为8.45元，此时应该考虑买入。果然过了几天，该股价暴涨到11元左右（见图2-7）。

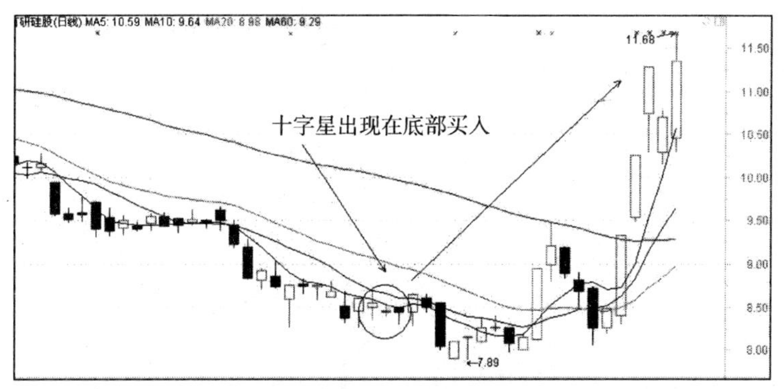

图 2-7 有研硅股底部出现十字星赶紧买入获利丰厚

如果顶部出现十字星，就要赶紧卖出。例如，安琪酵母（600298），某年 7 月 20 日，股价为 26.48 元，在顶部出现了十字星，此时要考虑卖出。果然过了几天，该股价暴跌到 21 元左右（见图 2-8）。

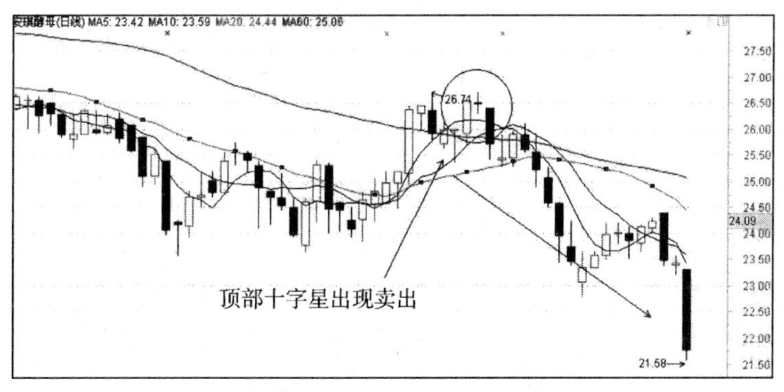

图 2-8 安琪酵母在顶部出现了十字星赶紧卖出获利了结

可见，底部、顶部出现十字星（阴阳星问题不大）是股价转向的信号。

需要注意的是，十字星出现也有例外情况，不能教条运用十字星原理，还要结合其他具体情况分析。总体上讲，十字星原理还是比较实用的。

9. 早晨之星

发生在股价底部由阴转阳的红色 K 线即早晨之星。一般认为，阳星出现在底部，表示太阳出来了，是股价上涨的迹象。例如，云维股份（600725），某年 1 月 7 日，K 线由阴转阳，早晨之星出现，此时意味着股价开始回升，可考虑建仓。1 月 30 日，股价升到最高价 8.58 元（见图 2-9）。

10. 黄昏之星

发生在股价顶部由阳转阴的绿色 K 线即黄昏之星。一般认为，阴星出现在顶部，表示太阳就要落山了，是股价下跌的迹象。例如，云维股份（600725），某年 11 月

27 日，K 线由阳转阴，黄昏之星出现，此时意味着股价开始下跌。12 月 22 日，该股跌到了 8 元左右（见图 2-9）。

图 2-9 云维股份的早晨之星和黄昏之星

11. 锤头

K 线类似一把锤头。一般认为，顶部出现锤头，表示锤头压顶，是股价下跌的迹象。例如，韶能股份（000601，见图 2-10），某年 7 月 25 日、29 日，连续出现 2 个锤头，表示锤头压顶。后来该股开始下跌。

12. 倒锤头

K 线类似倒放的一把锤头。一般认为，底部出现锤头，表示锤头托底，是股价上涨的迹象（000601，见图 2-10）。

13. 穿头破脚

后一个 K 线的上、下影线（头部和脚部）超过前一个 K 线上、下影线的 K 线形态。一般认为，在股价底部（顶部）的组合 K 线中，如果底部（顶部）出现穿头破脚的 K 线形态，是股价上涨（下跌）的迹象。例如，汉商集团（600774，见图 2-11），某年 6 月 8 日、7 月 18 日、7 月 30 日，3 次在底部出现了穿头破脚的 K 线形态，此时应该买入。某年 7 月 23 日，该股在顶部出现穿头破脚的 K 线形态，是股价下跌的迹象，应该卖出。

图 2-10 韶能股份的锤头、倒锤头

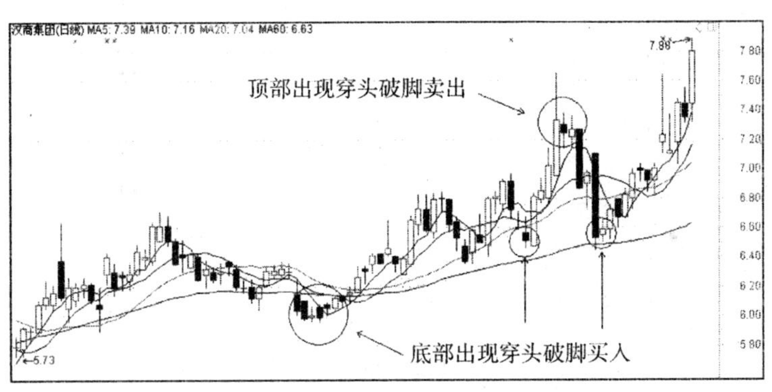

图 2-11 汉商集团的穿头破脚买入、卖出

14. 红三兵

K 线连续出现三根阳线。一般认为，红三兵发生在股价底部，是股价上涨的迹象。例如，长安汽车（000625，见图 2-12），某年 9 月 16 日，底部连续出现了红三兵，股价后来出现了上涨。

15. 黑三兵

K 线连续出现三根阴线。一般认为，黑三兵发生在股价顶部，是股价下跌的迹象。例如，长安汽车（000625，见图 2-13），某年 7 月 17 日开始，顶部连续出现了黑三兵，股价后来出现了下跌。

图 2-12　长安汽车的红三兵

图 2-13　长安汽车的黑三兵

16. 双底买入、双头卖出

双底和双头是在K线图上分别构成两个底部和头部的形状。当股价走势积累出双底（双头）后，应果断买进（卖出）股票。

例如，西南证券（600369），某年2~4月，构筑了两个底部，股价为8元左右，因此，考虑买进。5月下旬到6月上旬，该股价达到12.5元左右，并构筑了双头，此时应迅速卖出股票。以后的实践证明，到8月下旬，股价已跌到8元左右（见图2-14）。

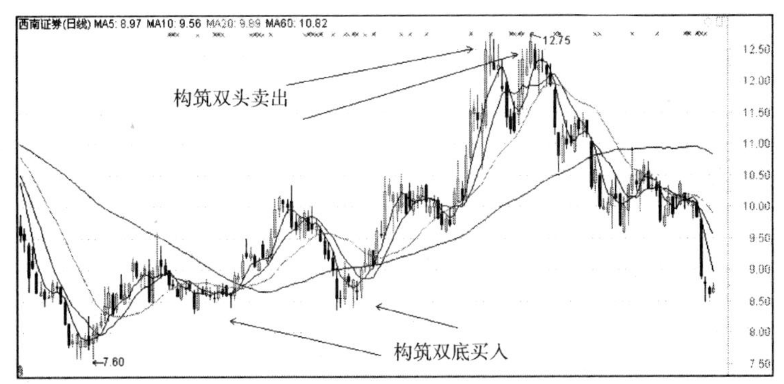

图 2-14　西南证券双底买进，双头卖出

当然，如果构成三重底（三重顶），则买进（卖出）的时机就更好。

17. 三重底

3 次出现探底企稳的 K 线形态。一般认为，三重底是股价底部整固结果，是股价上涨的迹象。例如，方正科技（600601，见图 2-15），某年 9 月 29 日、10 月 29 日、11 月 7 日，3 次探底形成 3 个底部，之后股价出现了上涨。

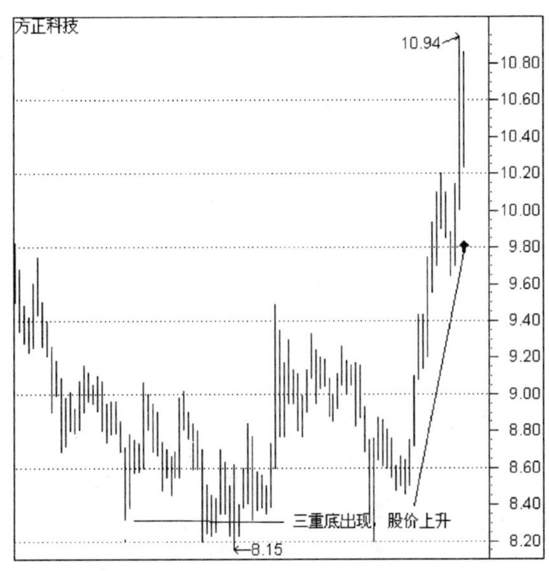

图 2-15　方正科技的三重底

18. 三重顶

3 次出现冲顶的 K 线形态。一般认为，三重顶是股价顶部整固结果，是股价下跌的迹象。例如，*ST 丰华股份（600615，见图 2-16），某年 1 月 21 日、2 月 2 日、3 月 4 日，3 次冲顶 10 元未果，上攻乏力，之后股价出现了下跌。

图 2-16　*ST 丰华的三重顶

19. 底部三连阴（阳）买入之招

股价在底部连续出现三阴线（四阴或更多，或者出现三连阳）时，可考虑买入。例如，某年 7 月 27 日，新日恒力（600165）股价在底部连续出现三阴线，股价为 6 元左右，主力在平台拉阴震仓洗盘。此后主力开始拉抬，到 8 月 15 日，股价最高价 7.08 元（见图 2-17）。

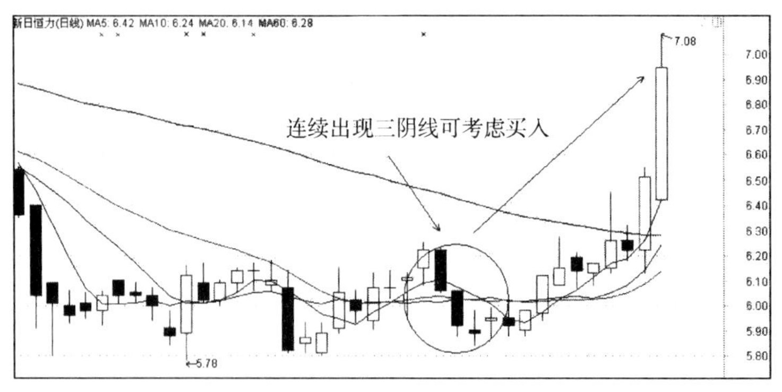

图 2-17　新日恒力股价连续出现三阴线迅速买入

需要注意的是，如在上升平台连续三阴时，不必惊慌，可持仓观察，争取更大收获。

20. 顶部三连阴（阳）卖出之招

股价在顶部连续出现三阴线（四阴或更多，或者出现三连阳）时，可赶紧卖出。

例如，某年4月20日和4月26日，华联综超（600361）股价为6.8元左右，但是这时股价连续出现两次三阴线，情况危急，显示主力在出货，股民必须赶紧平仓。此后，到8月15日，股价最低价跌到5.25元（见图2-18）。

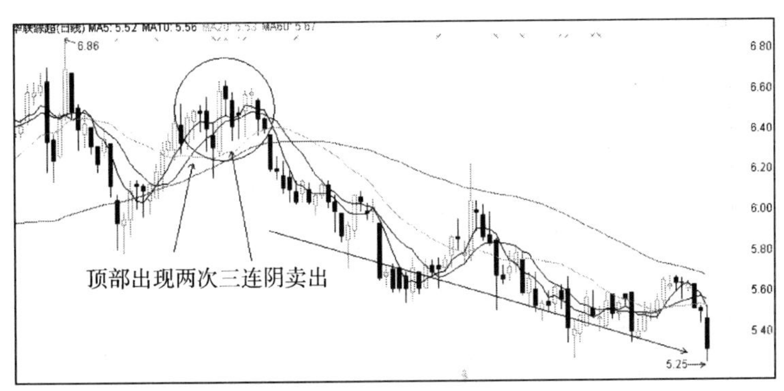

图2-18 华联综超股价连续出现两次三阴线股民必须赶紧平仓

需要注意的是，在上升到顶部后，不管是三连阴还是三连阳，不可恋战，赶紧平仓为妙。

21. 圆弧底

圆弧底是K线在底部形成的圆弧形状。一般认为，圆弧底是股价上涨的迹象。例如，梅雁股份（600868，见图2-19），某年3中旬和9月中旬，K线两次形成了圆弧底，之后股价出现了上涨。

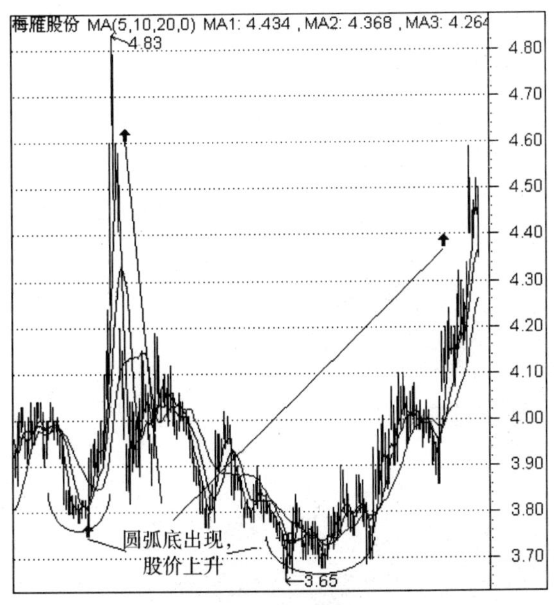

图2-19 梅雁股份的圆弧底

22. 圆弧顶

圆弧顶是K线在顶部形成的圆弧形状。一般认为，圆弧顶是股价下跌的迹象。例如，航天电子（原火箭股份，600879，见图2-20），某年3月中下旬K线形成了圆弧顶，之后股价出现了下跌。

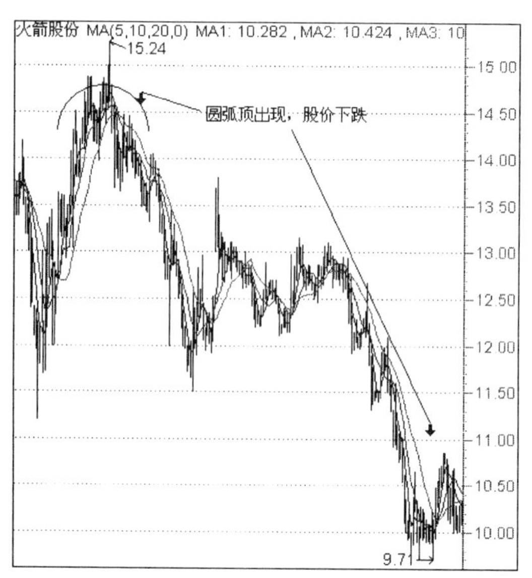

图2-20 火箭股份的圆弧顶

23. 上升缺口

上升缺口指开盘价格超过昨日最高价格的空间价位。一般认为，上升缺口发生在股价底部，是股价上涨的迹象。例如，零七股份（000007，见图2-21），某年5月4日和5月7日连续出现两个跳空缺口，股价为14元左右，此时应该买进。尽管股价徘徊了几天，但是之后股价开始上涨。

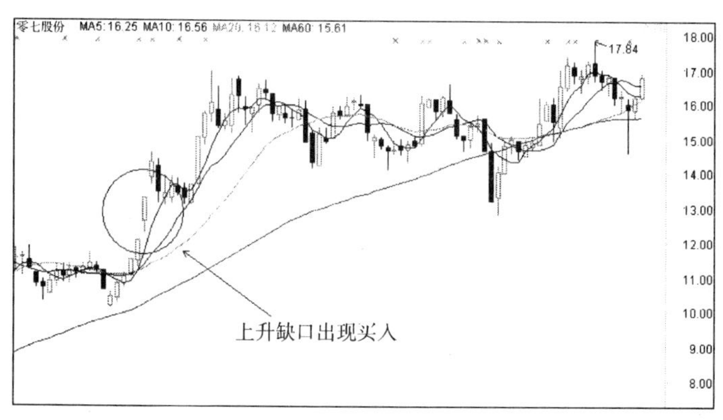

图2-21 零七股份的上升缺口

24. 下跌缺口

下跌缺口指开盘价格低于昨日最低价格的空间价位。一般认为，下跌缺口发生在股价顶部，是股价下跌的迹象。例如，大名城（原华源股份，600094，见图 2-22），某年 7 月 4 日最低价格为 7.28 元，第二个交易日一开盘，价格就低开为 7.22 元。跳空缺口空间价位为 0.06 元，之后股价开始下跌，所以股民一定要警惕下跌缺口。

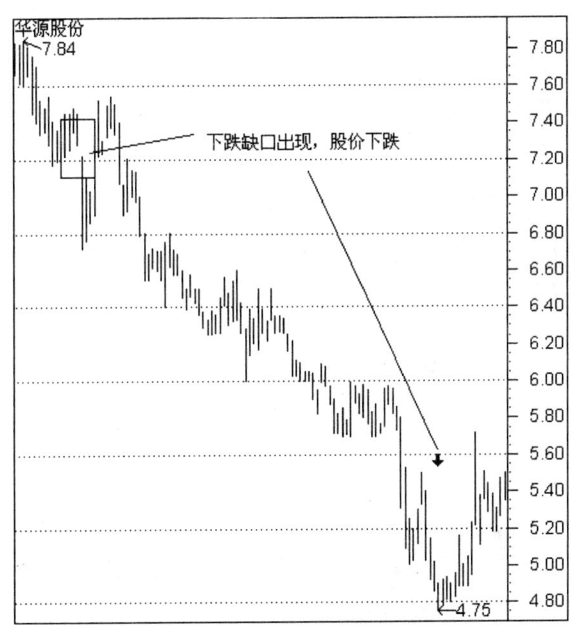

图 2-22　华源股份的下跌缺口

25. V 形反转

股价下跌过程中，突然出现上升拐点，K 线在底部形成了“V”字形状。一般认为，V 形反转形态突然发生在股价底部，是股价上涨的迹象。例如，上汽集团（原上海汽车，600104，见图 2-23），某年 9 月，K 线在底部形成了“V”字形状，之后股价开始了上升。

26. 倒 V 形反转

股价上升过程中，突然出现下跌拐点，K 线在顶部形成了倒“V”字形状。一般认为，倒 V 形反转形态突然发生在股价顶部，是股价下跌的迹象。例如，弘业股份（600128，见图 2-24），某年 4 月突然出现下跌拐点，K 线在顶部形成了倒“V”字形状，之后股价开始了一轮下跌，所以股民一定要警惕倒“V”字形状。

图 2-23　上海汽车的 V 形反转

图 2-24　弘业股份的倒 V 形反转

27. W 底

股价下跌过程中，形成两次底部，K 线在底部形成了“W”字形状。一般认为，W 形发生在股价底部，是股价上涨的迹象。例如，黑化股份（600179，见图 2-25），某年 9~10 月 K 线在底部形成了“W”字形状，之后股价开始了上升。

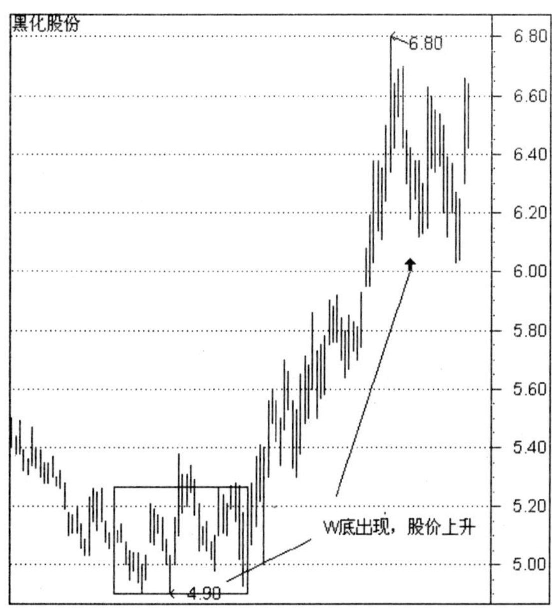

图 2-25 黑化股份的 W 底

28. M 头

股价上升过程中，形成两次头部，K 线在头部形成了“M”字形状。一般认为，M 形发生在股价头部，是股价下跌的迹象。例如，太原重工（600169，见图 2-26），某年 9~10 月 K 线在头部形成了“M”字形状，之后股价开始了下跌。

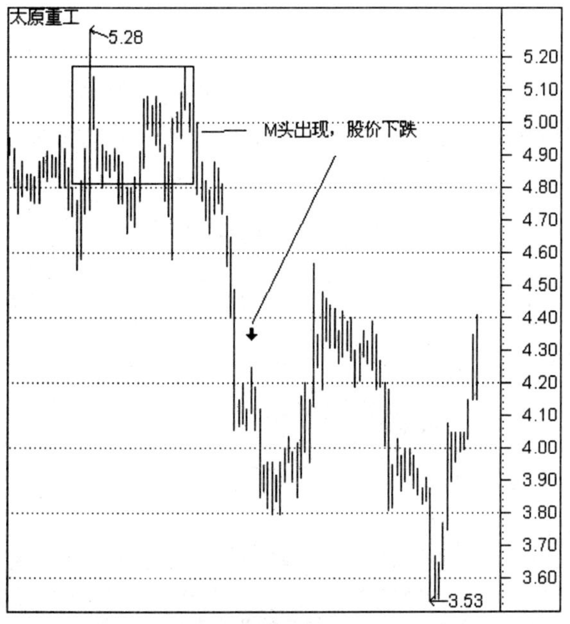

图 2-26 太原重工的 M 头

29. 头肩顶

股价上升过程中，先形成左肩，之后形成头部，再形成右肩，K线犹如一个人的左右肩膀和头部的形状。一般认为，头肩顶发生在股价头部，是股价下跌的迹象。例如，中集集团（见图2-27），某年4月，股价大体在14元，构筑了左肩。5月初，股价上升接近17元，构筑了头部，头肩顶形成，可考虑卖出。6月初，股价大体跌到14元，构筑了右肩。此时K线形状犹如一个人的左右肩膀和头部。之后股价开始了下跌，所以股民一定要警惕头肩顶形状。

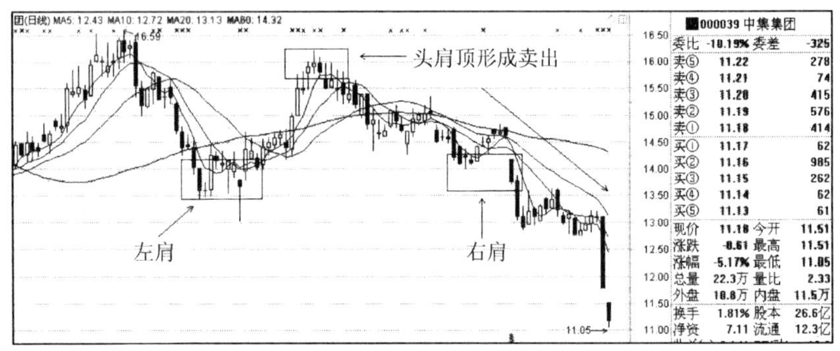

图2-27 中集集团的头肩顶形成卖出

30. 头肩底

股价在下跌过程中，先形成左肩，之后形成倒头部，再形成右肩，K线犹如一个人倒过来的左右肩膀和头部的形状。一般认为，头肩底发生在股价底部，是股价上升的迹象。例如，宁波韵升（见图2-28），某年11月，股价大体在18元，构筑了左肩。12月底，股价大体下跌到13元，构筑了倒头部，头肩底形成，考虑买入。次年3月，股价大体上升到18元，构筑了右肩，此时K线形状犹如一个人倒过来的左右肩膀和头部，之后股价开始了上升。

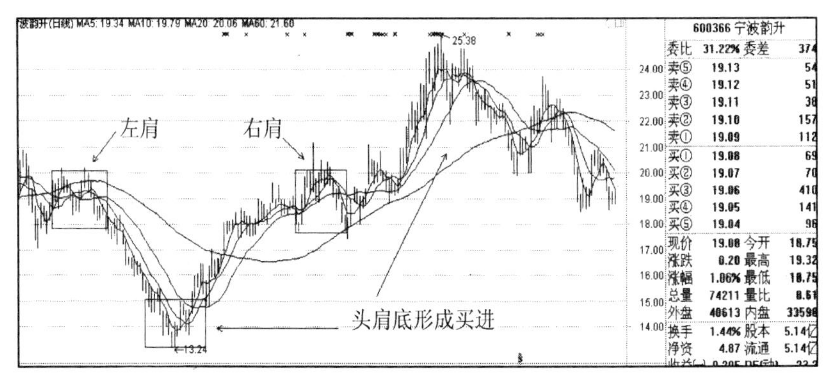

图2-28 宁波韵升的头肩底形成买进

31. 股价颈线

从人体结构来说，颈是头的一部分，是头部与身体的“分水岭”。而颈线就是由左肩贯穿左颈部、右颈部与右肩相连的直线，它是头部与身体的分界线。

股价颈线（见图2-29），通常指股价左右两肩构成的一条直线位，股价上升或下跌到股价颈线后，会再次发生上升或下跌的变盘轨迹。

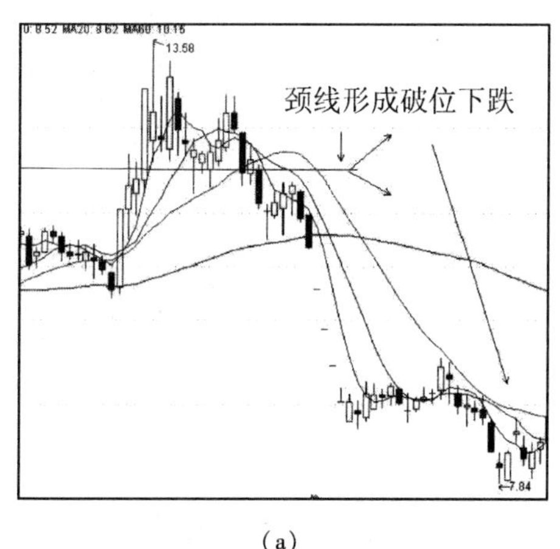

(a)

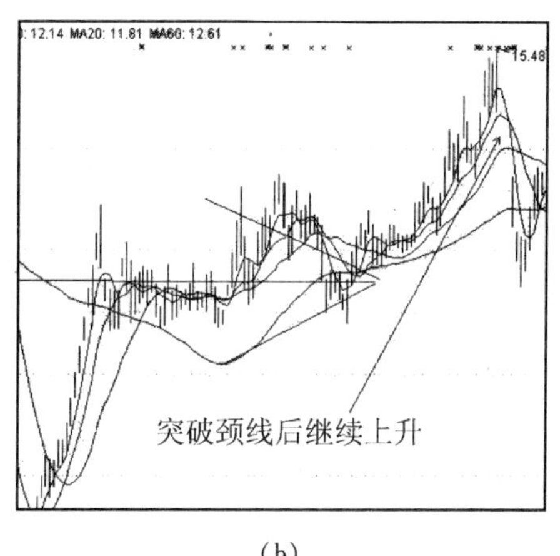

(b)

图2-29 股价颈线

例如，股价形成头肩底，由右肩拐点开始上升，上升到股价颈线位后，则面临是突破股价颈线继续上升，还是破位下行。反之，股价形成头肩顶，由右肩拐点开始下跌，下跌到股价颈线位后，则面临是破位下行，还是在股价颈线止跌。

32. 楔子形

底部线和顶部线在同步运行中逐步汇合，两条线犹如一个楔子形状。一般认为，股价在上升中，楔子形成，意味着股价即将下跌；股价在下跌中，楔子形成，意味着股价即将上升。例如，京投银泰（原银泰股份，见图2-30），某年9月23日顶部在6.6元左右。之后到11月初，顶部不断降低，股价跌到4元左右。顶部连成了一条逐渐向下的顶部线。而该股同期底部也逐渐降低，并连成了一条逐渐向下的底部线。此时顶部线和底部线在向下同步运行中逐步汇合，两条线形成一个楔子形状，之后股价开始上升。该股底部逐渐抬高，并连成了一条逐渐向上的底部线。而该股的顶部也逐渐抬高，并连成了一条逐渐向上的顶部线。此时底部线和顶部线在向上同步运行中逐步汇合，两条线形成一个楔子形状，之后股价出现了下跌。

出现楔子形，如果股价上升或下跌形态几乎是直线状态，说明股价行情激烈，是买进（卖出）的关键时机，应迅速采取果断措施。

以壹桥苗业为例。某年1月初到2月初，该股价在28~30元徘徊，形成了楔子形，可以考虑买入。2月23日，该股价开始启动。3月13日，该股价达到36.53元，楔点出现，考虑卖出。之后再次出现楔子形，可以再次考虑买入（见图 2-31）。

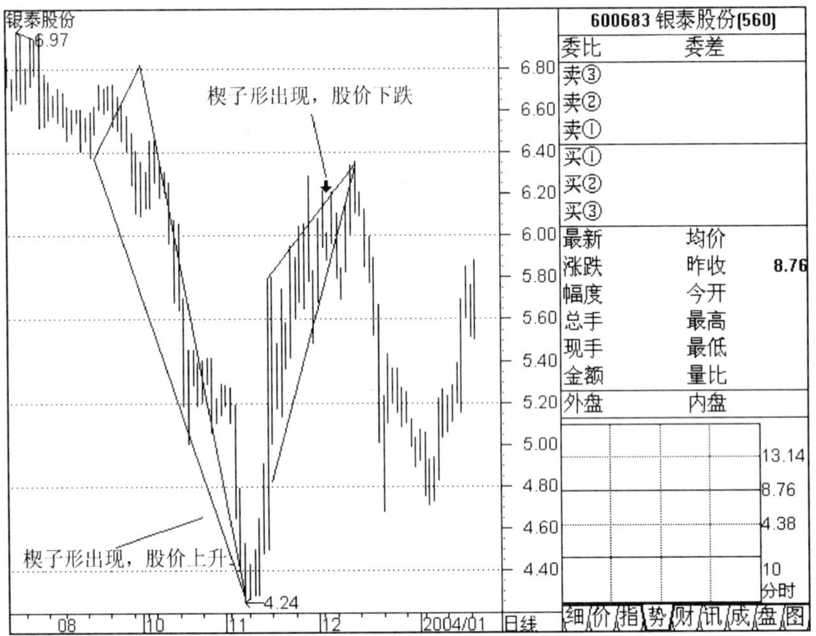

图 2-30　银泰股份的楔子形

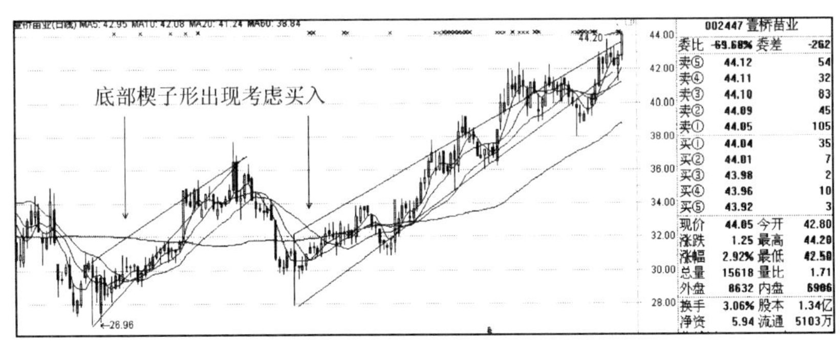

图 2-31　壹桥苗业的楔子形

33. 上升三角形

底部线逐渐向上与平行运行的顶部线靠近，两条线犹如一个三角形状。一般认为，上升三角形形成，意味着股价即将突破上升。例如，达实智能（见图 2-32），从某年 1 月开始，其股价底部逐步抬高，底部连成了一条逐渐向上的底部线，并接近了该股 3 月到 5 月的顶部线，与顶部连成了一条平行的顶部线。此时底部线和顶部线两条线形成一个上升三角形形状，之后股价出现了突破上升。

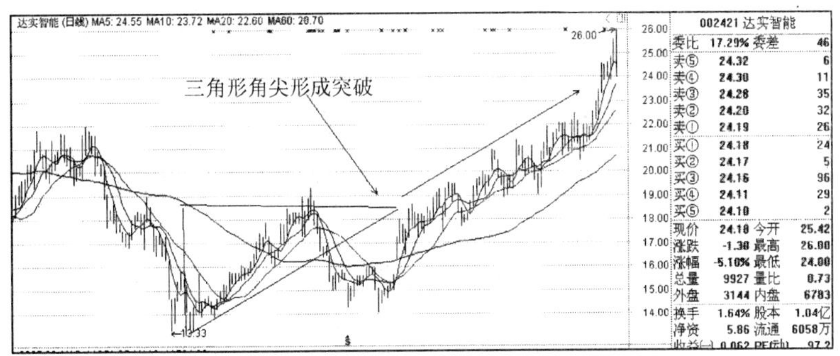

图 2-32 达实智能的上升三角形

34. 下降三角形

顶部线逐渐向下与平行运行的底部线靠近，两条线犹如一个三角形状。一般认为，下降三角形形成，意味着股价即将突破下跌。例如，重庆实业（见图 2-33），某年 9 月下旬到 10 月下旬，顶部逐渐降低，连成了一条逐渐向下的顶部线。而该股此间的底部线一直维持在 11 元左右，由此底部线和顶部线两条线形成一个下跌三角形形状，之后股价出现了突破下跌。

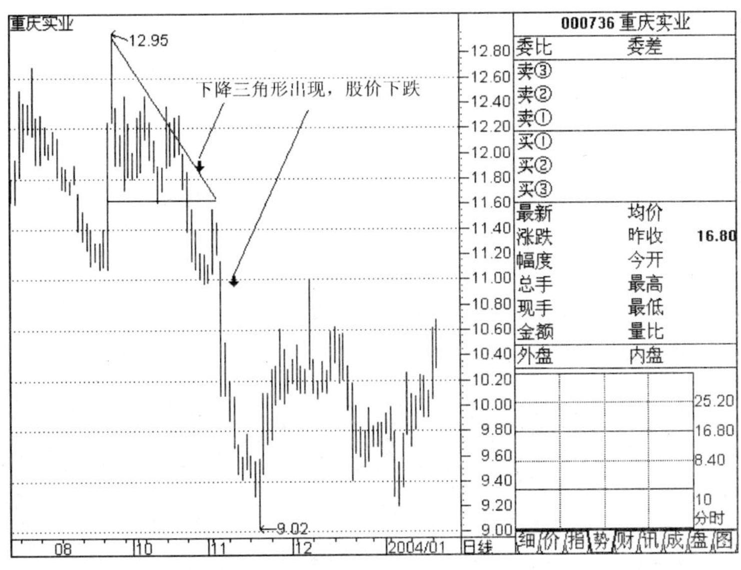

图 2-33 重庆实业的下降三角形

35. 旗形

股价启动后在头部进行盘整，其启动的 K 线犹如旗杆，盘整的头部犹如红旗。一般认为，旗形形成，意味着股价即将突破下跌。例如，海立股份（见图 2-34），某年 8 月股价由 8 元启动到 9 元左右，形成旗杆。之后在 9 月，股价一直在 9 元，形成旗帜，之后股价出现了突破下跌。

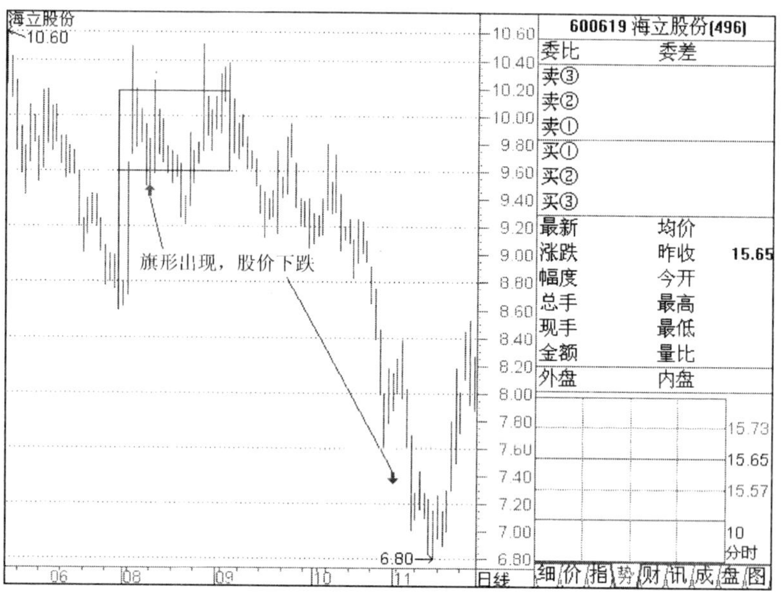

图 2-34　海立股份的旗形

36. 倒旗形

股价下跌后在底部进行盘整，其下跌的 K 线犹如旗杆，盘整的底部犹如倒红旗。一般认为，倒旗形形成，意味着股价即将突破上升。例如，中卫国脉（原联通国脉，见图 2-35），某年 12 月初，股价由 9 元下跌到 7 元左右，形成旗杆。之后股价出现了突破上升。

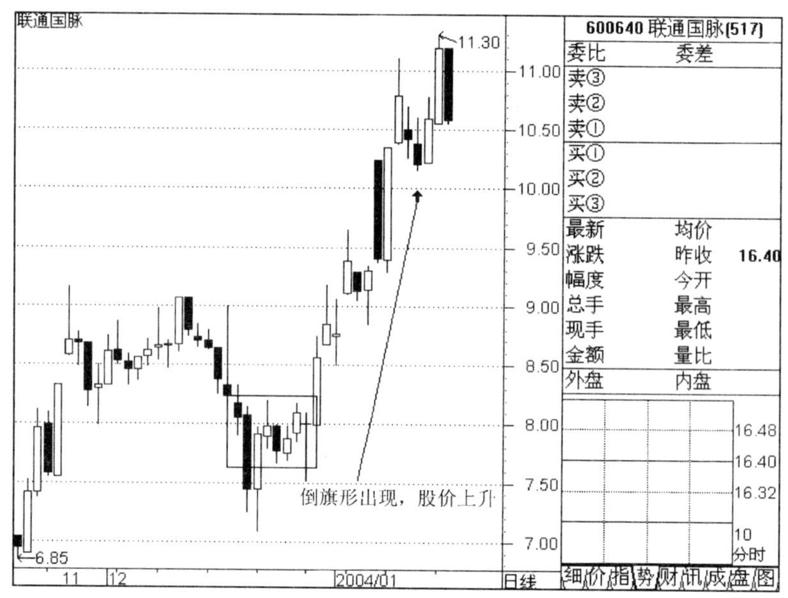

图 2-35　联通国脉的倒旗形

37. 岛形反转

盘体在上升过程中，基本走到上升缺口处，然后仍惯性上升，随后在一个时期内构筑成一个头部形态之后朝下运动。在向下运动中接近上升的缺口并几乎处于同一价位，盘体形态在这个过程中犹如一座孤岛，因此叫岛形反转。岛形形态一旦确定，盘体将产生急剧的下跌。

1998 年 4 月 1 日至 8 月 10 日，沪市曾经走出了一幅岛形形态。1998 年 3 月初，沪市经过盘整开始上升，3 月 30 日，产生向上启动缺口，沪指收盘价达 1249 点。4 月 2 日，向上产生上升缺口，股指越过 1269 点后一路上升。到 6 月 4 日，头部产生，沪指收盘达 1406 点，最高点曾达 1422 点。然后开始向下。8 月 10 日，派货缺口由开盘 1262 点产生，与上升的 1269 点上升缺口几乎相等，盘体完成了一个岛形状。岛形反转也就此展开。8 月 10 日起，沪指连连下挫到 8 月底，最低曾到 1043 点，并在 1072 点再筑底部，盘体才企稳。可见，岛形反转具有一定爆发力行情（上升或下降）（见图 2-36）。

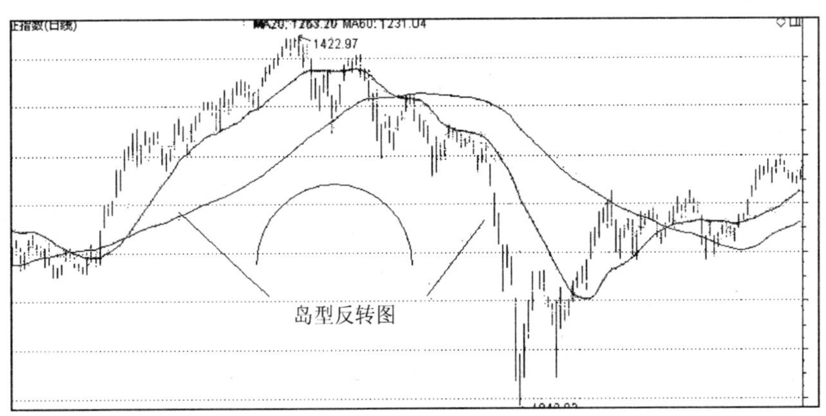

图 2-36　1998 年 4 月 1 日至 8 月 10 日，沪市曾经走出了一幅岛形形态

◎ K 线实战综合运用

K 线形态千姿百态，可以反映出股价的各种变化。但是，并不是说掌握了其中一个 K 线形态，如头肩顶、圆弧底等，就万事大吉或百战百胜了。K 线也有它的死角，有时甚至会导致失败。为较少地避免失败，综合运用 K 线炒股是非常重要的。例如，为更好地判断底部，就要找出综合反映底部 K 线的多种形态。

例如，2005 年 6 月，沪指跌破 1000 点，其各种 K 线形态都反映出股市的底部特征，所以产生了一轮 2006 年和 2007 年的大行情，沪指从 998 点涨到 6124 点方才罢休。而自从 2007 年底开始，其各种 K 线形态又都反映出股市的顶部特征，所以产生了一轮暴跌行情，沪指从 6124 点暴跌到 1664 点。

又如，中国联通（600050），某年1月初，K线出现了底部十字星、红三兵、穿头破脚等形态，说明股价有一轮行情。而新黄浦（600638）在某年6月24日暴涨后，顶部出现了黑三兵、M头、穿头破脚等形态，说明股价下跌的可能性很大（见图2-37和图2-38）。

图2-37 中国联通的底部K线形态

图2-38 新黄浦的顶部K线形态

因此，在股市实战中，一定要综合运用 K 线的各种形态，同时还要参考其他因素，绝不能简单根据一根 K 线，就做出买卖的决定。

第三节 常用技术指标

目前用于分析股价走势的技术指标多如牛毛，让人不知所措。作者认为：首先，技术指标绝对不是万能的，有时甚至失灵，误导股民，所以千万不可迷信之；其次，没必要自己计算画图，计算机都为您提供了现成的数据和图线；再次，少而精，掌握常用的几个即可；最后，一定要灵活综合运用，绝对不能根据一个指标就匆匆做出买卖决定。

◎ 中长期趋势：指数平滑异同移动平均线（MACD）应用之招

1. 什么是 MACD 指标

指数平滑异同移动平均线（Moving Average Convergence Divergence，MACD），是以快速及慢速移动平均线的交叉换位、合并分离的特性来分析、研究股市中、长期趋势的指标，从而决定股票买卖的时机。

2. 计算公式

（1）设置快速、慢速移动平均线。一般快速设置为 12 天（12EMA），慢速设置为 26 天（26EMA）。根据不同习惯，也有将快速、慢速设置为其他天数。

（2）今日 EMA=昨日 EMA+平滑系数×（今日收盘价-昨日 EMA）。

（3）平滑系数：12EMA 平滑系数为 0. 1538；26EMA 平滑系数为 0. 0741。

因此，12EMA=昨日 12EMA+0. 1538×（今日收盘价-昨日 12EMA）；

26EMA=昨日 26EMA+0. 0741×（今日收盘价-昨日 26EMA）。

（4）计算离差值 DIF。DIF=12EMA-26EMA。

（5）计算 MACD。一般以 9 日为周期，平滑系数设置为 0. 2。则：

今日 MACD=前 9 日 MACD+0. 2×（今日 DIF-前 9 日 MACD）

（6）离差柱线=DIF-MACD。

3. 运用 MACD 的一般原则

（1）需要配合其他技术指标和股市的其他因素共同研判来决定投资行为。

（2）如果 DIF 为正值并向上接近 MACD 时，说明行情好转，可适当建仓；如果 DIF 为负值并向下接近 MACD 时，说明行情转空，可以考虑平仓。

（3）MACD 和 DIF 应配合观察股市。当 MACD 和 DIF 都即将向上越过 0 轴线时，说明行情好转，可适当建仓；当 MACD 和 DIF 都即将向下接近 0 轴线时，说明市场抛盘压力大，可以考虑平仓。

（4）如果 DIF 和 MACD 向上突破 0 轴线后空间很大，说明买盘很大，此时股民注意不要贪心，适当控制购股节奏；如果 DIF 和 MACD 向下跌破 0 轴线后空间很大，说明卖盘很大，股民要考虑股价底线可能来临了，应考虑低价购进些股票。

4. 应用之招

以通化东宝（600867，见图 2-39）为例。

图 2-39 通化东宝的 MACD 指标

某年 10 月底，股价开始下跌。DIF 向下即将穿破 MACD，此时应该考虑卖出。11 月 13 日，DIF 好转，向上接近 MACD（应买入）。该股股价由 5 元左右涨到 12 月中旬的 6 元左右。运用 MACD 时注意黏合状况，如果 DIF 与 MACD 在高位运行形成黏合情况，说明多头进一步上攻意愿不强。遇到黏合状况，一旦 DIF 向下，应立即出局。

◎ 供求均衡：动向指标（DMI）应用之招

1. 什么是 DMI 指标

动向指标（也叫趋向指标）是研判股价在升跌之中供求的均衡点，即股价变化直接作用供求双方从失衡到均衡再到失衡……的循环过程，由此判定股市的态势，以决定投资行为。

在股市中，买卖双方的力量变化会影响股价指数变化，多方投入大量资金，希望创下新高股价，而空方拼命打压股价。因此，股价的最高价、收市价和最低价基本反映了多空双方的实力，DMI 是力图反映这种趋向的一种实用技术指标。

2. 计算公式

（1）计算动向变化值（Directional Movement，DM）。

+DM：当日最高价比昨日最高价高并且当日最低价比昨日最低价高，即为上升动向+DM。上升幅度为：当日最高价减去昨日最高价。

-DM：当日最高价比昨日最高价低并且当日最低价比昨日最低价低，即为下降动向-DM。下降幅度为：昨日最低价减去今日最低价。

如果+DM 和-DM 相等，则 DM=0。

如果当日最高价比昨日最高价高，但是当日最低价比昨日最低价低，此时，+DM 和-DM 相比，取其最大值为动向变化值（+DM 或-DM）。

如果出现涨停板，+DM 上升幅度为：当日收盘价减去昨日最高价。

如果出现跌停板，-DM 下降幅度为：今日收盘价减去昨日最低价。

（2）计算真正波幅（True Range，TR）。当日最高价减去当日最低价（H-L），当日最高价减去昨日收盘价（H-PC），当日最低价减去昨日收盘价（L-PC）。

以上计算的 3 个差取绝对值，然后比较取最大值为 TR。

（3）计算 DI。周期一般定为 10 天或 14 天，此处设天数为 14，则：

$$+DI(14)=\frac{+DM(14)}{TR(n)}\times 100\%$$

$$-DI\ (14)\ =\frac{-DM(14)}{TR(n)}\times 100\%$$

（4）计算动向指数（DX）。+DI 和-DI 分别代表了多空双方的实力，但双方相互比较又如何判断谁的实力强呢？这就需要计算动向指数（DX）。DX 指标就是+DI 与-DI 两者之差的绝对值除以两者之和的百分数。公式如下：

$$DX=\left[\frac{+DI(14)+DI(14)}{+DI(14)-DI(14)}\right]\times 100\%$$

计算显示的数值越高，说明多头力量比较强大，股市处于上升趋势；反之，股市处于下降趋势。

（5）计算动向平均值（ADX）。DX 虽然反映了多空双方的争斗，但如果对双方的争斗通过平滑计算，则大体可对股市的未来走势做出基本判断。ADX 计算方法是：DX÷14。

（6）如果要更加精细地观察股市趋势，还可以计算平均动向指数的评级数（ADXR）。从 21 天起开始计算，计算公式是：

$$ADXR=\frac{ADX(1)+ADX(15)}{2}$$

公式中，ADX（1）代表当天的 ADX，即第 21 天的 ADX；ADX（15）代表第 15

天的 ADX。

3. 分析 DMI 的要领

（1）DMI 本身含有+DI、-DI、DX、ADX、ADXR 几项指标，这几项指标一定要配合看，同时也要配合其他技术指标共同研判。

（2）DI 上升、下降的幅度均在 0~100。+DI 值逐步放大，-DI 值逐步缩小，说明多头开始发力，股指可能会提高，股民可以建仓；反之，若空方实力强，-DI 值逐步放大，+DI 值逐步缩小，股指会下落，股民应该减仓。投资者可根据+DI、-DI 的变化趋向，摸清多空双方的实力，择机而动。

（3）如果+DI 大于-DI，在图形上则表现为+DI 线从下向上穿破-DI 线，这反映了股市中多方力量加强，股市开始上升，所以买进时机来临；如果-DI 大于+DI，在图形上则表现为-DI 线从上向下穿透+DI 线，反映股市中空头正在进场，股市有可能低走，所以，卖出的时机来临；如果+DI 和-ID 线交叉且幅度不宽时，表明股市进入盘整行情。股民可以观察一段，待机行事，不宜过早操作。

（4）ADX 和 ADXR 股民也要顺势参考。如果 ADX 和 ADXR 逐渐上行，说明多头开始发力，股民可顺其操作，即加入多头；反之，加入空头。但注意，ADX 和 ADXR 变化慢，所以，买卖股票时，要考虑提前量，长时间的跟风会造成损失。

4. 应用之招

以上海石化（600688，见图 2-40）为例。

图 2-40　上海石化的 DMI 指标

某年9月，+DI开始上升，并在10月上穿-DI，ADX和ADXR也走稳，此时股价为4元左右，可以考虑建仓。果然，多头开始了一轮猛攻，到次年1月，其股价上升到7元左右。可见，+DI上穿时可买进；反之应卖出。

◎ 短长分析：均线差指标（DMA）应用之招

1. 什么是DMA指标

用短期和长期平均线的差值分析股价趋势。

2. 计算公式

DMA＝短期平均值-长期平均值

一般短期天数为10天，长期天数为50天。

AMA（均值）＝DMA÷10

3. 分析DMA的要领

（1）必须和其他技术指标配合分析。

（2）DMA线上穿AMA线，可买进；下穿AMA线，应卖出。

（3）DMA信号反应比MACD灵活些，因此应注意提前量，也要注意主力有意操纵的行为。

4. 应用之招

以上海机场（600009，见图2-41）为例。

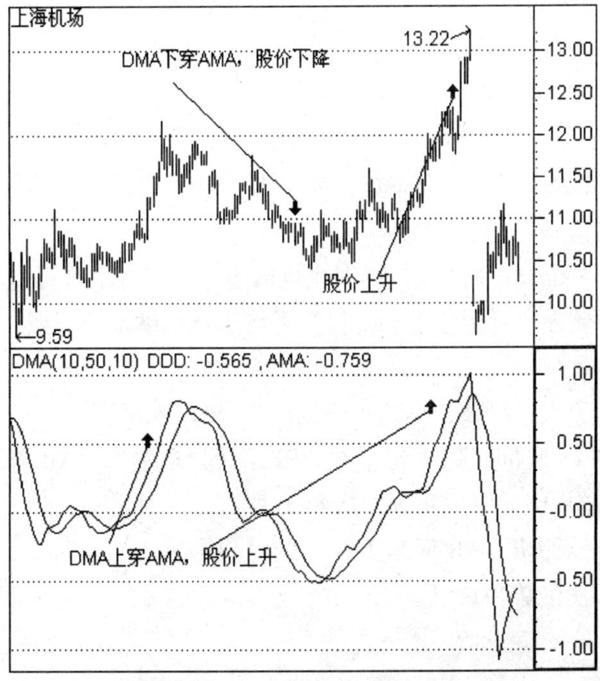

图2-41　上海机场的DMA指标

某年7月中旬，该股为12元左右，此时该股DMA开始下穿AMA，发出了卖出信号。到10月左右，该股跌到10元左右。11月，该股DMA有上穿AMA的要求，此时可以考虑建仓。12月下旬，股价已升到13元左右。

◎ 三者差异：气势意愿指标（BR、AR）应用之招

1. 什么是BR、AR指标

股市买卖气势是一个曲折震荡的过程，不仅当日的最高价、最低价、开盘价之间的差异比值很重要，而且昨日的收盘股指与当日的最高股指、最低股指之间的差异比值也很重要。BR指标反映的是昨日收盘价与今日最高价和最低价之间的强弱走势，从而反映股价意愿。AR指标主要反映每日股价最高点、最低点及开市价三者之间关系，是利用一定周期内三者的差异及比值反映股市买卖气势强弱的指标。BR与AR构成了综合气势意愿指标。

2. 计算公式

$$BR=\left[\sum_{i=1}^{n}(\text{今日最高股价}-\text{昨日收盘股价})\div\sum_{i=1}^{n}(\text{昨日收盘股价}-\text{今日最低股价})\right]\times100\%$$

n取14天或26天。

$$AR=\left[\sum_{i=1}^{n}(\text{今日最高股价}-\text{今日开盘股价})\div\sum_{i=1}^{n}(\text{今日开盘股价}-\text{今日最低股价})\right]\times100\%$$

n取26天。

3. 分析BR、AR要领

（1）必须配合其他技术指标共同分析股市走势。

（2）BR和AR处于同步上升态势，表明股市处于启动期，此时投资者应开始建仓；反之，投资者应该平仓。

（3）BR值大大高于AR值时，特别注意风险，投资者不可再追涨；BR值大大低于AR值时，股市反弹的可能性很大，投资者可逢低吸纳部分股票。

4. 应用之招

以人福医药（原人福科技，600079，见图2-42）为例。

某年11月左右，股价跌到7元左右。BR降到50左右，AR降到60左右，BR、AR同时有上升的趋向，此时应买入。次年1月初，该股启动，到3月下旬，股价已达11元左右。但随后BR、AR同步下跌，此时应考虑卖出。可见，BR、AR指标大体反映了股票的买卖气势和意愿。

图 2-42 人福科技的 BR 和 AR 指标

◎ 多空次战场：压力支撑指标（CR）应用之招

1. 什么是 CR 指标

能够大体反映股价的压力带和支撑带的指标。

2. 计算公式

首先，计算中间价：

中间价 =（最高价+最低价）÷2

其次，计算上升值、下跌值：

上升值 = 今天的最高价-昨天的中间价（负值记 0）

下跌值 = 昨天的中间价-今天最低价（负值记 0）

再次，计算多、空方累计强度，天数定为 26 天：

多方强度 = 26 天的上升值和

空方强度 = 26 天的下跌值和

最后，计算 CR：

CR =（多方强度÷空方强度）×100%

或更简单的公式（由 BR 公式演化而来）：

$$CR=\left[\sum_{i=1}^{n}(\text{今日最高股价}-\text{昨日中间价})\div\sum_{i=1}^{n}(\text{昨日中间价}-\text{今日最低股价})\right]\times100\%$$

n 取 26 天。

此外，CR 本身要与 10 日、20 日、40 日、62 日这 4 条平均线配合，这 4 条线分为 a、b、c、d：

a：CR 的 10 日平均线后移 5 天；

b：CR 的 20 日平均线后移 9 天；

c：CR 的 40 日平均线后移 17 天；

d：CR 的 62 日平均线后移 28 天。

我们把 a、b 两线所合成的区域叫"多空次战场"，把 c、d 两线合成的区域叫"多空主战场"。

3. 分析 CR 指标的要领

（1）必须与其他技术指标共同配合分析。

（2）当 CR 由下向上穿过"多空次战场"时，股价会受到空头次级阻力，此时可以排除阻力，考虑建仓；反之，当 CR 从上向下即将穿过"多空次战场"时，股价虽然会受到多头次级支撑的撑力，但是不能认为这是股价的底部，最好再等待一段时间，待股价下穿"多空次战场"企稳后，再则机而动。

（3）当 CR 由下向上穿过"多空主战场"时，股价相对会遇到空头强大压力，一旦越过此压力，股价还会维持高位态势，但是要注意风险的突然来临；反之，当 CR 由上至下穿过"多空主战场"时，股价相对会遇到多头强大的支撑力，虽然可以支撑股价一段时间，但最好不宜恋战，考虑提前平仓。

4. 应用之招

以重庆港九（600279，见图 2-43）为例。

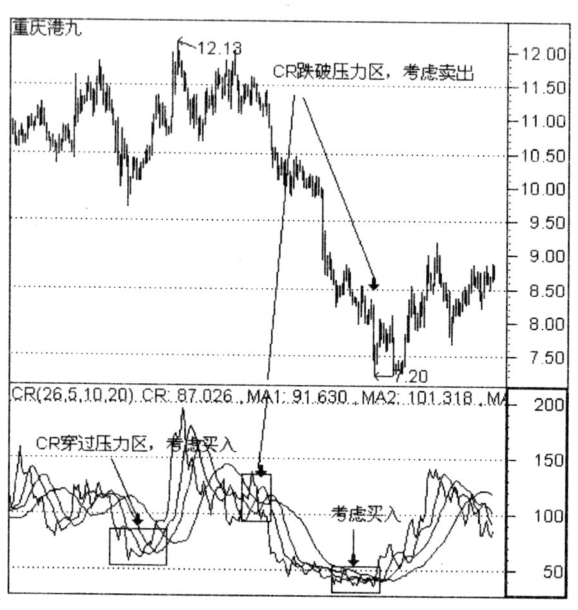

图 2-43 重庆港九的 CR 指标

某年5月，该股价跌到9元左右。6月初，CR开始上行，上穿多空次战场，此时可建仓。不久CR又上穿了多空主战场，将空头甩下，股价由此展开大幅上攻。6月中旬，股价已经达到12元左右。8月，股价在空头的反击下，CR几次探到多空次战场附近，多头支撑不足，此时应卖出。结果，到11月，股价跌到7元左右。

在CR指标运用中，还要注意它的上升提前期和下降提前期，如世贸股份（图略）。某年12月4日，CR值已经高出多空主战场，股价达到10.42元。但12月10日，CR值开始拐头下降。股价虽然到12月18日维持在10元左右，但是这种CR开始提前下降的情况应引起投资者注意，应根据CR指标做提前平仓的准备。到次年1月6日，该股股价跌到8.68元。之后到1月下旬左右，CR一直徘徊在多空次战场，此时应该注意上升的提前期，考虑建仓。到3月初，股价再次涨到10元左右。

◎ 资金气势：成交量指标（VR）应用之招

1. 什么是VR指标

将某段时间内股价上升日的成交金额加上1/2日内股价不涨不跌成交总额总计与股价下降日的成交金额加上1/2日内股价不涨不跌成交总额总计相比，从而反映出股市成交量强弱的指标，也叫容量比或数量指标。观测VR，更可以掌握股市上资金的走势，了解股市资金的气势。

2. 计算公式

$$VR=\frac{VR_1}{VR_2}\times 100\%$$

VR_1 表示n日内股价上升日交易金额总计+（1/2）n日内股价不变交易金额总计；

VR_2 表示n日内股价下降日交易金额总计+（1/2）n日内股价不变交易金额总计。

n日一般取10日、24日或26日。

3. 分析VR要领

（1）必须与其他技术指标共同配合分析。

（2）VR如果波动范围小，表明股价变化小，投资者以观望为主，伺机而动（买或卖）。

（3）VR值如果不断高升，表明股价已进入风险警戒区，应及时出货，万不可再跟风买股或恋战；VR值如果趋近低位时，说明股价风险释放，超卖区已形成，空方主力已减弱，投资者可借机入市购股。

（4）当股价处于下降时，但VR值开始上升，表明成交额呈上升趋势，这时投资者可买入股票；当股价处于上升时，但VR值开始下降，表明成交额呈下降趋势，这时投资者要考虑随时准备出售股票。

4. 应用之招

以广电网络（600831，见图 2-44）为例。

图 2-44　广电网络的 VR 指标

某年 11 月，该股 VR 值一直在低位运行，股价已跌到 15 元左右。到 12 月初，VR 开始上升，此时应买入。到次年 2 月下旬，VR 值连续上升，股价达到 18 元左右。到 8 月，股价达到 23 元左右。此时 VR 处于下跌整理态势，表明成交额的动力处于暂停状态。此时，股民要密切注意，随时平仓，保住胜利果实。

◎ 人气兴衰：人气指标（OBV）应用之招

1. 什么是 OBV 指标

所谓股市人气，指投资者活跃在股市上的程度。如果买卖双方交易热情高，股价、成交量就上升，股市气氛则热烈。因此，利用股价和股票成交量的指标来反映人气的兴衰，就形成了 OBV 指标。

2. 计算公式

OBV 指标的计算公式很特殊，纯属是人为规定将成交量分为正、负值来勾描人气兴衰，即每天将股市收盘价与昨日股市收盘价相比，如今天收盘价高于昨日收盘价，则将今日成交量值列为正值；反之列为负值。经过一段时间的累计正负值，就形成了 OBV 值。

3. 分析 OBV 的要领

（1）OBV 是技术指标人为化的人气指标，因此，非常需要配合其他技术指标共同分析研判股市走势。

（2）一般情况下，OBV 上升，股价随之上升，说明人气集聚，股价还可能继续维持上升态势，股民可以建仓；反之则相反。

（3）如果 OBV 线下滑，而股价上升，说明买方力量逐渐薄弱，人气趋于清淡，投资者应考虑卖出股票；如果 OBV 线上升，而股价下跌，表明逢低有人接盘，股民可以适当买进。

（4）如果 OBV 累计值由正值转为负值时，表明股市整体走势下滑，应卖出股票，反之则相反；如果 OBV 正负值转换频率高，投资者应注意观察股市此时的盘整行情，择机而动。

（5）OBV 体现了人气动向，可变量很大，人气维持周期难以精确计算，因此，投资者要用悟性参考该指标，不宜受 OBV 指标无序的影响。

4. 应用之招

以中国联通（600050，见图 2-45）为例。

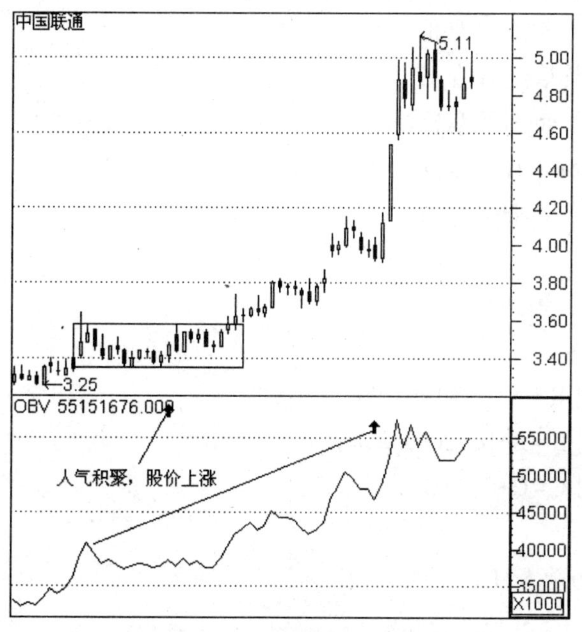

图 2-45　中国联通的 OBV 指标

某年 10 月 9 日，该股上市，股价为 2.87 元。之后 OBV 连续 20 个正值，但是股价仅升到 3 元左右，说明虽然有人气支持，但是力度不够。11 月下旬至 12 月下旬，OBV 连续出现负值 30 多次，股价也步步下跌到 2.6 元左右。但是 OBV 的下跌力度逐渐减弱，说明外场的人气资金在慢慢集聚。次年年初，OBV 开始上升，股价升到 3 元左右。虽然到 3 月底股价跌到了 2.85 元左右，但是 OBV 始终保持正值，说明人气不散，主力资金准备借该股 4 月 9 日 17.35 亿股战略股上市题材大炒一把。结果到 4 月中旬，该股涨到 3.36 元左右。之后，庄家再接再厉，借大炒蓝筹股的概念，一举将股价推到 5 元左右。

OBV 背离股价情况要注意。如长安汽车（图略），某年初从 6 元左右开始上升，到次年 5 月，股价涨到 19 元左右。但是 OBV 的力度逐渐减弱，与股价产生了背离。此种人气逐渐散去的情况要密切注意。

◎ 增减动量：振动指标（ASI）应用之招

1. 什么是 ASI 指标

用开盘价、最高价、最低价、收盘价相互之间增减动量来分析股价走势的指标。

2. 计算公式

A＝今日最高价-昨日收盘价

B＝今日最低价-昨日收盘价

C＝今日最高价-昨日最低价

D＝昨日收盘价-昨日开盘价

A、B、C、D 均取绝对值。

E＝今日收盘价-昨日收盘价

F＝今日收盘价-今日开盘价

G＝昨日收盘价-昨日开盘价

X＝E+0.5F+G

K＝A、B 比较，取最大值。

比较 A、B、C：

若 A 最大，则 R＝A+0.5B+0.25D；

若 B 最大，则 R＝B+0.5A+0.25D；

若 C 最大，则 C＝C+0.25D。

L＝10

SI＝50×(X÷R)×(K÷L)

ASI＝累计每日的 SI 值

3. 分析 ASI 的要领

（1）必须和其他指标共同研判。

（2）ASI 如果处于长期下跌中，股价此时也跌得较低，股民可以考虑建仓；如果 ASI 处于下跌阶段，此时股价也下降，应考虑出货，掌握提前量。

（3）股价创新高或新低，ASI 未创新高或新低，投资者要注意高点的风险和底部再确认。

4. 应用之招

以上海电力（600021，见图 2-46）为例。

图 2-46　上海电力的 ASI 指标

某年 10 月 29 日上市后，ASI 处于上升态势，股价 9 元左右。此时股民可以考虑建仓。次年 1 月，ASI 继续上升，股价已升到 13 元左右。

◎ 比值累计量：量价能人气指标（EMV）应用之招

1. 什么是 EMV 指标

成交量和股价是最常见的指标，所以用成交量及股价之差的比值累计量来反映人气强弱及股价升、跌的指标，其为量价能人气指标。

2. 计算公式

A=(今日最高价+今日最低价)÷2

B=(昨日最高价+昨日最低价)÷2

C=今日最高价-今日最低价

$$EM(14)=\sum_{i=1}^{14}[(A-B)\times C\div 今日成交额]（累计14天的值）$$

EMV= EM(14) ÷ 14

EMVMA(9日平均 EMV)=(EMV1+⋯+EMV9)÷9

3. 分析 EMV 的要领

（1）必须要配合其他指标共同分析。

（2）EMV 线向上穿过 0 轴线，考虑买进；向下穿破 0 线，考虑卖出。

（3）EMV 线向上穿过 EMVMA 线，可参考买入；反之向下穿破 EMVMA 线，应卖出。

4. 应用之招

以振华重工（原振华港机，600320，见图 2-47）为例。

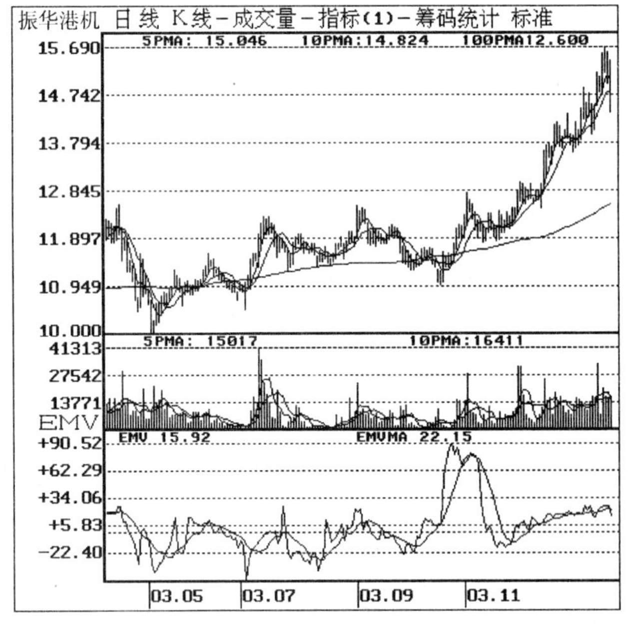

图 2-47 振华港机的 EMV 指标

某年 7 月开始，该股价下跌，此时 EMV 屡次向下穿破 EMVMA 线，到 12 月初，该股的 EMV 线开始上穿 EMVMA 线，股价为 10 元左右，此时可以考虑建仓。当年 12 月底，EMV 线上穿 0 线，尽管次年初 EMV 线曾下穿 0 线，但是很快收复失地。次年 2 月后，EMV 线和 EMVMA 线都上穿 0 线，到 4 月左右，股价达到 12 元左右。经过一段盘整后，第三年 1 月，股价达到 15.5 元左右。

◎ 买卖实力：价量变异指标（WVAD）应用之招

1. 什么是 WVAD 指标

将当日收盘价、开盘价和成交量联系起来分析，测量买卖双方实力的指标。

2. 计算公式

A＝当日收盘价－当日开盘价

B=当日最高价-当日最低价

V=当日成交额

$$WVAD=\sum_{i=1}^{n}(A\div B\times V)$$

n 取 6 日、12 日或 24 日。

3. 分析 WVAD 的要领

（1）必须和其他指标共同分析。

（2）当 WVAD 指标处于上升初期时，可买进；当 WVAD 指标处于下降初期时，可考虑卖出。

（3）当 WVAD 指标长期为负值时，股价也处于下跌尾声，而某天出现正值，可以考虑建仓；当 WVAD 长期为正值时，股价也处于高位，而某天出现负值，可以考虑平仓。

4. 应用之招

以广州发展（原广州控股，600098，见图 2-48）为例。

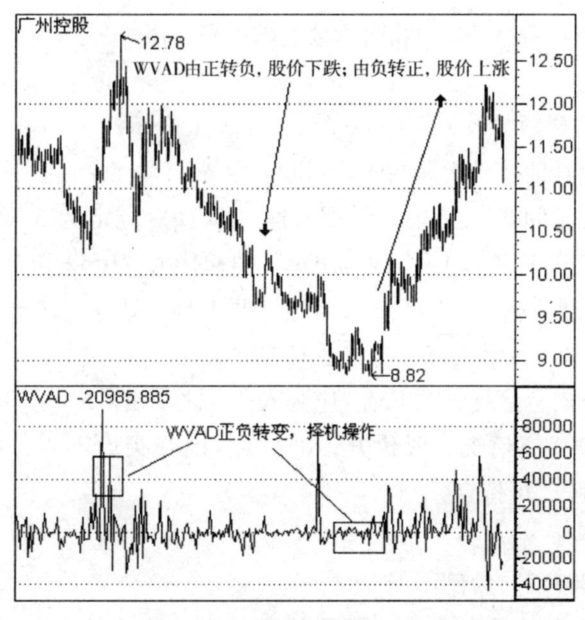

图 2-48 广州控股的 WVAD 指标

某年 7 月，该股开始下跌，WVAD 到 11 月初始终为负值，股价跌到 10 元左右。11 月中旬，WVAD 线开始上升，WVAD 也由负转正值，可考虑买进。此后，到 2003 年初，WVAD 有下跌迹象，但始终为正值，所以可以继续持仓。到第二年 1 月 16 日，股价升到 12 元左右。此后，到 2 月 13 日，股价继续维持高位。但 WVAD 线开始下降，发生了背离，应考虑卖出。3 月 7 日到 30 日，WVAD 一直为负值，股价跌到 10

元左右。到3月31日，WVAD由负值转为正值，有上升迹象，此时可以再次考虑建仓。到4月中旬，股价又涨到12元左右。但随后，该指标再次转为负值，此时应考虑卖出。8月，该股价跌到8元左右。此时，WVAD由负值转为正值，可考虑买进。第三年1月，股价再返到12元左右。

◎ 收盘涨跌：强弱指标（RSI）应用之招

1. 什么是RSI指标

强弱指标（RSI）（也叫相对强弱指标）是利用一定时期内收盘平均涨数与收盘平均跌数的比值来反映股市走势的。RSI选用天数可为5日、10日、14日。一般来讲，天数选择短，易观察股市短期动态，但不易平衡股市长期发展趋势，天数选择长，易分析长期发展趋势，但不易把握短期的投资机会。因此，参考5日、14日的RSI是比较理想的。当然股民也可以自己设定天数。

2. 计算公式

$$RSI=100-\left(\frac{100}{1+RS}\right)$$

相对强度（RS）=一定时期收盘指数涨数的平均值÷一定时期收盘指数跌数的平均值

3. 分析RSI的要领

（1）必须配合其他技术指标共同研判股市走势。

（2）RSI选取时间可长可短，但短时间（RSI1）应定为5日或6日，长时间（RSI2、RSI3）定为10日、24日。通常QRSI值起伏大，RSI2和RSI3值规律性强。

（3）RSI值升到70%以上时，投资者追涨要小心，最好应沽出股票；RSI值降到20%以下时，投资者应调整心态，考虑适时进货。

（4）短期RSI向上穿越长期RSI，应买入；反之卖出。

（5）注意走势背离情况。股价升，RSI弱，说明买力不强，应卖出；股价跌，RSI强，说明买力强，可持仓。

4. 应用之招

以天津港（600717）为例。

某年6月27日到7月12日，该股股价为10元左右，此时短期RSI在70%以上，所以不要再追涨，观察RSI的变化。7月底到8月中旬，短期RSI处于40%~60%，处于弱势，股价维持在10元左右，难以再升，此时可以考虑平仓。8月下旬，短期RSI向下穿越长期RSI，表明股价要下跌。到12月左右，股价下跌到8元左右。12月底，短期RSI已经跌到30%以下，此时可考虑建仓。次年初，短期RSI上穿长期RSI，长期RSI上升到50%以上，可继续持仓。到7月中旬，股价达到13元左右。之后，短期RSI向下穿越长期RSI，表明股价要下跌。到10月，股价下跌到11元左右，短期 RSI 已经跌到 23%以下，此时又可考虑建仓。第三年 1 月，股价再次上到 13 元（见图 2-49）。

图 2-49　天津港的 RSI 指标

利用 RSI 还须注意指标与股价走势背离情况。例如，东软集团（600718，图略），某年 7 月初，股价到 19 元左右。之后，到 7 月底，股价维持在 17 元左右，但短期 RSI 和长期 RSI 都在 40%以下，此时发生了股价和 RSI 背离走势，说明上攻态势难以支撑。果然到 12 月下旬，股价跌到 13 元左右。可见，发生股价在高位背离时，投资者应获利了结。

反之，在上升整理中，股价短暂下跌，但是强势指标未根本转弱，投资者可继续持股。例如，东方锅炉（600786，图略），某年初股价由 7 元左右开始上升，到 1 月下旬，股价滞胀，但是 RSI 始终在 50%以上，未见弱势，说明该股有潜力。另外，短期 RSI 始终未向下穿破长期 RSI，说明可以继续持仓，到 3 月 6 日，该股最高升到 10. 55 元。

◎ 超买超卖：威廉指标（WR）应用之招

1. 什么是 WR 指标

威廉指标是通过某一周期（一般定为 10 日或 14 日）内最高价与周期内最后一天的收盘价之差再与周期内最高价和最低价之差进行比值计算，从而及时观测股市超买超卖信息的一种技术分析指标。

2. 计算公式

威廉指标以股价为计算依据。

WR=[(14 日内最高价-今日收盘价)÷(14 日内最高价-14 日内最低价)]×100%

设定周期为 5 日、12 日或 14 日，此处设 14 日。您可以设一个短期 5 日的 WR，配合 14 日的 WR 共同分析。

3. 分析 WR 要领

（1）必须和其他技术指标配合研判，不得单一做决策。

（2）WR 值的波动区间为 0~100。一般经验可证，当 WR 值趋近 80%甚至超过 80%，说明股市处于超卖状态，有可能会见底反弹，因此，投资者可择机而动，适时买入部分股票；当 WR 值趋近 20%甚至低于 20%，说明股市处于超买状态，有可能见顶下跌，因此，投资者不可再盲目地追涨，应停止买入行为，适时卖出部分股票。

（3）50 是 WR 线的中轴线，当 WR 线从 80%向下穿破 50 后，说明股价处于上升阶段，一旦接近 20%以下时，应考虑卖出。反之，WR 从 20%向上趋近 50 时，说明股价开始下跌，一旦穿过 50，接近 80%以上时，应再建仓。

（4）如果 WR 值已进入超买区但却僵持不动时，说明行情仍有一段坚挺期，投资者可与其共同坚持，择机决定买卖行为。一旦发现 WR 值掉头向上，应考虑卖出。同样，当 WR 值在超卖区内僵持不动时，投资者也可适当坚持，择机而动。一旦发现 WR 冲向下方，应考虑买入。根据经验，WR 向上触顶四次，第四次是良好买点；向下触底四次，第四次是良好的卖点。

4. 应用之招

以均胜电子（原辽源得亨，600053，见图 2-50）为例。

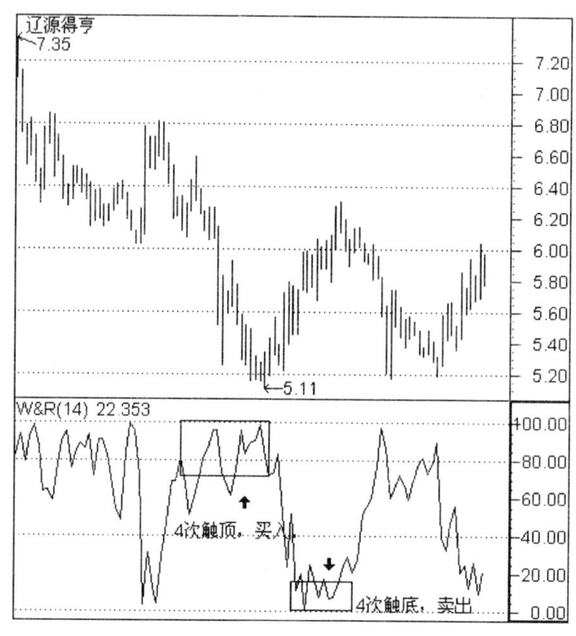

图 2-50 辽源得亨的 WR 指标

某年6月25日到7月初，该股的WR三次触底（此时不能机械理解“四次触底”原则，一旦股势不好，应立即卖出），股价为8.6元左右，WR为20%左右。7月5日左右，WR开始上升，趋于50，此时可考虑平仓。到11月底左右，股价已落到5元左右，WR此时连续发生四次触顶的情况，WR为80%以上，表明进入超卖区，可建仓买入。次年初，该股开始上升。到4月中旬，股价升到10元左右。8月，WR发生四次以上触底，考虑卖出。果然，到11月，股价跌到5元左右。此时，WR再次连续发生四次触顶的情况，WR为80%以上，表明进入超卖区，可建仓买入。12月初，股价升到6元左右。

◎ 忍痛割肉：止损指标（SAR）应用之招

1. 什么是SAR指标

先设一个极点值（4日或6日内最高价或最低价），当极点值与行情价格交叉时，及时提醒投资者作出决策。该指标对止损有参考作用，所以叫止损指标。

2. 计算公式

如果您卖出股票后等待一段时间准备开始做多，那么将首日SAR确定为4天以来的最低点。此时的计算公式：

SAR(明天)=SAR(今天)+AF[今日最高股价-SAR(今天)]

AF：调整系数，定为0.02。

如果4天（或6天）中股价每天创新高或新低，AF则累进0.02，直到0.2为止。如无新高或新低，AF沿用前一天数值。

3. 分析SAR的要领

（1）必须与其他指标共同分析。

（2）SAR图中有红圆圈和绿圆圈。股价向上突破绿圆圈并出现红圆圈时，可考虑买入；股价向下突破红圆圈并出现绿圆圈时，可考虑卖出。

（3）红绿圆圈形成抛物线状时，再决定买或卖，刚形成1~2个圆圈时，不宜过早下结论。

4. 应用之招

以中江地产（原江西纸业，600053，见图2-51）为例。

某年6月25日，该股股价从9.6元左右开始下跌。SAR图中出现绿圆圈，此时提醒您卖出股票。后来股价跌到8元左右。到7月底，出现了红圆圈，此时应该买进。股价又升到9元左右。之后，再次出现绿圆圈，再次提醒您卖出。到11月底，股价跌到6元左右。到12月左右，红圆圈出现，显示买盘强劲，此时可考虑建仓。次年1~3月，其间虽然有绿圆圈出现，但是基本以红圆圈为主，而且绿圆圈未构成抛物线状，显示可以持有，不宜轻易卖出。到4月中旬，股价上升到10元左右。此时红翻绿，绿圆圈构成抛物线状，是重要的卖出信号。果然，该股价一泻千里，到第三年1月，股价跌到2.5元左右。

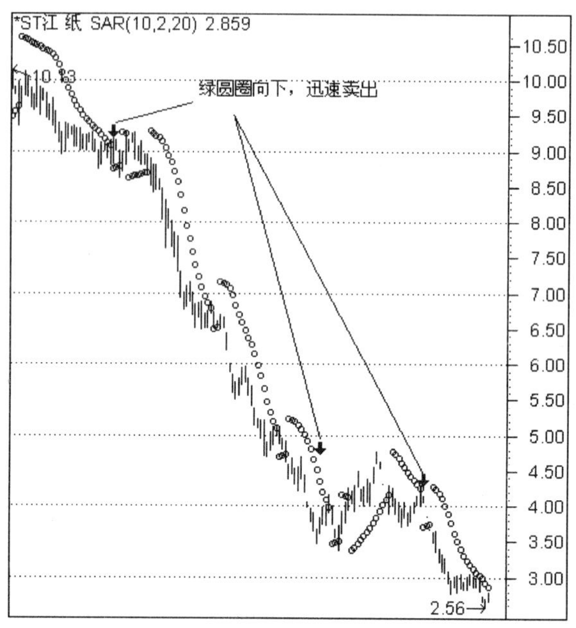

图 2-51　*ST 江纸的 SAR 指标

◎ 股价波幅：随机指标（KDJ）应用之招

1. 什么是 KDJ 指标

KDJ 是通过计算一定时间内的最高价、最低价和收市价间的波幅，反映股价走势的随机指标。通常适用短线投资者参考。

2. 计算公式

周期定为 9 天，K 值和 D 值均定为 3 天，表示方法是“随机指标（9，3，3）”。

第一步：计算 RSV 值，即计算周期内“未成熟的随机值”。周期一般定为 9 天。

RSV=[（今日收盘价-9 日内最低价）÷(9 日内最高价-9 日内最低价）]×100%

第二步：计算 K 值，一般定为 3 天。

$$当日K值=当日RSV值\times\frac{1}{3}+前一日K值\times\frac{2}{3}$$

第三步：计算 D 值，一般定为 3 天。

$$当日D值=当日K值\times\frac{1}{3}+前一日D值\times\frac{2}{3}$$

第四步：计算 J 值。

J 值=3K-2D

3. 分析 KDJ 要领

（1）KDJ 指标是短期技术指标，但也需配合其他技术指标共同研判股市走向。

（2）KD 活动范围限定在 0~100。如果 KDJ 值都处于 30%以下，说明股市的底部已经形成。当 K 值大于 D 值，K 线从下方突破 D 线时，预示行情可能上涨，可以考虑买进股票；反之，如果 K 值和 D 值都处于 70%和 80%以上时，K 线从上向下跌破 D 线，表明行情转跌，此时可以考虑卖出股票。投资者需慎重行事，不可再追涨。

（3）如果 J 值跌为负值，考虑建仓比较安全。如果 J 值在 100%以上，而且 K 值、D 值已经开始疲软，此时您要有提前平仓的意识。

（4）当股价被连续层层拔高，而 KDJ 值长期都处于高位时，这预示着股市行情要转向下跌，投资者要警惕行情的突变。

4. 应用之招

以顺发恒业（原兰宝信息，见图 2-52）为例。

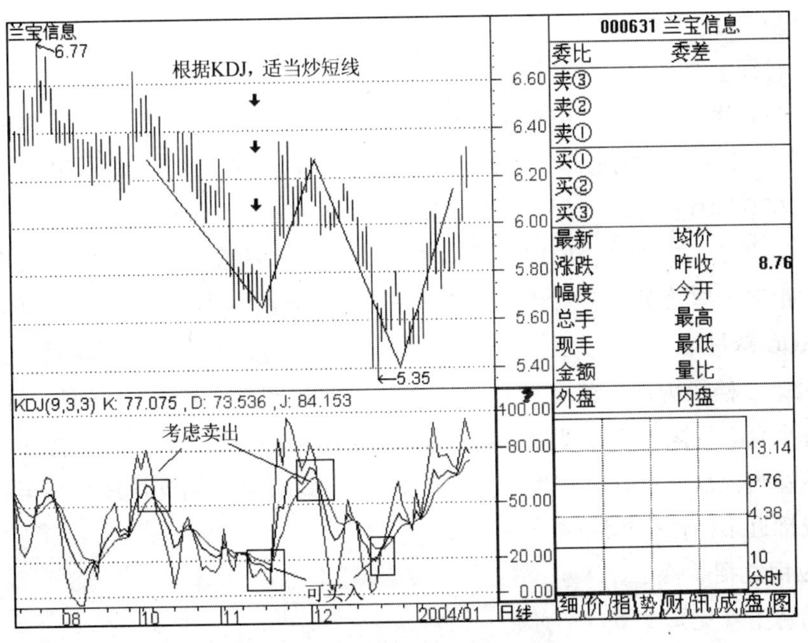

图 2-52　兰宝信息的 KDJ 指标

某年 1 月 2 日，该股价跌到 6 元左右。此时 KDJ 值都处于 30%以下，其中 J 值跌到负值。此时为建仓买进的时机。之后 K 值上穿 D 值、J 值。到 1 月 15 日，该股股价上升到 7 元左右。此时 KDJ 值已有共同交叉下跌的迹象，股民要考虑平仓。2 月下旬到 3 月上旬，KD 值处于 30%以下，D 值屡次出现负值情况，股价为 6 元左右，此时可以考虑再次建仓。到 4 月 15 日，股价达到 7 元左右。此时 KDJ 值均处于 85%以上，显示处于短线超买状态，应该考虑卖出。果然到 4 月 25 日，股价跌到 6 元左右。

之后，KDJ 值都处于 10%以下，其中 J 值再次跌到负值。此时为再次建仓买进的时机。之后 K 值上穿 D 值、J 值。到 7 月，该股股价重返上升到 7 元左右。此时 KDJ 值已有共同交叉下跌的迹象，股民要再次考虑平仓。到 11 月，股价下跌到 5 元左右。之后，KDJ 值交叉上升，股民可建仓。到第二年 4 月，该股价涨到 8 元左右。

◎ 终结价格：收盘动态指标（ROC）应用之招

1. 什么是 ROC 指标

收盘价是股价一天交易后的最后终结价格，其参考意义很大。因此，ROC 指标就是反映当日收盘价与某一天收盘价之间的差异增减率，为分析收盘股价变动提供参考。

2. 计算公式

ROC=[(今日收盘价÷N 天前收盘价)-1]×100%

其中，N 天一般设在 12 天。

3. 分析 ROC 要领

（1）必须配合其他指标共同分析。

（2）以 0 线为中轴线，ROC 有上穿 0 线的迹象，可考虑买进股票；ROC 有下穿 0 线的迹象，则考虑卖出股票。如果 ROC 长期在 0 轴线以下，可以考虑建仓；如果 ROC 长期在 0 轴线以上，要保持警惕，随时准备平仓。

（3）以 0 线为中轴线，ROC 上下设置若干档压力线和支撑线。其压力线和支撑线设置的距离根据情况来定比例，比如 10%、20%或逐渐递增。当大盘处于强势，其个股的 ROC 越过第一档压力线，可考虑继续持仓。当大盘强势有所减缓，其个股的 ROC 越过第二档压力线，甚至越过第三档压力线接近第四档压力线时，可要警惕，考虑准备平仓。反之，当大盘处于弱势，其个股的 ROC 跌破第一档支撑线，可观察准备建仓。当大盘弱势有所减缓，其个股的 ROC 跌破第二档支撑线，甚至跌破第三档支撑线接近第四档支撑线时，可考虑建仓。

4. 应用之招

以鹏博士（见图 2-53）为例。

某年 6 月 27 日开始下跌，到同年 11 月左右，ROC 跌到在 0 轴以下并受到第二档支撑线的支撑，股价跌到 7 元左右。此时可以考虑建仓。12 月初，ROC 开始上穿 0 轴并越过第一档、第二档压力线。次年 1 月中旬，股价达到 10 元左右，而 ROC 再次上穿第二档压力线时受到阻力，所以可以考虑平仓。之后到 3 月中旬，ROC 跌破 0 轴线并接近第二档支撑线，股价跌到 9 元左右，此时可考虑再次建仓。到 4 月初，股价升到 11 元左右。ROC 此时接近第二档压力线时再次出现阻力。此时可考虑再次平仓。到 11 月，该股股价跌到 5 元左右。此时 ROC 跌破 0 轴线并接近第三档支撑线，所以可以考虑建仓。

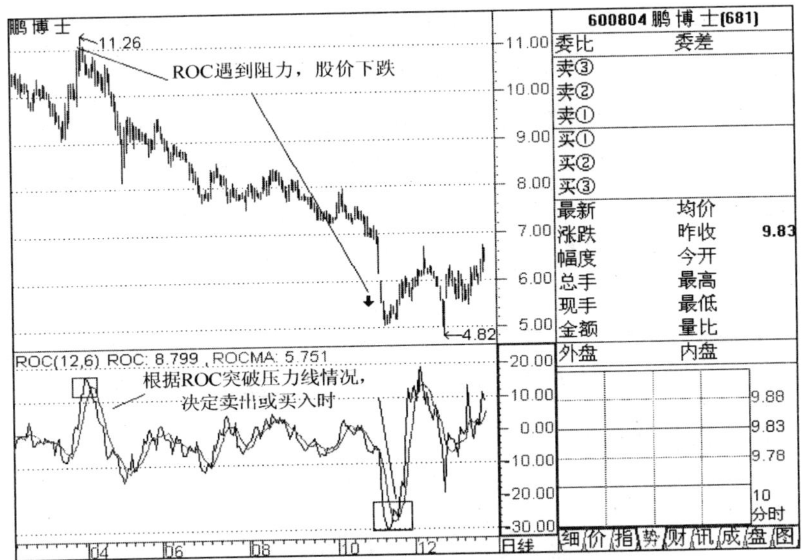

图 2-53 鹏博士的 ROC 指标

◎ 标准差波动：布林线指标（BOLL）应用之招

1. 什么是 BOLL 指标

BOLL 是利用统计学原理，先规定一个标准差，再求算出一个上下限波动区间，其波动的上下限随股价浮动。

2. 计算公式

中线值 $MA = \frac{1}{n}\sum_{i=1}^{n} Ci$

其中，Ci 表示每日收市价；n 表示天数，一般取 5~10 天。

样本方差 $= \sqrt{y/n}$

其中：$y = \sum_{i=1}^{n}(Ci - MA)^2$

上限值（Up）$= MA + \sqrt{y/n} \times$ 上倍数

下限值（Down）$= MA - \sqrt{y/n} \times$ 下倍数

上、下倍数一般定为 2 或 3。MA 为 5~10 天的移动平均值。将有关数值分别代入以上几个公式中，即可计算出布林线的中值及上、下限值，从而由上、下限值形成的通道可预示着股价的变化趋势。

3. 分析 BOLL 要领

（1）必须配合其他技术指标共同分析。

（2）当布林通道由宽变窄向下时，说明股价逐渐向中值回归，股市进入一个下跌整理区间。投资者应以观望为主。

（3）当通道由窄变宽向上时，意味着行情开始转好，股民可考虑建仓。如果股价逼近或触及布林上通道，特别是布林通道陡然向上时，表明超买力量增强，股市可能会随时下跌，此时应考虑卖出股票。反之，当股价逼近或穿过下通道，特别是布林通道陡然向下时，表明超卖力量增强，股市可能会开始反弹或反转，此时应考虑买进股票。

4. 应用之招

以韶能股份（见图 2-54）为例。

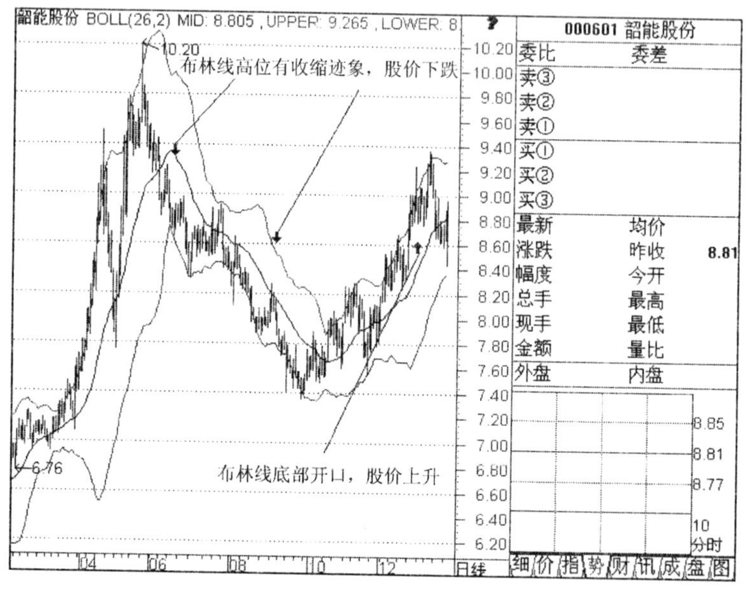

图 2-54　韶能股份的 BOLL 指标

某年 6 月 25 日，股价突然升到 8.89 元，触及布林线上通道，显示行情过猛，随时有向下的变化。此时可考虑平仓。从 7 月初至 12 月中旬，布林线开口向下，通道收窄并且一直窄幅运行，股价跌到 6 元左右并且几次跌穿布林通道下轨。此时预示建仓的机会来临。次年初，该股布林通道开口向上放大，预示行情向上演变（应买入）。到 5 月下旬，该股最高价涨到 10 元左右。但此时，布林通道一直陡然向上，股价贴着上轨高速运行，表明超买力量增强，股市可能会随时下跌，此时应考虑卖出股票为妥。果然，该股后来连续下跌，到 9 月底，股价跌到 7 元左右。因此，运用布林线时，股民一定要注意它何时开口，开口是朝下还是朝上。缩口一段时间内，股价一突升（或突降），布林线开口上行（或下行），应及时采取买入（或卖出）战术。

◎ 价额对比：量价指标（TAPI）应用之招

1. 什么是 TAPI 指标

TAPI 指标是反映成交额与股价关系，揭示两者内在规律的指标。在股市中，股价很重要，它直接影响买卖双方的购股行为。但成交额更直观地反映出买卖双方的供需平衡。如果把股价和成交额对比计算，就能更好地反映市场供需趋势及买卖双方的强弱。

2. 计算公式

TAPI = 当日成交额÷当日收市价

3. 分析 TAPI 要领

（1）必须与其他技术指标结合共同分析。

（2）经过一轮下跌后，股价开始上涨，成交额开始放大，TAPI 也随之上升，此时可以考虑建仓。若经过一轮上涨后，股价虽然维持在高位，但成交额日渐减少，TAPI 也反映出下跌态势，此时投资者不宜追高，应考虑卖出股票。如股价盘整，但成交额日渐放大，TAPI 出现上升，表明股价下跌底部基本形成，入市买单开始增加，此时股民可以考虑买进。

（3）如股价连续上涨后 TAPI 突然缩小，说明股价顶部基本形成，多头不再做多，投资者应考虑卖出股票。如股价在连续下跌中 TAPI 突然放大，说明股价有短期底部，反弹的可能性增大，可以考虑短线介入获利。如果稳妥炒作，最好等待股市下跌后 TAPI 盘整一段后，开始上升时再建仓比较有把握。

4. 应用之招

以攀钢钒钛（原新钢钒，000629，见图 2-55）为例。

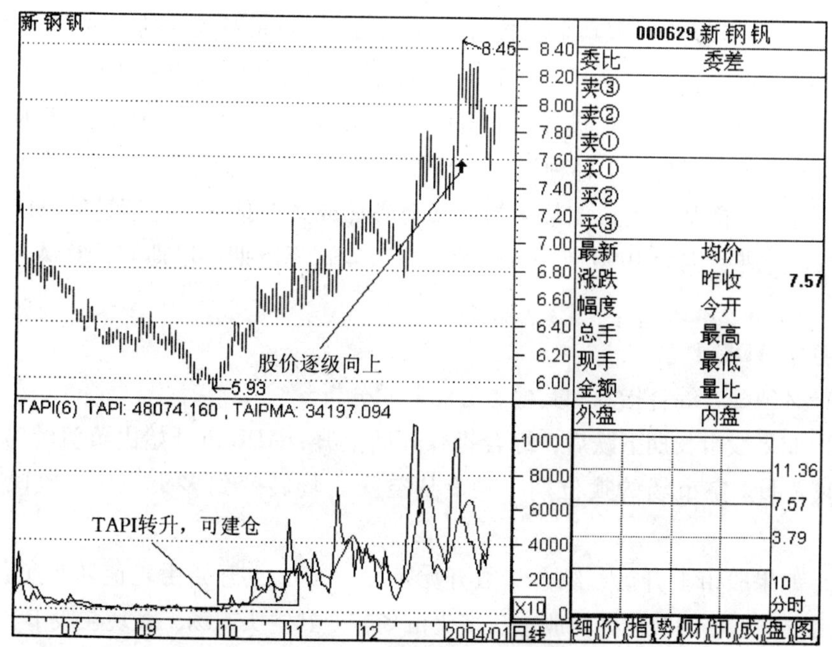

图 2-55 新钢钒的 TAPI 指标

某年1月2日，该股股价为5.39元，此时TAPI处于低位。1月8日，TAPI开始放大，预示后市可能上升，此时股民可以考虑建仓。1月14日，该股股价最高达到6.18元。此后到3月18日这段时间，TAPI没有明显减弱，所以可以持股。结果到4月16日，该股最高价达到8.1元。4月17日，TAPI突然缩小，股价也开始下跌，所以股民应该考虑平仓。9月底，该股股价最低到5元左右。此时，TAPI开始转升，建仓也可以实施。次年1月，该股价涨到8元左右。

◎ 涨跌相互量：大盘涨落指数（ADL）应用之招

1. 什么是ADL指数

股市上常见的综合指数是以股价和股本加权计算的。它较好地反映了大盘的基本情况。但是其计算也存在一些问题，如庄家拉升几只股本大的股票，就会对大盘指数起到四两拨千斤的虚升作用。也就是通常说的“赚了指数赔了钱”。如2006年和2007年的行情基本是拉升大盘股引发的。但是实际上股市每天有的股票涨，有的股票跌，可谓“几家欢乐几家愁”。究竟股票涨跌数量的态势如何，怎样从总体上观察“几家欢乐几家愁”的行情呢？加权指数无法反映这个情况，这就引进了ADL这个概念。涨落指数（也叫腾落指数）指每日若干涨跌的股票相互间的数量关系，它反映了每日股票涨跌累加的总体情况，从而提供了另一种观察大盘的方法。它仅适用于大盘分析。

2. 计算公式

今日累计ADL=今日股票上涨数-今日股票下跌数+前日累计的ADL

第一次计算时，ADL为0。计算的基期原则上应该以股市开市为首日。例如，1990年12月19日，沪市正式开市，所以应该在这天开始计算ADL，而且应该连续计算不应该间断。但是由于种种原因，目前ADL计算没有坚持。因此，有兴趣和毅力的股民可以选择某一天，如某年初、某个底部或某个顶部，连续计算ADL，以便炒股参考。此外，因为1990年距离遥远，也可以选择近期一段期间计算ADL，其更具有参考价值。

3. 分析ADL要领

（1）必须配合综合指数和其他走势图共同分析。

（2）如果股市长期下跌后，综合指数开始上升，ADL也开始由负值转为正值上升，此时表明多空市场的换位期。股市从空头市场转变到多头市场，股民可考虑建仓。

（3）如果股市上升后，综合指数开始下跌，ADL也开始由正值转为负值下跌，此时表明多空市场的换位期。股市从多头市场转变到空头市场，表现在股市上肯定是跌数多于涨数，涨落指数负值累计增大，股民可考虑平仓。

（4）如果ADL表现一般，而综合指数表现上升，说明庄家在大盘股身上做文章。

但是 ADL 和综合指数严重背离的情况少见，一般还是同步运行的概率多。所以，ADL 只能做补充参考。

（5）ADL 不适用个股，因而，投资者要辅之其他指数对个股进行间接参考。

4. 应用之招

以 2003 年为例。以 2003 年 1 月 2 日为基期，ADL 这天为-644 点，沪指这天为 1320 点。1 月 6 日，ADL 转变为正值 152 点，沪指也开始上升，为 1334 点。此时 ADL 和沪指同步运行向上，股民可考虑建仓。到 1 月 13 日前，沪指表现一般，但是 ADL 始终是正值，显示了大盘股的作用。1 月 14 日，行情终于在大盘股的领涨下爆发，ADL 上升到 1723 点，沪指上升到 1466 点。之后到 1 月底这段时间，尽管沪指在盘整，但 ADL 没有下跌，一直是正值。1 月 28 日，ADL 上升到 2130 点，此时沪指上升到 1500 点。4 月 15 日，沪指上升到 1631 点，此时 ADL 为 1052 点（以 4 月 1 日为基期）。到 4 月 18 日，沪指保持在 1600 点之上，而 ADL 虽没有出现负值，但点位下跌到 500 点左右，表明主力在利用大盘股虚假保护大盘，而多数股票已经力不从心。此时股民应考虑平仓。4 月 21 日，沪指跌到 1541 点。4 月 25 日，沪指跌到 1487 点。而这段期间，ADL 一直是负值。进入 11 月，沪指从 1307 点开始反攻，但由于只是几个大盘股（中国石化、中国联通、宝钢等）上升，所以，沪指在此期间上升很大，而 ADL 却在下降（见图 2-56）。

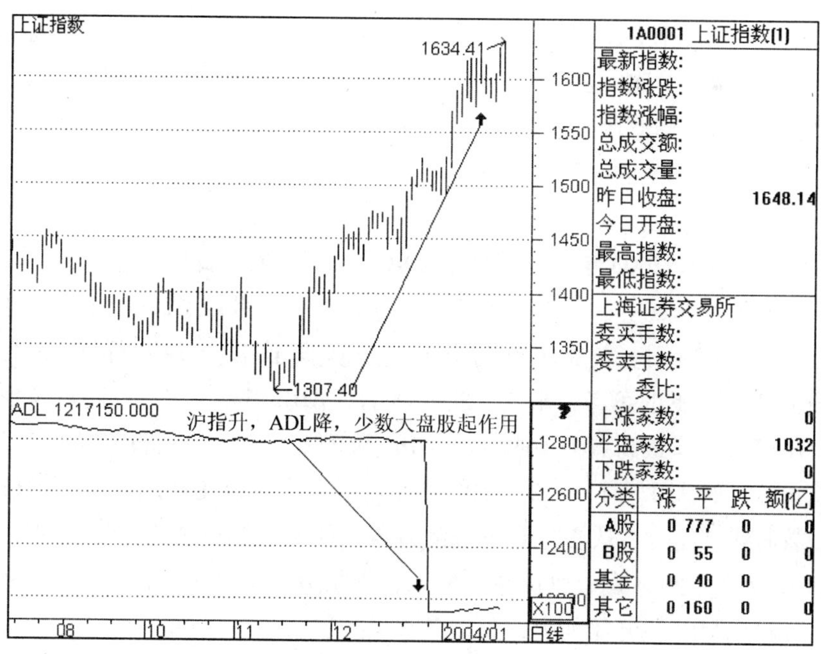

图 2-56 沪指 ADL 指标

◎ 股票涨跌：大盘涨跌比率（ADR）应用之招

1. 什么是 ADR 指标

股票涨跌比率 ADR 是反映一定时期内（通常是 10~15 天）股票上涨数与股票下跌数的比值，从而分析大盘升落的空间范围，决定投资行为。ADR 不适用个股分析，只适用大盘分析。

2. 计算公式

ADR（10 日）= 10 日内股票上涨数总计÷10 日内股票下跌数总计

需要指出的是：及时分析当日的涨跌比率升降情况，则需要对倒数第 11 天的数字作技术处理。例如，前 10 日上涨股票为 530 只，下跌数为 420 只，则昨天的 ADR 为 1.26。如果今日上涨为 51 只，下跌为 27 只，如何知道今天的 ADR 与前 10 日的 ADR 谁升谁降呢？这就要用今天的涨跌数与倒数第 11 天的涨跌数做比较。假设倒数第 11 天的上涨数为 46 只，下跌数为 53 只，则最近 10 天的上涨数总计为 530+（51-46）= 535。最近 10 天下跌数为 420+（27-53）= 394。所以，今天的 ADR 为 535÷394=1.36。可见，1.36 比 1.26 高，表明今日 ADR 较昨日 ADR 高。由此可以决定投资行为。

3. 分析 ADR 要领

（1）必须配合其他指标共同研究，不可单独进行 ADR 的计算分析。

（2）通常 ADR 超过 1.5 以上然后有下跌迹象时，表明进入超买的市场，股民可考虑卖出股票；如果 ADR 在 0.5 以下游荡然后有上升迹象时，表明底部逐步形成，股民可考虑动用资金建仓吸纳股票。

（3）ADR 不适用个股分析，只适用大盘分析。

4. 应用之招

以 2003 年为例。2003 年 1 月 2 日，ADR 为 0.5 左右，此时沪指跌到 1320 点。1 月 8 日，ARL 为 0.6 点左右，沪指当天上升到 1372 点。此时 ADR 有上升迹象，股民可考虑建仓。1 月 14 日，沪指上升到 1466 点，爆发了“1 · 14”行情。1 月 16 日，ADR 上升到 2.11，此时可考虑平仓。3 月 18 日，ADR 跌到 0.4，此时可考虑再次建仓。4 月 16 日，沪指最高点为 1649 点，ADR 为 1.1 左右，虽然没有超过 1.5，但是参考其他指标，如 ADL 点位下跌到 500 点左右，表明主力在利用大盘股虚假保护大盘，而多数股票已经力不从心，有下跌的迹象。此时股民应考虑平仓。11 月 13 日，沪指跌到 1307 点。此时大盘股反攻，所以，沪指升，而 ADR 降。2004 年初，多数股票开始苏醒，ADR 也开始向上，见图 2-57。

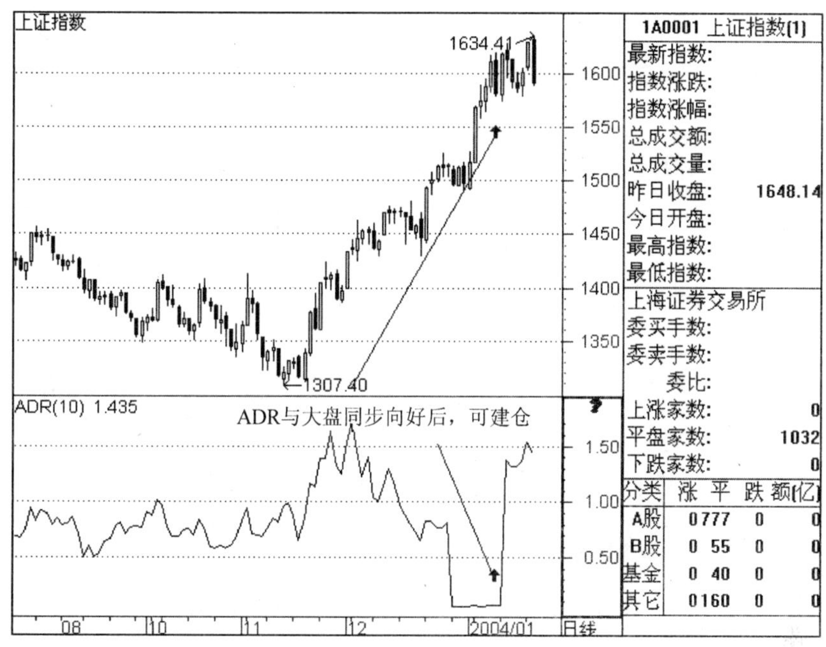

图 2-57 沪指 ADR 指标

◎ 涨跌总和：股票超买超卖指标（OBOS）应用之招

1. 什么是 OBOS 指标

在一定时期内（通常为 10 天），将股市的上涨家数总和与下跌家数总和进行相比后，辅助研判大盘走势的指标。OBOS 指标不适用个股分析，只适用大盘分析。

2. 计算公式

OBOS（10）= 10 天内上涨家数总和−10 天内下跌家数总和

3. 分析 OBOS 要领

（1）必须配合其他指标共同研究，不可单独进行 OBOS 的计算分析。

（2）10 天内上涨家数总和多于下跌家数总和，说明股市处于上升阶段，OBOS 为正值。但此时应注意 OBOS 转为负值的情况。一旦 10 天内上涨家数总和小于下跌家数总和，OBOS 出现负值，则投资者可考虑卖出股票。如果 OBOS 由负值转为正值，上升迹象形成时，股民可考虑建仓吸纳股票。

（3）OBOS 不适用个股分析，只适用大盘分析。

4. 应用之招

例如，2002 年 12 月 12~16 日，上涨家数总和多于 10 天内下跌家数总和，OBOS 由负值转为正值，沪指由 1380 点左右上升到 1400 点左右，此时可考虑建仓。到 12 月 23 日，10 天内上涨家数总和小于 10 天内下跌家数总和，OBOS 出现负值，此时沪指上升到 1430 点左右，投资者可考虑卖出股票。到 12 月底，沪指跌到 1357 点。

2003年1月2日，OBOS负值达到2264家。之后到1月13日，OBOS虽然一直是负值，但是负值每天都在缩小，13日这天为-14家，此时沪指也由1月2日的1320点上升到1386点，此时股民可以考虑建仓。到1月28日，沪指达到1500点。但是这段时间，OBOS的正值开始缩小，由1月16日的2726家缩小到1月28日的407家，此时股民可考虑平仓。到3月26日，沪指跌到1450点，此时OBOS又开始好转，所以可考虑再次建仓。4月15日，沪指涨到1631点。16日，OBOS出现负值，此时可考虑平仓（见图2-58）。

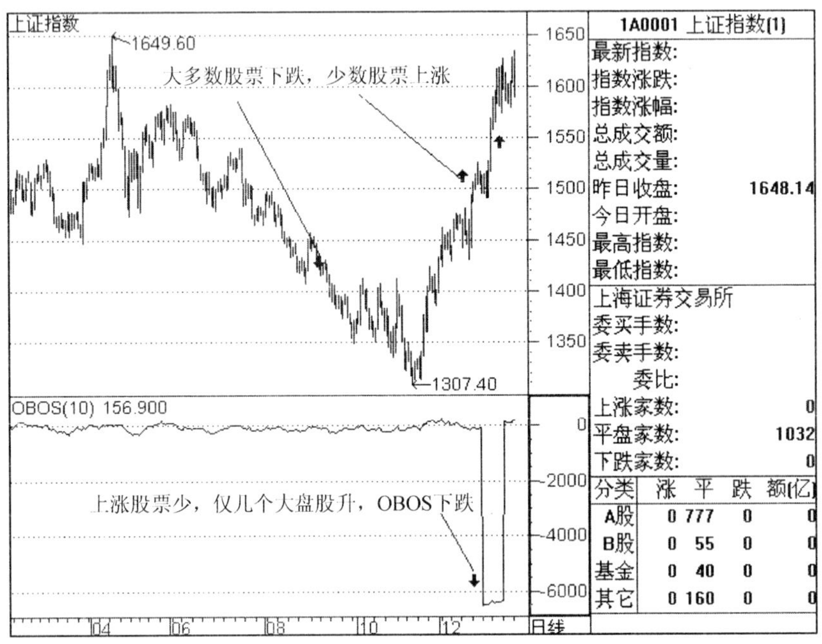

图2-58　沪指OBOS指标

第三大招　股市理论板块

（领会精髓　几招应用）

特别说明：股市流行了许多理论和法则，对股民炒股应该有一定的参考价值。但是固定不变的理论对股市这个变幻莫测的战场来说，则有它的局限性。尤其是国外的炒股理论和各种法则对中国股市并不完全适用，有些甚至相悖。所以，股民在运用这些炒股理论和各种法则时，一定要结合中国股市发展的实际，特别是变幻莫测的实际。我在介绍国外的这些炒股理论和各种法则时，紧密结合中国股市的实际，争取对您有所启示。

第一节　股市五浪：波浪理论

◎ 基本原理

波浪理论的发明人是美国的艾略特（1871～1948 年）。他将股市上升、下降的波动趋势形象地表示为大海的波浪，一浪推一浪，潮起潮落。结合中国股市的实际，我把波浪理论概括为（见图 3-1）：

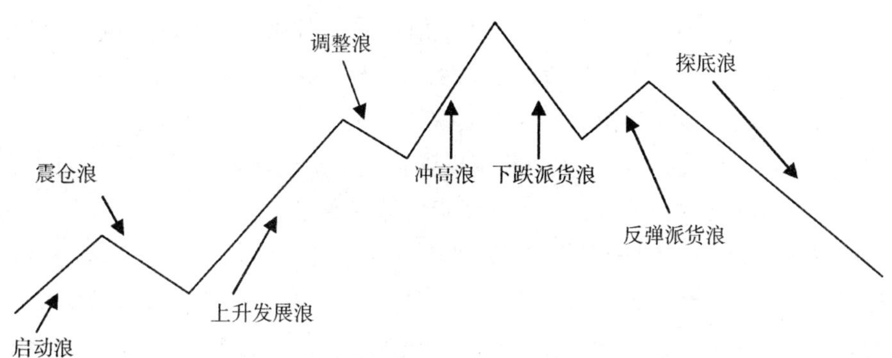

图 3-1　波浪理论

（1）上升态势浪一般由五个浪形组成：第一浪为启动浪；第二浪为震仓浪；第三浪为上升发展浪；第四浪为调整浪；第五浪为冲高浪。

（2）下跌态势浪一般由三浪组成：下跌派货浪（A 浪）；反弹派货浪(B 浪)；探底浪（C 浪）。

（3）从浪形构图观察：全五浪的上升态势浪和全三浪的下跌态势浪完整构成一个股市潮起潮落的态势图。

（4）浪形的运作实质和时间观察：

第一浪（启动浪）：一般认为是主力发动行情的试探行动，浪形平缓，持续的时间短暂，给人以短线行情的假象。

第二浪（震仓浪）：通过短线打压，主力的目的是将大部分股民震仓出局，以便轻装上阵。但由于主力不能丢失大量的廉价筹码（指股票），所以打压的时间也比较短暂。一般认为，第二浪的浪底不会跌穿第一浪的浪底，通常在第一浪的 38.2%或 61.8%处止跌。

第三浪（上升发展浪）：主力在锁定筹码的基础上，利用某些利多因素正式发动行情，以达到充分吸引踏空资金入市和调动人气的目的。一般认为，第三浪的浪形斜率增大，起码为 45 度角，而且时间持续最长，比第一浪和第五浪的时间都长。第三浪的浪顶会突破第一浪的浪顶，其浪形长度为第一浪的 1.618 倍，甚至 2.618 倍。

第四浪（调整浪）：经过第三浪长时间的运行，主力开始抛出部分筹码，所以股市为此下跌。一般认为，第四浪的浪底不会跌穿第一浪的浪顶，下跌的幅度为第三浪的 38.2%或 61.8%，以此体现出第四浪的调整性。第四浪持续的时间比第二浪长，从而进一步引诱被震仓出局和观望的资金入市。

第五浪（冲高浪）：主力使出全部力量做最后的冲刺，对利空政策视为儿戏。一般认为，股指在第五浪中连续创新高，其浪顶突破第三浪顶，浪形斜率明显增大，同时主力开始大量抛出筹码，不愿在股市久留。所以第五浪的猛烈程度大大超过第三浪，但持续时间比第三浪短，股市风险明显增大。

下跌派货浪（A 浪）：这是主力出货表演的第一阶段。由于主力既定目标达到，所以开始大量抛出筹码，主力出货的意志坚决，不给散民任何机会，因此股市猛烈下跌。但由于多空的较量相当激烈，所以下跌的时间短暂。

反弹派货浪（B 浪）：这是主力利用反弹再次出货的阶段。原因是，首先，由于股市下跌猛烈必然反弹；其次，主力为派货要借反弹之力拉高；再次，外场抱有侥幸的资金持有者和股民错误地判断，认为股市下跌结束，从而盲目建仓成为反弹的动力；最后，一部分短线客入市炒作带来了反弹资金。由于毕竟是反弹浪，所以 B 浪持续的时间不会很长。一般认为，B 浪的反弹高度是 A 浪的 38.2%、50%或 61.8%。

探底浪（C 浪）：这是主力完全出货的阶段。主力在 B 浪反弹中没有派货干净的话，则利用此阶段继续派货。由于主力出货的行为坚决持续，短线客也不再进场，割肉、止损的股民源源不断，什么利好的政策都无济于事，此 C 浪中几乎没有像样的反弹，因此股市陷入了慢慢阴跌的态势中而且时间相当漫长。在这漫长的阴跌中，股市的底部也慢慢形成，主力开始慢慢搜集廉价的筹码，逐步建仓，为发动下一轮行情做长期准备。

◎ 误区矫正

第一，波浪理论根据大海的波浪起伏形象描述股市的升跌起落，只是为我们炒股提供一个参考工具而已。但这并不是说股市就固定不变地、机械地按波浪理论事先框定的浪形、浪顶、浪底、时间、斜率等按部就班地运作。实际运作中，股市会有其他“非典型”变化。因此，实际运用中绝对不能教条，一定要灵活。

第二，波浪理论的基本框架就是由上升五浪和下跌三浪构成。但是具体在每一个浪形中，可能存在子浪、孙浪、重孙浪等。例如，第三浪中，可能也由上升子五浪和下跌子三浪构成。而上升子五浪和下跌子三浪中，又由孙五浪、孙三浪构成。而上升孙五浪、下跌孙三浪又由上升重孙五浪和下跌重孙三浪构成……但我认为，这种过分细划波浪的做法没有什么太大的意义，一大堆子浪、孙浪、重孙浪……反而把人搞得满头雾水，不知所措。我想，就连细划波浪的人也不一定搞得明白。作为一般股民，我认为只要大体能判断出大波浪的运行方向、态势、时间就可以了。

第三，波浪理论没有固定的划分起点的规定。但是股市波浪起点从哪儿计算这是一个实际问题。因为起点不同，浪形的划分会有很大的差异。我认为，从大的方面看，中国股市的大波浪起点应该从建立之年 1990 年算起，大体以 10 年左右为一个波浪周期；从中的方面看，中国股市的中波浪起点应该大体以一年为一个周期，从每年年初算起到本年底结束；至于小的方面的小波浪，我认为没有必要计算。

◎ 应用之招

以沪指 1990~2001 年运行为例。

第一浪——启动浪（试点浪）。1990 年 12 月到 1993 年 2 月。1990 年 12 月 19 日，上海成立了证券交易所。由于当时股市还处于试点阶段，所以只有 8 只股票上市交易，后来 3 年陆续增加了一些。但总体上处于试点阶段，所以叫试点浪也行。那时除少数人外，大部分人根本不知道股票是什么。所以股市处于初步启动态势，沪指只有 100 点左右。1992 年邓小平南方谈话正式肯定股市后，1993 年 2 月 16 日沪指最高点达到 1558. 95 点。这是沪市的第一浪——启动浪。

第二浪——震仓浪。经过第一浪——启动浪之后，沪指 1994~1995 年处于第二浪——震仓浪中。震仓的态势是沪指由 1558 点跌到 1994 年 7 月 29 日的最低点 325 点，中间虽然有子浪的反弹，但是沪指调整的幅度大体在 61. 8%，即在 500~700 点浮动。

第三浪——上升发展浪。1996~1999 年，沪市开始进入第三浪——发展浪通道。此间，许多人开始进入股市，各种资金也纷纷入市。1996 年 12 月 16 日《人民日报》特约评论员发文章警告股市过度投机。1999 年 6 月 15 日《人民日报》特约评论员发文章赞扬股市恢复性增长。《人民日报》特约评论员前后两篇文章的基调大相径庭，从而引发了上升发展浪的展开。1999 年 6 月 17 日，沪指第一次突破了前 9 年的强大顶部 1500 点。6 月 30 日，创造了沪指最高新纪录 1756 点。此发展浪可谓是波澜壮阔。请注意：此时不能机械地理解第三浪形长度为第一浪的 1.618 倍，否则就会被短暂套牢。可见灵活运用波浪理论是多么重要。

第四浪——调整浪。经过波澜壮阔的发展浪后，沪市再次进入新的调整浪态势。其标志是沪指从 1756 点跌到 1999 年 12 月 27 日的最低点 1341 点。中间的小幅反弹无济于事。此时注意：按第四浪理论理解，第四浪的浪底一般不会跌穿第一浪的浪顶，下跌的幅度为第三浪的 38.2%或 61.8%。可是在实践中，第四浪的浪底 1341 点跌穿了第一浪的浪顶 1558 点。但调整的幅度没有达到 38.2%或 61.8%。如果机械理解第四浪理论，就会踏空股市。再次可见，灵活运用波浪理论是多么重要。

第五浪——冲高浪。2000 年到 2001 年上半年。经过第四浪调整，沪指开始新的冲击，主力决心将第五浪——冲高浪做到极端。2000 年开始，主力就启动行情。2 月 15 日，中国股市首只 100 元股票出现，亿安科技股价冲上 100 元。2 月 17 日，清华紫光股价也冲上 100 元。同日，沪指突破 1756 点，最高达到 1770 点。之后，沪指就开始一步一个脚印地屡创新高，直到 2001 年 6 月 14 日，创新高 2245 点后，才结束了第五浪——冲高浪的大戏。此时注意：按第五浪理论，此浪持续时间应比第三浪短。但是股市的实践证明，第五浪整整运行了一年半。如果您过早出局，就会踏空。2006 年和 2007 年跨年度牛市行情也证明了这点，由此再一次可见，灵活运用波浪理论是多么重要。

下跌派货浪（A 浪）：天下没有不散的筵席。当沪指持续走牛长达一年半并创新高 2245 点后，下跌是必然的。由此 A 浪的特征开始出现。2001 年 7 月 16 日，股市在一系列利空的发力下开始正式下跌。被众多股评家看好的“铁底”2000 点、1900 点、1800 点、1700 点、1600 点相继跌穿，主力出货的意志坚决，不给散民任何机会。

反弹派货浪（B 浪）：2001 年 10 月 22 日，沪指最低点到 1514 点，1500 点大关岌岌可危。10 月 23 日，管理层宣布国有股减持暂停。股市闻讯暴涨两天，10 月 24 日，沪指最高点到 1744 点。之后，反弹夭折。11 月 8 日，沪指最低到 1550 点，1500 点再次受到威胁。11 月 16 日，印花税降低，股市闻讯反弹到 12 月 5 日，沪指最高到 1776 点后就掉头向下。2002 年 1 月 14 日，沪指 1500 点终于跌穿，最低到 1484 点。1 月 29 日，沪指再创新低到 1339 点。此时，又开始小步反弹，到 3 月 21 日，沪指反弹到最高点 1693 点。之后，再次下跌到 6 月 6 日的最低点 1455 点。6 月 24 日，管理层决定彻底停止国有股减持，股市为此暴涨仅 3 天。6 月 25 日，沪指最高点到 1748 点后就又开始下跌。B 浪毕竟是反弹浪，所以每一次反弹，主力都借此出货，使反弹夭折并层层套住追反弹高点的股民。由此可见，中小股民 B 浪操作中的原则就是果断在每一次反弹中派货，这也是反弹派货浪的基本含义。

探底浪（C 浪）：B 浪之后，就是漫漫长途的 C 浪探底。“6·24”行情后，股指开始以阴跌的方式下跌，此时主力则耐心吸筹，等待时机卷土重来。到 2005 年 6 月 6 日，沪指最低点跌到 998 点，标志着探底浪结束，之后掀起了 2006 年和 2007 年新的一轮行情，沪指一举达到 6124 点。见沪指 1990~2001 年（见图 3-2）、2003~2013 年（见图 3-3）的五浪运行图。

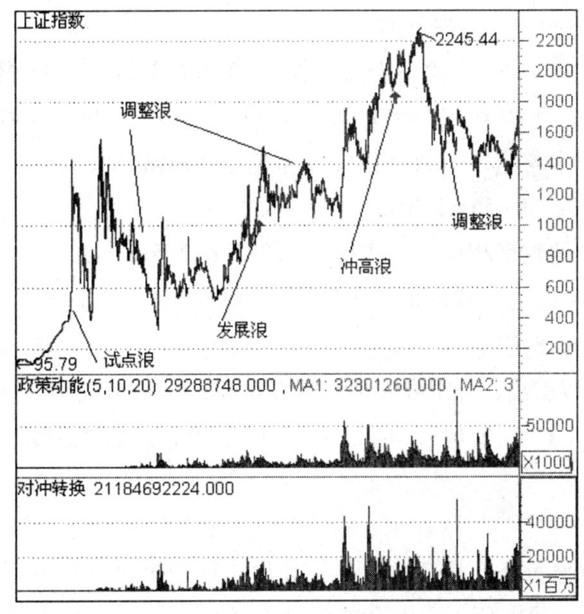

图 3-2　1990~2001 年沪指波浪

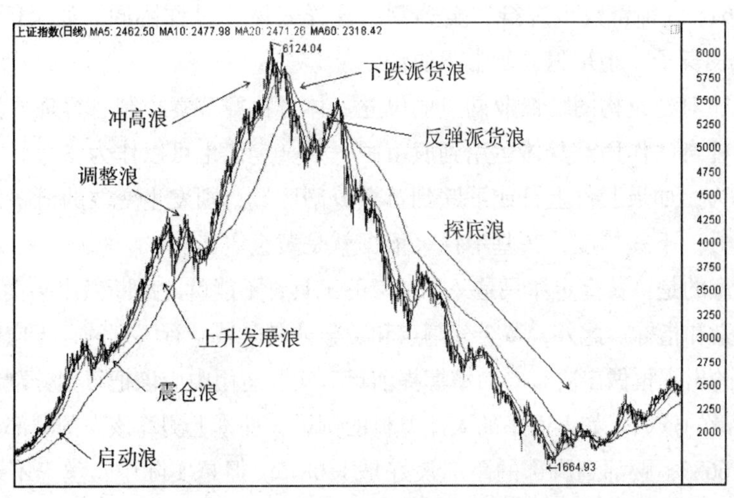

图 3-3　2003~2013 年沪指波浪

第二节　神奇数字：黄金定律

◎ 神奇数字

13 世纪的意大利数学家斐波纳奇发现了神奇数字。即 1，2，3，5，8，13，21，34，55，89，144……这些数字的前两个之和，等于后一个数字。如：1+2=3；2+3=5；……；55+89=144……更神奇的是：

（1）前一个数字与后一个数字比，比率趋于 0.618034……（无理数）。例如，1÷2=0.5；2÷3=0.667；3÷5=0.6；5÷8=0.625；8÷13=0.615……89÷144=0.618……

（2）后一个数字与前一个数字比，比率趋于 1.618。例如，5÷3=1.667；8÷5=1.6；21÷13=1.615；89÷55=1.618……

（3）相隔两位的数字相比，比率接近 0.382 和 2.618。例如，8÷21=0.381；13÷34=0.382；21÷55=0.382；21÷8=2.625；43÷13=2.615；55÷21=2.619……

（4）0.382×0.618=0.236。

从以上计算可以看出，神奇数字基本围绕 0.382 和 0.618 发生各种变化，从而衍生出其他的数字，如 1.618，2.618，0.236……因此，股市的涨涨跌跌也与神奇数字有关。

◎ 黄金定律

黄金定律（也称黄金分割率）认为，任何长度的单位进行分割，0.618 和 0.382 的神奇数字是分割点，在分割点上会产生黄金效果。例如，某人身高 1.75 米，如果人体比例效果最佳的话，应该是该人的腰部到头部的距离和腰部到脚部的距离按 0.382 和 0.618 的神奇数字进行黄金分割，这样人体才对称协调。如果倒过来分割，此人将显得长身子、小短腿，非常不协调。

黄金定律对建筑构图、商业网点的设立、体育比赛节奏控制、合理安排学习工作时间等都有神奇的作用。具体运用到股市中，黄金定律也可以作为参考。

一般认为，如果股价上升或下跌到黄金分割区域，则发生变数的概率比较大。波浪理论的上升、下跌幅度，其基本计算依据就是黄金定律。

需要注意的是：黄金定律只是一个参考的工具，不能就此武断做出买卖决策，还要参考其他因素和指标。此外，黄金分割点和黄金分割区域是有区别的，不应该教条等待黄金分割点的出现再做出决策。为掌握提前量，实际运用中应该把黄金分割区域的出现作为及时决策的依据。如上面举的人体身材的例子，理论上测算该人的腰部到头部的距离最好是 0.6685，腰部到脚部的距离最好是 1.0815。但是实际中，丝毫不差真正达到此标准可以说根本不可能（画画可以达到）。因此，只要此人的腰部到头部的距离大体在 0.6685 区域，腰部到脚部的距离大体在 1.0815 区域，就相当标准了。

此外，类似黄金分割线的还有一个百分比线，它主要以股价高低点区间的 1/2、1/3、3/8、5/8、2/3 为百分比线来考虑股价的走势。

◎ 应用之招

黄金定律用 0.382 和 0.618 为黄金系数匡算股价上升和下降幅度。当接近这一边界时，股价开始有新的动作（或上或下）。如果不设立区间，上下无限制，则股价计算无限延长。

例如，沪指 1999 年从 1047 点起步，它的第一目标位是 1047×(1+0.382)= 1446.96 点。事实证明，1999 年 6 月 14 日，沪指当年首次冲上 1400 点，以最高点报收在 1427 点，基本接近 1446.96 点（有一点误差是正常的）。当第一目标位实现后，股指有些不稳，6 月 15 日回调报收在 1387 点。但《人民日报》特评文章一发表，股指又向第二目标位 0.618 区发起冲击（否则，很难在 0.382 位区站稳）。

第二目标位是 1047×（1+0.618） = 1694 点。6 月 25 日，沪指最高达 1705 点，超过 1694 点一些，由于这一区位敏感，股指又发生震动，当日收盘为 1593 点。后三日，股指在此区域震荡加剧，无法实现第三目标，随即告落。

假如按设置区间算，则应将沪指设定在 1047~1422 点（1998 年 6 月 4 日最高点），这样算来：

第一目标位：（1422-1047）×0.382+1047=1190 点。

第二目标位：（1422-1047）×0.618+1047=1278 点。

第三目标位：（1422-1047）×1+1047=1422 点。

至此这一区间的上档位置结束了，再往上计算，则应打破空间了。如果认为上档压力就在 1422 点，可以这样算，如 1999 年前一直将 1500 点作为上档压力这样计算。今后也可能以 1999 年的 1756 点为主要参考位。这种计算法有一定道理，但在下跌中运用区间法更有效。例如，1999 年最高点是 1756 点，最低点是 1047 点，这一区间是 709 点。此区间下跌档级分别是：

第一目标：1756-709×（1-0.618） = 1485.16 点。

第二目标：1756-709×（1-0.382） = 1317.84 点。

事实证明，1999 年 7 月 19 日，沪指收盘 1479 点，接近 1485.16 点，然后反弹到 9 月 10 日的最高点 1679 点又开始回落。到 12 月 27 日，落到最低点 1341 点，与 1317 点差 24 点，比较接近。如果不设区间计算跌幅，那么：

第一目标位：1756-1756×0.382=1085 点。

第二目标位：1756-1756×0.618=670.79 点。

此算法是将下限设为 0，但实际中不可能是这样，一般到一个中级底部就会稳住。因此，从目前看，设 1047 点区域下限计算黄金位是比较现实的。

2000 年上升的空间用黄金定律计算则：

第一目标位：1341×（1+0.382）=1853.26 点。

事实证明，2000 年 5 月 8 日达到了 1852.9 点。

第二目标位：1341×（1+0.618）=2169.74 点。

事实证明，2000 年 8 月 22 日达到 2114 点，仅差 55 点。

跌幅第一目标位是：2114-（2114-1341）×0.382=1819 点。

事实证明，沪指 2000 年 9 月 25 日最低点跌到 1874 点，差 55 点。有意思的是，高低点计算差 55 点，两者"一抵消"，正好是黄金定律计算的价位。

如果我们用黄金定律计算 2001 年的目标位，则：

第一目标位：1874+（2114-1874）×0.382=1965 点。

第二目标位：1874+（2114-1874）×0.618=2022 点。

第三目标位：1874+（2114-1874）×1=2114 点。

事实证明，2001 年 1 月 8 日，沪指最高到 2131 点，仅差 17 点。

反弹后，理论计算下跌，则：

第一目标位：2131-（2131-1874）×0.382=2032 点。

第二目标位：2131-（2131-1874）×0.618=1972 点。

第三目标位：2131-（2131-1874）×1=1874 点。

事实证明，至 2001 年 2 月 22 日，沪指最低跌到 1893 点，已下穿第一目标位、第二目标位，距第三目标位差 13 点。

如果止跌平稳，沪指理论反弹高度不设区间的话，则：

第一目标位：1893×1.382=2616 点。

但由于当时的大环境利空情况（如国有股减持在内的 21 个利空因素影响），所以到 2001 年 6 月 14 日，沪指最高点到 2245 点就停止上升。所以，黄金定律计算的价位也有失误，必须要参考当时的其他各种因素，绝不能教条运用黄金定律。

2001 年 6 月 14 日，沪指最高达到 2245 点，上升起点按 1000 点算，上升幅度为 1245 点。之后，开始下跌，下跌幅度按黄金定律计算，则：

第一次下跌点数：1245×0.382=475.59 点。

下跌的第一目标区域：2245-475.59=1769.41 点。

沪指在 1769 点区域会发生变化（或继续下跌或反弹）。

第二次下跌点数：1245×0.618=769.41 点。

第二目标位：2245-769.41=1475.59 点。

沪指在 1475 点区域会发生变化（或继续下跌或反弹）。

事实证明，当沪指跌到 1500 点（与 1475 点差 25 点）区域时，管理层就会出台利好政策力保 1500 点大关。但是沪指反弹到多大程度？从 2245 点跌到 1500 点，下跌幅度为 745 点，按 0.382 计算反弹幅度，则反弹 285 点，沪指反弹的第一目标达到 1785 点区域。按 0.618 计算反弹幅度，则反弹 460 点，沪指反弹的第二目标达到 1960 点区域。

事实证明，沪指在 B 浪反弹中，2001 年 10 月 24 日沪指最高点到 1744 点，之后反弹夭折。11 月 16 日，印花税降低，股市闻讯反弹到 12 月 5 日，沪指最高到 1776 点后就掉头向下。2002 年 6 月 25 日，沪指最高点到 1748 点后就又开始下跌。3 次接近 1785 点区域后铩羽而归。

既然无法冲破 1785 点区域，更谈不上冲击 1960 点区域，因此沪指只有继续选择下跌探底。此时按 1500 点为起点上升到平均压力区域，计算为：（1744+1776+1748）÷3=1756 点。则 1756-1500=256 点。按 256 点上升幅度计算下跌的第一目标区域是 1402 点，即 1500-256×0.382=1402 点；第二目标区域是 1341 点，即 1500-256×0.618=1341 点。

事实证明，2002 年 11 月 21 日，沪指跌穿 1400 点，最低到 1389 点时，沪指有一个支撑——11 月 29 日最高点到 1450 点。12 月 5 日，沪指再次跌穿 1400 点时，又有一个小反弹——12 月 23 日最高点到 1439 点。但是毕竟是反弹，所以沪指反弹完毕继续下跌。

2002 年 12 月 31 日，沪指当日最低点为 1348 点，接近黄金分割位 1341 点区域，2003 年 1 月 6 日最低到 1311 点后，沪指止跌开始上升。

2004 年沪指最高到 1783 点，按黄金定律计算下跌底部为 1783×0.618=1101 点。事实证明，2005 年 6 月 6 日，沪指跌破 1000 点后就开始上升（尽管底部计算有一定差异，但还是有参考作用），可见黄金定律的作用。

2005 年 6 月 6 日，沪指跌到 998 点后，就开始了新的一轮上升，按照 998 点计算，基本与 1999 年从 1047 点起步差不多，只是上升的周期更长。它的最终目标位是：

998×6.382=6369 点；

998×6.618=6605 点。

也就是说，沪指越过 6000 点就要小心谨慎了，6369~6605 点是一个理论计算的目标位，实际上主力在 6124 点就开始派货逃跑了。

2007 年最高点是 6124 点，2005 年最低点是 998 点，这一区间是 5126 点，此区间下跌档级分别是：

第一目标：6124-5126×（1-0.618）=4165.87 点。

第二目标：6124-5126×（1-0.382）=2956.13 点。

第三目标：6124-5126×（2-0.382）=2169.99 点。

黄金分割线不可能非常准确，它只是提供一个大概区域，事实证明，沪指跌破了 2169.99 点后即关键点位 2000 点，在 1664 点止跌。

以上可知，就中长期上升而言，可不设区域上限，短期则要设；就下跌而言，不管短中长期，都以 5 年的大底部为区域下限计算更具有现实性。例如，1997 年 9 月 23 日低点是 1025 点，1998 年 8 月 18 日低点是 1043 点，1999 年 5 月 17 日低点是 1047 点，2005 年 6 月 6 日低点是 998 点，四者平均底部是 1028 点，如无特别重大突发事件，1000~1300点可作为今后若干年的区域下限。今后根据市场底部逐步抬高的情况，再修订区域下限。例如，2000点是不是大底？由此推断，2013年以后假如1000点就是大底，那么就以此计算今后股市上升空间，如图3-4和图3-5所示。

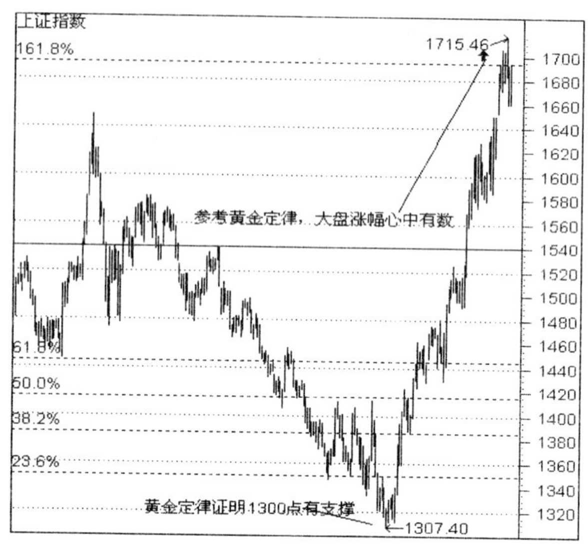

图3-4 运用黄金定律研判沪指

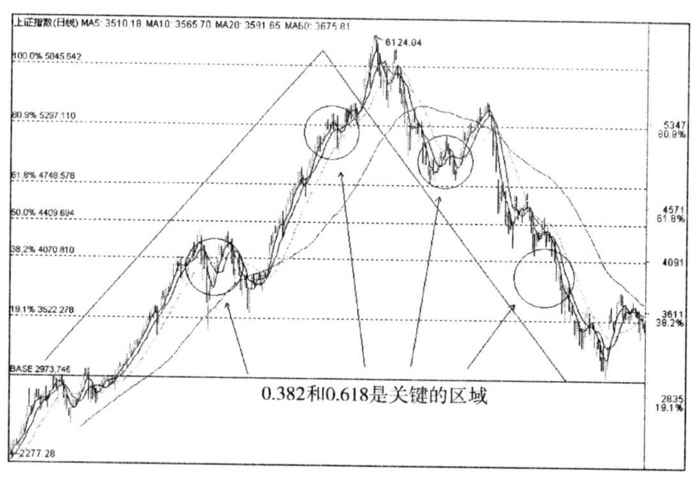

图3-5 运用黄金定律研判沪指

把这个办法运用到个股上，原理一样，您可以寻找某只股票的底部和顶部，再结合大势分析，从而既赚指数又赚钱！

例如，古越龙山（600059），某年10月28日最低价为10.25元，那么它的上升高度：

第一目标位：10.25×1.382=14.17（元）。

第二目标位：10.25×1.618=16.58（元）。

第三目标位：10.25×2=20.50（元）。

事实证明，次年2月15日，最高达到16.7元，与第二目标位差0.12元。如果再冲，就应实现第三目标位，但未实现，开始下跌（当时大盘也短期下跌）。这时理论计算该股下跌为：

第一目标位：16.70-（16.70-10.25）×0.382=14.24（元）。

第二目标位：16.70-（16.70-10.25）×0.618=12.72（元）。

第三目标位：16.70-（16.70-10.25）×1=10.25（元）。

事实证明，次年3月14日最低到11.8元，正好落在第二目标位与第三目标位之间，上下相差0.92~1.55元，比较吻合。

如果计算反弹高度则：

第一目标位：11.80+（16.70-11.80）×0.382=13.67（元）。

第二目标位：11.80+（16.70-11.80）×0.618=14.82（元）。

第三目标位：11.80+（16.70-11.80）×1=16.70（元）。

事实证明，第二目标达到，次年4月20日最高价涨到14.78元，差0.04元。第三目标基本达到，次年7月5日，最高价达到15.55元，差1.15元。而此时大盘指数也正式开始创2000点新高的起点。

可见，运用黄金定律分析大盘和个股，既可赚指数又可赚钱。

当然，在运用黄金定律计算时，千万不能死守教条，一点都不差是不可能的，有时差1元、2元也是允许的。即假如古越龙山涨到14.8元或15元，您也要卖掉了。灵活运用，而不是教条运用黄金定律，这是一绝招（见图3-6）！

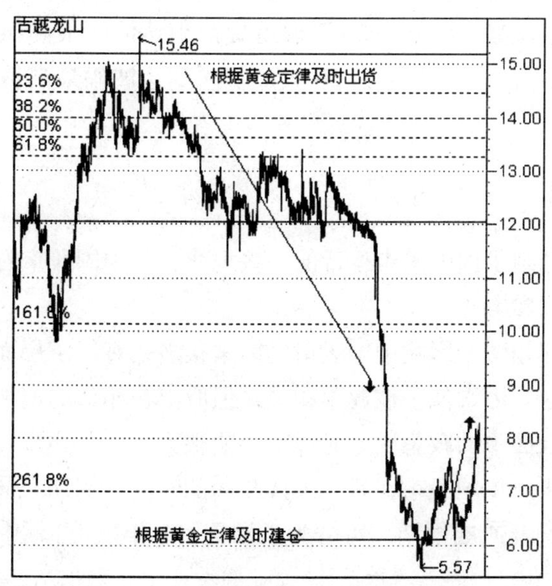

图3-6　运用黄金定律研判古越龙山

第三节　周期因素：迪威周期理论

◎ 基本概念

爱德华·迪威经过对股市的深入研究，提出了周期理论。其基本内容是：

（1）不相关却相似。影响股市的因素很多，表面上看这些因素似乎彼此不相关，但它们都在相似的周期上运行。

（2）同时同步。在大体相同的时间，这些相似的周期有同步的变化。

（3）周期分类。可分为长周期（2年以上）、中周期（1年）、短周期（几周）。

（4）周期叠加。两个不同周期产生的波幅（A波幅、B波幅）可以叠加构成另一个复合波幅C，从而更好地判断股价的走势。

（5）周期比例。相邻的两个周期存在比例关系，一般认为是2倍。如果有一个1年的周期，则下一个短期周期应为半年，而下一个长期周期应为2年。

（6）几乎同步。虽然不同周期的波幅不同，但是A波幅、B波幅几乎同时到达底部或顶部。

（7）周期波幅比例。如果周期长度较长，则波幅宽度较宽；如果周期长度较短，则波幅宽度较窄。2倍是两个周期波幅的参考数，如100天的周期波幅大约是50天周期波幅的2倍。

（8）左右转移。理论上计算，100天周期的波幅最高值应该发生在中间50天附近。如果波幅最高值左移，即不到50天股价提前到达波幅最高值，则行情可能提前终结；如果波幅最高值右移，即超过50天股价未到达波幅最高值，则行情可能暂时延续。

◎ 应用之招

迪威周期理论总结了国外股市运行的一些规律，就中国股市看，有些理论也适合中国股市，可以予以参考。

例如，不相关却相似。影响中国股市的因素很多，有经济层面、政治层面、社会层面等，表面上看这些因素似乎彼此不相关，但股市在相似的周期上运行都有它们的因素，特别是政治层面中的政策因素对股市影响很大。

又如，同时同步。中国股市在每年大体相同的时间，周期有同步的相似变化。而且周期分类也基本符合迪威周期，可分为长周期（2年以上）、中周期（1年）和短周期（几周）。

还如，周期波幅比例。2005年6月到2007年10月，周期长度很长，则波幅宽度为 5126 点左右。而 2011 年周期长度较短，则波幅宽度只有 933 点左右。

再如，左右转移。中国股市按 1 年运行计算，周期的波幅最高值应该发生在中间 6 月前后。实践证明，如果波幅最高值 5 月前发生，下半年则难创新高；如果波幅最高值 5 月前没有发生，则 6 月以后发生的可能性很大。如 2012 年和 2013 年，行情就是前移；2009 年，行情就是后移。

但是对迪威周期的周期叠加、周期比例、几乎同步、2 倍是两个周期波幅的参考数，在目前中国股市的实践中还没有得到更准确的验证，因此值得商榷。

第四节 “与市俱进”：道氏理论

◎ 基本概念

道氏理论由道·琼斯发明。理论基点是利用图表、图线等方法研判股市的基本趋势。其主要内容是：

（1）大部分股票的走势会随着股市大势的趋势运行，或说大部分股票的走势构成了股市大势的趋势，逆市运行的是少数，因此股票齐涨齐跌是必然的，所以炒股要紧随股市趋势而动，“与市俱进”。尤其是要观察大盘指数，所以道·琼斯编制了道琼斯指数，就是为了给股民一个有关股市趋势的参考。如果趋势形成多头，您手中的股票尽管暂时没涨，也没关系，肯定有上升的时候；如果趋势形成空头，您手中的股票尽管暂时没跌，也要出局，因为逆市上升的概率很小。

（2）基本趋势分为长期主要趋势、中期调整趋势、短期波动趋势三种。

长期主要趋势：大盘全面上升（或下跌），时间起码 1 年以上，上升（下跌）幅度起码超过 20%。如果趋势是处于上升趋势，此段可分为牛一期，股市处于底部，股民可以建仓；牛二期，股市开始上升，股民可以持仓；牛三期，股市猛烈暴涨，股民应该平仓。如果趋势是处于下降趋势，此段可分为熊一期，股市有下跌预兆，股民应该迅速平仓，保住胜利果实；熊二期，股市开始下跌，股民应该保住微利，或止损、割肉出局，保存实力，不要有侥幸心理；熊三期，股市继续阴跌，但趋势缓和，还没有出局的股民最好不要再割肉了，等待新一轮的上升趋势。

中期调整趋势：贯穿于长期主要趋势之中的反向行情。因为在股市上升的过程中，总有短线客抛盘的压力，从而干扰股市运作的力度，时间在两三个月，干扰的力度可以使股指回落 10%左右，甚至更多。但是度过干扰期，股市还会按既定的目标上升，所以股民在此时期，应该以持股为主。如果股市处于下跌的过程中，中期调整趋势表现在总有短线客进场抢反弹，短期缓解抛盘的压力，从而形成股市止跌的假象，时间大体在一两个月，反弹可以使股指回升 10%左右，甚至更多。但是要度过反弹期，股市还会按既定的目标下跌，所以股民在此时期，应该以空仓为主。

短期波动趋势：贯穿于长期主要趋势之中的小幅波动行情。股市每天、每周、每月波动非常正常，不管长期主要趋势是处于上升阶段还是下降阶段，故短期相反波动趋势根本不用理睬。

（3）一旦趋势发生转变，即大盘指数在长期的下降中突然转升或在长期的上升中突然转跌，股民则毫不迟疑地采取顺势而为的果断行动。

◎ 应用之招

结合中国股市观察，道氏理论有一定的参考价值。

例如，1996 年 10 月到 12 月 15 日的行情，1999 年“5・19”行情，2006 年和 2007 年跨年度行情，股票几乎都是齐涨，大部分股票随着股市上升趋势运行，逆市运行的是少数。而 2001 年 7 月和 2008 年开始的下跌行情，股票几乎都是齐跌，大部分股票随着股市下跌趋势运行，逆市运行的是少数。所以炒股要紧随股市趋势而动，尤其是要观察沪深大盘指数，“与市俱进”。

又如，1999 年“5・19”行情与 2006 年和 2007 年跨年度行情，预示长期主要趋势形成，大盘全面上升的时间起码 1 年以上，上升幅度起码超过 20%甚至更高，此时股民应该迅速进入多头角色。最终沪指分别涨到 2001 年 6 月的最高点 2245 点和 2007 年 10 月的 6124 点。

至于短期波动趋势可以忽略不计。此时股民可按牛一期、牛二期、牛三期进行阶段炒作。但是 2001 年 7 月和 2007 年底后，股市开始处于下降趋势，此段股民可按熊一期、熊二期、熊三期炒作。

再如，贯穿于长期主要趋势之中的 1999 年 8~12 月、2004 年和 2005 年的下跌调整趋势，如果过早出局，则面临踏空风险。因为在“5・19”行情与 2006 年和 2007 年跨年度行情上升的过程中，大批短线客进行抛盘打压，从而干扰股市运作的力度，迷惑股民。如果股民没有度过干扰期，则很遗憾。事实证明度过干扰期，股民收获就很大，所以股民在此时期，一定要以持股为主。

而 2001 年 7 月和 2007 年底，股市处于下跌的长期主要趋势中，中期调整趋势表现在总有短线客进场抢反弹，短期缓解抛盘的压力，从而形成股市止跌的假象。如 2001 年的“10・23”行情、2002 年的“6・24”行情、2008 年初的短暂行情等，时间很短，反弹使股指回升 18%左右。反弹假象期，容易诱骗股民进场，所以股民在此时期，应该以空仓为主。

当然，对道氏理论短期相反波动趋势根本不理睬，也存在误区。因为中国股市投机性比较强，所以热爱短线的股民为数不少。事实也证明，如果在 2001 年的“10・23”行情、2002 年的“6・24”行情和 2009 年初，果断进场，果断出场，也获利颇丰。因此，将道氏理论与中国股市特点有机结合是很重要的（见图 3-7）。

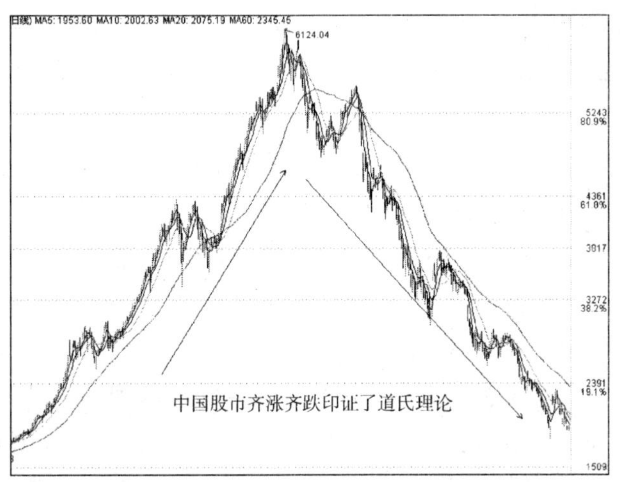

图 3-7 中国股市齐涨齐跌印证了道氏理论

第五节 人的运气：随机漫步理论

◎ 基本概念

当图表技术理论盛行时，1964 年，奥斯本提出的随机漫步理论则成为其对立面。奥斯本认为，股价是随机游走的，类似于化学分子的“布朗运动”（悬浮在液体或气体中的微粒所做的永不休止的、无秩序的运动）。股价是市场对随机到来的事件信息做出的反应，股民的意志并不能主导事态的发展。随机漫步理论的主要内容是：

（1）股市上的信息全是公开的，如价格、成交量、每股收益等。因此，根据理性的技术图表分析，大部分股民不会以 20 元去买一只价值仅为 1 元，甚至亏损的股票，当然也不会以低价卖出某价值高的绩优股票。也正是这些公开信息导致的理性分析，实际是无效的分析，结果往往事与愿违，如 ST 股票最典型。

（2）影响股市变化的是那些突发的、随意的、看似不相关的信息，而且是以随机漫步，不经意方式影响股市。如 2007 年 5 月 30 日凌晨宣布上调印花税。

（3）正因如此，所以股市的未来趋势是无法预测的，图表技术的分析无法预知这些非公开的随机漫步信息。

（4）股票的价格遵循正态分布规律，即大部分股票升跌幅度很窄，为10%~30%，处于中间高端位置；暴涨 100%以上和暴跌 100%以下的股票是极少数，它们处于两头低端位置。所以买卖股票是否输赢在很大程度上取决于人的运气。

◎ 应用之招

我认为随机漫步理论对中国股市目前状况有很重要的参考价值。

例如，目前的图表技术的分析基本是马后炮，谁也不敢根据图表技术的分析大胆做出股市走势的预测。股民戏说“高抛低吸”就是一例较好的讽刺。更为严重的是，图表技术的分析经常导致严重错误的结论。典型的是 2001 年 7 月和 2007 年 10 月后，股市已经开始猛跌了，许多股评人根据图表技术的分析得出这只是暂时的下跌，沪指还会在 2001 年底以前涨到 3000 点，在 2008 年底以前涨到 10000 点……还有股评人认为，3000 点是世纪铁底，2000 点是世纪银底，1800 点是世纪金底。事实证明，这些严重错误的结论极大地误导了股民。

又如，根据公开的信息推断股票的价值是理性的，由此买卖双方也是理性的，股价也是理性的，不可能发生非理性的爆炒行为。那么为什么股价会暴涨暴跌呢？正是那些突发的、随意的、看似不相关的信息，而且是以随机漫步、不经意方式，才导致股价暴涨暴跌。1996 年的两次降息、1997 年 2 月邓小平逝世和 7 月的香港回归、1999 年 5 月美国轰炸中国驻南斯拉夫大使馆、2005 年的全流通利空等，都直接导致了当年行情的爆发爆炒。而 1996 年 12 月 16 日《人民日报》特约评论员文章、1998 年洪水、2001 年包括国有股减持在内的 21 个因素、2008 年奥运会结束、2013 年上海自贸区等，都直接导致了当年行情的暴跌。这些突发的因素用图表技术分析无法计算出。

再如，2000 年亿安科技上升到 100 元造就了一位买了该股票就不懂也不动的老太太成为拥有 300 万元的大富婆；2000 年银广夏暴跌前逃顶的一位深圳股民也不是他判断得多么准确，而是他恰好准备结婚买房需要用钱，所以避免了世纪性灾难。而很多股评家却根据图表技术分析“吹嘘自己判断得如何准确”等，结果害人害己。从中国股市可见，这些极端的例子，即暴涨 100%以上和暴跌 100%以下的股票是极少数，究竟是买还是卖这些股票，很大程度上取决于人的运气（见图 3-8）。

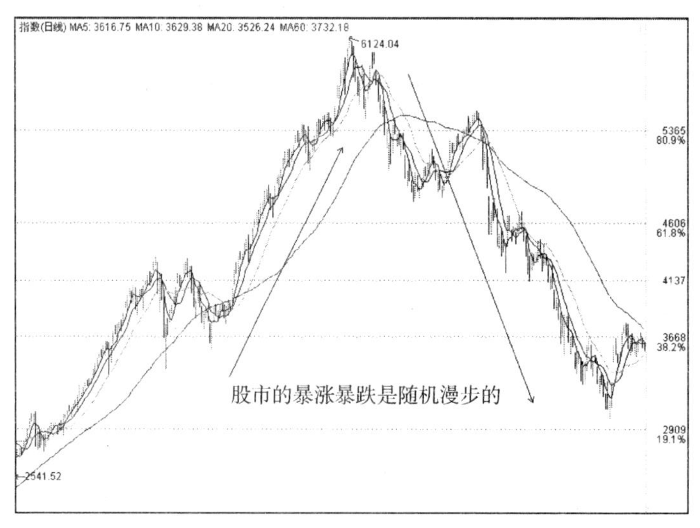

图 3-8　股市的暴涨暴跌是随机的

第六节 否定自己：亚当理论

◎ 基本概念

RSI、SAR 等技术指标的发明人是韦特，亚当理论的发明人也是韦特，而他自己的新发明否定自己的旧发明，即亚当理论否定了 RSI、SAR 等技术指标。亚当理论的基本内容是：

（1）任何技术分析都有缺陷，都无法准确预测股市。

（2）凭技术指标就能预测股市的话，掌握了 RSI、SAR 等技术指标工具的人就可以毫不费力地成为百万富翁。但实际上，正是掌握了 RSI、SAR 等技术指标工具的人，却在炒股中往往亏得一塌糊涂。

（3）必须摒弃马后炮、主观的技术分析，炒股就是要顺势而行，不可逆势而行。只要是升势确立，哪怕已经升高也要坚决跟进，因为升高了还可以再升高；只要是跌势确立，哪怕亏损割肉也要坚决平仓，杜绝均价摊低越跌越买的愚蠢买入法，因为跌深了还可以再跌深。

（4）及时认错，坚决出局。一旦判断失误，炒作方向错误，则应该认错改错，坚决果断出局，不要和股市较劲，摆出一副死猪不怕开水烫的架势。

（5）对资金要留有余额，全部投入则没有周转的空间。

◎ 应用之招

亚当理论对中国股市有一定的参考价值。

例如，技术分析和随机漫步理论有相同之处。因为从中国股市的实践看，技术分析无法准确预测股市，有时甚至还预测相反。随机漫步理论已经举出具体例子，这里不再重复。

又如，有关股市各种分析软件五花八门，而且价格不菲。如果凭技术指标分析软件就能准确掌握股市动态的话，这些软件推销人为何不用自己发明的软件去炒股？为什么出售软件让你成为股市的百万富翁？事实证明，在股市中赚钱的人，绝对不是炒股者本人，而是那些股市“边缘化的群体”，即中介机构（证券商、沪深两所、会计师事务所、律师事务所、保荐人）、卖证券书报的、卖证券分析软件的。

还如，在中国炒股，更要顺势而行，与势俱进，不可逆势而行。只要是升势确立，如“5·19”行情启动哪怕一周，2006 年行情哪怕上升半年了，也要坚决跟进，因为升高还可以再升高。但如果跌势确立，哪怕亏损割肉也要坚决平仓。如 2001 年 7 月和 2007 年底以后的行情，首先杜绝均价摊低越跌越买的愚蠢买入法，然后必须毫不犹豫地坚决出局。因为 2008 年跌破 4000 点，还可以再跌破 3000 点、2000 点、1800 点。

再如，2001 年“10·23”行情和 2002 年“6·24”行情一旦追进判断失误，则应该认错改错，坚决果断出局。而 2008 年 4000 点、3000 点抄底失败后，不要和股市较劲，及时止损是君子风度。

至于对资金是否要留有余额，我对亚当这个理论有不同看法。如果认为升势确立，就必须倾其全部资金杀入股市。

第七节　不做好友：好友理论

◎ 基本概念

好友理论是凯恩斯发明的。其主要内容是：经济只有越来越好，不会越来越坏，物价指数会越来越高，股市不断上升。尽管中间有反复，但从长期而言，在股市上应该做好友，而不做淡友。

◎ 应用之招

（1）作者认为，好友理论似乎不适合中国股市，对国际股市也没有足够的实际予以证明，参考意义不大。

（2）经济发展有周期性，有时经济周期进入低谷的期间还很长。因此股市不可能持续上升，持续性低迷有时也会很长。例如，中国股市 1993 年 3 月~1996 年 4 月、1997 年 6 月~1999 年 5 月、2002~2005 年，都持续低迷达两三年。

（3）从物价指数越来越高看，倒是符合实际情况，但是“股市不断上升”的判断是错误的。

（4）如果提出“长期而言”，那么长期的时间概念是多长？10 年、20 年……n 年？如果是无限长期，经济会越来越好，这谁都明白，用不着那些经济学家预测。因为事物总是向前发展，不可能倒退。股市也如此，沪指不可能退到 0 点。因此，“长期而言”的好友理论是废话，对现实没有任何意义。

（5）股市有升降周期，特别是在中国，基本以一个年度为周期。因此，炒作好每个年度周期波段很重要。例如，1996 年 10 月到 12 月 10 日的波段；2000 年到 2001 年 6 月的波段；2012 年和 2013 年上半年波段等。所以，炒股——不做好友，不做淡友，只做“波友”。

第八节 皆醉独醒：相反理论

◎ 基本概念

（1）相反理论非常好理解，主要内容就是大多数人都看好股市时，股市多头趋势就寿终正寝了；而大多数人都看空股市时，股市空头趋势就寿终正寝了。相反的含义就是如此简单。

（2）如何衡量大多数人的判断思维呢？如果股市处于上升高速阶段，此时几乎每人的股票账户上都赚得盘满钵溢，大多数股民兴高采烈，忘乎所以。此时的媒体、股评人更加激动，大肆渲染多头市场的发展趋势，为股民描绘一个又一个创新高的点位。连证券营业部门口的自行车都明显增多，外场的资金也经不起诱惑而积极加入炒股大军，大有全民炒股的态势。这时就可以判断大多数人的思维处于什么态势。如果用相反理论思考，此时就要做到“众人皆醉我独醒”，众人皆炒我走人。如果股市处于下跌高速阶段，此时几乎每人的股票账户上昨天还是赚得盘满钵溢，转瞬之间就烟消云散，严重套牢了，大多数股民垂头丧气，万念俱灰。此时的媒体、股评人更加悲观，大肆渲染空头市场的可怕发展趋势，为股民描绘一个又一个创新低的点位。证券营业部门口的自行车也明显减少，入场的资金和盈利的资金纷纷撤离，大有全民空仓的态势。这时就可以判断大多数人的思维处于什么态势。如果用相反理论思考，此时就要做到“众人皆醉我独醒”，众人皆空我做多。

◎ 应用之招

相反理论对炒股有比较重要的参考价值。

例如，1996 年 10 月到 12 月初、1997 年 2 月到 10 月，沪深股市开始猛涨，当时几乎每人的股票账户上都赚得盘满钵溢，有人甚至提出“不怕套、套不怕、怕不套”的多头口号，管理层当时接连发出十几个利空政策，但是大多数股民不听。结果后来被套得很惨。2007 年 10 月 16 日，沪指创新高 6124 点后，此时的媒体、股评人更加激动，大肆渲染多头市场的发展趋势，为股民描绘一个又一个创新高的点位，8000 点、10000 点……当时有人还改编歌曲：“死了都不卖”。结果 2008 年暴跌害死了许多人。6124 点时，大多数股民还处于多头思维中，证券营业部门口的自行车明显增多，外场的资金源源不断进入股市，这时如果用相反理论思考，就要众人皆炒我走人，不玩了。

又如，2001 年 7 月和 2005 年 6 月，股市处于下跌高速阶段，此时严重套牢的大多数股民垂头丧气，万念俱灰。而媒体、股评人更加悲观，大肆渲染空头市场的可怕的创新低的点位，有人甚至提出沪指要跌到 800 点、400 点。证券营业部门口的自行车也明显减少，资金纷纷撤离观望，这时大多数人的思维处于空头悲观态势。如果用相反理论指导行动，就要做到众人皆空我做多，适当时机入市，完全可以在2002年"6·24"行情在2006年打一个漂亮的反弹仗和反转仗。

个股也如此，当上市公司基本面不好时，大多数人认为股价必跌；当上市公司基本面很好时，大多数人认为股价必涨；可是股价往往反其道而行之，这就是相反理论的精髓。

例如，2012年7月，众和股份（002070）发公告，预计2012年1~6月归属于上市公司股东的净利润与2011年同期增减变动幅度为-20.00%~10.00%。按理说，这是一个利空，可是该股却暴涨，如图3-9所示。

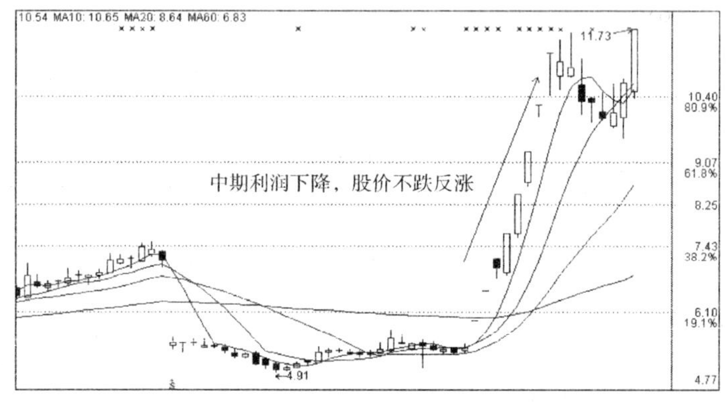

图3-9　众和股份不跌反涨

2012年7月10日，首份中报出炉，津劝业（600821）净利同比增60.22%。按理说，这是一个利好。可惜第二天，该股却出现放量下跌的尴尬走势，收盘下跌3.31%，报收4.67元，如图3-10所示。

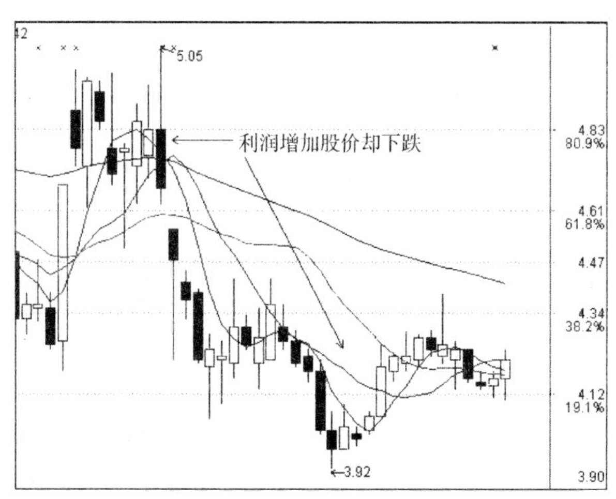

图3-10　津劝业不涨反跌

第九节 谁比谁更傻：博傻理论

◎ 基本概念

一句话，股市博傻就是傻瓜（笨蛋）赢傻瓜（笨蛋）的游戏。为什么？股市中经常发生这种情况：当股价已经涨得很高马上就可能下跌，甚至已经开始下跌了，但是仍然有股民大胆买入，结果股价确实又上升了。这时会有人提出疑问：什么人还敢买股票？而当股价已经跌得很低马上就可能上升，甚至已经开始上升了，但是仍然有股民胆小怕事，急忙卖出股票。这时也会有人提出疑问：什么人还在卖股票？

这两个疑问就是博傻理论（笨蛋理论）的基础。博傻理论认为：运用理性的思维和工具去判断股价的升跌反而是不理性的。因为股价从 1 元升到 2 元，升幅达 100%，不能再去追高了，但是股价越涨，股民就会像傻子一样认为股价还会涨。如果买入股票后股价确实上升了，买者必然要向其他踏空的股民显耀他们多么英明伟大。而这些其他踏空的股民此时也经不起诱惑，开始犯傻追高买入。假如这第一批其他踏空的股民犯傻追高买入股票后，股价确实又上升了，这第一批其他踏空的股民也必然要向第二批其他踏空的股民显耀他们多么英明伟大。如此反复，结果一批接一批的犯傻股民越来越多，股价由于犯傻买者增多，继续上升也是必然的。这就是为什么股价已经很高而仍有股民大胆买入股票的博傻道理。

反过来，如果股价从 10 元跌到 8 元，跌幅达 20%，此时会有股民开始割肉卖出股票，结果卖出股票后股价确实又跌到 6 元，卖者必然要向其他套牢的股民显耀他们多么果断。而这些其他套牢的股民此时也抵抗不住，意志动摇，开始犯傻杀跌卖出。假如这第一批其他套牢的股民犯傻杀跌卖出股票后，股价确实又下跌了，这第一批其他套牢的股民也必然要向第二批其他还未割肉的股民显耀他们多么果断。如此反复，结果一批接一批犯傻杀跌的股民越来越多，股价由于犯傻卖者增多，继续下跌也是必然的。这就是为什么股价已经很低而仍有股民卖出股票的博傻道理。

博傻造就了一批又一批前赴后继的博傻者纷纷追高或杀跌。股价总有上升（下跌）的终结，结果谁更傻，谁就被在高位深度套牢（底部杀跌卖出地板价）。

经济学家凯恩斯就是博傻理论的实践者，他先后炒股、炒汇、炒期货，发现了笨蛋赢笨蛋就是博傻。凯恩斯曾举例说明：从 100 张照片中选出你认为最漂亮的脸，选中的有大奖，谁是最漂亮的脸，最后由大家投票来决定。于是，投票者为了得大奖，并不选自己认为最漂亮的那张脸，而是猜多数人会选谁，我就投谁一票，哪怕丑得不堪入目也无所谓，可见，投票者的行为是建立在对大众心理猜测的基础上而并非是本人的真实想法。即投票变成了猜测别人的想法，猜测对了你就能获胜，猜错了，你就不能获奖。1720年，一个无名氏创建了一家莫须有的公司，无人知道这是一家什么公司，但认购时近千名笨蛋股民都认为该股价会上涨，结果蜂拥而至把大门都挤倒了，科学家牛顿也经不住诱惑，参与了博傻，结果他成了最大的笨蛋，他为此承认，我能计算出天体运行，但人们的疯狂实在难以计算。

中国股民炒股也是一样，许多中小股民整天就是猜测哪只股票有庄家、有题材，而不管股票的真实价值，因此，当ST股价暴涨时，就会出现一个个笨蛋去博傻。

◎ 应用之招

博傻理论对中国股民是一个启迪。

例如，2005年6月，沪指跌破1000点后行情开始发动。当时很多人认为沪指要跌到800点，但是股市却出乎意料地连续两年猛涨，一大批踏空者叫苦不迭。此时股市中非理性的博傻行为开始显现，胆大博傻的第一批股民像傻子一样买入了股票后股价确实上升了，于是2006年第一批博傻买者向其他踏空的股民显耀说："撑死胆大的，饿死胆小的。……谁说炒股有风险，我昨天刚买，今天就赚了一年的工资。"

于是那些踏空的股民经不起诱惑，开始犯傻追高买入，结果2007年沪指确实又上升了。于是第二批股民向另外其他踏空还在观望的股民显耀他们多么英明伟大。当时有一句典型的博傻口号，即"不怕套，套不怕，怕不套"。结果2007年10月后，犯傻追高的股民越来越多，最后的结果当然是惨不忍睹，深度套牢。类似博傻追高的情况在1996年10月初、2001年6月也发生过。

又如，2002~2005年，股市持续下跌，当沪指跌破1300点时，有股民开始割肉卖出股票，结果卖出股票后沪指确实又跌破1200点。此时卖者向其他套牢的犹豫股民显耀他们多么英勇，敢于壮士断臂。而这些第二批套牢的股民此时也抵抗不住，意志动摇，开始犯傻杀跌卖出。结果卖出股票后，沪指确实又跌破1100点。于是这批股民也向其他还未割肉的股民宣传"敢于壮士断臂"多么重要。再加上当时有人认为沪指要跌到400点。于是乎，犯傻杀跌的股民越来越多，1000点割肉出局，结果却卖出了地板价，失去了2005年6月抄底的最好时机。类似博傻杀跌的情况在1997年初、1999年5月也发生过。

根据博傻理论并总结中国股市的情况，我认为：如果说体育是一个比较公平的竞技游戏，运动员之间的比赛是比谁更高、更快、更强的话，则股市就是一个博傻的游戏场所，股民之间的比赛就是比谁傻、谁更傻、谁更更傻。因此从这个意义上讲，炒股的输赢不是看谁比谁聪明，而是看谁比谁更傻。当然聪明反被聪明误，傻人也有傻福气，这是运气。

第十节　买卖时机：亚历山大过滤理论

◎ 基本概念

买卖股票的时机很重要，亚历山大的过滤理论试图解决这个问题，其主要内容是：当股票收市价上升到10%，说明多头基本将空头过滤，股民可以建仓，之后就耐心等待股票继续上升；如果股票收市价上升了5%~30%后开始下跌，跌幅达到10%，说明空头基本将多头过滤，股民可以平仓。因此，10%成为买卖股票的过滤器。

◎ 应用之招

从相对固定的箱体看，用10%（或者20%）过滤器理论炒股可以参考。

例如，2005年的股市，沪指跌破1000点后，您可以再观察一段，一旦沪指上升10%（或者20%）左右，即1100~1200点，股民就可以建仓，然后等待行情的继续上升；一旦沪指从6124点下跌10%（或者20%）左右，即5500~4800点，股民就可以平仓，然后等待行情的继续下跌。

不过该理论也存在致命的缺陷。由于股市变幻莫测，如果机械地将10%（或者20%）作为过滤器，肯定会发生失误。特别是在大牛市中必将踏空，在大熊市中必将套牢。

例如，2006~2007年，沪深股市产生了一轮跨世纪牛市行情。在此大行情的过程中，经常发生上升（下跌）途中10%震荡假跌（假升）的空头（多头）陷阱，如果按亚历山大10%过滤理论，岂不发生跨世纪踏空或套牢。

又如，2001年"10·23"行情和2002年"6·24"行情，沪指涨幅都超过10%，如果按亚历山大10%过滤理论去建仓，股民岂不要被套牢。

第十一节　趋势形成：格伦维尔法则

◎ 基本概念

华尔街股票分析师格伦维尔研究了股票买卖法则，其主要内容是：

（1）只要上升趋势形成，中途任何时候回落都应该趁机建仓。

（2）只要上升趋势形成，中途任何时候都不应该平仓。

（3）只要下跌趋势形成，中途任何时候反弹都应该趁机平仓。

（4）只要下跌趋势形成，中途任何时候反弹都不应该建仓。

◎ **应用之招**

格伦维尔法则有一定道理，可以作为参考。

例如，2005 年 6 月，沪指跌破 1000 点后，预示着一轮跨世纪的牛市行情即将启动，应该大胆建仓。之后上升趋势明显，已经建仓，就在这轮大牛市的中途任何时候都不应该平仓。反而在这轮大牛市中途任何时候回落都应该趁机加重仓位，由此可以获得 2006 年到 2007 年 10 月的全程胜利。

又如，从 2007 年 11 月开始，沪深股市下跌趋势明显，此时如果已经平仓，就在这轮大熊市的中途任何时候都不应该再次建仓。如果没有平仓，则应该在这轮大熊市中途任何时候割肉出局，尽量把损失降低到最小，保存实力，以后再战。

第十二节　差不多就行了：西蒙理论

◎ **基本概念**

美国的西蒙是决策理论的重要代表人物。他在论述决策原则时认为，决策不可能实现最优化原则，只能采取令人满意的准则。即没有最好，只有较好。所谓的最优、最好的方案只是一种理论上的抽象和美好愿望而已。所以，在进行决策时，只要采取较好的方案就可以了。

◎ **应用之招**

西蒙理论对我们炒股有很大帮助，股民应该好好领悟。西蒙理论，我把它解释为中国通俗的说法就是“差不多就行了”，这个“差不多就行了”的理论，我认为还要深入理解：

第一，从理论上讲，在买卖股票的时候，我们的确需要对宏观面、公司面、股价面等各种因素进行分析。但实际上我们不可能面面俱到地进行所谓的全面分析，至于正确分析更不可能。

第二，股市本身就充满各种变数，风险和盈利的机会都同时存在。因此，真正在决策买卖时，除了心细外，有时需要胆大，即心细胆大。

第三，股市变幻莫测，股价的突变经常发生。如果您一副学究样反复研究、论证，肯定会错失良机。更何况您一副学究样反复研究、论证的决策还不一定保证非常正确。

第四，每一位股民都想吃鱼头（刚好在股价顶部卖出）、吃鱼尾（刚好在股价底部买进）。实际上99%是不可能的。所以，决策买卖股票时，更多的是“差不多就行了”。

例如，2005年沪指跌破1000点，随即行情启动，此时您就应该迅速判断：这是经过近4年的盘整探底后，股市发生的一轮大行情，所以就要果断建仓。即使没有吃到鱼尾，也要坚决追进建仓，此时更需要胆大。如果您还一副学究样反复研究、论证，黄花菜都凉了。2007年底股市开始进入熊市下跌，您也不能进行什么所谓的全面分析，按正常分析，宏观面和管理层绝对不可能支持沪指跌到1700点附近。但是股市本身就充满各种变数而且是残酷的沪指不客气地跌破了1700点，因此及时平仓是最重要的。

又如，就宏观面、公司面、股价面等各种因素分析看，不可能支持沪指2007年疯涨到6124点，所以股市涨到一定高点下跌是必然的。但是猛跌到1664点也不符合股市规律。

因此，按西蒙理论炒股，2006年，在2000点甚至3000点左右建仓；2007年，在5000点甚至3000点左右清仓，“差不多就行了”。老想鱼头鱼尾通吃，最后的结果就是鸡飞蛋打。

第十三节 价量关系：葛兰碧法则

◎ 基本概念

葛兰碧通过对股价和成交量关系研究后，提出了价量之间的法则。我结合中国股市实际情况，进一步阐述为：

（1）价升量增。如果股市经过长期一轮下跌后企稳，此时股价上升，成交量也上升，意味着股市由空头态势转为多头态势，股民可以考虑建仓；如果股市经过长期一轮上升后不太稳定，此时股价继续上升，成交量也继续上升，要警惕股市可能由多头态势转为空头态势，股民最好提前平仓。

（2）价升量平。如果股市经过长期一轮下跌后企稳，此时股价上升，成交量平衡，意味着股市逐步由空头态势转为多头态势，股民可以考虑建仓；如果股市经过长期一轮上升后不太稳定，此时股价继续上升，成交量平衡，要警惕股市在高位盘整后可能由多头态势转为空头态势，股民最好提前平仓。

（3）价升量减。如果股市经过长期一轮下跌后企稳，此时股价开始小幅上升，成交量还在减少，意味着股市底部基本形成，空头态势转为多头态势指日可待，股民可以考虑建仓；如果股市经过长期一轮上升后不太稳定，此时股价继续上升，成交量开始减少，要警惕股市可能由多头态势转为空头态势，股民最好提前平仓。

（4）价跌量增。如果股市经过长期一轮下跌后企稳，此时股价还在小幅下跌，成交量开始小幅上升，意味着股市由空头态势转为多头态势，股民可以考虑建仓；如果股市经过长期一轮上升后不太稳定，此时股价开始暴跌，成交量却大幅上升，要警惕股市可能由多头态势转为空头态势，股民最好提前平仓。

（5）价跌量平。如果股市经过长期一轮下跌后企稳，此时股价还在小幅下跌，但成交量处于平衡，意味着股市底部基本形成，空头态势将转为多头态势，股民可以考虑建仓；如果股市经过长期一轮上升后不太稳定，此时股价开始暴跌，成交量平衡，也要警惕股市可能由多头态势转为空头态势，股民最好提前平仓。

（6）价跌量减。如果股市经过长期一轮下跌后企稳，此时股价还在小幅下跌，成交量也还在小幅下跌，意味着股市底部将要形成，空头态势将转为多头态势，股民可以考虑建仓；如果股市经过长期一轮上升后不太稳定，此时股价开始暴跌，成交量减少，要警惕股市可能由多头态势转为空头态势，股民最好提前平仓。

（7）价平量增。如果股市经过长期一轮下跌后企稳，此时股价处于平衡，成交量开始小幅增加，意味着股市底部将要形成，空头态势将转为多头态势，股民可以考虑建仓；如果股市经过长期一轮上升后不太稳定，此时股价高位平衡，成交量增加，可稍微观察一段，但要警惕股市可能由多头态势转为空头态势，股民最好提前平仓。

（8）价平量平。如果股市经过长期一轮下跌后企稳，此时股价处于平衡，成交量也处于平衡，意味着股市底部将要形成，空头态势将转为多头态势，股民可以考虑提前建仓；如果股市经过长期一轮上升后不太稳定，此时股价高位平衡，成交量高位平衡，要警惕股市可能由多头态势转为空头态势，股民最好提前平仓。

（9）价平量减。如果股市经过长期一轮下跌后企稳，此时股价处于平衡，成交量还在小幅下跌，意味着股市底部将要形成，空头态势将转为多头态势，股民可以考虑建仓；如果股市经过长期一轮上升后不太稳定，此时股价高位平衡，成交量高位减少，要警惕股市可能由多头态势转为空头态势，股民最好提前平仓。

◎ 应用之招

以中江地产（原江西纸业，见图3-11）为例。

某年5月底左右，该股价在8元左右，成交量大体在3000手、4000手。6月7日，该股成交量突然增加到9000多手，此时可以考虑建仓。之后几天，该股成交量萎缩，有时仅为1000多手。但是，6月7日放量后，意味着股价迟早会上升。6月21日，成交量突放到10192多手，股价也升到9元，此时没有建仓，则必须迅速建仓。

6月24日，该股封涨停到9.92元，成交量为44487手。6月25日，该股股价仅到最高价9.93元后就开始下跌，最低价为9.51元，成交量此时也缩减到26920手，下降了近40%，显示该股上攻乏力，股民可以考虑平仓。之后几天，该股成交量不断萎缩，股价也由此下跌。到7月25日左右，成交量萎缩到1000多手，股价跌到8

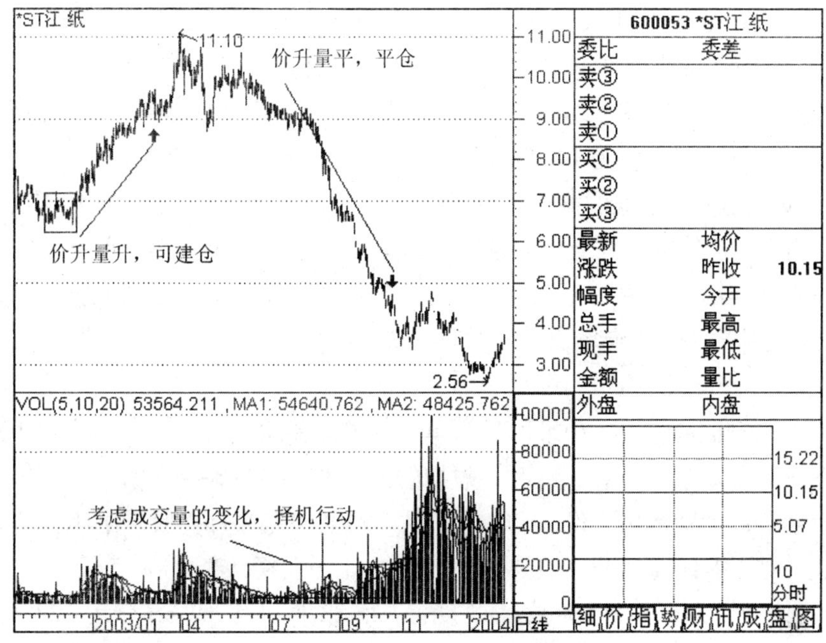

图 3-11 运用葛兰碧法则研判*ST 江纸

元左右。7 月 31 日，该股成交量又突然放大到 14181 手，股价也升到 9 元，此时股民可以再次建仓。

8 月 14 日，该股股价最高到 9.76 元，成交量放大到 26800 多手，此时股价上升力度一般，而成交量上升较快，要警惕股市可能由多头态势转为空头态势，股民最好提前平仓。

事实证明，该股后来进入缩量下跌态势，到 12 月 13 日，股价跌到最低价 6.41 元，但是成交量却出现 6204 手的放量现象，比前几日上升 200%左右，此时表明股价可能结束空头态势，股民可以再次建仓。次年 3 月 31 日，该股股价最高到 11.1 元。

第十四节 玄乎其玄：江恩理论

◎ 基本概念

威廉·江恩（William Delbert Gann）在美国资本市场上总结了一套投资的理论，其主要内容是：

（1）波动是支配市场循环的重要法则。波动的形式是上升与下跌。当股市由上升转为下跌时，25%、50%、75%等是重要的支撑位；当股市从低位启动时，1.25、1.5、2 等是重要的阻力位。

（2）时间是循环周期的参考点。20 年、30 年、60 年以上为长期循环。1 年、2 年、3 年……15 年等为中期循环。其中 30 年最重要，因为含有 360 个月，是一个完整圆形的度数。短期循环为 24 小时、12 小时……甚至可缩小到 4 分钟，因为一天有 1440 分钟，地球自转一度为 1440 除以 360，得出 4 分钟。

（3）10 年是一个重要的循环。由 10 年前的顶部（底部）可预测 10 年后的顶部（底部）。此外，7 年也是一个转折点，因为 7 天、7 周、7 个月都很重要。

（4）在 5 年的升势中，先升 2 年、跌 1 年、再升 2 年，到第 59 个月注意转折。在 5 年的跌势中，先跌 2 年、升 1 年、再跌 2 年。处于长期上升（下跌）时，一般不会超过 3 年。

（5）在上升的趋势中，如果以月为单位，调整不会超过 2 个月。如果以周为单位，调整一般在 2~3 周。在大跌时，短期的反弹可以维持 3~4 个月。

（6）将 360 度圆形按月份（和中国历法巧合）分割来计算股市循环。

0 度：3 月 21 日（春分）；1/8 度：5 月 5 日（立夏，春分后 45 天）；1/4 度：6 月 21 日（夏至，春分后 90 天）；1/3 度：7 月 23 日（大暑，春分后 122 天）；3/8 度：8 月 5 日（立秋前 2 天，春分后 19. 5 周）；1/2 度：9 月 22 日（秋分，春分后 182 天）；5/8 度：11 月 8 日（立冬，春分后 32. 5 周）；2/3 度：11 月 22 日（小雪，春分后 35 周）；3/4 度：12 月 21 日（冬至，春分后 39 周）；7/8 度：2 月 4 日（立春，春分后 45. 5 周）。由于股市循环往复，所以股价会发生重复的情况（注：节气的阳历具体日期每年稍有变化，如 2012 年 11 月 7 日和 2013 年 11 月 7 日都是立冬日，而 2011 年立冬日是 11 月 8 日）。

（7）角度线是通过一定的角度来勾画股价和时间的关系。江恩理论有 9 条角度线：

7. 5 度（8×1 线）
15 度（4×1 线）
18. 75 度（3×1 线）
26. 25 度（2×1 线）
45 度（1×1 线）
63. 25 度（1×2 线）
71. 25 度（1×3 线）
75 度（1×4 线）
82. 5 度（1×8 线）

其中，括号内的前面数字代表时间单位，后面数字代表股价单位。例如，3×1，代表时间变动 3 个单位，股价变动 1 个单位，见图 3-12。

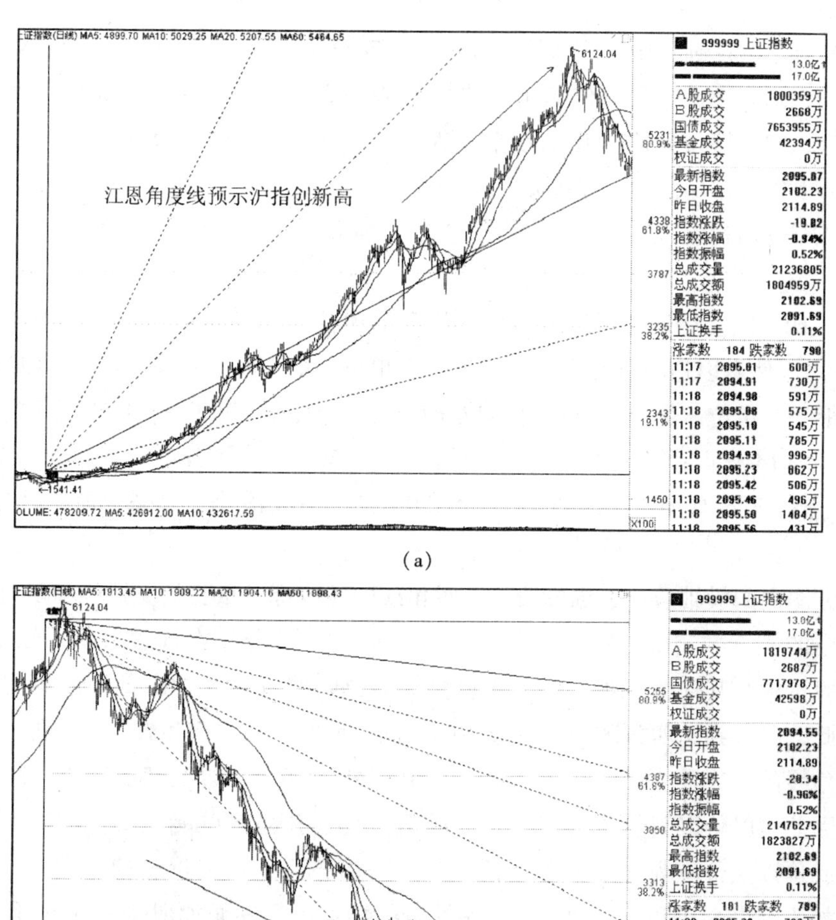

(a)

(b)

图 3-12　江恩角度线预示沪指涨跌

45 度角度线是最重要的参考线，它是股价和时间的平衡生命边际线。一般认为，股市经过长期下跌形成底部后，随着时间的推移，股价开始上升。当接近 7.5 度(8×1 线）时，可以考虑建仓。而接近 15 度（4×1 线)、18.75 度（3×1 线)、26.25 度（2×1 线）和 45 度（1×1 线）的过程中，股价上升会遇到相当大的阻力，但此时应该坚持。如果无法越过 45 度平衡边际线，则说明行情就此终止的可能性较大，股民可以考虑平仓。如果越过 45 度平衡边际线，则说明行情继续上升的可能性较大，股民可以持仓。但是当股价角度线超过 71 度角度线后，要时刻警惕风险，最好提前平仓。

（8）股价和时间的关系基本是圆形、三角形、四方形。而三角形和四方形被限制在圆形中运动。圆形是将股价和时间用 360 度圆圈表示。而特定的股价和时间用三角形、四方形镶在圆形中，表示股价和时间的支持位、阻力位。股价方面：如果以三角形测算，则支持位和阻力位的水平线为趋势的 33.3%、66.6%、100%；如果以四方形计算，则支持位和阻力位的水平线为趋势的 25%、50%、75%、100%。在时间方面：如果以三角形测算，则股市产生的重要交易日时间为 120 天、240 天、360 天；如果以四方形计算，则股市产生的重要交易日时间为 90 天、180 天、270 天、360 天。

（9）四方图。用于分析股价的支持位和阻力位。先确定股市历史最低价，如沪指 1000 点。然后以逆时针方向从右加上一个单位，如 100 为单位，则是 1100 点；再向上加上一个单位，为 1200 点；再向左加上一个单位为 1300 点；接着再向左加上一个单位，为 1400 点；再向下加上一个单位，为 1500 点；接着再向下加上一个单位，为 1600 点；再向右加上一个单位，为 1700 点……以次类推，逐步画出扩展的四方图。

四方图中的横轴股价、纵轴股价、对角线的股价都是重要的支持位和阻力位。而前面介绍的神奇数字 2、3、5、8、13、21、34、55 等分布在横轴股价、纵轴股价、对角线股价中。其他数字如 89、144 也接近，说明四方图和神奇数字的异曲同工之妙。因此，股价到达四方图和神奇数字的共同区域时，就要产生转折。此外，四方图左下对角线的数字 1、9、25、49、81、121、169 正好是 1、3、5、7、9、11、13 的平方。因此，股价以某价位为起点上升的话，其上升趋势可能在某价位的平方上结束。而股价以某价位为起点下跌的话，其下跌趋势可能在某价位的开方上结束。例如，假如股价以 3 元开始启动，在 9 元处可能结束上升；假如股价以 9 元开始下跌，在 3 元处可能结束下跌。

（10）六角图。将 360 度分为 6 个角度，每个角度为 60 度。如果以年为周期计算，则天数分为 60、120、180、240、300、360。这些天数都是关键的转折点。

（11）轮中轮图。股市循环一年可分为 12 个月，月份再一分为二地分割成新月和满月，则有 24 份。按中国历法原理，一年可分为 24 个节气。江恩根据此设计了 360 度圆形图表，将其分割成 24 个单元，每一个单元按 15 度划分。这样，股市则以每一个单元为区间运行。而重要的节气日也与重要的角度对应，例如，春分→0 度；立夏→45 度；夏至→90 度；立秋→135 度；秋分→180 度；立冬→225 度；冬至→270 度；立春→315 度；春分→360 度。因此，这重要的节气日与重要的角度对应处是股市的重要转折点。尤其是 0 度、90 度、180 度更为重要。

（12）买卖规则。这主要有：根据趋势买卖，大盘指数做重要参考；股价接近前期的底部（顶部），形成双底、三底（双顶、三顶）后买入（卖出）；调整 3 周后入市；股价创新高买进，创新低卖出；等等。

◎ 江恩的误区

江恩理论对股市升跌的角度、时间的分析可以做炒股参考。但股市的变化是千姿百态的，不可能按人为刻画的角度、时间按部就班地运行，尤其是中国的股市更具有戏剧性。例如，2000 年涨一年的行情、2001 年下半年到 2005 年的长期大跌行情、2006 年和 2007 年的牛市行情等，江恩理论则显出分析误区。如果按江恩的买卖规则操作（如形成双底、三底（双顶、三顶）后买入（卖出）；调整 3 周后入市；股价创新高买进，创新低卖出等），则中国股民在 6124 点买进，在 998 点卖出，岂不追高套牢，杀跌踏空，来回打自己嘴巴？因此，灵活运用江恩理论利大于弊，而对江恩理论顶礼膜拜则弊大于利。

◎ 应用之招

例如，按江恩理论 9 条角度线分析长安汽车（见图 3-13）。某年初以 8 元开始启动。当股价接近 7.5 度（8×1 线）时，可以考虑建仓。之后该股股价先后越过了 15 度（4×1 线）、18.75 度（3×1 线）、26.25 度（2×1 线），股价在 18.75 度（3×1 线）、26.25 度（2×1 线）即 11~15 元的上升途中遇到反复阻力，但是多头最后努力冲过了 15 元，到达了 45 度平衡生命边际线。但此时股价遇到更大的阻力，虽然冲破 45 度平衡生命边际线，股价达到 18 元，但从 45 度平衡生命边际线的大幅震荡和安全角度考虑，随时平仓是上策。

图 3-13　运用江恩理论分析长安汽车

又如，按四方图分析沪市大盘（见图 3-14）。1998 年到 1999 年 5 月，沪指的底部基本在 1000 点。从此低位算起，以 100 点为单位将有关数字添进四方图。结果，2000 点正好落在右横轴的第二个方格内，此为关键转折点，意味着沪指突破 2000 点则还会向更高的目标前往。而沪指走到 2200 点左右，其数字正好落在右上方对角线的第二个方格内，此为关键转折点，意味着沪指如果无法继续突破 2200 点则会开始倒循环下跌。

11000	10900	10800	10700	10600	10500	10400	10300	10200	10100	10000
11100	7400	7300	7200	7100	7000	6900	6800	6700	6600	9900
11200	7500	4600	4500	4400	4300	4200	4100	4000	6500	9800
11300	7600	4700	2600	2500	2400	2300	2200	3900	6400	9700
11400	7700	4800	2700	1400	1300	1200	2100	3800	6300	9600
11500	7800	4900	2800	1500	1000	1100	2000	3700	6200	9500
11600	7900	50000	2900	1600	1700	1800	1900	3600	6100	9400
11700	8000	5100	3000	3100	3200	3300	3400	3500	6000	9300
11800	8100	5200	5300	5400	5500	5600	5700	5800	5900	9200
11900	8200	8300	8400	8500	8600	8700	8800	8900	9000	9100
12000	12100	12200	12300	12400	12500	12600	12700	12800	12900	13000

图 3-14　江恩四方图——关键点位都在格子里

事实证明，沪指到 2245 点后就结束了牛市行情。而 1300 点、1200 点、1100 点、1000 点数字正好落在方格内，此为关键转折点。事实证明，沪指 2005 年 6 月 6 日跌破 1000 点后，股市则开始了一轮上升行情，并连续突破 1500 点、2000 点、4000 点、6000 点。

但是注意，沪指 2200 点、3200 点、4000 点、5500 点、6200 点等点位均落在四方图的格子里，而这些点位特别重要，所以反复震荡也厉害。事实证明，2007 年 10 月 16 日的 6124 点恰恰在 6200 点的方格子附近。

第十五节 化整为零：箍桶理论

木桶，是旧时家庭常用物，桶身由多块梯形木板用竹钉拼接而成，底部镶垫圆形木块，四周再用铁环箍紧，确保接缝严实，这项民间手工技艺称箍桶，拼接木桶的人俗称“箍桶佬”，箍桶就是一块块插木板，就可以做成一个巨量水桶。

箍桶理论其定义是：先制定一个大目标，然后根据自身与客观的情况，制定出最终为能达到目标的一个个阶段的任务量。或者说，就是将一件有大困难的事，细分为若干阶段的小事情或部分事情，这样，在细分后的每个阶段或部分，其困难就被大大缩小，直至缩小到其困难可被轻易克服，缩小到要实现这个阶段或部分的小任务。

通俗理解：就是把目标化整为零，完成任务积少成多，把困难大事化小，最后把困难小事化无。

比如：一捆筷子，我们很难用手将其折断，但若一根根去折，则轻而易举。因此，当我们一步步较为容易地克服每个阶段或部分的小困难、一步步夺取了每个阶段或部分的小胜利之后，最终，我们积少成多，完成了巨大的任务。

箍桶理论对炒股有一定帮助。比如，说一年赚100%利润（“箍桶”），你一定觉得是天方夜谭。但是，你计划一年225个交易日中，将这100%的利润量分割、分解在每天、每周或每月的时间中（假设是每天，就是每天赚0.44%的利润），之后，您就按部就班地、扎扎实实地完成每一时间单位的任务即可（“插木板”）；如果你每个时间单位的事都如愿以偿，到年底，你就胜利完成了赚100%的任务。可见，用箍桶理论炒股，你不用绞尽脑汁去寻找黑马股，而只须大事化小，积少成多，就OK了。

理论上正面分析箍桶理论是乐观的，但是股市变化无常，如果您分解100%利润（“箍桶”）后，每日“插木板”亏损了0.44%的利润，或者有赚有赔，那么一年下来，也许赔了100%的利润。由此可见，任何理论，在炒股面前都不是百战百胜，有时候还显得苍白无力，所以，仅供参考吧。

第十六节 ST巴菲特：捂股理论

沃伦·巴菲特被一些中国的股民捧为股神大师，2013年5月13日，国务院副总理汪洋还会见了到中国访问的巴菲特。

巴菲特共买过两只中国股票，一只是中国石油（H股），已于2007年清空；另一只是比亚迪（H股）。

◎ 基本概念

巴菲特师从格雷厄姆，从1956年创办合伙人企业，他也没有什么高深的炒股理论和技术指标，他在美国炒股成为大师的原因非常简单，就是买了一只股票后就长期捂股不动，在长达五十多年的时间里，巴菲特捂股取得了大约年化22%的收益，巴菲特说，40年来，任何时候卖出股票都是错误的，老巴这样的炒股笨办法谁都会。

几十年来，对巴菲特的捂股方法一直有人质疑，质疑者认为巴菲特是一个典型的“3西格玛”事件（形容事件出现的概率很小），更有甚至认为他和中彩票大奖的“傻瓜”没有分别。因为当我们拿出一群赢家作为例证，宣扬他们是如何“价值投资捂股”之时，不要忘了还有大量遵循同样投资理念的人收益平平，甚至亏损累累。这些人由于业绩平平，无法现身，因此沦为了“沉默的反证”。因此，一千个人的心目中有一千个哈姆雷特，“价值投资捂股”只能是炒股的一个方法而已。

再说，巴菲特是在美国炒股，美国的上市公司与中国的上市公司有很大差距，美国的上市公司具有长期的增长潜力，所以巴菲特炒股的主要方法就是买进股票后就一路持有。而目前中国的上市公司几乎没有长期投资价值，2012年珈伟股份、百隆东方上市不久，其业绩大幅变脸，更有甚者，南大光电甚至没有上市业绩就变脸，比如，2012年8月7日该股上市，就在上市的前晚骤然发布业绩下降公告称，2012年上半年净利润较2011年同期下降27.71%，成为“最快变脸”的新股。还有更恶劣的就是发行新股前就欺骗股民，如这几年，先后有山西天能科技、广东新大地、湖南胜景山河公司等。

◎ 巴菲特的误区

老巴是美国人，对中国股民而言，不能教条地学习巴菲特，因为美国的情况与中国有很大差异，特别是中国上市公司质量实在令人担忧，不一定哪天就引爆出亏损的地雷，以下表格就列出了部分百元股，有的甚至是所谓的绩优股，股民买入套牢后就基本解套无望了，所以长期持股就不现实。

表3-1　部分百元股、绩优股股价腰斩表（未考虑除权情况）

股票代码、简称	历史曾经最高价（元）	2013年5月中旬大约股价（元）	是否更名
600150 中国船舶	300.00	19.01	无更名
000938 清华紫光	106.57	12.93	紫光股份
000008 亿安科技	126.31	14.04	宝利来
600497 驰宏锌锗	154.00	11.38	无更名
600109 成都建设	159.00	16.04	国金证券

续表

股票代码、简称	历史曾经最高价（元）	2013年5月中旬大约股价（元）	是否更名
002093 国脉科技	119.77	5.36	无更名
002097 山河智能	112.99	6.92	无更名
600489 中金黄金	159.60	11.83	无更名
600547 山东黄金	239.00	32.01	无更名
601318 中国平安	149.28	38.67	无更名
002140 东华科技	134.00	27.11	无更名
600030 中信证券	117.99	12.27	无更名
002153 石基信息	184.00	22.70	无更名
000024 招商地产	102.89	26.38	无更名
002122 天马股份	163.98	4.94	无更名
000960 锡业股份	102.20	16.67	无更名
002202 金风科技	160.00	5.99	无更名

以上可见，中国的上市公司质量没有什么长期投资价值，甚至半年、1年业绩就变脸，你长期持有的结果就是亏损。

有人说，贵州茅台长期持有不也赚钱吗？可是您想过吗，贵州茅台的股价来回波动多少次？如果您在中线上做几个波段，收益比持股不动还高。况且贵州茅台的塑化剂事件和公款不准消费等利空，导致贵州茅台暴跌，是不是下了您一跳，说不定哪一天贵州茅台还会来一个……再说，类似贵州茅台这样的股票凤毛麟角。

作者统计过，中国的股票，99.99%都是猛炒一阵（不管短期、中期、长期），然后就一落千丈，一蹶不振。我等小民只有随波逐流，现实点好。巴菲特的投资理念和方法，只能参考，不能模仿，更不可复制。否则，您就是东施效颦。

◎ 应用之招

所以，我认为不要照搬巴菲特的炒股方法，有些根本不可以学习（比如长期投资），所以在中国炒股，要灵活操作，与势俱进，波段操作，才是上策。您长期持有的结果就是空欢喜，甚至还亏损，不信，您让巴菲特来中国炒股，肯定必亏无疑。

因此，不能学习巴菲特长期投资的招法。我们需要：①结合中国国情；②要有巴菲特的长期投资战略，但要结合中国中线投资战术；③学习巴菲特刻苦钻研公司一切有关信息，从而抓住中国最大的牛股；④我的招法是：每年买一次，卖一次股票都不是错误的。而老巴捂股40年的理念，在中国炒股是错误的。

在这里我要介绍与巴菲特炒股理念相反的德国投资家安德烈·科斯托兰尼，他是投机的倡导者，他认为，股市就是一个弱肉强食的投机场所：有钱的人，可以投机；钱少的人，不可以投机；根本没钱的人，必须投机。

我是比较赞同安德烈·科斯托兰尼的观点的，因为股市是一个投资和投机并存的市场，过于理想化，则必败无疑。

谁能在中国股市炒股成功，谁才是真正的大师和股神。巴菲特来中国股市炒股，作者百分之百地肯定，他一定亏损得一塌糊涂，最后落得一个“ST 巴菲特”下场，什么股神啊、大师啊，用巴菲特自己的话讲：“只有在潮水退去时，你才会知道谁一直在裸泳。”

我一直认为，而且永远认为，谁在中国股市炒股成功，谁才是真正的世界级股神大师。老巴嘛，没有在中国炒股，所以不是什么炒股大师。

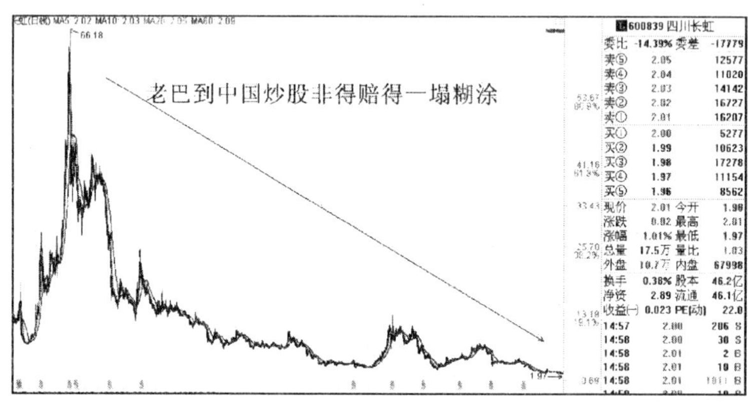

图 3-15 巴菲特看不懂中国股市，被“ST”

第十七节 红色皇后理论：不进则退

范瓦伦提出过“红色皇后理论”，英国数学家刘易斯·卡洛尔的儿童文学名著《爱丽丝镜中奇遇记》中有一个“红色皇后”角色，她对爱丽丝说：“你能跑多快就跑多快，这样才能使自己保持在原地。”范瓦伦引申这句话到进化生物学中，提出了“红色皇后理论”。该理论认为，生物如果要生存下来，多种生物之间就不断较着劲，实际上每种生物的生存能力都没有实质性的增加。比如猎豹与瞪羚（瞪羚跑的速度达每小时 80 公里，跑 1 小时都不觉得累），经过一代代的激烈竞争，跑得慢的猎豹饿死了，活下来的都是越跑越快的“短跑精英”，然而这些“短跑精英”猎豹捕到的瞪羚却不比祖先多，因为猎豹越跑越快，瞪羚也越跑越快，双方的速度都在进步，相对而言，双方都在原地踏步，他们的相对生存能力都没有实质性提高，于是双方长期共存下去，就像“红色皇后”说的那样：永远在跑，却一直在原地。

因此，爱学习的股民都在这台“红色皇后”的跑步机上，您在学习，其他人也在学习，所以，您很难超越他人，“红色皇后”的跑步机上共跑的由大量个体股民组成的整个“长跑队”，大家彼此之间就是尽力不要落伍就不错了，用中国话说，就是不进则退。

四川文某某和某某等朋友问：我学习炒股很努力，可还是赔钱，股市真的不酬勤吗？

作者认为不对，天道酬勤，这是必然的。干每一行要想取得成绩都不容易，都必须付出百倍努力。炒股要获胜，仅靠碰运气是徒劳的，这是一门异常艰难的学问，比任何行业都难。因此，要勤奋学习，善于钻研，勇于进取，不怕失败，有一分耕耘，必有一分收获，老天是公平的。

至于您学习炒股很努力，可还是赔钱的原因，我认为，恐怕您还是学习不够，你自己认为学习很努力，谁能证明呢？怎么算是努力呢？只有股市赚钱了，才能证明一切；再说，努力，并不代表学习有成绩，如同考大学，都在努力学习，可是考上大学的还是少数，没有考上大学的，不能说不努力，只能证明学习还没有到位。

此外，天时、地利、人和、运气，也是原因吧。

如果一些股民不在“红色皇后”的“长跑队”里，他们就会亏损得更惨，而您起码比他们亏损得少。

第四大招　财务指标板块

（精确计算　几招洞察）

特别说明：上市公司每年都要按时公布年度报告、半年度报告、季度报告，但是据调查只有20%的中小股民能够读懂上市公司披露的财务信息。80%的股民由于不会分析财务数据而造成亏损，调查显示这一比例高达47%，这说明了分析财务数据的重要性。股民通过分析财务数据，可以大体了解上市公司的“身体状况”，从而制定投资还是投机的战略战术。需要提醒的是：个别上市公司提供的财务数据有水分，所以您不能全信，但又不能不信，只能参考。

第一节　主要会计报表的基本概念

主要概念定义是：

资产：企业过去的交易或者事项形成的、由企业拥有或者控制的、预期会给企业带来经济利益的资源。

负债：企业过去的交易或者事项形成的、预期会导致经济利益流出企业的现时义务。现时义务是指企业在现行条件下已承担的义务。未来发生的交易或者事项形成的义务，不属于现时义务，不应当确认为负债。

所有者权益：企业资产扣除负债后由所有者享有的剩余权益。公司的所有者权益又称为股东权益。所有者权益的来源包括所有者投入的资本、直接计入所有者权益的利得和损失、留存收益等。所有者权益金额取决于资产和负债的计量。

利润：企业在一定会计期间的经营成果。利润包括收入减去费用后的净额、直接计入当期利润的利得和损失等。直接计入当期利润的利得和损失，是指应当计入当期损益、会导致所有者权益发生增减变动的、与所有者投入资本或者向所有者分配利润无关的利得或者损失。

财务会计报告：企业对外提供的反映企业某一特定日期的财务状况和某一会计期间的经营成果、现金流量等会计信息的文件。财务会计报告包括会计报表及其附注和其他应当在财务会计报告中披露的相关信息和资料。会计报表至少应当包括资产负债表、利润表、现金流量表等报表。

按有关规定，股份公司主要披露的会计报表是资产负债表、利润表（也叫损益表）、现金流量表。现以某股份公司为例，给出这三张表的具体格式并对表中每一项目逐一解释。

◎ 资产负债表

资产负债表是上市公司的资产、负债和股东权益三者之间在一定时期（年度、半年、季度）的财务状况，它是反映企业在某一特定日期的财务状况的会计报表，该表（见表 4-1）各项目（不同企业的会计科目不一样）解释如下：

表 4-1　资产负债表

××××年 12 月 31 日

编制单位：某公司　　　　单位：元

项　目	当年 12 月 31 日	去年 12 月 31 日	负债及股东权益	当年 12 月 31 日	去年 12 月 31 日
流动资产：			流动负债：		
货币资金	70360386	137170385	短期借款	238900000	355000000
短期投资			应付票据		
应收票据	102393670	30167768	应付账款	99525953	94083724
应收股利			预收账款	11252608	9761522
应收利息			应付工资	269175	355019
应收账款	16357605	34611318	应付福利费	13977564	12627203
其他应收款	272430143	260693619	应付股利		
预付账款	1961801	2458850	应交税金	18514757	3005699
应收补贴款			其他应交款		
存货	60182638	80867475	其他应付款	45797642	88851571
待摊费用	7777239	9363189	预提费用	818169	335354
一年内到期长期债权投资			预计负债		
其他流动资产			一年内到期长期负债	99370281	99370281
流动资产合计	531463482	555332604	其他流动负债		
长期投资：			流动负债合计	528426149	663390373
长期股权投资	60688576	63648678	长期负债：		
长期债权投资			长期借款	80000000	80000000
长期投资合计	60688576	63648678	应付债券		
固定资产：			长期应付款		
固定资产原价	1759842197	1753665629	专项应付款		

续表

项　目	当年 12月31日	去年 12月31日	负债及股东权益	当年 12月31日	去年 12月31日
减：累计折旧	847711903	743174474	其他长期负债		
固定资产净值	912130294	1010491155	长期负债合计	80000000	80000000
减：固定资产减值准备			递延税项：		
固定资产净额	912130294	1010491155	递延税款贷项		
工程物资	18457912	13129749	负债合计	608426149	743390373
在建工程	4342882	15916319	股东权益：		
固定资产清理			股本	345210000	345210000
固定资产合计	934931088	1039537223	减：已归还投资		
无形资产及其他资产：			股本净额	345210000	345210000
无形资产			资本公积	674547732	674255657
长期待摊费用			盈余公积	27377041	27377041
其他长期资产			其中：法定公益金	13688521	13688521
无形资产及其他资产合计			未分配利润	-128477776	-131714566
递延税项：			股东权益合计	918656997	915128132
递延税款借项					
资产总计	1527083146	1658518505	负债及股东权益合计	1527083146	1658518505

（1）流动资产：指可以在1年或者超过1年的1个营业周期内变现或者耗用的资产，主要包括货币资金、存货、应收票据、应收账款等。

（2）货币资金：反映企业各项货币资金（现金、银行存款、发行新股收到的募集资金等）期末余额的合计数。此公司某年12月31日的货币资金为70360386元（以下如无特指，时间均为某年12月31日）。

（3）短期投资：指各种能够随时变现并持有时间不准备超过1年（含1年）的投资，包括股票、债券、基金等有价证券。本科目期末借方余额，反映企业持有的各种股票、债券、基金等短期投资的成本。此公司无短期投资。

（4）应收票据：指企业持有的尚未到期、也未向银行贴现的商业汇票，包括银行承兑汇票和商业承兑汇票。即：企业因销售商品、产品、提供劳务等而收到的商业汇票。本科目期末借方余额，反映企业持有的商业汇票的票面价值和应计利息。此公司应收票据为102393670元。

（5）应收股利：公司因股权投资而应收的现金股利和公司应收其他单位的利润。本科目期末借方余额，反映企业尚未收回的现金股利或利润。此公司无应收股利。

（6）应收利息：企业因债权投资而应收的利息。本科目期末借方余额，反映企业尚未收回的债权投资利息。此公司无应收利息。

（7）应收账款：指企业因销售产品、商品、提供劳务等，应向购货单位或接受劳务单位收取的款项。表中此科目期末借方余额反映企业期末尚未收回的款项；期末如为贷方余额，反映企业预收的账款。此公司应收账款为 16357605 元。

（8）其他应收款：指企业除应收票据、应收账款、预付账款等以外的其他各种应收、暂付款项，包括不设“备用金”科目的公司拨出的备用金，应收的各种赔款、罚款，应向职工收取的各种垫付款项等。本科目期末借方余额，反映企业尚未收回的其他应收款。此公司其他应收款为 272430143 元。

（9）预付账款：企业按照购货合同规定预付给供应单位的款项。本科目期末借方余额反映企业实际预付的款项；期末如为贷方余额，反映企业尚未补付的账款。此公司预付账款为 1961801 元。

（10）应收补贴款：指企业按国家规定给予的定额补贴而应收的补贴款。本科目期末借方余额，反映企业尚未收到的补贴款。此上市公司无应收补贴款。

（11）存货：指企业在正常生产经营过程中持有以备出售，或者仍然处于生产过程，或者在生产或提供劳务过程中将耗用的材料、物料等。通俗理解就是企业在 1 年或 1 个经营周期内将出售或耗用而储备的各种资产。例如，半成品、在产品、低值易耗品等。表中此科目反映企业上述各期末余额的总计，此公司各期末余额的总计为 60182638 元。

（12）待摊费用：指企业已经支出，但应由本期和以后各期分别负担的、分摊期在 1 年以内（含 1 年）的各项费用。例如，低值易耗品摊销、预付保险费、固定资产修理费等。本科目期末借方余额，反映企业各种已支出但尚未摊销的费用。此公司待摊费用为 7777239 元。

（13）一年内到期长期债权投资：企业购入的在 1 年内到期可以变现的债券及其他债权投资。此公司无 1 年内到期的长期债权投资。

（14）其他流动资产：不属于以上（2）~（13）项的流动资产的其他流动资产。此公司无其他流动资产。

（15）流动资产合计：以上（2）~（14）项的合计数。此公司流动资产合计为 531463482 元。

（16）长期投资：指企业短期投资以外的投资，包括持有时间准备超过 1 年（不含 1 年）的各种股权性质的投资，不能变现或不准备随时变现的债券、其他债权投资和其他长期投资。

（17）长期股权投资：企业投资的期限在 1 年以上（不含 1 年）的各种股权性质的投资，包含购入的股票和其他股权投资。本科目期末借方余额，反映企业持有的长期股权投资的价值。此公司长期股权投资为 60688576 元。

（18）长期债权投资：企业购入的在 1 年内（不含 1 年）不能变现或不准备随时变现的债券和其他债权投资。债权投资主要为获取债权和利息。本科目期末借方余额，反映企业持有的长期债权投资的本息和未摊销的溢折价金额。此公司无长期债权投资。

（19）长期投资合计：以上（17）~（18）项的合计数。此公司长期投资合计为60688576元。

（20）固定资产：指企业使用期限超过1年的房屋、建筑物、机械、运输工具以及其他与生产、经营有关的设备、器具、工具等。不属于生产、经营主要设备的物品，单位价值在2000元以上，并且使用期限超过2年的，也应作为固定资产。

（21）固定资产原价：指企业以投资建造、购置或其他方式取得某项固定资产达到可使用状态前所发生的一切合理的、必要的支出。本科目期末借方余额，反映企业期末固定资产的账面原价。此公司固定资产原价为1759842197元。

（22）累计折旧：固定资产折旧指固定资产由于磨损、损耗而转移到产品成本或商品流通费的那部分价值。累计折旧指企业现有固定资产自开始投入使用起至今累计已计提的折旧数额。折旧通常按月以一定比例提取。如果连续记载每月的折旧额，到年底累计相加，即为累计折旧。本科目期末贷方余额，反映企业的固定资产折旧累计数。此公司累计折旧为847711903元。

（23）固定资产净值：指固定资产原值或完全重置价值减去已提折旧累计额后的净额。即固定资产原价减去累计折旧。此公司固定资产净值为912130294元。

（24）固定资产减值准备：固定资产减值指固定资产可收回的金额低于其账面价值。企业应定期或至少每年年中，对固定资产逐项进行检查，如果由于市价持续下跌，或技术陈旧、损坏、长期闲置等原因，导致其可收回金额低于账面价值的，应按可收回金额低于账面价值的差额计提。此差额计提为固定资产减值准备。本科目期末贷方余额，反映企业已提取的固定资产减值准备。此公司无固定资产减值准备。

（25）固定资产净额：固定资产净值与固定资产减值准备的差额。此公司固定资产净额为912130294元。

（26）工程物资：指企业为基建工程、更新改造工程和大修理工程准备的各种物资的实际成本。本科目期末借方余额，反映企业为工程购入但尚未领用的专用材料的实际成本、购入需要安装设备的实际成本，以及为生产准备但尚未交付的工具及器具的实际成本等。此公司工程物资为18457912元。

（27）在建工程：指企业进行基建工程、安装工程、技术改造工程、大修理工程、安装设备等发生的实际支出。如果有证据表明在建工程已发生了减值，应计提减值准备。本科目期末借方余额，反映企业尚未完工的基建工程发生的各项实际支出。资产负债表的在建工程项，反映期末在建工程余额减去在建工程减值准备后的净额。此公司在建工程为4342882元。

（28）固定资产清理：企业对不需用、报废和因自然灾害等各种不可抗力因素造成毁损和破坏的固定资产进行出售、拆除、整理发生的清理费用和清理收入等。本科目期末余额，反映尚未清理完毕固定资产的价值以及清理净收入（清理收入减去清理费用）。此公司无固定资产清理。

（29）固定资产合计：以上（25）~（28）项合计数。此公司固定资产合计为934931088元。

（30）无形资产：指企业为生产商品、提供劳务、出租给他人，或为管理目的而持有的、没有实物形态的非货币性长期资产，包括专利权、商标权、著作权、土地使用权等。本科目期末借方余额，反映企业已入账但尚未摊销的无形资产的摊余价值。资产负债表中的此项反映企业期末无形资产余额减掉无形资产减值准备后的净额。此公司无形资产为0。

（31）长期待摊费用：指企业已经支出，但摊销期限在1年以上（不含1年）的各项费用，包括租入固定资产的改良支出、固定资产修理支出等。本科目期末借方余额，反映企业尚未摊销的各项长期待摊费用的摊余价值。此公司长期待摊费用为0。

（32）其他长期资产：指无形资产和长期待摊费用以外的其他资产。此公司其他长期资产为0。

（33）无形资产及其他资产合计：指以上（30）~（32）项的合计数。此公司无形资产及其他资产合计数为0。

（34）递延税项：采用纳税影响会计法进行所得税会计处理的企业，由于时间性差异产生的税前会计利润与应税所得额之间的差异影响所得税的金额以及以后各期转回的金额。企业接受捐赠（不包括外商投资企业）的非现金资产未来应交的所得税，也在该科目核算。本科目期末贷方（或借方）余额，反映企业尚未转回的时间性差异影响所得税的金额，以及接受捐赠的非现金资产未来应交所得税的金额。此公司递延税项为0。

（35）递延税款借项：所得税会计采用纳税影响会计法时，当期会计利润小于应税所得额，按其差额计算的对所得税的影响金额以及以前各期发生而尚未摊配完的借项金额。此公司递延税款借项为0。

（36）资产总计：指流动资产合计数（531463482元）+长期投资合计数（60688576元）+固定资产合计数（934931088元）+无形资产及其他资产合计数（0）+递延税项（0）的总和。此公司资产总计数为1527083146元。

以上解释了资产的各项，下面解释负债及股东权益各项：

（37）流动负债：指将在1年（含1年）或者超过1年的1个营业周期内偿还的债务，包括短期借款、应付票据、应付账款等。

（38）短期借款：指企业向银行或其他金融机构借入的期限在1年以下（含1年）的各种借款。表中此科目反映企业尚未偿还的短期借款的本金，但不包括应计的利息。本科目期末贷方余额，反映企业尚未偿还的短期借款的本金。此公司短期借款为238900000元。

（39）应付票据：由出票人签发、承兑人承诺，在指定日期由承兑人支付一定数额款项的书面证明，指企业因购买材料、商品和接受劳务供应而开出承兑的商业汇票，包括银行承兑汇票和商业承兑汇票。本科目期末贷方余额，反映企业持有的尚未到期的应付票据本息。此公司应付票据为0。

（40）应付账款：指企业因购买材料、商品和接受劳务供应等而付给供应单位的款项。本科目期末贷方余额，反映企业尚未支付的款项。此公司应付账款为99525953元。

（41）预收账款：指企业按照合同的规定向购货单位预收的款项。本科目期末贷方余额，反映企业向购货单位预收的款项；期末如为借方余额，反映企业应由购货单位补付的款项。此公司预收账款为11252608元。

（42）应付工资：指企业应付给职工的工资总额，包括各种工资、奖金、津贴等。本科目一般无余额。表中此科目反映企业期末的工资结余及应付未付的各项工资。此公司应付工资为269175元。

（43）应付福利费：指按规定提取的（一般为职工工资总额的14%）用于支付职工的非经常性奖金，如特别贡献奖、年终奖等。职工集体福利，如职工医疗卫生费用、职工困难补助等。外商投资企业按规定从税后利润提取的职工奖励及福利基金。本科目期末贷方余额，反映企业福利费的结余资金。此公司应付福利费为13977564元。

（44）应付股利：指企业经董事会或股东大会，或类似机构决议确定分配的现金股利或利润，企业分配的股票股利，不在本科目核算。本科目期末贷方余额，反映企业尚未支付的现金股利或利润。此公司应付股利为0。

（45）应交税金：指企业应交纳的各种税金。如营业税、增值税、所得税等。本科目期末贷方余额，反映企业尚未交纳的税金；期末如为借方余额，反映企业多交尚未抵扣的税金。此公司应交税金为18514757元。

（46）其他应交款：指企业除应交税金、应付股利等以外的其他各种应交款项，包括教育费附加、住房公积金等。本科目期末贷方余额，反映企业尚未交纳的其他应交款；期末如为借方余额，反映企业多交的其他应交款项。此公司其他应交款为0。

（47）其他应付款：指企业应付和暂收其他单位和个人的款项。如存入保证金、包装物租金等。本科目期末贷方余额，反映企业尚未支付的其他应付款，此公司其他应付款为45797642元。

（48）预提费用：指企业按规定从成本费用中预先提取而尚未支付的费用。如固定资产修理费、预提租金等。本科目期末贷方余额，反映企业已预提但尚未支付的各项费用；期末如为借方余额，反映企业实际支出的费用大于预提数的差额，即尚未摊销的费用。此公司预提费用为818169元。

（49）预计负债：企业各项预计的负债，包括对外提供担保、商业承兑票据贴现、未决诉讼、产品质量担保等可能产生的负债。本科目期末贷方余额，反映企业已预计尚未支付的债务。此公司预计负债为0。

（50）一年内到期长期负债：1年之内到期偿还的长期负债。此项专门放在资产负债表中作为一项流动负债单独反映。此公司1年内到期的长期负债为99370281元。

（51）其他流动负债：除以上（38）~（50）项以外的流动负债。如待转资产价值（指外商投资企业待转的接受非现金资产捐款的价值）科目的余额可在此项目反映。此公司其他流动负债为0。

（52）流动负债合计：以上（38）~（51）项的相加总数。此公司期末数为528426149元。

（53）长期负债：指偿还期在1年或者超过1年的一个营业周期以上的负债。它通常包括长期借款、应付债券及长期应付款等。

（54）长期借款：指企业向银行或其他金融机构借入期限在1年以上（不含1年）的各项借款。本科目期末贷方余额，反映企业尚未偿还的长期借款本息。此公司长期借款为80000000元。

（55）应付债券：企业为筹集长期资金而实际发行的债券及应付的利息。本科目期末贷方余额，反映企业尚未偿还的债券本息。此公司应付债券为0。

（56）长期应付款：指企业除长期借款和应付债券以外的其他各种长期应付款。例如，采用补偿贸易方式引进国外设备的价款，应付融资租入固定资产的租赁费等。本科目期末贷方余额，反映企业尚未支付的各种长期应付款。此公司长期应付款为0。

（57）专项应付款：企业接受国家拨入的具有专门用途的拨款。如专项用于技术研究、技术改造等以及从其他来源取得的款项。本科目期末贷方余额，反映企业尚未支付的各种专项应付款。此公司专项应付款为0。

（58）其他长期负债：反映企业除以上长期负债项目以外的其他长期负债。此公司其他长期负债为0。

（59）长期负债合计：以上（54）~（58）项的合计数。此年末数为80000000元。

（60）递延税项：采用纳税影响会计法进行所得税会计处理的企业，由于时间性差异产生的税前会计利润与应税所得额之间的差异影响所得税的金额，以及以后各期转回的金额。企业接受捐赠（不包括外商投资企业）的非现金资产未来应交的所得税也在该科目核算。本科目期末贷方（或借方）余额，反映企业尚未转回的时间性差异影响所得税的金额，以及接受捐赠的非现金资产未来应交所得税的金额。此公司递延税项为0。

（61）递延税款贷项：所得税会计采用纳税影响会计法时，当期会计利润大于应税所得额，按其差额计算的对所得税的影响金额以及以前各期发生而尚未摊配完的贷项金额。此公司递延税款贷项为0。

（62）负债合计：指以上（52）、（59）、（60）项的合计数。此公司负债合计为608426149元。

（63）股东权益（所有者权益）：指所有者在企业资产中享有的经济利益，其金额为资产减去负债后的余额。所有者权益包括股本、资本公积、盈余公积、未分配利润等。如果公司有分公司及关联企业，这就分出少数股东权益及公司股东权益。分公司及关联企业为少数股东权益。

少数股东权益：简称少数股权。在母公司拥有子公司股份不足100%，即只拥有子公司净资产的部分产权时，子公司股东权益的一部分属于母公司所有，即多数股权，其余仍属外界其他股东所有，由于后者在子公司全部股权中不足半数，对子公司没有控制能力，故被称为少数股权。即公司51%以上控股权益外的其他股东权益。公司股东在未完全控股的分公司、子公司中的权益。该公司没有少数股东权益。

（64）股本（实收资本）：指投资者按照企业章程的规定，投资者投入企业的资本。对普通股民而言，就是以现金买入公司的股票而投入的资本。本科目期末贷方余额，反映企业实有的资本或股本额。此公司股本为345210000元。

（65）减：已归还投资：中外合作经营企业按合同规定在合作期间归还投资者的投资。本科目期末贷方余额，反映企业实际已归还投资者的投资。此公司已归还的投资为0。

（66）股本净额：以上（64）项减去（65）项的差额。此公司股本净额为345210000元。

（67）资本公积：指包括资本（或股本）溢价、接受捐赠非现金资产准备、接受现金捐赠、股权投资准备、拨款转入、外币资本折算差额、其他资本公积等。本科目期末贷方余额，反映企业实有的资本公积，此公司资本公积为674547732元。如果每股资本公积金（资本公积/总股本）大于或等于1元，就具备了10股转10股的能力。该公司每股资本公积金为1.95元/股（674547732元/345210000），可见具备了10股转10股的能力。假如该公司以总股本34521万股为基数，向全体股东按每10股转增10股的话，转股后总股本就变成69042万股了，但是资本公积相应减少了34521万元，资本公积下降为32933.77万元；这时的每股资本公积金仅为0.477元/股（32933.77/69042），再次转股的能力就下降了。

（68）盈余公积：指按有关规定从净利润中提取的公积。例如，《公司法》规定可以从净利润中提取10%列入公司法定公积金（即法定盈余公积）。还有一种任意盈余公积，从净利润提取比例要经股东大会或类似的批准。此外，公司按照规定的比例从净利润提取法定公益金。例如，《公司法》规定可以从净利润中提取5%~10%列入公司法定公益金。外商投资企业则包括储备基金、企业发展基金、利润归还投资。本科目期末贷方余额，反映企业提取的盈余公积余额。此公司盈余公积余额为27377041元。

（69）未分配利润：指企业实现的净利润，经弥补以前年度亏损、提取盈余公积和向投资者分配利润后，留在企业的历年积存的利润。此科目反映企业期末历年积存的未分配利润净额。如历年累计发生未弥补的亏损时，此数字为负数。此公司未分配利润为-128477776元。

（70）股东权益合计：指以上（66）~（69）项的合计数，此年末数为918656997元。

（71）负债及股东权益合计：指负债合计数（608426149元）与股东权益合计数（918656997元）的总合计数。它应与资产总计数相等，此年末数为1527083146元。

资产负债表中的左、右应是相等的，即资产=负债+股东权益，如果将等式变换，即资产-负债=股东权益，从而看出所有人究竟持有企业多少净资产。

上市公司通常会公布简化的资产负债表，作为一般的股民，如果实在看不懂资产负债表，也可以看如下简化的资产负债表（见表4-2）：

表4-2 资产负债简化表

某年12月31日

编制单位：某公司　　　　单位：元

项　目	当年12月31日	去年12月31日
流动资产合计	531463482	555332604
非流动资产合计	995619664	1103185901
资产总计	1527083146	1658518505
流动负债合计	528426149	663390373
非流动负债合计	80000000	80000000
负债合计	608426149	743390373
股东权益合计	918656997	915128132
负债及股东权益合计	1527083146	1658518505

非流动资产是指流动资产以外的资产，主要包括持有到期投资、长期应收款、长期股权投资、投资性房地产、固定资产、在建工程、无形资产、长期待摊费用、可供出售金融资产等。

非流动负债是指偿还期在1年以上或者超过1年的一个营业周期以上的负债。

◎ 利润表

反映公司在一定期间内（每季、每年度）利润的盈亏情况。它是反映企业在一定会计期间的经营成果的会计报表。利润表（见表4-3）各项目接以上数字顺序解释如下：

表 4-3 利润表

某年 12 月 31 日

编制单位：某公司　　　　　　　　　　　　　　　　　　单位：元

项　目	当年 12 月 31 日	去年 12 月 31 日
一、主营业务收入	816994822	753404229
减：主营业务成本	739157195	808419923
主营业务税金及附加	3630381	437036
二、主营业务利润	74207246	-55452730
加：其他业务利润	-1377085	-2848678
减：营业费用	1141555	1509380
管理费用	40967233	81500315
财务费用	24687141	31630327
三、营业利润	6034232	-172941430
加：投资收益	-2960102	4305669
补贴收入		
营业外收入	2966727	1422420
减：营业外支出	2804067	4000
四、利润总额	3236790	-167217341
减：所得税		
五、净利润	3236790	-167217341
加：年初未分配利润	-131714566	35502775
其他转入		
六、可供分配的利润	-128477776	-131714566
减：提取法定盈余公积		
提取法定公益金		
提取职工奖励及福利基金		
提取储备基金		
提取企业发展基金		
利润归还投资		
七、可供股东分配的利润	-128477776	-131714566
减：应付优先股股利		
提取任意盈余公积		
应付普通股股利		
转作资本（股本）的普通股股利		
八、未分配的利润	-128477776	-131714566

（72）主营业务收入：反映企业经营主要业务所取得的收入总额。此公司某年主营业务收入总额为 816994822 元（以下无特指，均为某年的数字）。

（73）主营业务成本：反映企业经营主要业务发生的实际成本。此公司主营业务成本为 739157195 元。

（74）主营业务税金及附加：反映企业经营主要业务应负担的营业税、消费税、城市维护建设税、资源税、土地增值税和教育费附加等。此公司主营业务税金及附加为 3630381 元。

（75）主营业务利润：反映公司主营业务在一定期间内（每季、每年度）的经营成果。如亏损用负号表示。以上（1）项减去（2）项、（3）项后，即为该公司的主营业务利润，其数字为 74207206 元。

（76）其他业务利润：反映企业除主营业务以外取得的收入，减去所发生的相关成本、费用，以及相关税金及附加等的支出后的净额。亏损则以负号表示。此公司其他业务利润为-13777085 元。

（77）营业费用：反映企业在销售商品和商品流通企业在购入商品等过程中发生的费用，如销售商品过程中发生的运输费、保险费、展览费等。此公司营业费用为 1141555 元。

（78）管理费用：反映企业为组织和管理企业生产经营所发生的费用，包括行政管理部门职工工资、物料消耗、办公费和差旅费、劳动保险费、聘请中介机构费、咨询费（含顾问费）、诉讼费、房产税、车船使用税、土地使用税、印花税、待业保险费、工会经费、排污费、技术转让费等。此公司管理费用为 40967233 元。

（79）财务费用：指企业为筹集生产经营所需资金等而发生的费用，如利息支出、汇兑损失及相关的手续费等。

（80）营业利润：指主营业务收入减去主营业务成本和主营业务税金及附加，加上其他业务利润，减去营业费用、管理费用、财务费用后的金额。以上“（4）项+（5）项-（6）项-（7）项-（8）项”后的合计数。此公司营业利润为 6034232 元。

（81）投资收益：指企业对外投资所取得的收益，其中包括分得的投资利润、债券投资的利息收入以及认购的股票应得的股利等，减去发生的投资损失和计提的投资减值准备后的净额。如发生投资损失，则以负号表示。此公司投资收益为-2960102元。

（82）补贴收入：指企业按规定实际收到退还的增值税，或按销量或工作量等依据国家规定的补助定额计算并按期给予的定额补贴，以及属于国家财政扶持的领域而给予的其他形式补贴。此公司补贴收入为 0。

（83）营业外收入：指企业发生的与其生产经营活动无直接关系的各项收入，包括固定资产盘盈、处置固定资产净受益、处置无形资产净收益、罚款净收入等。此公司营业外收入为 2966727 元。

（84）营业外支出：指企业发生的与其生产经营活动无直接关系的各项支出，包括固定资产盘亏、处置固定资产净损失、处置无形资产净损失、债务重组损失、计提的无形资产减值准备、计提的在建工程减值准备、罚款支出、捐赠支出、非常损失等。此公司营业外支出为2804067元。

（85）利润总额：企业营业利润加上投资净收益、补贴收入、营业外收入，减去营业外支出后的金额。即“（9）项+（10）项+（11）项+（12）项-（13）项”的合计数，如利润总额亏损，则以负号表示。此公司利润总额为3236790元。

（86）所得税：企业应计入当期损益的所得税费用，即企业按规定从本期损益中减去的所得税。此公司所得税为0。

（87）净利润（税后利润）：利润总额减去所得税后的差额。如为净亏损，则以负号表示。此公司净利润为3236790元。

（88）可供分配的利润：净利润（3236790元）加上年初未分配利润(-131714566元)，加上其他转入（0元），即为可供分配的利润。此公司可供分配的利润为-128477776元（注：其他转入指企业按规定用盈余公积弥补亏损等转入的数额）。

（89）可供股东分配的利润：可供分配的利润（-128477776元）依次减去提取法定盈余公积（0元），提取法定公益金（0元），提取职工奖励及福利基金（0元），提取储备基金（0元），提取企业发展基金（0元），利润归还投资（0元），即为可供股东分配的利润。此公司可供股东分配的利润为-128477776元（注：外商投资企业有提取职工奖励及福利基金、提取储备基金、提取企业发展基金的科目。中外合作经营企业有利润归还投资的科目）。

（90）未分配利润：反映企业年末尚未分配的利润。即可供股东分配的利润(-128477776元)依次减去应付优先股股利（0元），提取任意盈余公积（0元），应付普通股股利（0元），转作资本（股本）的普通股股利（0元），即为未分配利润。此公司未分配利润为-128477776元（注：转作资本——股本——的普通股股利反映企业分配普通股股东的股票股利。企业以利润转增的资本也在本项目反映）。

上市公司通常会公布简化的利润表，作为一般的股民，如果实在看不懂利润表，也可以看如下简化的利润表（见表4-4）：

表4-4 利润简化表

某年12月31日

编制单位：某公司　　　　单位：元

项　目	当年12月31日	去年12月31日
营业收入	816994822	753404229
营业利润	6034232	-172941430
利润总额	3236790	-167217341
净利润	3236790	-167217341
可供股东分配的利润	-128477776	-131714566
未分配的利润	-128477776	-131714566

◎ 现金流量表

现金流量表反映企业一定会计期间有关现金和现金等价物的流入和流出的会计报表，该表反映企业一定会计期间有关现金和现金等价物的流入和流出的信息。该表的现金指企业库存现金以及可以随时用于支付的存款，包括现金、可以随时用于支付的银行存款和其他货币资金。该现金等价物指企业持有的期限短、流动性强、易于转换为已知金额现金、价值变动很小的投资（除特别说明外，以下所指的现金均含现金等价物）。该现金流量指现金的流入和流出。现金流量表一般应按现金的流入和流出总额反映。下面按现金流量表（见表4-5）所列项目依次解释：

表 4-5 现金流量表

某年 12 月 31 日

编制单位：某公司　　　　　　　　　　　　单位：元

项　　目	金　　额
一、经营活动产生的现金流量：	
销售商品、提供劳务收到的现金	909126125
收到的税费返还	
收到的其他与经营活动有关的现金	
现金流入小计	909126125
购买商品、接受劳务支付的现金	691184107
支付给职工以及为职工支付的现金	70607993
支付的各项税费	40080936
支付的其他与经营活动有关的现金	2996421
现金流出小计	804869457
经营活动产生的现金流量净额	104256668
二、投资活动产生的现金流量：	
收回投资所收到的现金	
取得投资收益所收到的现金	
处置固定资产、无形资产和其他长期资产所收回的现金净额	4289988
收到的其他与投资活动有关的现金	1580600
现金流入小计	5870588
购建固定资产、无形资产和其他长期资产所支付的现金	29337960
投资所支付的现金	
支付的其他与投资活动有关的现金	
关联公司借款支付的现金	714369
现金流出小计	30052329

续表

项　目	金　额
投资活动产生的现金流量净额	-24181741
三、筹资活动产生的现金流量:	
吸收投资所收到的现金	
借款所收到的现金	328900000
收到的其他与筹资活动有关的现金	
现金流入小计	328900000
偿还债务所支付的现金	450000000
分配股利、利润或偿付利息所支付的现金	25784926
支付的其他与筹资活动有关的现金	
现金流出小计	475784926
筹资活动产生的现金流量净额	-146884926
四、汇率变动对现金的影响	
五、现金及现金等价物净增加额	-66809999

（1）销售商品、提供劳务收到的现金：反映企业销售商品、提供劳务实际收到的现金，包括销售收入和应向购买者收取的增值税额。此公司该现金为 909126125 元。

（2）收到的税费返还：反映企业收到返还的各种税费，如增值税、消费税、营业税、所得税、教育费附加返还等。此公司该现金为 0。

（3）收到的其他与经营活动有关的现金：反映企业除以上项目外，收到的其他与经营活动有关的现金流入，如罚款收入等。此公司该现金为 0。

（4）现金流入小计：以上（1）项+（2）项+（3）项的合计数，即为 909126125 元。

（5）购买商品、接受劳务支付的现金：反映企业购买材料、商品、接受劳务实际支付的现金。此公司该现金为 691184107 元。

（6）支付给职工以及为职工支付的现金：反映企业本期实际支付给职工的工资、奖金、各种津贴和补助等以及为职工支付的其他费用。此公司该现金为 70607993 元。

（7）支付的各项税费：反映企业按规定支付的各项税费，如教育费附加、印花税、房产税、预交的营业税等。此公司该现金为 40080936 元。

（8）支付的其他与经营活动有关的现金：反映企业除以上各项目外，支付的其他与经营活动有关的现金流出，如罚款支出、支付的差旅费、支付的保险费、业务招待费现金支出等。此公司该现金为 2996421 元。

（9）现金流出小计：以上（5）项+（6）项+（7）项+（8）项的合计数，即为 804869457 元。

（10）经营活动产生的现金流量净额：现金流入小计减去现金流出小计的差额。此公司的差额为104256668元。

（11）收回投资所收到的现金：反映企业出售、转让或到期收回除现金等价物以外的短期投资、长期股权投资而收到的现金以及收回长期债权投资本金而收到的现金。此公司该现金为0元。

（12）取得投资收益所收到的现金：反映企业因股权性投资和债权性投资而取得的现金股利、利息，以及从子公司、联营企业和合营企业分回利润收到的现金，不包括股票股利。此公司该现金为0元。

（13）处置固定资产、无形资产和其他长期资产所收回的现金净额：反映企业处置固定资产、无形资产和其他长期资产所取得的现金，减去为处置这些资产而支付的有关费用后的净额。此公司该现金为4289988元。

（14）收到的其他与投资活动有关的现金：反映企业除以上各项目外，收到的其他与投资活动有关的现金流入。此公司该现金为1580600元。

（15）现金流入小计：以上（11）项+（12）项+（13）项+（14）项的合计数，即为5870588元。

（16）购建固定资产、无形资产和其他长期资产所支付的现金：反映企业购买、建造固定资产、取得无形资产和其他长期资产所支付的现金。此公司该现金为29337960元。

（17）投资所支付的现金：反映企业进行权益性投资和债权性投资支付的现金，包括企业取得的除现金等价物以外的短期股票投资、短期债券投资、长期股权投资、长期债权投资支付的现金以及支付的佣金、手续费等附加费用。此公司该现金为0元。

（18）支付的其他与投资活动有关的现金：反映企业除以上各项目外，支付的其他与投资活动有关的现金流出。此公司该现金为0元。

（19）关联公司借款支付的现金：本公司关联公司借款的支付现金。此公司该现金为714369元。

（20）现金流出小计：以上（16）项+（17）项+（18）项+（19）项的合计数，即为30052329元。

（21）投资活动产生的现金流量净额：以上（15）项减去（20）项的差额。此公司的差额为-24181741元。

（22）吸收投资所收到的现金：反映企业收到的投资者投入的现金，包括以发行股票、债券等方式筹集的资金实际收到款项净额（发行收入减去支付的发行费用等的净额）。此公司该现金为0元。如果该公司是首次发行上市的公司，此项就有发行新股后扣除的募集资金净额。

（23）借款所收到的现金：反映企业举借各种短期、长期借款所收到的现金。此公司该现金为328900000元。

（24）收到的其他与筹资活动有关的现金：反映企业除以上各项目外，收到的其他与筹资活动有关的现金流入。此公司该现金为0元。

（25）现金流入小计：以上（22）项+（23）项+（24）项的合计数，即为328900000元。

（26）偿还债务所支付的现金：反映企业以现金偿还债务的本金，包括偿还金融企业的借款本金、偿还债券本金等。此公司该现金为450000000元。

（27）分配股利、利润或偿付利息所支付的现金：反映企业实际支付的现金股利、支付给其他投资单位的利润以及支付的借款利息、债券利息等。此公司该现金为25784926元。

（28）支付的其他与筹资活动有关的现金：反映企业除以上各项目外，支付的其他与筹资活动有关的现金流出，如捐款现金支出等。此公司该现金为0元。

（29）现金流出小计：以上（26）项+（27）项+（28）项的合计数，即为475784926元。

（30）筹资活动产生的现金流量净额：以上（25）项减去（29）项的差额。此公司的差额为-146884926元。

（31）汇率变动对现金的影响：反映企业外币现金流量及境外子公司的现金流量折算为人民币时，所采用的现金流量发生日的汇率或平均汇率折算的人民币金额与"现金及现金等价物净增加额"中外币现金净增加额按期末汇率折算的人民币金额之间的差额。此公司的差额为0元。

（32）现金及现金等价物净增加额：以上（10）项+（21）项+（30）项的金额，此公司的差额为-66809999元。

上市公司通常会公布简化的现金流量表，作为一般的股民，如果实在看不懂现金流量表，也可以看如下简化的现金流量表（见表4-6）：

表4-6　现金流量简化表

某年12月31日

编制单位：某公司　　　　单位：元

项　目	金　额
经营活动产生的现金流量净额	104256668
投资活动产生的现金流量净额	-24181741
筹资活动产生的现金流量净额	-146884926
现金及现金等价物净增加额	-66809999

第二节 主要财务指标计算[①]

◎ 每股收益

每股收益指每一普通股份究竟含有多少净利润（税后利润）。上市公司在定期报告中应同时披露基本每股收益（取代全面摊薄法）和稀释每股收益。理论上认为，该指标越高越好。其计算公式是：

基本每股收益 $=P_0 \div S$

$S=S_0+S_1+S_i \times M_i \div M_0-S_j \times M_j \div M_0-S_k$

其中，P_0 为归属于公司普通股股东的净利润或扣除非经常性损益后归属于普通股股东的净利润；S 为发行在外的普通股加权平均数；S_0 为期初股份总数；S_1 为报告期因公积金转增股本或股票股利分配等增加股份数；S_i 为报告期因发行新股或债转股等增加股份数；S_j 为报告期因回购等减少股份数；S_k 为报告期缩股数；M_0 为报告期月份数；M_i 为增加股份次月起至报告期期末的累计月数；M_j 为减少股份次月起至报告期期末的累计月数。

将第一节表中有关数字（下同）代入每股收益计算公式，基本每股收益 $=3236790 \div 345210000=0.009$（元）。

计算显示，该公司每股收益属于一般。

由于上市公司送转股等造成股本变化时，就要按照当年实际增加的时间进行加权计算。需要注意的是，并不是所有的股本变动都要按照当年实际增加的时间进行加权计算。如当期发生利润分配而引起的股本变动，由于并不影响所有者权益金额，也不改变企业的盈利能力，在计算发行在外普通股的加权平均数时无须考虑该新增股份的时间因素。

另据一例：某公司某年度归属于普通股股东的净利润为 25000 万元。某年末的股本为 8000 万股，当年 2 月 1 日，经公司年度股东大会决议，以截至年末公司总股本为基础，向全体股东每 10 股送红股 10 股，工商注册登记变更完成后本公司总股本变为 16000 万股。当年 11 月 30 日发行新股 6000 万股。

基本每股收益 $=25000/(8000+8000+6000 \times 1/12)=1.52$ 元/股

在上例的计算中，公司年度分配“10 送 10”导致股本增加 8000 万股，由于送红股是将公司以前年度的未分配利润对投资者进行分配，并不影响公司的所有者权益，因此，新增的这 8000 万股不需要按照实际增加的月份加权计算，直接计入分母；而

① 注：本节中的表特指第一节中相对应的各项表。

公司发行新股6000万股，是在11月底增加的，对全年的利润贡献只有1个月，应该按照1/12的权数进行加权计算。

上市公司还存在今后转化成上市公司股权的品种，如可转债、认股期权或股票期权等，这些品种在将来的某一时点转化成普通股后，就稀释摊薄了上市公司的每股收益，由此引出了稀释每股收益的概念。即指上市公司存在的上述可能转化为上市公司股权的品种都在当期全部行权转换为普通股股份后，计算的每股收益。

公司在发行可转换债券、股份期权、认股权证等稀释性潜在普通股情况下，应当分别调整归属于普通股股东的报告期净利润和发行在外普通股加权平均数，并据以计算稀释每股收益，其公式计算为：

稀释每股收益 $=P_1/$（$S_0+S_1+S_i\times M_i\div M_0-S_j\times M_j\div M_0-S_k+$认股权证、股份期权、可转换债券等增加的普通股加权平均数）

其中，P_1 为归属于公司普通股股东的净利润或扣除非经常性损益后归属于公司普通股股东的净利润，并考虑稀释性潜在普通股对其影响，按《企业会计准则》及有关规定进行调整。

上市公司在计算稀释每股收益时，应考虑所有稀释性潜在普通股对归属于公司普通股股东的净利润或扣除非经常性损益后归属于公司普通股股东的净利润和加权平均股数的影响，按照其稀释程度从大到小的顺序计入稀释每股收益，直至稀释每股收益达到最小值。

稀释每股收益充分考虑了未来行权后的普通股对每股收益的稀释摊薄情况，计算出新的每股收益和每股净资产被称为摊薄后的每股价值，以反映公司在未来股本结构下的盈利水平。

稀释每股收益的计算需要在基本每股收益的基础上，假设企业所有发行在外的稀释性潜在普通股在当期均已转换为普通股，从而分别调整归属于普通股股东的当期净利润（分子）以及发行在外普通股的加权平均数（分母）计算而得的每股收益。

比如，某上市公司有5亿总股本，净利润1亿元，每股收益0.20元。年中权证、增发、配股、可转债转股等原因导致股本增加5000万股，每股收益变为1亿元除以5.5亿股，等于0.18元。可见每股收益由0.20元稀释摊薄变为0.18元。

以前上市公司计算每股收益，都是采用全面摊薄法，即直接按期末的总股本作为除数计算每股收益，这样做简单，但是没有考虑股本变动，计算出来的每股收益不真实。所以要采用加权法，即将公司送股、配股等考虑进去，作为权数来计算每股收益。

比如，某公司4月送股为17132178股，5月配股为21750000股，如果6月底需计算股本变动情况，那么，4月距6月差2个月，所以送股的加权股本应为17132178×2/6。5月距6月差1个月，所以配股的加权股本应为21750000×1/6。如果公司原股本为85660893股的话，那么到6月底公司的加权总股本为：

85660893（原股本）+17132178（送股）×2/6+21750000（配股）×1/6=94996619（股）

如按全面摊薄法计算总股本就不这么复杂，全面摊薄每股收益=报告期利润÷期末股份总数。只需将公司原股本与公司送、配股（不管什么时间）相加即可。如上例总股本为：

85660893（原股本）+17132178（送股）+21750000（配股）=124543071（股）

由此看出，两种计算方法得出的总股本是不同的，因此每股收益也就不一样，所以用加权法计算每股收益，比较客观地反映了公司每股收益的真实情况。

◎ 每股净资产

每股净资产指每一普通股份究竟含有多少股东权益或说含有多少公司的净资产。理论上认为，该指标越高越好。其计算公式是：

每股净资产=年度末股东权益÷年度末总股本

将表4-1中有关数字代入每股净资产计算公式，每股净资产=918656997÷345210000=2.66（元）。

计算显示，该公司每股净资产还可以。

◎ 每股经营活动产生的现金流量净额

每股经营活动产生的现金流量净额指每一普通股份究竟含有多少因经营活动产生的现金流量净额。理论上认为，该指标越高越好。其计算公式是：

每股经营活动产生的现金流量净额=经营活动产生的现金流量净额÷年末普通股股份总数

将表4-1和表4-6中有关数字代入每股经营活动产生的现金流量净额计算公式，每股经营活动产生的现金流量净额=104256668÷345210000=0.302（元）。

计算显示，该公司每股经营活动产生的现金流量净额属于一般。

◎ 平均净资产收益率

平均净资产收益率指每一股净资产究竟含有多少公司的税后利润。理论上认为，该指标越高越好。

净资产收益率（ROE）的计算分全面摊薄净资产收益率和加权平均净资产收益率。加权平均净资产收益率的计算公式如下：

加权平均净资产收益率=P_0/（$E_0+NP\div2+E_i\times M_i\div M_0-E_j\times M_j\div M_0\pm E_k\times M_k\div M_0$）

其中，P_0 分别对应于归属于公司普通股股东的净利润、扣除非经常性损益后归属于公司普通股股东的净利润；NP 为归属于公司普通股股东的净利润；E_0 为归属于公司普通股股东的期初净资产；E_i 为报告期发行新股或债转股等新增的、归属于公司普通股股东的净资产；E_j 为报告期回购或现金分红等减少的、归属于公司普通股股东的净资产；M_0 为报告期月份数；M_i 为新增净资产次月起至报告期期末的累计月数；M_j 为减少净资产次月起至报告期期末的累计月数；E_k 为因其他交易或事项引起的、归属于公司普通股股东的净资产增减变动；M_k 为发生其他净资产增减变动次月起至报告期期末的累计月数。

将表 4-1～表 4-6 中有关数字代入净资产收益率计算公式（假设 E_0、E_i、E_j、M_0、M_i、M_j、E_k、M_k 均为 0），加权平均净资产收益率 = 3236790/（0+3236790÷2+918656997）= 0.35%。

计算显示，该公司净资产收益率不理想。

全面摊薄净资产收益率 = 报告期利润÷期末净资产。因为没有考虑净资产的变动，现在不采用此法。

◎ 资产负债率

资产负债率反映公司长期偿债的总能力。该比率意味着公司每单位资产额中，属于债权人的资金有多少。理论上认为，该比率应该低。一般认为，该比率应稳定在 40%～60%的范围内。其计算公式如下：

资产负债比率 =（负债总额÷资产总额）×100%

将表 4-1 中有关数字代入资产负债比率计算公式，资产负债比率 =（608426149÷1527083146）×100% = 39.84%。

计算显示，该公司期末负债比率是 39.84%，表明该公司每百元资产中，有 39.84 元是债权人的资金，今后是要偿还的。此比率基本在正常的范围内，过高、过低对投资人都不利，股东应注意这个指标。

◎ 流动比率

流动比率反映了公司短期偿债的能力，即公司每单位流动负债有多少流动资产做保证。一般认为 2∶1 的比率较合适。过低说明公司偿债能力差；过高说明公司的部分资产闲置。其计算公式是：

流动比率 =（流动资产÷流动负债）×100%

将表 4-1 中有关数字代入流动比率计算公式，流动比率 =（531463482÷528426149）×100% = 100.57%。

计算显示，该公司期末流动比率是 100.57%，即每 100 元的负债额中有 100.57 元的流动资产来承担支付能力。这个比率较标准的 2∶1 是较低的，股东应注意。

◎ 速动比率

速动比率顾名思义即“迅速流动”比率（又称酸性比率）。其计算公式是：

速动比率=（速动资产÷流动负债）×100%

速动资产有两种计算方法：一是流动资产扣除存货后的资产称为速动资产；二是将变现能力强的货币资金、短期投资、应收票据、应收账款等加总后，称为速动资产。目前采用第一种计算方法。因为公司一旦需用资产还债，存货额不能立即形成直接的支付能力，即不能马上变成现金。因此，减去存货，更能反映出公司“迅速”偿还债务的能力。一般认为，该比率1∶1较合适。将表4-1中有关数字代入速动比率计算公式：

速动比率=［（531463482-60182638）÷528426149］×100%=89.19%

计算显示，该公司期末速动比率是89.19%，即每100元的负债实际马上可以偿债的能力是89.19元，此比率还行。

◎ 存货周转率

存货周转率反映公司销售能力的强弱和存货是否过量，存货过多，将占压资金，影响后续生产能力，说明供、产、销不平衡。一般认为，周转的天数越短越好，周转的次数越多越好，即该比率越高越好。其计算公式是：

存货周转率=营业成本÷平均存货余额

平均存货余额=（期初存货+期末存货）÷2

为方便计算，平均存货数字假设为60182638元，将有关假定的数字代入存货周转率计算公式：

存货周转率=（739157195+3630381）÷60182638=12.34（次）

计算显示，该公司存货周转率是12.34次，即公司一年货物周转了12.34次。如果换算成天数，则周转天数=360（天）÷12.34（次）≈29.17（天），即公司存货周转一次需29天左右，该公司周转率还可以。

◎ 应收账款周转率

应收账款周转率反映了公司销出商品后，应收到账款的速度或所用天数。这个天数当然越快越好。其计算公式是：

应收账款周转率=主营业务收入净额÷应收账款平均余额

其中，主营业务收入净额是指企业当期主要经营活动所取得的收入减去折扣与折让后的数额，数据取自利润表。

应收账款平均余额=（应收账款余额年初数+应收账款余额年末数）÷2；应收账款余额=应收账款账面净值+坏账准备，数据取自资产负债表及资产减值准备明细表（明细表略）。

为方便计算，假设应收账款平均余额为应收账款净额16357605元，将有关数字代入应收账款周转率计算公式：

应收账款周转率=6034232÷16357605≈0.37（次）

计算显示，公司一年应收账款周转了0.37次，换成天数，则应收账款周转天数=360（天）÷0.37（次）≈972.97（天），可见效率不高。

◎ 净利率（纯利率）

净利率反映公司每单位主营业务收入额中到底可有多少纯收益。其计算公式是：

净利率=（净利润额÷主营业务收入总额）×100%

将表4-3中有关数字代入净利率计算公式，净利率=（3236790÷816994822）×100%=0.396%。

计算显示，公司净利率为0.396%，即每百元主营业务收入额中仅有0.396元的净利润额，效益一般。

◎ 资本报酬率（总资产收益率）

资本报酬率反映总资本可获多少纯收益，即究竟可赚得多少纯利润。一般认为越高越好。其计算公式是：

资本报酬率=（净利润额÷总资本）×100%

将第一节表中有关数字代入资本报酬率公式计算，资本报酬率=（3236790÷1527083146）×100%=0.21%。

计算显示，公司每百元资本可获纯利益0.21元，效益一般。

◎ 净值报酬率（股东权益报酬率）

净值报酬率直接反映出股东们每单位的权益中究竟可获多少净利润。一般认为，该比率越高越好。其计算公式是：

净值报酬率=（净利润÷股东权益额）×100%

将表4-1和表4-3中有关数字代入净值报酬率公式计算，净值报酬率=（3236790÷918656997）×100%=0.35%。

计算显示，该公司每百元股东权益额为0.35元，效益一般。

◎ 净利润现金保障率

净利润现金保障率反映公司经营活动产生的现金流量净额占公司净利润的比率。一般认为，该比率越高越好。其计算公式是：

净利润现金保障率=（经营活动产生的现金流量净额÷净利润）×100%

将表4-3和表4-5中有关数字代入净利润现金保障率公式计算，净利润现金保障率=（104256668÷3236790）×100%=3220.98%，即为32.21倍。

计算显示，该公司每百元净利润中，现金保障高达3220.98元，比较理想。

◎ 流动负债现金流量比率

经营活动的净现金流量净额与流动负债的比率，可以反映企业现金偿还短期债务的能力。一般认为，该比率越高越好。其计算公式是：

流动负债现金流量比率=（经营活动产生的现金流量净额÷流动负债）×100%

将表 4-1 和表 4-5 有关数字代入流动负债现金流量比率公式计算，流动负债现金流量比率=（104256668÷528426149）×100%=19.73%。

计算表明，公司每百元流动负债中，现金流量净额是 19.73 元，效益一般。

◎ 全部负债现金流量比率

经营活动的现金净流量净额与全部负债的比率，可以反映企业用每年的经营活动现金流量净额偿付所有债务的能力。一般认为，这个比率越大，说明企业承担债务的能力越强。该比率的计算公式如下：

全部负债现金流量比率=（经营活动产生的现金流量净额÷全部负债）×100%

将表 4-1 和表 4-5 中有关数字代入全部负债现金流量比率公式计算，全部负债现金流量比率=（104256668÷608426149）×100%=17.14%。

计算表明，公司每百元全部负债中，现金流量净额是 17.14 元，效益一般。

◎ 每股现金流量比率

经营活动的净现金流量净额与总股本的比率，可以反映每股现金流量概况。一般认为，这个比率越大，说明每股现金流量能力进行资本支出和支付股利的能力越强。该比率的计算公式如下：

每股现金流量比率=（经营活动产生的现金流量净额÷股本）×100%

将表 4-1 和表 4-5 中有关数字代入每股现金流量比率，每股现金流量比率=（104256668÷345210000）×100%=30.20%。

计算表明，公司每百股现金流量净额是 30.20 元，效益还可以。

◎ 营业利润率

营业利润率反映公司营业利润占主营业务收入的比率，可以判断公司直接、间接的经营能力。一般认为，营业利润是公司经营中比较实在、干净的业绩，因为它基本排除了非经常性损益（指主营业务之外的损益，属于一次性、偶然发生的收益。如投资收益、补贴收入、营业外收支净额、资产处置损益、新股申购冻结资金利息、合并价差摊入等）给公司业绩带来的“泡沫”因素。当然，营业利润中也有一些非经常性损益，如以营业成本因会计政策的调整引起的增减变化；其他业务利润在前后两个会计期间增减的变化；本期广告费用记入长期待摊费用导致营业费用减少；不恰当的会计估计引发的管理费用变化；关联方资金占用费收入、债权银行协议核减利息、借款费用资本化等引起财务费用变化等。但总体来看，营业利润还是能基本反映公司主营经营的能力。其计算公式是：

营业利润率=（营业利润÷主营业务收入）×100%

将表4-3中有关数字代入营业利润率公式计算，营业利润率=（6043232÷816994822）×100%=0.740%。

计算显示，该公司每百元主营业务收入中，真正比较实在、干净的利润仅有0.74元，属于一般。

◎ 非经常性损益

非经常性损益指公司发生的与经营业务无直接关系，以及虽与经营业务相关但由于其性质、金额或发生频率，影响了真实、公允地反映公司正常盈利能力的各项收入、支出。

非经常性损益包括处置长期股权投资、固定资产、在建工程、无形资产、其他长期资产产生的损益；越权审批或无正式批准文件的税收返还、减免；各种形式的政府补贴；计入当期损益的对非金融企业收取的资金占用费；短期投资损益，但经国家有关部门批准设立的有经营资格的金融机构获得的短期投资损益除外；委托投资损益；扣除公司日常根据企业会计制度规定计提的资产减值准备后的其他各项营业外收入、支出；因不可抗力因素，如遭受自然灾害而计提的各项资产减值准备；以前年度已经计提各项减值准备的转回；债务重组损益；资产置换损益；交易价格显失公允的交易产生的超过公允价值部分的损益；比较财务报表中会计政策变更对以前期间净利润的追溯调整数；中国证监会认定的符合定义规定的其他非经常性损益项目。

上市公司如果发生非经常性收益，则会导致公司经常性活动产生的净利润要低于利润表中所反映的当期净利润，从而在扣除非经常性损益后，公司的净资产收益率和每股收益等盈利指标就会小于按照当期净利润计算所得出的结果；如果发生非经常性损失，则会导致公司经常性活动产生的净利润要高于利润表中所反映的当期净利润，公司的净资产收益率和每股收益等盈利指标就会高于按照当期净利润计算所得出的结果。

目前，上市公司经常用非经常性损益来扭亏为盈，2011年靠非经常性损益扭亏的有117家公司，2012年增至168家。例如，*ST嘉陵2013年5月10日复牌上市，就是利用公司全资子公司广东嘉陵摩托车有限公司处置资产取得了收益近1.8亿元，同时，该公司持股30%的嘉陵本田发动机有限公司2012年确认土地处置收益约2.4亿元，该公司按30%确认投资收益7224万元，由此扭亏为盈。如果没有这些非经常性损益，中国嘉陵净利润就亏损要退市了。

由此可见，股民要准确判断上市公司的经营情况，应该扣除非经常性损益后的利润后再决定是否投资。

第三节 主要财务指标分析

对上市公司财务指标计算后，只是获得了单一的数字，要决定投资，则必须对其指标进行分析，俗话说，“不怕不识货，就怕货比货”。通过指标对比分析，买卖股票就有了一定感觉。下面以前面计算的（A公司）财务指标为例说明（B公司为假设），见表4-7。

表4-7 财务指标对比分析

项　　目	A公司	B公司	比较
基本每股收益（元/股）	0.009	0.101	B公司好
每股净资产（元/股）	2.66	2.68	B公司好
每股经营活动产生的现金流量净额（元/股）	0.302	0.320	B公司好
平均净资产收益率（ROE）（%）	0.35	0.37	B公司好
资产负债率（%）	39.84	35.13	B公司好
流动比率（%）	100.57	100.63	B公司好
速动比率（%）	89.19	80.54	A公司好
存货周转率（次/年）	12.34	10.96	A公司好
应收账款周转率（次/年）	0.37	0.40	B公司好
净利率（%）	0.396	0.411	B公司好
资本报酬率（%）	0.21	0.18	A公司好
净值报酬率（%）	0.35	0.25	A公司好
净利润现金保障率（倍）	32.21	30.14	A公司好
流动负债现金流量比率（%）	19.73	18.23	A公司好
全部负债现金流量比率（%）	17.14	17.94	B公司好
每股现金流量比率（%）	30.20	25.92	A公司好
营业利润率（%）	0.74	0.75	B公司好

◎ 纵向分析法

纵向分析法就是在财务指标计算的基础上，从时间的、历史的角度对指标进行互相对比的分析方法。主要看本期实际（计划）完成的财务指标与上期实际（计划）完成的财务指标的情况。例如，A公司的存货周转天数本期实际是29天，B公司的存货周转天数本期实际是32天，而假如计划都是规定60天，一般认为，就可以初步考虑购买 A 公司的股票。

再如，A 公司的净利润现金保障率为 32.21 倍，每百元净利润中，现金保障高达 3220 元，比较理想。因此，就可以初步考虑购买 A 公司的股票。

又如，A 公司净资产收益率为 0.35%，计算显示，A 公司净资产收益率不理想。所以，还要进一步斟酌购买 A 公司的股票。

◎ 横向分析法

横向分析法就是在财务指标计算的基础上，从空间、行业的角度对指标进行互相对比的分析方法。比如，A 公司本年度各项财务指标都超额完成了计划数，同时与上期和历史最好时期的财务指标对比，也是令人满意的。但与 B 公司的每股收益、每股净资产、营业利润率等相比，也有差距。而 A 公司的资本报酬率、速动比率比较好。所以，买哪家公司的股票，需要综合考虑。

◎ 交叉分析法

交叉分析法（又称立体分析法）是在纵向分析法和横向分析法的基础上，从交叉、立体的角度出发，由浅入深、由低级到高级的一种分析方法。这种方法虽然复杂，但它弥补了“各自为政”分析方法所带来的偏差，给购买股票以正确的思路。

比如，A 公司的各项主要财务指标与 B 公司的各项主要财务指标横向对比较为逊色。但如果进行纵向对比分析，发现 A 公司的各项财务指标是逐年上升的，而 B 公司的各项财务指标是停滞不前或缓慢上升的，甚至有下降的兆头。因此，股票购买者应保持清醒头脑，适当考虑一下是否要“改换门庭”，购买 A 公司的股票。

例如，A 公司净资产收益率为 0.35%，营业利润率为 0.74%，每股收益为 0.009（元）。而假设 B 公司净资产收益率为 0.37%，营业利润率为 0.75%，每股收益为 0.101（元）。这些指标反映出 B 公司优于 A 公司。但是从环比趋势看，假设 A 公司自己和自己比，则上述各项指标都在逐年上升，而 B 公司自己和自己比，则上述各项指标都在逐年下降。因此，从长远趋势考虑，可以购买 A 公司的股票。

按照环比趋势买股票，ST 股就是最好的典型实例，因为 ST 股的许多财务指标都非常垃圾，可是通过资产重组，ST 股票扭亏为盈，股价反而暴涨。

此外，我们还要分析其他因素，如上市公司在行业中的综合排序以及产品的市场占有率；上市公司在自己的经济区位内的自然和基础条件（矿业资源、水资源、能源、交通等）；上市公司的产品在成本、技术、质量方面具有的优势；上市公司的经营战略；上市公司管理层的素质与能力；上市公司竞争优势和发展前景；上市公司是否具备持续、稳定的现金分红方式等。

当我们面面俱到地分析了公司的各项指标后，是否意味着买卖股票就万无一失了呢？绝对不是！中国的股市往往不按常理出牌，比如，2013 年 10 月 30 日晚间，伊利股份（600887）发布 2013 年前三季度业绩公告显示，前三季度净利润同比增长 82.7%，业绩不错；而当晚天利高新（600399）公布 2013 年前三季度主要财务指标显示，其基本每股收益亏损了 0.0444 元，可是第二天开盘，业绩好的伊利股份股票跌停，天利高新股票却涨停，这样的业绩和股价的反差表现令人无语。所以，在中国买卖股票，还需要天时、地利、人和、运气，这是后话。

第五大招　有效识破、战胜庄家板块

（与庄共舞　几招制胜）

股市无庄，股价不活，所以咱散民对庄家在股市上呼风唤雨是爱恨交加。作者认为，对庄家要客观看待。谁进入股市都有一个非常明确的目的——赚钱！庄家更是这样，只要有利可图，他们就无孔不入，无所不为，动辄斥资上亿控盘，然后一路狂拉，最后大举派货。难道庄家们没事闲得只是玩资本游戏吗？当然不是。所以我们没必要过分谴责庄家的控盘行为。当然对违规的不法行为不仅要谴责，管理层还会对其处罚。但我们总体上还是欢迎庄家入场，我们与其共舞。如果庄家真不来了，赚钱的舞伴没了，您岂不更解套无望。关键是要学会识庄、黏庄，最后甩庄、赚庄，这才是我们的目的。我们欢迎守法的庄家，我们攻守兼备迎击庄家，我们与其共舞步步为营，我们弃庄出逃凯旋。

特别需要说明的是，目前虽然散户群体比例高，但群龙无首，一盘散沙。而庄家资金集中，其招法是不断改变的，否则他也无法在这个市场中生存。有些庄家这次做庄非常成功，但下一次则失败而归，失败的原因就在于做庄的招法没及时更新。因此，感悟庄家不可能把庄家更新的招法曝光，也无法及时曝光。我们能做到的是，不断总结庄家的做庄战术，帮助股友们跟庄、辨庄、与庄共舞，为股友们识别庄家招法、在最佳时间跟庄提供借鉴。有一点应该肯定，即万变不离其宗，庄家招法再变，他最终也要将股价拉高。因此，熟悉老庄家老招法，再时刻观察新老庄家的新招法，一定能看出破绽，然后紧紧跟上，与庄共舞，您一定能享受做庄轿的喜悦和胜利果实。

第一节　吸拉派落：庄家运作四部曲

狡猾的庄家的确很多，但不管他们如何跳舞，其操纵手法万变不离其宗，即必须经过吸筹、拉升、派货、回落（简称吸拉派落）的四部曲全过程。

◎ 第一曲：吸筹

庄家要拉抬某只股票，必须控制足够的筹码。举一个简单的比喻，假设有

1000股流通的股份，如果庄家控制了900股，剩下的100股，庄家无论是拉抬还是打压，都是举手之劳的轻易之事。所以，庄家要跳的第一曲就是吸筹。

此阶段的特色是：由于庄家的资金都在十几亿元以上，不可能一笔买单全买，不像咱散户买个1000股、10000股说买就买了。再加上不能惊动广大股民，因此，他买入股票的过程比较长，至少在一年左右，甚至两三年以上。比外，他们必须分散在各个证券营业部，以不同的仓位悄悄分批购进。如果惊动了中小股民，大家都纷纷跟进建仓，庄家就无法在低位吸筹，可谓悄悄地进村，打枪的不要。

例如，曾经被查处的中科创业股票（000048，康达尔），其庄家从1998年12月至2001年1月，三年间先后在北京、上海、浙江等20余个省、自治区、直辖市，以中科创业投资有限公司、北京克沃科技有限公司或丁福根、边军勇等个人名义，与100余家出资单位或个人签订合作协议、委托理财协议等，筹集资金共计约54亿元，在申银万国证券公司上海陆家浜营业部、中兴信托投资公司北京亚运村营业部等120余家营业部，先后开设股东账户1500余个，采取以不转移实际控制权为目的的自买自卖，利用购买深圳康达尔公司法人股进入公司董事会，发布信息从而影响股票价格等方法，联合或连续买卖000048股票，其间最高持有或控制5600余万股，占000048股票流通股份的55.36%。类似的案例还有亿安科技、银广夏等，可见庄家吸筹的手法和过程。

◎ 第二曲：拉升

庄家控制筹码完成后，就开始跳第二曲，进入拉升阶段。此特征是庄家开始制造朦胧的题材概念，个别股评人配合喧多，大肆忽悠。如中科创业要制造什么高科技概念、亿安科技要制造什么电动车题材、银广夏要制造什么萃取项目等，实际上是子虚乌有，纯属骗人。特别是银广夏，许多股评人大肆喷多，害了许多股民。此时拉升阶段的股价开始逐渐上移并不断创新高，成交量温和放大，中间伴随几次必要的震荡。如中科创业股票，虽然几次除权，但从1999年开始就呈上升趋势，而且反复涨权。股价（以下指除权价）由13元涨到30元、50元、60元，成交量由原来的一两千手，放大到五六万手。中间也经过震荡，股价也跌破过40元，但总体股价表现出稳步上行特点。

◎ 第三曲：派货

拉升阶段完成后，庄家一定要落袋为安。此阶段的特征是：利用大盘总体上升趋势，以迅雷不及掩耳之势，立即狂拉股价，给人以轰轰烈烈、极度兴奋的态势，以吸引跟风股民。例如，中科创业股票，2000年1月19日突然发力，股价一跃42元，然后一路狂拉，到2月21日，股价已升到84元。然后庄家就开始不客气地大举派货，3月22日，其股价最低跌到63.6元。由于庄家没有完全派货干净，所以在以后的日子里继续派货。因此，此时股价不再辉煌。该股股价到 2000 年年中，跌到 35 元左右。到 2000 年 12 月 25 日，该庄家行为败露，股价开始连续 10 个跌停。类似的例子还有海虹控股（000503）。

◎ 第四曲：回落

派货阶段结束后，股价开始回落是自然的。此阶段的特征是：庄家采取震荡出货法，慢慢出尽手中筹码，甚至不惜血本坚决出货。该股票长期不振。至于中科创业、亿安科技、银广夏这些问题股就更无行情了，股价跌到两三元左右，并且都戴上了 ST 帽子，回落的过程就此完成。能否东山再起，要看新庄家运作意向了。

由上述分析可知，庄家操作股票的基本程序就是这四部曲，如图 5-1 所示（康达尔）。我们只要踏准庄家的四部舞曲节奏，任何庄家操纵的股票，都会成为我们的战利品、掘金库。

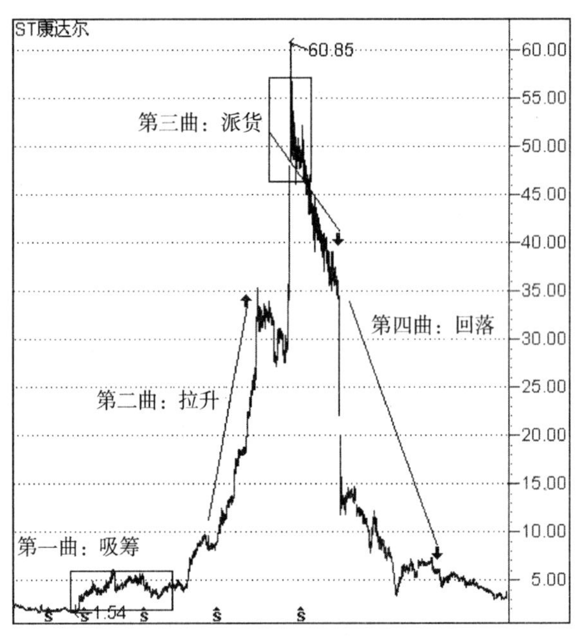

图 5-1 庄家操作 ST 康达尔的四部曲

第二节 成交量突变：迅速跟庄

股市里经常流行的话是，成交量无法骗人。这句话有一定道理。庄家在吸筹、拉高、出货等阶段，可以用多种技术指标蒙骗股民，但千蒙万蒙，成交量是无法蒙骗人的。因为一只股价要涨，必须有主动性的买盘积极介入，即买的人多了，股价自然上升；反之，大家都争先恐后地不惜成本卖，股价就要下跌。这在成交量上能反映得比较清楚。所以，股价一上升，必定有成交量配合，说明庄家在大量购入股票，散民此时应紧紧跟上。这里股友们要掌握一个基本原则，即一只股票长期横盘三个月或半年左右，突然一天成交量突变放大，您必须及时杀进，因为庄家很可能开始行动了。中小股民今后在此方面一定注意股价在底部放量甚至震荡都要敢于进货，耐心持股。而**股价一旦大幅拉升，成交量放大受阻，甚至股价破位，则必须走人，千万不能久留。**

例如，武钢股份（600005，见图 5-2），某年自 6 月以来，该股成交量非常小，一直维持在 4000~6000 手，价格大体在 4 元。10 月 21 日，成交量突然放大到 8800 手，第二天再放大到 30000 手，第三天放大到 70000 手。显然庄家利用武钢股份的整体上市概念开始行动，是有备而来的，此后成交量每天也都逐级放大，股价开始上升，此时散民股友应该建仓了。到次年 2 月，该股价涨到 8 元左右，比 4 元上升了 100%。因此，根据这个经验，一旦发现长期横盘中有放量的个股，可考虑跟上，与庄共舞。

图 5-2　武钢股份成交量突变

但需提醒股民的是，股市有涨有跌，庄家迟早出货也是必然的，庄舞不可能总跳个没完没了，我们需要提前撤出舞池，把那首舞会中常用的最后一曲“友谊地久天长”的美妙旋律留给庄家自己。

第三节　创百元：强悍庄家　风险跟庄

亿安科技（000008，其前身为深锦兴，现在更名为 ST 宝利来）在 1999 年及 2000 年给人印象最深。这只不起眼的“破股”居然能连闯 80 元、90 元、100 元大关。正是这只股票，还使深圳一位 70 岁的老太太成了 300 万元的富翁。

亿安科技原名深圳锦兴实业股份有限公司，其股票于 1992 年 5 月 7 日在深交所上市，主要经营生产加工基地、禽畜饲料和仓储等业务。上市时公司总股本仅为 2376 万股，其中公众股 11384 万股，是典型的小盘股。1999 年 5 月，广东亿安科技发展控股有限公司入主深圳锦兴实业股份有限公司，公司更名为亿安科技。之后庄家和公司联合制造各种概念，如与清华大学研究人员共同投资电动车项目，树立起以高科技、电子产业为主导的产业结构体系等。庄家此时找准突破口，决心创一个奇迹。在 1998 年每股亏损 0. 8 元后，庄家开始耐心吸筹。在此期间，该股价大体维持在 7~9 元，全年没有大的波动。值得注意的是，1998 年 4~5 月、10~12 月，成交量密集放大，股价也没太大升幅，显示了庄家的耐心。但后来证明，这是一起涉嫌操纵股票案。

自 1998 年 10 月 5 日起，广东欣盛投资顾问有限公司、广东中百投资顾问有限公司、广东百源投资顾问有限公司、广东金易投资顾问有限公司违反证券法规，集中资金，利用 627 个个人股票账户及 3 个法人股票账户，大量买入“深锦兴”（后更名为“亿安科技”）股票。持仓量从 1998 年 10 月 5 日的 53 万股（占流通股的 1. 52%），到最高时 2000 年 1 月 12 日的 3001 万股，占流通股的 85%。同时，还通过其控制的不同股票账户，以自己为交易对象，进行不转移所有权的自买自卖，影响证券交易价格和交易量，联手操纵“亿安科技”的股票价格。截至 2001 年 2 月 5 日，上述 4 家公司控制的 627 个个人股票账户及 3 个法人股票账户共实现盈利 4. 49 亿元，股票余额 77 万股。可见，庄家吸筹的手法和过程。

进入 1999 年 1~4 月，该股价向 15 元挺进，“5 · 19”行情启动后，该股也发力上攻，连拉涨停，股价直奔 23 元。投资者如果前面拿不定主意，此时应大胆追进。到 1999 年年底，股价已越过 40 元。在 1999 年 10~12 月大盘弱市的背景下，股价居然翻番，已充分显示这是一个强悍的庄家。投资者这时再不能犹豫了，紧随庄家就是胜利。股价虽高，但天价之外还有天价。

果然，2000 年一开市，该股庄家终于显示强悍的特征，在公众面前毫不畏惧，你不跟，我就天天拉，使股价连连翻跟头，令众人目瞪口呆。2000 年 2 月 15 日上午 10:15，亿安科技终于站到 100 元上方；2 月 17 日再创 126. 31 元新高。首次创中国股市绝对价位最高（同一天，清华紫光也冲到 106. 57 元）。后来在 2 月 21 日晚，媒体公布了亿安科技领导层的讲话，暗示业绩不可能支撑这么高股价，而且也没有送转方案，希望大家给公司一个发展的时间等，结果造成该股下跌。2月22日，该股跌停到99.03元。23日，再跌停到89.13元。24日，再跌停到80.22元后才被打开。但庄家认为该股已无利可图，无人可跟了，于是也慢慢压低股价，落荒而逃。2000年3月以后，该股再无行情，再加上管理层对其查处，股价连连跌停并被ST。到2008年10月20日，其股价最低到3.18元（见图5-3）。

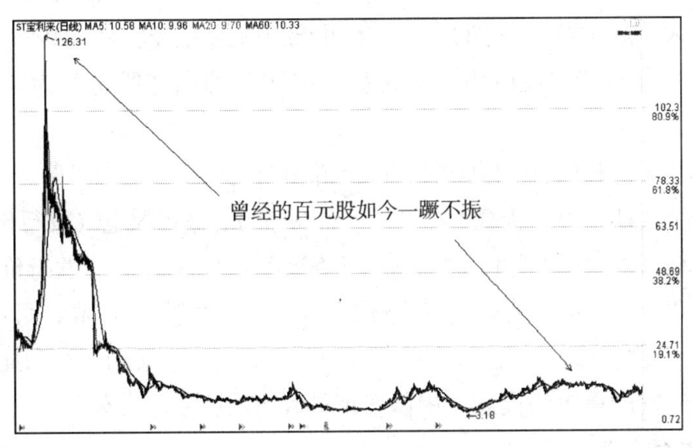

图5-3 ST宝利来百元股风光不再

通过亿安科技的坐庄过程，我们要认识到，今后遇到这样凶悍的庄家要改变思维，不以股价翻番为准，而应以庄家实力为准，关键时刻敢于追高，这才能取得跟庄的胜利。但跟凶悍的庄家一定要有高风险的准备。对股评的大喷言论也要清醒。例如亿安科技，2000年2月15日该股价超过100元，此时，有个别股评人士大喷“还有100多只股票价格将超过100元，甚至200元”，搅得股民十分激动。

此外，亿安科技一旦突破100元，应该果断出货，如再跟下去，就很危险，到时跑不了，损失极大。而且我一贯不提倡长期持有这种所谓的绩优股，您看股价已跌到3元了，那位曾身价300万元的老太太岂不可惜！

第四节 题材概念：借题发挥 与庄共舞

股市炒作必须要有题材概念，主力不可能“无题发挥”。中国股市每天、每周、每月，都存在各种即时、短期、个性化的题材概念炒作，例如，2011年有郭树清出任中国证监会主席、建党90周年、文化体制改革等概念题材；2012年有“7·21”北京暴雨等概念题材；2013年有上海自由贸易试验区（以下简称上海自贸区）；2014年有沪港通、央行降息等概念题材。

至于一些五花八门噱头的概念和题材的炒作更是层出不穷，如节能环保、校车旅游、神舟航天卫星升天、石油涨价、房地产降价、领土争端、基因网络、生物生命、地震洪水、禽流感等。更令人啼笑皆非的是，连习近平总书记夫人彭丽媛2013年出访时的穿衣戴帽，都能搞出一个什么“彭丽媛概念题材”来短期炒作一番。

甚至股票换个名字都可以作为炒作的概念题材，比如，2012年7月2日，“山下湖”更名“千足珍珠”后，当天股价放量涨停。第二天再次强势上扬，短短两天，该股股价累计大涨逾15%。又如，1998年川长征改为托普软件，1999年津国商改为南开戈德，2000年良华实业改为宏盛科技，2011年的国祥股份改为华夏幸福等，股价都大幅上涨。

另外，中国股市炒作特征还体现在新股上市首日。明明知道海普瑞（发行价148元）、汤臣倍健（发行价110元）、沃森生物（发行价95元）、华锐风电（发行价90元）、世纪鼎利（发行价88元）、国民技术（发行价87.50元）、宁基股份（发行价86元）、奥克股份（发行价85元）、科伦药业（发行价83.36元）等发行价虚高，可令人诧异的是，这些新股发行一股难求，上市首日还有人拼命买入炒作，宁愿套牢也乐此不疲。

此外，由于资产重组的概念，中国股市炒作ST股更是长久不衰，冒风险愿赌服输炒作ST股大有人在。

正是因为有题材，才极大地挑逗了庄家借题发挥、“舞枪弄剑”的兴趣。所以投资者跟庄，应先分析哪类题材潜力大，能引起庄家兴趣，然后再及时介入（或半截介入），与庄家、题材共舞。

例如，2013年大牛股之一的外高桥（600648）就是典型的利用上海自贸区概念题材大幅拉高的股票。难道这家公司有什么变化吗？在外高桥股价暴涨的时候，有好奇的网友跑去外高桥公司做了实地探访，回来在微博披露，那个地方什么都没有改变，但股票还是匪夷所思地涨停收盘。所以，后来外高桥暴跌也就不足为奇了。

2013年上海自贸区概念股在外高桥的带领下全面暴涨。外高桥从8月30日开始，连续17个涨停，股价从14元左右暴涨到64元左右（见图5-4）。与此同时，“炒地图”式的与此关联的天津、港口、广东板块及土地流转概念股、新疆股、钢铁股也遍地开花，银润投资10个涨停，天舟文化9个涨停，新南洋8个涨停等。

但是概念题材暴涨炒作必然是利好出尽就是利空，暴跌就不可避免。

2013年9月27日，《中国（上海）自由贸易试验区总体方案》正式发布。9月26日开始，外高桥17个涨停后偃旗息鼓，自贸区概念股暴涨后暴跌，由此再次证明了中国股市爆炒题材的本质（见图5-4）。

作为散户，对此类题材信息要及时分析，上海自贸区是百年不遇的新概念，主力肯定要爆炒，只是您必须要贴住庄家争取获利。这里必须提醒股民，跟庄的目的是赚钱，绝不是什么长期投资，更不是自贸区概念给您带来多诱人的回报，因此一旦题材炒完就马上走人。外高桥9月14日开始，股价虽然还在涨停，但是成交额由3000万

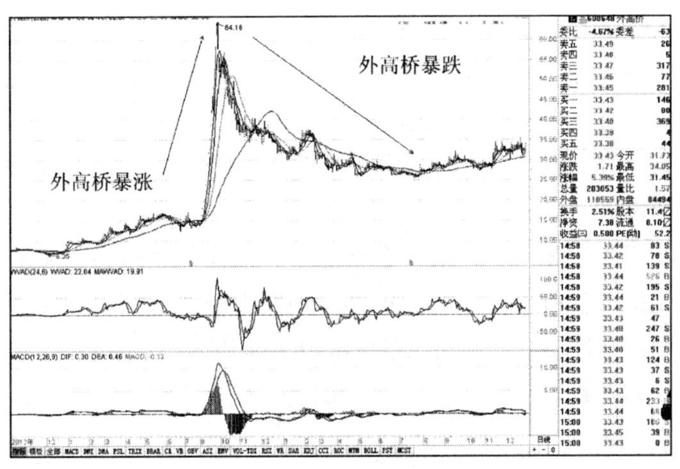

图 5-4 外高桥利用题材炒作股价

元左右急剧放大到 15 亿元到 20 亿元，主力显然开始出货，此时中小股民就应该果断出货，弃庄而归。

第五节 寂寞是金：稳坐庄轿

炒股中，看着别人的股票猛涨，而自己买的股票一直横盘不涨的确叫人着急。但炒股中获利最大的往往是能耐住寂寞的人，如果您要跟住庄家，就必须学会另一招，即耐住寂寞，忍受煎熬，才能稳坐庄轿。

最典型的就是贵州茅台（600519，见图 5-5），庄家借其业绩优良，长期驻守该股，其股价从 2001 年 8 月上市之初的 34 元左右一直涨到 2012 年的 260 元左右，复权价接近 1300 元。

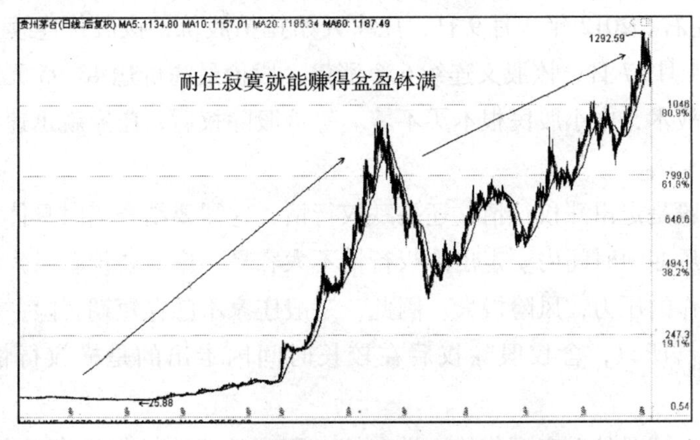

图 5-5 贵州茅台耐住寂寞赚得盆盈钵满

其坐庄手法是：

（1）耐心洗盘。贵州茅台上市之初并不理想，其股价在30元左右，但是庄家在此过程不断洗筹，可见庄家的洗盘耐心。

（2）突破阻力位。50元、100元是贵州茅台的阻力位，一旦突破，庄家就一发而不可收，继续挺进。

（3）温和拉升。贵州茅台从来没有暴涨过，涨停几乎很少，虽然过程有下跌震荡，但是主力就是以温和手法拉升股价，不断再创新高，让人目瞪口呆。

从这只个股拉升过程看，股民要跟庄学习，学什么，学耐心。

以上启示：如果您不是个急性人，又没时间天天看盘，那您就记住，寂寞是金，稳坐庄轿这一绝招吧！

第六节 含权股：庄家必炒

庄家特别愿意上市公司采用送、转股分红形式，因为能够送、转股的上市公司一般是小盘公司，这类上市公司送、转股前，庄家便于炒作。从中国股市历年的几个大牛股中可以看出，它们基本上都是高比例送转股炒作后形成的牛股。股史上有深发展、四川长虹，它们就是多次送转股后炒作为牛股的。这几年中小企业板和创业板更是庄家炒作的对象，因为中小企业板和创业板股票股本都很小，上市不久就送转股，提供了炒作的题材。如卫星石化（002648）、东宝生物（300239）等。

在含权股的背后必含实力雄厚的庄家，而含权股浮出水面前，庄家采取强行突击战术，不给中小股民跟进的机会。大比例送、转股炒作后，庄家就迅速撤退，一大批跟风盘悲惨套牢。

例如，东宝生物（300239，见图5-6），2011年7月6日上市，流通股仅为1520万股。2012年4月，该公司准备每10股派1元转增10股。此前，该股价不温不火，大体在15元左右。2012年3月9日，庄家开始拉抬股价，该股价连续3个涨停，之后稍微整理，4月17日，该股又连续6个涨停，股价最高价达46.95元，可见庄家采取了强行突击战术，中小股民根本买不着。等该股除权后，庄家就迅速撤退，炒作偃旗息鼓了。

至于含权股是走出涨权行情，还是跌权行情，这需要结合当时具体情况分析。一般而言，除权后在短时间内要走出涨权行情不太容易，庄家要顶着巨大的含权盘压力及翻番资金炒作的压力，风险极大。因此，一般庄家不愿在短期冒险，而尽快出逃是他的主要目的。所以，含权股除权后在较长时间内走出的是横权行情甚至是跌权行情。

不过注意：情况是千变万化的，没有统一不变的规律。如果当时大盘的背景好，

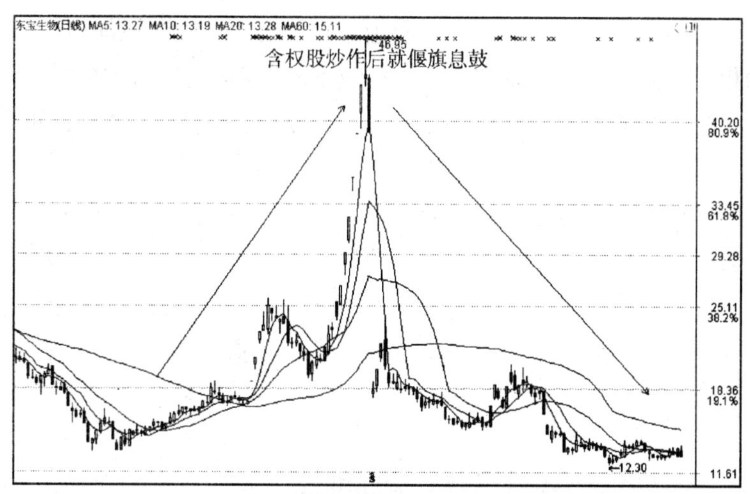

图 5-6 庄家利用送转股炒作东宝生物

人气极旺，庄家就会借此再冒风险，在短期内迅速涨权，争取再赚一轮钱。如 1999 年“5·19”行情前，英豪科教 4 月 10 送 6 转 4 并除权；2004 年中储股份（600787）每 10 股转增 10 股并完成除权。1999 年如果没有“5·19”行情，2006 年如果没有大牛市，他们短期内很难涨权。但刚一除权，就分别赶上“5·19”行情和 2006 年行情的大爆发，他们都胜利完成涨权，庄家满载而归，成为“含双权”的庄家。

因此，投资者在预测除权后的涨权、横权、跌权时，重点不在含权庄家本身，而是在当时的“大盘庄家”本身了。这招很重要（见图 5-7）。

图 5-7 ST 英教庄家完成双涨权后一路派货

总体上讲，庄家会利用人们的涨权心理，佯装上次填补除权缺口。但是大多数股票往往一除权，就陷入了低迷状态，一直横权不动，而庄家在此拉拉打打，逐渐在出货。中小股民想在短期内在赚个涨权收益不容易，所以最好出货，再寻找新的含权股。

通过以上经典案例告诫我们，成熟的股民，不要太贪，没必要非赚个盆盈钵满，也不可能，我们要在接近涨权价前派货，顺利出局是关键。比如，英豪科教在完成双涨权后，庄家一路派货，该公司后来更名为华圣科技，因为连续 3 年亏损，于 2005 年 8 月 5 日起退市了，如果中小股民不及时出货，就悲惨了。

第七节　绩优股炒作：庄家金蝉脱壳

理论上讲，投资绩优股是对的，主流媒体极力弘扬绩优理念，管理层也积极为绩优理念制定多种有利政策，因此，股民一入市就受到要买绩优股理念的教育。可是中国股市实践与理论有些脱节。如 2000 年有关专家、机构评出的绩优 50 强、潜力 50 强等类似的上市公司，其中不乏银广夏、东方电子、蓝田股份以及最早的四川长虹、深发展等。但问题也恰恰出在它们身上，**而且股民套牢在“绩优股”身上的最多、最惨**。这正是庄家充分利用绩优股概念炒作，然后金蝉脱壳的结果。

纵观中国股市 20 多年发展的历程，每当大市下跌时，它们并没有表现出绩优股的风范，也没体现出什么跌时看质的情况，有些绩优股跌得比 ST 股还惨，根本就不抗跌。而每年上涨排名前十名的股票 90%都是 ST 股，几乎不见绩优股的身影（见作者每年出版的《中国股市发展报告》），这使股民不断对绩优股究竟优在哪里表示怀疑！

此外，就是有 95%的绩优股都很少分红，即使分一次红，跟着再来一次配股或增发，或先配股、增发之后再分红。总之，羊毛出在羊身上，绩优股本身是一毛不拔，这叫什么绩优股？如果再碰上那些地雷股、弄虚作假的绩优股，如银广夏等，股民岂不更遭殃？

所以，作者始终认为，目前中国没有真正的绩优股，而且今年是绩优，明年就亏损的例子比比皆是（如深康佳、湖北兴化、银广夏等）。因此，正确树立绩优理念是应该的，但在实际炒作中，应与庄家一样适当投机，有效保护自己，抢先一步金蝉脱壳更重要，绝不上庄家炒作绩优股的大当（见图 5-8）。

图 5-8 ST 银广夏套牢股民

第八节 庄家派货：不抢反弹

中国股市自建立以来，出现了许多问题股，如亿安科技、银广夏、中科创业等。这些股票原来的价位都被主力大肆炒高，而一旦利空袭来则一路猛跌。如 100 元以上的亿安科技和被吹捧为 21 世纪大牛股的银广夏更是如此。面对这种庄家大举派货、一路猛跌的股票是否参与反弹呢？作者认为还是冷眼旁观为好。

以 ST 银广夏（000557，见图 5-9）为例。头上光环被捅破后，股价从 2001 年 8 月 2 日的收盘价 30.79 元开始猛跌。到 9 月 25 日已跌了 11 个跌停板，中间一次也没打开过。9 月 26 日开盘又砸到 8.7 元跌停处。但后来被打开，最高价到 9.52 元，但经不住巨大的卖盘，收盘又封在 8.7 元跌停处。以后的 5 个交易日中，即 9 月 27 日到 10 月 9 日，每个交易日中都处于跌停、打开、再跌停、再打开……的反复循环中，成交量极大。从此可以断定许多人在纷纷抢反弹，赌博一把。

为什么会这样呢？因为许多人复权测算主力成本是 8 元左右，所以在 8 元勇敢杀入。如 2001 年 9 月 26 日 8.7 元跌停打开后，全天成交量达 10450.77 万股，也就是相当于该股流通股本 28081.95 万股的 37.22%的人“换手”杀入。但遗憾的是，这首批换手杀入抢反弹的人被全线套牢。

因为我们看到一只股票一旦成为众矢之的后，主力会不惜成本出货。况且从理论

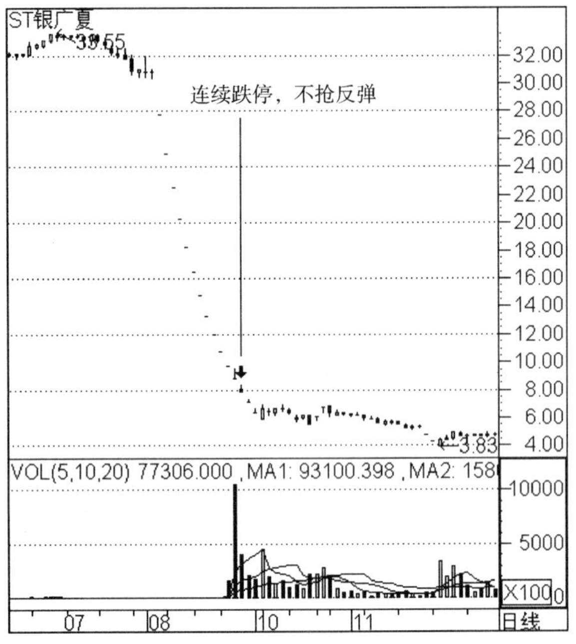

图 5-9 不抢问题股的反弹

上计算，该股的主力从 1994 年 10 送 4、1995 年 10 送 3 和 10 配 2、1996 年 10 送 2.5 转 1.5 和 10 配 1.65、1999 年 10 转 10 和 10 配 3 这些填权炒作中已极大地获利，而且庄家已经在众多股评家和媒体的吹捧下悄悄出货，盈利至少在 10 亿元以上。因此，在 8 元以下不惜血本逃跑，总体仍然盈利，就像足球比赛，3∶0 胜，是胜，3∶2 胜，也是胜。而被套的大主力也忍痛割肉，如轻纺城（600790）在 11 月 23 日前，将持有银广夏的 2506675 股割肉卖出，平均价为 5.96 元，割肉损失达 75026376.24 元。由此可见，主力都割肉血淋淋地出局，我们中小股民短期最好不要参与这种问题股的反弹，除非确有实质性的利好（如资产重组）。

而且一般这种高价股一旦跌下来，就很难再现往日的高价。例如，中国船舶曾炒高到 300 元左右，亿安科技和用友软件曾炒高到 100 元左右，四川长虹曾炒高到 70 元左右，现在这些股价都跌得惨不忍睹，要想再涨到它们原来的股价，估计一辈子没戏了，何况这些问题股呢？

因此，对问题股的策略：一是不参与抢反弹；二是实在忍不住诱惑，抱着赌一把的心态去参与，就要做好牺牲的准备；三是头天抢进去，如 2001 年 9 月 26 日 8.7 元抢进去，过两三天没实质性反弹动静，则必须割肉出来，否则越套越深；四是一旦抢进去，第二天有微利，也必须及时了结，侥幸赌一把就走，绝不可恋战。比如，银广夏，2001 年 10 月 22 日，您以 6.06 元收盘价买进，10 月 23 日在停止国有股减持的利好影响下，全体股票几乎涨停，ST 银广夏也以 6.67 元涨停，您必须明白，这不是该股有什么利好，而是受大盘感染主力借机拉高出货所致。所以您也必须在 10 月 23

日当天或 24 日卖出，这才是上策。

有股语说得好，上涨是不会死人的，下跌则死在抢反弹。

第九节 长线金“阴”：庄家给您画饼充饥

长线是金，此精典股语众人皆知。但在中国股市炒作中，它究竟是“金”还是“阴”，需要用事实来说话。以上证指数为例可见有以下几个特点：

（1）如果把长线定义为 3 年以上的话，我们看到长线的涨幅速度越来越小。比如，按沪指收盘价计算（下同）：1992 年与 1990 年比，涨幅达 511. 54%；而 2011 年与 2009 年比，没有涨幅，反而下跌了 32. 09%；2012 年与 2010 年比，下跌了 19. 2%。可见长线的涨幅越来越小。

（2）涨的幅度大，跌的幅度也大。例如，沪指 2007 年与 2005 年相比，涨幅为 353. 17%；但是 2008 年 10 月 28 日，沪指跌到最低点 1664. 93 点，与 2007 年 10 月 16 日的最高点 6124. 04 点相比，跌幅为 72. 81%。之后几年都没有行情。至于高价股，跌幅更猛。例如，2007 年，贵州茅台、小商品城、驰宏锌锗、荣信股份、中国船舶、成都建投、国脉科技、山河智能、中金黄金、山东黄金、中国平安、东华科技、中信证券、石基信息、招商地产、天马股份、金风科技、锡业股份，都上升到 100 元以上，B 股市场也出现了百元股，伊泰 B 股收报 13. 897 美元，折合人民币约 104. 8 元。其中贵州茅台、山东黄金达到 200 元，中国船舶达到 300 元。不过到 2007 年底，300 元的股票消失了，200 元、100 元的股票仅剩 5 只；2008 年则全部消失了；到 2013 年，仅有贵州茅台维持在 100 元以上。这些高价股跌幅更深，如果股民做长线，肯定为“阴”，可见炒股不宜做长线。

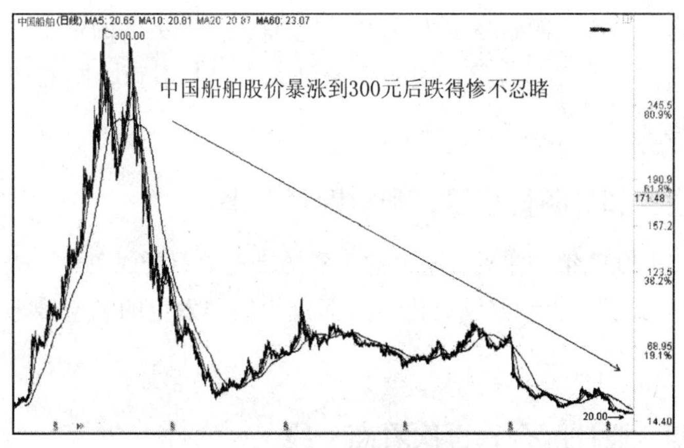

图 5-10 300 元高价股跌幅更猛

（3）从近几年基金持仓情况变化看，它们也没做长线投资，持股 3 年左右的就几乎没有。连具有战略概念的基金投资者都没有长线持股的，可见其中奥妙。因此，所谓长线是“金”，只是庄家给您画个大饼充饥而已，作者看长线是“阴”，建议炒股还是做波段好，长线目前在中国还不适合。

当然也有极端特殊的情况，如 1999 年 5 月到 2001 年 6 月、2006 年到 2007 年 10 月，也出现了长线的牛市行情，但是中国股市 20 多年的发展，这种极端的行情少之又少，而长期持续下跌是常态，我们不能以偏概全。

第十节　庄家逃命，我也逃命

跟庄不是目的，是手段。而随庄家逃命，甚至提前逃命，才是检验我们胜利果实的最后一招。许多朋友跟庄不错，但最终没能逃掉，成为庄家的盘中餐，很是可惜。2007 年，散民们在 6124 点左右也不同程度地赚过钱，但最终未能识破庄家逃跑的前兆，因此遗憾套牢。通过这次世纪性难忘的教训，可以看出庄家逃跑的四大征兆。

◎ 征兆一：屡创新高已麻木

2006~2007 年，沪指屡创新高。刚刚冲过 3000 点时，众人非常兴奋。后来又冲到 4000 点、5000 点时，众人更是兴高采烈，纷纷再盼新高。但沪指到达 6000 点时，人们似乎已经麻木，这说明大家对股市的新高不关心，更关心自己的个股，而庄家正是利用众人麻木的状态，悄悄出货。

◎ 征兆二：上升滞涨

即大盘创新高，但成交量、成交额都不如中期上升的巨大资金支持量。如 2007 年，沪指创新高时，成交额始终在 1600 亿元左右，难有更大的资金进场。这种股指上升、资金停滞的“滞涨”现象，说明庄家已无力再拉股市，既然如此，庄家逃跑的征兆也就显现了。

◎ 征兆三：利好题材用尽，利空题材袭来

从 2005 年到 2007 年，先后有全流通、党的十七大召开、奥运会等历史性利好题材。随着 2008 年的到来，利好题材用尽，而汶川地震发生的利空袭来，庄家就借此出货。

◎ 征兆四：股评配合，再次看高一线

每当庄家要逃跑时，几乎没有一个股评看跌，而是配合大喧特喧。2007 年 10

月，沪指已经上升到6124点，可是股评人配合庄家说沪指要涨到1万点，结果2008年10月，沪指跌到了1664点。这些股评真是害死人了，而庄家正是在这些股评黑嘴的“鼓评”掩护下，开始出货逃跑。所以，今后凡是股评在高位（包括个股）大肆喷多时，一定要认识到，这是庄家逃跑的冲锋号，而不是咱散民进攻的冲锋号。

第十一节 跟庄失败：及时止损

散民在跟庄时，谁也不能保证每次跟庄都凯旋，由于种种原因，一旦跟庄失败，庄家出逃，您的收益由盈转平，再由平转亏时，要承认失败，应及时止损，即使是铩羽而归，也比杀头而归、杀身而归强。因此，**学会跟庄，更要学会止损**。

例如，2006~2007年的牛市行情炒过一轮后，庄家已经无心拉抬大盘，而是在高位平台上渐渐出货，此时大盘风雨飘摇，有盈利的庄家都在悄悄出货，中小股民应及时获利出局。您如果在6000点左右高位平台买进的股票，此时也应对其平仓，打个平手出局。如果跌破6000点，您舍不得走，或抱有一线希望，也是正常的。人嘛，都希望大盘或个股股价跌下来再涨回去。但是跌破了5000点，您必须痛下决心，斩仓割肉出局。因为5000点这个平台是最后一道防线，要么突破向上，要么破位下行，两者必居其一。您不可能走中间路，再等下去，否则就得杀头而归了。果然，后来沪指4000点、3000点、2000点都先后破掉，如果您即使在3000点止损出来，再找机会抄底，也是明智合算的。

因此，跟庄一旦失败，胜利天平的另一筹码在您自己手中，及时止损，反向抄底，乃是获利的另一法宝。

第十二节 跟庄到底：别一跟到“底”

好不容易跟上一只庄股，大多数股民当然想一跟到底了。**但我劝各位**，第一，任何人都没这本事可跟庄到底。第二，也没必要跟庄到底，挣到20%甚至更高一些就知足吧，太贪反而易套。如我前面举那么多例子，实际上在实践中没有人能从低点跟庄、高点出庄，我想您能在1/3跟进，在80%~90%处走人，就是胜利，甚至50%处走人都是胜利。因为您既然无法在最高点出局，那么在次高点走人，见好就收，避开高处不胜寒的环境不是很好吗？

比如，某年1月，长安汽车（见图5-11）7元启动，如果看不准可以再观察。观察后，在1/3处跟进，即9元左右跟上也不晚。当涨到90%处，即17元左右时刷卡走人应该是胜利了。

图 5-11　跟庄忌一跟到底

接下来您会问："卖了，可 000625 还在涨啊！"是，它是在涨。但这只是您事后知道的。在您卖的那一瞬间，您能知道它会上涨到哪个价位呢？您最清楚的是，您已经赚了 90%的"暴利"了（**比我经常讲的赚到 20%就走人的钱还多呢**）。

当然，我们可以分析庄家的招法，尽量判断股价可能升到哪个最高点，但这是一项极其复杂的超高级技术，要有超人的智慧，冒极大的风险，一般人很难把握。光靠我这本书中的庄家板块一跟就灵了？根本不可能。因为咱们毕竟都是普通大众，是一群小麻雀，随时都有被"超人庄家"、被"乌鸦"吃掉的可能，所以还是慎重点好。

再说，此板块基本分析了庄家的若干手法，奉献给广大读者后，其秘密已不存在了，炒股本身是一项绝密性极高的商业活动，如同下棋、踢足球一样，您事先把战术布阵都告诉对方，您还能赢吗，不百分之百输才怪呢！因此，既然秘密不存在了，庄家就可能变招，这就需要股民朋友在实践中经常自己总结经验，如此才能"庄高一尺，咱高一丈"。

再说，仅凭作者的一本小书也不可能让您跟庄到底，大获全胜，我只是提供一种跟庄的思路及分析的方法，咱（不敢称师傅）只是领您进门，抛砖引玉，修行则在个人了。您可以有跟庄到底的战略策划，但更应该有"没必要"跟庄到底的战术方案，这样您最终才能在次高点出货，战胜庄家。否则，您真可能跟庄到"底"，一套就是几年。

第十三节 巧用 K 线：克敌制胜打败庄家

股价 K 线形态是我们日常炒股中最常见的，它的变化无穷，组合无数，因此，庄家的手法在 K 线上会有一些蛛丝马迹，正确分析以下几种 K 线形态是战胜庄家的法宝。

◎ 一招：大阴线伴大阳线，底部进货信号

这里的大阴线是指股价在大跌后的一段时间里，如果再次出现大阴线，接着伴有大阳线出现，则是进货的绝好机会。

如洛阳玻璃（见图 5-12），某年 12 月 18 日、19 日，连续出现了 2 根大阴线，股价已经跌到 4 元左右。这时您注意何时出现大阳线，如果未出现，暂不进货，说明庄家暂时无拉升意向。12 月 22 日、23 日，底部大阴线伴大阳线形态出现，此时要及时进货，耐心持股。次年 2 月，该股最高价达 5.58 元。

图 5-12 大阴线伴大阳线，底部进货信号

◎ 二招：大阴线伴累计小阳线，也可进货

如果某股价在底部区域 K 线出现大阴线，而过后几天，并没有大阳线出现，而累计出现 5 根左右的小阳线，此时也不要机械傻等大阳线出现，因为每个主力坐庄手

法不一样，对积累出现的小阳线，也可放心进货。

例如，泰山石油（见图5-13），某年12月24日，出现了一根大阴线，之后该股连续出现了5根小阳线，此时应该进货，不要傻等了。果然该股开始上升，次年2月，该股价达到11元左右。

图5-13 大阴线伴累计小阳线，也可进货

◎ 三招：大阳线伴大阴线，顶部出货信号

顶部大阳线伴随出现大阴线，迅速派货为妙。这里的大阳线是指股价攀升一段时间后（3个月左右），如果突然出现大阴线，应考虑及时出货，保住胜利果实。

例如，原辽房天（见图5-14，现莱茵置业），某年5月开始，该股一鼓作气，股价由16元左右直冲到5月底的21元左右。7月3日，该股出现了一根大阴线，股价最低到20.3元。这时您应该清醒地认识到，大阳线伴随出现大阴线不是好事，必须及早出货。如果您还想等待，那么到7月6日、9日该股又出现大阴线，股价已跌破19元，您必须果断下决心，坚决出货，因为庄家已经在放弃控盘，而且股价是在高位出现的阴线。您要保住胜利果实，就不能再犹豫了。

图 5-14　大阳线伴大阴线，顶部出货信号

◎ 四招：大阳线伴累计小阴线，及时出货

股价在上升开始和上升途中，基本以阳线为主。但一旦升到某个区域后，股价上升乏力，维持在一个高位区域，在不断放出大阳线后，K 线连续出现了小阴线，且股价趋势开始降低。这时预示着主力庄家有准备逃跑的企图，股民们此时也必须及时出货。

例如，陕鼓动力（见图 5-15），某年 5 月 4 日，出现一根大阳线后的几天里，连续出现了小阴线，此时主力庄家肯定是要借机逃走，果然后几天，该股猛烈下跌。

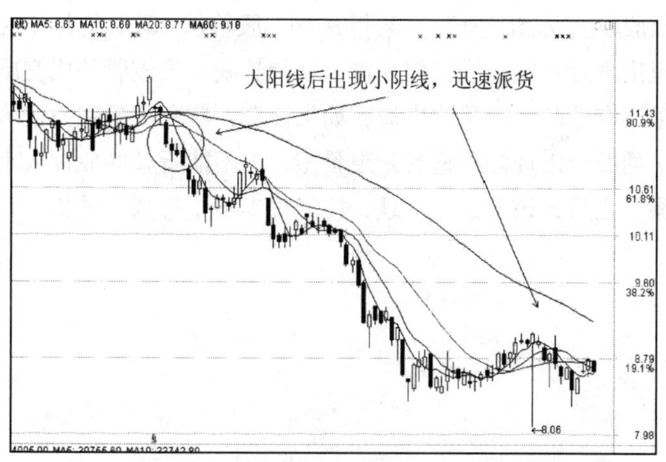

图 5-15　大阳线伴累计小阴线，及时出货

◎ 五招：横盘底部启动，上升途中阴线不可怕

当一只股票横盘夯实底部后，一旦发动行情，中间出现了阴 K 线是正常的技术调整，万万不可轻易出局，以免出现踏空的惋惜局面。

例如，刚泰控股（见图 5-16），某年 4 月，该股向上启动。在此之前，该股先后出现了阴线，此时为上升途中的阶段平台整理，可继续持股，之后该股连续涨停。

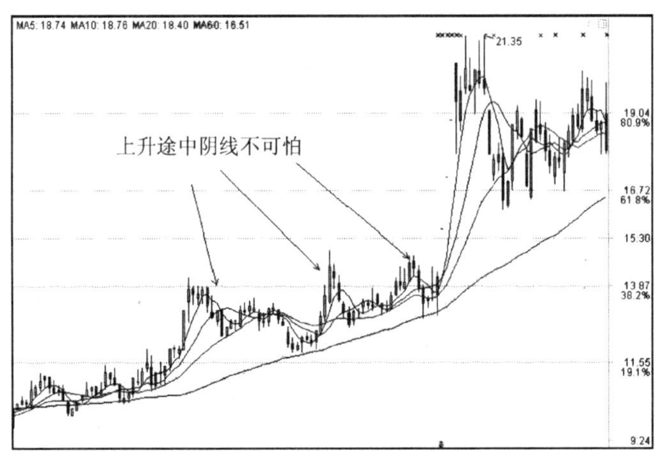

图 5-16　横盘底部启动时阴线不可怕

◎ 六招：下跌途中，阳线不乐观

股价在上升途中总有一天会开始下跌，一旦下跌开始，是任何力量都无法阻挡的。即使途中出现大阳线或累计阳线，也不要乐观，应视为反弹行情，及时解套或止损。

例如，中成股份（见图 5-17），某年 9 月，股价从 12 元左右开始下跌，在此下跌期间，股价也出现过几次阳线，但大盘下跌趋势确立，该股的成交减少，上升动力缺乏，此时如果还有盈利，应尽快出局；如果被套，应利用反弹行情解套或止损，绝不能对下跌途中的股价出现阳线抱有乐观希望，更不能听某些股评人士大喧特喧的牛市没结束的鼓噪。之后，该股猛烈下跌，庄家根本不给您喘气的机会，一直将股价砸到 5 元左右。

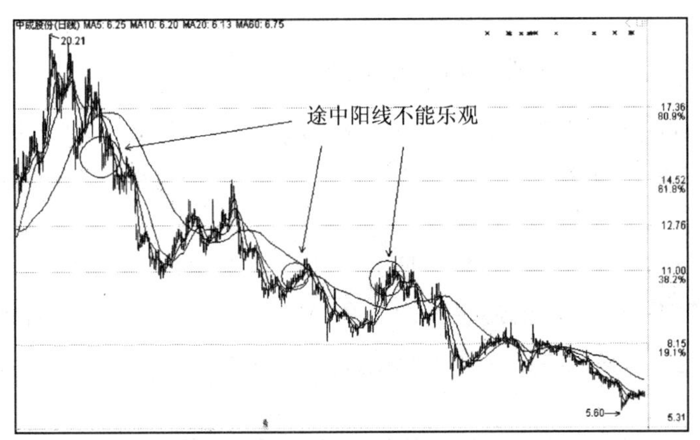

图 5-17　下跌途中，阳线不乐观

◎ 七招：周 K 阳线突然增大，及时介入

由于日 K 线变化较纷杂，有时难以下决断。此时可重点观察一下周 K 线状况。如果一只股票长期盘整，在周 K 线图上突然有一周增大，股民可在周一及时介入。

例如，上海梅林（见图 5-18），某年 11 月 14 日，周 K 线收阳放大，股价为 6 元左右。此时预示着该股有可能步入上升通道，可在周一开盘时抢进并耐心持有。之后，该股步步上升，次年 2 月 20 日这周，股价已升至 14 元左右。

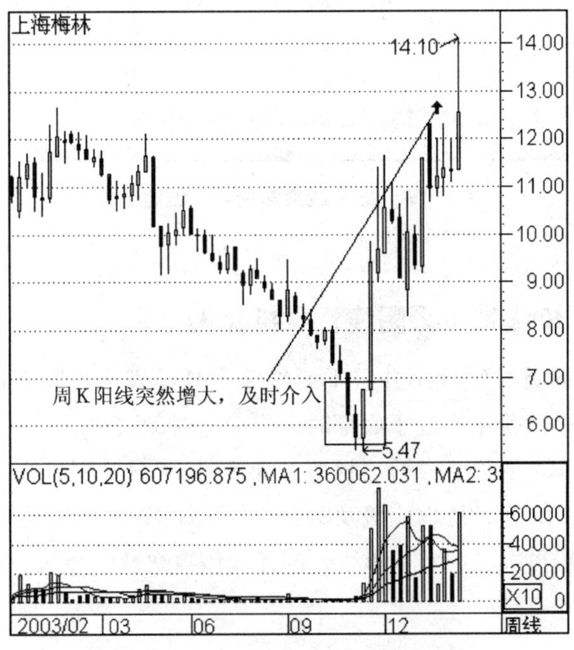

图 5-18　周 K 阳线突然增大，及时介入

◎ 八招：周K线突然变阴，迅速出仓

周K线一直保持阳线而且在上升中可耐心持股，但总有一天要出货，那种长期投资的理念不适合。因此，一旦周K线出现大阴线，形态被破坏显出端倪，就应该在周一及时出仓，不可再恋战。

例如，国金证券（原成都建投，见图5-19），某年4月25日，周K线放出大阴线，此时您必须平仓。如果您还想等，那么到6月必须要出仓了，否则将遭到重创。到11月14日这周，该股价已跌到8元左右。

图5-19 周K线突然变阴，迅速出仓

◎ 九招：周K线带下影阴线，寻机介入

如果一只股票的周K线收阴并且下影线又很长，表示该股下跌有一定支撑，买盘比较积极，特别是股价基本处于底部时，更应该时刻关注。

例如，福田汽车（见图5-20），该股某年3月14日这周，周K线出现了较大的下影线，股价在11.72元，所以应该及时介入。5月12日，该股价最高到15.82元。10月24日，周K线再次出现了下影线，因此应该再次及时介入。

图 5-20　周 K 线带下影阴线，寻机介入

◎ 十招：周 K 线带上影阴线，及早出局

股价在上升中，周 K 线出现大阴线，特别是带一根上影阴线，表明庄家推动力已耗尽，拉高出货的意愿比较明显。因此，股民必须识破庄家这招，迅速了结是必须的。

例如，歌华有线（见图 5-21），该股某年 4 月 17 日的最高价 44. 63 元，此时的股评还在大肆吹捧该股，引导散民跟进。但是就在这一周，周 K 线为阴并且出现了一根较长的上影线，显示庄家已准备放货，随时猛跌的可能性很大。到次年 1 月 6 日，股价跌到最低价 16. 09 元。因此，当上影阴线出现后，应警惕戒备，最好提前出局。就是等，也最好不超过一周，否则，一是您跑不掉，二是煮熟的鸭子飞了岂不可惜。

图 5-21　周 K 线带上影阴线，及早出局

第六大招　李几招经典技巧板块

（实战真经　几招奉献）

炒股这行当，可谓是“知难行难”，真不容易，我认识的几位朋友对此都有切身“流血割肉”的体会。刚入市，在键盘旁敲几个键、在磁卡机上一划、在电话机上一拨，钱轻易滚进账中，美得喜形于色、于心、于梢。但随即就进入痛苦、漫长的套牢阶段，只好忍痛割肉、流血出局。许多股民摸爬滚打股市多年，感到股市越来越难炒，一不小心就扔进去了，要想立于少败之地（不敢说不败之地），就必须适应股市变化的节奏，找出其炒作技巧绝招。

买卖股票是一个实践性极强的游戏活动；是一个积累经验，甚至是血淋淋深刻教训的反思活动；是一个技巧积累、丰富学问的活动。可以说，**炒股学问无止境，炒到老，学到老**。因此，我在这个板块上费了一定的精力，设法总结出经典操作技巧的绝招供朋友们参考。

此外，在股市中，朋友们之间会有许多丰富的技巧，彼此之间经常交流体会非常重要，我这里献出的绝招也有我周围朋友的功劳。俗话说，“三个臭皮匠，顶个诸葛亮”。咱们朋友们在炒股中个个都是高手，关键是要举一反三，总结出新招法，弃之旧招法。不过股市变幻莫测，有些技巧会失灵，**但我总结归纳的这些经典之招可能对你终生炒股有用**。因为炒作要领是共性共存的。一些特殊的、新兴的技巧之招我也会在实践中随时捕捉、总结，并在每年再版的书中奉献，这样招上加招，你才能在股市中立于不败之地。

第一节　综合因素分析之招

我在有关章节中为读者介绍了上市公司财务指标的分析方法，但是仅凭此就买卖股票是绝对不行的。因为买卖股票是一个难度相当大的智慧工程。说它难度大，是因为决定股票走势的绝不是几个财务指标，典型的是一些亏损的公司，财务指标非常垃圾，其股票走势却出人意料。因此，影响股票走势还有许多其他因素。

◎ **政治因素**

政治是经济的集中反映，并反作用于经济的发展，会使股票市场发生波动。这主要包括：最高领导层的动态；外交形势；国际局势；国内外领导人的讲话、行踪、更替、风格、背景；证券管理层的领导风格、更替背景；战争等。所以，政治因素变化对股市影响很大。例如，2008 年美国发生金融危机后，整个世界的股市都产生了很大的震动，美国的道琼斯指数、中国的股指都出现暴跌。

◎ **政策性因素**

中国股市由于特殊原因，政策的影响比较大，也被股民称为政策市。但我认为，政策市也没什么不好，不管如何，“涨也政策，跌也政策”是股市的特点（外国也一样）。具体到政策的因素主要有：国家颁布的各种法律、法规、条例、规则及其出台背景和内容精华；国务院各个机构的变化整合；主流媒体动向；内幕信息证实等。政策的变化对股市的影响更直接。例如，1996 年 12 月 16 日，《人民日报》特约评论员发表的文章《正确认识当前股票市场》，就导致股市猛烈暴跌 3 天，沪指从 12 月 11 日最高点 1258 点暴跌到 12 月 18 日最低点 869 点。对此，股民称为：什么牛市、熊市，中国股市是猪市（指时任副总理朱镕基打压股市）。而 1999 年 6 月 15 日，《人民日报》特约评论员发表的文章《坚定信心规范发展》，则为“5・19”行情加油打气并引燃了持续到 2001 年上半年的世纪性特大牛市，沪指从 1999 年 5 月 17 日的最低点 1047 点一直震荡向上，到 2001 年 6 月 14 日的最高点 2245 点才结束此轮大牛市。2004 年 2 月 1 日，国务院颁布了《关于推进资本市场改革开放和稳定发展的若干意见》，股市由此展开了 2006 年到 2007 年的牛市行情，沪指从 998 点冲到 6124 点。2007 年 5 月 30 日印花税上调造成股市“5・30”暴跌行情。可见，政策对股市的影响多么巨大。

◎ **经济因素**

股市是经济发展的“晴雨表”，其因素包括：国民生产总值、固定资产投资、物价、就业、外贸、金融、保险、企业效益、能源、旅游、科技；内幕经济信息的分析等。股市和经济有更紧密的联系，例如，1933 年，世界资本主义经济发生了严重的危机，因此股票价格猛跌。如美国钢铁公司的热门股票从 1929 年的最高点 261 元跌至最低点 21 元。又如，1996 年中国经济软着陆后，逐步进入良好的发展态势，GDP 一直保持 8%左右的发展速度，中国股市也由此上涨，1996 年到 2001 年走出了一轮特大牛市。再如，2008 年，国务院启动了 4 万亿元的投资，2009 年股市反弹。

◎ 股市层面因素

股市层面因素主要包括：有关证券的各种法律、法规、条例、规则、指引的出台背景和内容精华；上市公司动向和经济效益；主力内幕运作动向和力度；资金内幕流动的意愿；多空人气的内部较量；其他内幕的信息证实和分析等。这些因素对股市产生直接的影响。例如，2001 年 6 月 14 日颁布的有关国有股减持的利空消息后来导致股市暴跌。而同年 10 月 24 日，有关国有股减持暂停的消息导致“10・23”暴涨行情。2002 年 6 月 24 日，有关国有股减持彻底停止的消息导致股市喷发了“6・24”行情。又如，2012 年，管理层对亏损公司实行严格的退市制度，使一批亏损公司的股价大幅暴跌。再如，2006 年和 2007 年，中国船舶、万科、贵州茅台、中国石化等牛股的崛起，显示了主力内幕运作动向和力度。

◎ 利率因素

银行利率最能直接影响股票价格的变化，一般认为，股市的升跌和银行利率高低有密切关系。提高银行利率，就会导致资金流入银行、流出股市，所以股市就会相应作出下跌的反应；反之则相反。例如，我国 1993 年连续两次提高利率，导致股市下跌。而 1996~2002 年连续 8 次下调利率，股市为此走出了大牛市。2010~2011 年，央行 5 次上调利率，股市为此下跌。2014 年 11 月银行降息导致 2014 年 12 月沪指冲高到 3000 点。

不过也有特殊的，如 2007 年央行 6 次上调利率，股市不跌反涨；2008 年央行 5 次下调利率，股市不涨反跌。这也说明了中国股市的炒作特点。

◎ 供求因素

供求之间的矛盾，对商品价格有直接的影响，股价也不例外。1992 年前，中国股根抽紧，股票供不应求，导致股价猛涨。进入 1993 年后，股根放松 50 亿元，1995 年跨年度放松 55 亿元，结果股票供应充足后，股市价格明显下降。1996 年股票一度供应偏少，因此股价又上涨。后将 1996 年、1997 年股票额度增加到 450 亿元，股市开始平稳。2008~2012 年，股票的供应逐年加大，股市也为此下跌。

新股发行增加股市供给，按理说股市应该下跌，但是有时候股市也背道而驰。比如，2014 年 6 月新股发行加大了力度，股市反而暴涨，沪指到 2014 年 12 月，上升到 3100 点，令人匪夷所思，这就是股市的不确定特点。

◎ 心理因素

人们心理状态的变化，也会对购买股票的行为产生重大影响，从而导致股票价格的变化。例如，美国著名的企业巨子艾柯卡，1978 年 11 月 2 日加盟克莱斯勒汽车公司上任的第一天，该公司的股票价格就以 3/8 的涨幅收盘，这是由于美国大众心理上对艾柯卡的高度信任所至。再如，某公司股价已经很高，但人们心理上认为可能还要上升，所以导致继续追高买进的行为。如 2006 年到 2007 年的大牛市，就是许多人认为股市还会上升，结果追高套牢。反之，股指已经很低，但人们心理上认为可能还要下跌，所以导致继续杀跌卖出的行为。例如，2005 年上半年的熊市，就是很多人认为股市还会下跌，结果杀跌踏空。

◎ 投机因素

有股市，就有投机；有投机，也就有股价波动，这很正常。2006~2007 年，中国股市不断创新高，也有部分投机因素。例如，中国船舶股价上升到 300 元，就是过度投机的结果。事实证明，这种过度投机的结果最终导致其股价的大幅回归，中国船舶 2013 年下跌到 15 元左右。再如，一些亏损公司的 ST 股票，其股价不跌反涨，令人大惑不解。这就是投机的因素在起作用。

◎ 其他因素

股市有时会受到其他因素影响，包括天灾人祸、恶意操纵股价、伪劣信息散布、社会突发事件、社会流动信息、主流媒体的宣传态势、社会基层的情绪、社会各层面的态度、社会民意的趋向等。

比如，1998 年的洪灾、1999 年 5 月 8 日美国轰炸我驻南斯拉夫大使馆、2003 年的非典型肺炎、2008 年汶川地震等天灾人祸都对股市产生了短期的影响。又如，中科创业、亿安科技等股价的暴涨暴跌就是恶意操纵股价的结果。再如，银广夏美丽泡沫的鼓吹营造者，就是伪劣信息散布的典型案例，导致许多股民为此追高，最终成为其牺牲品。此外，2001 年股市的暴跌，国有股减持是一个原因。2002 年 6 月 24 日，管理层宣布国有股减持停止，为此，产生了“6·24”暴涨行情。2000 年初，有一批人对股市发表批评的言论，否定股市对国民经济的巨大贡献，此言论绝不是孤立的，它多少代表了社会各层面一些人的态度。为此，股市受到很大影响。

◎ 综合因素分析法

如果大体了解以上几个因素，再加上财务指标的分析，就要运用综合分析法。综合分析法虽然是一种更科学、更严密的分析方法，但是，要真正达到分析与股市实际所发生的情况相吻合，实在是一件难以做到的事。即便其他因素不考虑，仅就我们上面所列的财务指标就有 17 种。如果从数学的角度对这 17 种因素可能发生的情形排列组合的话，就会有上万亿种情形。这种天文数字表明，要想做到十全十美、万无一失的综合分析是非常困难的。

每个股票购买者的主观愿望都是保本盈利，避免风险。但是我想大家一定都看过

1994 年第 15 届世界杯足球赛吧，巴西队凭罚点球得了冠军，虽然意大利队得了亚军，但他们信奉的“宁可不赢也不能输”的防守反击式打法被足球界及广大人士称道。而且意大利队赢得起、输得起，最后罚点球失误，意大利队屈居亚军，但意大利教练及其国内人民认为他们根本没有输，他们和巴西队是 0∶0 踢平，只是罚点球输了。所以他们仍然斗志昂扬，誓言今后雪耻。意大利队的“宁可不赢也不能输”及“赢得起、输得起”的做法，也适合我们买卖股票的朋友们。

此外，还应掌握以下技巧：

（1）注重积累实际资料。因为每家股份公司的财务状况是不断变动的，所以，投资者如有条件的话，应该不断积累你感兴趣的股份公司的资料，以分析该公司的业绩盛衰趋势和财务结构的变化。

（2）注重积累实践经验，并应用理论指导实践。买卖股票，特别是尽量正确买卖股票，是一项实践性极强的活动。股民必须始终贯彻“实践出真知”这一思想，积极参与买卖股票的实践，从中培养购股修养，总结实践经验，并配之必要的理论指导，这样就可以在股票市场上大错不犯。

（3）掌握股市节奏。股市的活动，节奏感很强。股市神秘莫测的变化节奏，往往对公众的买卖行为产生不良影响。因此，必须明察秋毫，控制自己的购股节奏，不可操之过急。要记住，股票价格遵循“涨时降值，跌时升值”的规律。如 2005 年 6 月 6 日，沪指跌到 988 点，如果股东遵循“跌时升值”的规律，就会及时建仓，抓住赚钱的机会，到 2007 年 10 月，沪指猛升到 6124 点。反之，当沪指上升到 6124 点后，就“涨时降值”了，股民就应该及时平仓。2008 年 10 月，沪指跌到了 1664 点左右。

（4）抓住主要矛盾。例如，在整个政治、经济环境比较稳定时，股民应注意考察公司的经营状况，这是主要矛盾；反之，如果政治环境不稳，股民应及时分析政治形势，作出正确的决定。

（5）做到基本正确。美国著名经济学家西蒙，是决策理论的著名代表。他在论述决策的原则时指出，决策不可能实现最优化原则，只能采取令人满意的准则。这就是对“基本正确”的一个注释，更通俗些讲，就是“差不多就行了”。西蒙的这个“实惠”决策理论，应作为股票买卖者的一条参考法则。因为多种因素非和谐共振的作用，使我们在买卖股票过程中要作出非常准确的分析是不可能的。所以，在进行分析、决策时，就要本着“基本正确”的精神，当机立断、迅速决策。如果你死守教条，在良机面前不果断决策，而一味地思来算去，其结果也许会使你在股市中一事无成。更何况，你根本做不到完全正确的分析。例如，1999 年“5·19”行情一启动，你就必须迅速跟进，不能学究式地算来算去、反复推敲，否则必将踏空世纪性大牛市的机遇。再如，2005 年 3 月到 4 月，沪指下跌接近 1000 点，你就应该本着“基本正确、差不多”的原则，果断地建仓。如果你按部就班地仔细分析、反复权衡，也许你觉得此时并不是最优的底部，你就陷入“完全正确”分析的泥塘中去了，而放弃了一个潜在的底部收益。如果你运用“基本正确、差不多”的理论来判断，就应该迅速建仓了。

（6）增强信心、耐心和决心。就是建仓买股票后要有必胜的信心；卖出股票要有决心；空仓等待要有耐心。否则，便不战自败。同时，无论胜利与失败，都要一如既往，这样才可以在股市中立于不败之地。记住，失败是成功之母！

（7）知己知彼，百战百胜。购股者必须对你持股的股份公司状况了如指掌，这样才能在股市中灵活自如，应付突发事变，减少损失。靠撞大运、赌大博是偶然侥幸盈利，最终等待你的必然是遗憾的结果。

第二节　政策面分析之招

中国股市由于特殊原因，政策的影响比较大，被股民称为政策市。但我认为，政策市也没什么不好，不管如何，“涨也政策，跌也政策”是股市的特点（外国也一样）。所以我们必须了解政策面，充分利用政策面的信息，把握每一次机会。

但是许多股民朋友在炒股中最困惑的是：第一，不知道政策；第二，即使知道了，也不了解更深入的背景；第三，面对洋洋千字、万字的大政策无法理解或理解中不得要领；第四，无法正确判断政策对股市的支持走向；第五，不能有机地将大政策的作用与盘体技术的作用力结合，而导致相反的操作结果等。政策面是软性的，难以定量分析。但任何事物发展都有其内在规律可循，因此，政策面分析也有技巧。

◎ 事先预兆

（1）1994 年 7 月前，沪深两市连连走低，管理层反复强调“国有股不会流通”及“三不”政策，这就是个信号，表明政府不会任股指下滑。7 月底，两市跌到最低点，8 月初，管理层利好举措出台，即暂停新股发行及研究“三大政策”，结果股市持续 3 个月暴涨。这个利好政策细心者则在 7 月前即可分析得知，因为那时管理层的频频安民告示未奏效，所以肯定会有新举措出台。

（2）1995 年“5·18”行情。1995 年 4 月起，国债期货市场屡次犯规，管理层先后处理了几宗违规机构事件（如“3·41”事件、“3·19”事件，上证所暂停国债期货交易 4 天）。这也是事先有预兆。但国债期货多头攻势不减，结果万国公司发生严重犯规。5 月 17 日，管理层暂停国债期货交易，引发了“5·18”股市大行情。如果期货投资者对证监会接连处罚违规者有警觉，就应洗手不干，避免损失。而股民应分析股市正处于低点，处理期货市场违规，不久将有期货资金流进股市，所以“5·18”之前应大胆建仓，坐等获利。

（3）1996年“12·16”行情。1996年10月以后，管理层先后有10多次预警，《人民日报》11月15日也发特约评论员文章，这预示着政策面迟早有一个大动作。洞察到这点，就不会遭到“12·16”回调所造成的损失。

（4）2001年下半年的暴跌。例如，2001年6月14日国务院公开发布了有关国有股减持的暂行办法。但之后一个月，即7月13日前股市却没有下跌。但是这个再明确不过的政策信号你必须充分理解，否则你就损失惨重。

（5）2004年2月1日，国务院出台了关于推进资本市场改革开放和稳定发展的若干意见后，你就必须认识到，这是一个特大利好，结果发生了2006年和2007年的牛市行情。

（6）2013年上海自贸区建立，2014年沪港通开通，分别导致了一轮波段行情。

可见，任何一项政策出台，不是突然的，事先都有预兆，这是分析政策面重要的技巧。

◎ 文字讲究

1994年9月初，市场传言1995年实行T+1。当时有两大证券报纸回答说：“近期取消T+0属市场传言，迄今为止，未收到上级有关取消T+0的文件指示。”事实证明，1995年初正式实行了T+1。但两大证券报纸用词讲究，也不能说明其错，因为讲了“近期”、“迄今为止”、“未收到”等词。股民应从这些词中分析：“近期”不代表以后；“迄今为止”不代表1995年；“未收到”不代表以后会收到取消T+0的文件。因为这些词不是肯定语，且弹性很大，您如果分析透彻，就能够理解这些词的真正含义，提前做好准备。

◎ 全方位学习

由于证券类报纸版面有限，不可能全部刊登各类政治、经济、社会等多方面信息，这需要股民通过自身努力，多听多看各种媒体的有关报道。有些专业报纸传播本专业的信息既快又好，比如汽车类报纸，它对汽车市场行情分析得准确，您看后则对汽车板块的前景心中有数。改革类、金融类报纸可以使您对国家改革、金融形势有更深入的了解，这样各项改革金融政策出台前您就能提前调整自己的投资行为。您既然投身股市，则必须全方位加倍学习，才能培养出对政策调整的敏感性。

总之，股民应把花在计算机前分析技术指标的时间拿出一半用于分析政策面，灵活理解微妙的变化，深刻领会并分析哪些个股会受政策刺激上升或下降，掌握分析政策面的技巧，您才能胜多输少。

例如，2013年7月3日，国务院常务会议讨论并原则通过了《中国（上海）自由贸易试验区总体方案》，但是当时上海板块一个月内并没有启动，如果您对政策敏感的话，就应该分析出这是一次难得的机遇，果断在上海板块建仓。同年8月22日，商务部网站披露了国务院正式批准设立中国（上海）自由贸易试验区的消息，结果上海板块才开始大规模暴涨。

再如，1999 年 9 月，中央提出开发西部大战略，国务院也成立了西部开发办公室，税收、人才、投资、银行、财政等部门也相应发出了一系列西部开发利好举措，在这样大背景下，西部股就会有一个大的启动，应当及时建仓，等待良机。如原青海百货（后更名数码网络，后合并到盐湖股份 000792），是处在西部，流通股 3821 万股，属小盘股，而市场价当时才 10 元左右，适合强拉。1999 年中期每股收益才 3 分钱，有想象力。因此，主力借政策感召力和股票更名为数码网络、送转股题材及 2000 年元旦、春节行情，一鼓作气连拉大阳线，股价到 2000 年 5 月 8 日，已涨到 34 元（见图 6-1）。

图 6-1

当然任何股票在高位时，或说题材出尽后，您必须平仓走人，上海自贸区板块和后来青百股价，都出现了暴跌。

第三节　李几招经典技巧之招

◎ 分析软信息之招

一般来讲，确认无误的信息为硬信息。例如，2004 年 2 月 1 日，国务院出台了《关于推进资本市场改革开放和稳定发展的若干意见》；2007 年 5 月 30 日，印花税上调等，类似这样的信息，是硬信息，股东不必分析，只需根据此信息调整自己的投资行为。

但股市中还流散着大量没被证实、有待研究、未形成正式公告的信息，此类信息即为软信息。软信息的主要特点是：①未形成建议，还处于研究探讨阶段，但已通过非官方渠道流传出来，如2005年流传全流通的各种版本等。②流传后，有些被证实，有些未被证实。证实后，软信息由此变为硬信息。未被证实，也不能全说是空穴来风，可能是由于时机不成熟等原因，一些建议暂被搁置。兴许过一段时间再施行。如新股发行改革、国际板等。③软信息用词讲究，弹性强，进退灵活，辩证色彩浓。

比如，1994年8月，媒体报道有关股市的"三大政策"。但仔细推敲这条信息，发现这条信息很软，或者说管理层根本就没有发布"三大政策"这样的硬信息。当时真正的硬信息就是两条，即中国证监会在媒体上正式公告"……暂停各种新股的发行和上市……"和对今后新上市公司实行辅导期制度。而所谓"三大政策"，即"发展投资共同基金，培育机构投资者；试办中外合资的基金管理公司，逐步地吸引外国基金投入国内A股市场；有选择地对资信和管理好的证券机构进行融资，活跃交易，稳定股市"，这完全是一条软信息，是以会议报道形式披露的，不是正式的公告。是"与会同志共商，认为……"的，至于能否得到权威部门的认可，是个未知数。而且这三条只是个"措施"，不是正式政策。直到1998年，发展投资共同基金，培育机构投资者；试办中外合资的基金管理公司，逐步地吸引外国基金投入国内A股市场，有选择地对资信和管理好的证券机构进行融资才有了眉目。

此外，谣言和传言，一字之差，却有本质区别。谣言乃是凭空捏造、纯属骗人的话，不应相信。例如，股市一跌，就传出什么几大利空云云。而传言不是凭空捏造的是未被证实却又广为散布的消息。不管如何，谣言和传言都会直接影响股市。

通过以上分析表明，股民们今后不仅应学会分析公司的财务信息，还应学会分析"软信息"，仔细琢磨媒体字里行间的含义。如果你把软信息琢磨一番，你就提前掌握了潜在的信息，炒起股来心中有数了。

◎ 不听消息炒股之招

很多朋友炒股总爱打听消息，并举出某某人听了某种消息赚了多少钱云云。我的观点很明确，坚决不信道听途说的消息。一个普通炒股人（99%都是普通人）要想打听消息是很困难的，连一个高级干部都不可能打听到准确消息。例如，1996年12月管理层发布的"后三大政策"，我认识的相当一级的领导也是从"新闻联播"中得知的。还有我认识的一位更高级的干部子女，其父亲的名字如雷贯耳（这里不能提名字），按理说最先知道消息吧，可是该高级干部子女炒股炒得一塌糊涂。可见，一个高级干部的子女知道消息都如此，所以，作为一个老百姓，还是老老实实炒股为好。

又如，2007年初，方大炭素控股股东辽宁方大集团实业有限公司决定方大炭素通过定向增发进行融资。获悉这个内幕信息并利用此信息买入方大炭素股票的有：中国银河证券股份有限公司投资银行总部股票发行部副经理张涛，甘肃弘信会计师事务所有限公司董事长王东海，北京海地人矿业权评估事务所评估部总经理崔永杰，甘肃弘信评估师魏亮，北京海地人房地产评估事务所评估师高晓卉，方大集团财务总监、方大炭素董事黄成仁。但是2007年4月13日和17日，王东海用其个人账户共买入"方大炭素"股票2.5万股，买入金额18.6万元；6月6日全部卖出，亏损5755元。2007年4月10日，黄成仁用其个人账户买入"方大炭素"股票5000股，买入金额3.45万元；4月11日全部卖出，亏损126元。可见，获知内幕信息也不一定就赚钱，而且他们亏损了还受到了证监会的处罚，可谓偷鸡不成蚀把米。

有些消息可能是真的，但全国有1亿多股民，消息传到你耳朵里恐怕早已成旧闻并有各种版本了，主力正等着你去跟风抬轿呢，你再建仓风险极大。如2012年的有关ST股政策，反复变化，股价也是瞬间跌停、涨停，你想买也晚了。

此外，股市有时与消息背道而驰。例如，1996年10~12月，管理层发黄牌警告，可股市就是大涨。1997年上半年也如此，管理层利空一个接一个，可股指还是越过1500点，真邪门了。可2002年，管理层的利好政策一个接一个出，但股市却一直跌。2005年，全流通开始启动。按理说，这是重大利空，可是股市却走出了2006~2007年的牛市行情。

有时候仔细想想，也对，股市往往不按大多数人愿望行走，特别是有"消息市"之称的中国股市中，屡屡走出相反行情，主力才能赚中小股民的钱。

还有一个值得牢记的教训，消息朦朦胧胧时，股价一直上升；消息一兑现，股市立即下跌。例如，香港回归后，党的十五大、党的十六大、党的十七大一闭幕，《证券法》一出台，奥运会一结束，"60年大庆"一结束等，这些题材从理论上讲应是支持股市上升的。但消息兑现后，主力立即派货，股市为此下降，这也是主力恶炒所致。

作为普通人，一定要做老实人，炒老实股，挣老实钱，这样绝对没错。你只要积极贯彻这一理念，不听消息，你一定比那些爱听消息的人挣得还多。

◎ 阅读收听股评之招

阅读收听股评，是一些股民乐此不疲的事情。但现在股评是鱼龙混杂，所以需要掌握一些技巧。

（1）事先自评。在你阅读或者收听他人股评的时候，应该自己先做一个基本判断，然后再读、再听他人股评，对照一下，你自评的结论和股评的结论有何相同、有何不同，观点的主要差异在哪？然后分析归纳，做出最后的决策。

（2）事后检查。经过在实践中运作后，股民最好检查一下是自评的结论对，还是股评的结论对？是自评对的多，还是股评对的多？为什么自评这次对了或这次错了，为什么股评这次错了或这次对了？

（3）听话听声。股评一般在公开媒体上发表，有些话不能够直说，因此在读、听股评时，要听话听声。一是从说话语气上判断他说的话哪些是“官话”，哪些是“实话”；二是从文字上看哪些是“虚号”，哪些是“实号”。如某股评说：“现在大市喜人，人气旺盛，连拉大阳。但是，务必请**股民注意回调的来临**。”这加着重号的话，是“实话”，股民听这句话时，要“听声”，这很重要。

（4）广泛读听。股民读、听股评时，不应总读、听某几个人的，否则易陷入片面。现在证券类报纸、广播、电视、网络等很多，有条件的应多听、多读，或与本地、外地间的朋友打电话交流各媒体的信息。其好处是：①信息获取更全面；②筛选的余地更大；③有些“实话”地方类报刊更敢刊登，分析得更加透彻。

（5）了解背景。现在股评人士很多，由于股评人士背景不同，获取信息的程度不同，分析的深度不一，所以看大势的观点也不同。一般来讲，在国家政府部门工作的股评人士对大势、对信息掌握得准，对大势判断准；在证券公司工作的股评人士对本公司自营资金动向掌握得准确；本地的股评人士对当地个股的信息了解全面；证券媒体的编辑记者了解各类信息多而快；自由撰稿的股评人士比较了解散户人气，谈论的自由度大。

由于以上原因，股评各有特点及盲点，这要求股民应了解股评人的背景，从而在读听股评时有侧重、有筛选，把握大势及精选个股心中有数。

◎ 精确计算平均股价之招

在大市回调中，很多股民为摊低自己的购股成本，采用逐级建仓的方法。但当建仓完毕时，你购股的平均价究竟是多少呢？许多股民简单地将每次购股价相加后除以总购股次数，如某股民分 3 次买入某股票，即 19 元、16 元、14 元，然后得出平均价是 16.33 元[（19+16+14）÷3]。**此算法比较省事，但很粗略，**因为它没考虑成交量这个权数，假如每次成交量相同，这个算法有效，但如果 19 元和 14 元买入的股数不同，尤其是数量差异很大时，**此计算法就扭曲了你的投资成本，**所以，应按加权计算法来精确计算购股平均价，具体公式是：

购股平均价=（第 1 次买价×成交数量+第 2 次买价×成交数量+…+第 n 次买价×成交数量）÷总成交量

例如，某股民分 3 次买入某股票：19 元买入 9800 股，16 元买入 5500 股，14 元买入 2000 股，将数字代入购股平均价公式计算：

该股购股平均价=（19×9800+16×5500+14×2000）÷（9800+5500+2000）= 17.47（元）

计算可知，该股民实际购买的平均价格为 17.47 元，和前边粗略计算的 16.33 元平均价相比，差 1.14 元。假设你按简单平均法算出的 16.33 元设定你的卖出行为，那么该股票刚涨到 16.33 元（暂不考虑手续费等），你马上全部一次卖掉岂不是吃亏了。而加权计算法精确告诉你购股平均价是 17.47 元，这样你在 17.47 元再加上规定的费用后卖出股票才可盈利。

◎ 股价持平保本（卖出价）计算之招

股民买卖股票，一般而言，其成本就是佣金，单边征收印花税（买入股票无印花税，卖出股票按 1‰收印花税）。此外，沪市还有一个成交量每 1000 股收取 1 元的过户费，深市无此收费。

当股民买入股票后，股价涨到多少才持平保本呢？现以沪市为例，佣金按 1‰算，印花税按 1‰单边计算，过户费每 1000 股收取 1 元，则：

股价持平保本价＝买入价×成交量＋买入价×成交量×1‰（佣金）＋成交量×1‰（沪市规定过户费）＝卖出价×成交量－卖出价×成交量×1‰（佣金）－卖出价×成交量×1‰（印花税）－成交量×1‰（沪市规定过户费），将此算式整理后则：

股价持平保本价＝（1.002×买入价＋0.002）÷0.998

例如，某股民以 26.84 元买入某股票 3000 股。总费用为：

26.84×3000＋26.84×3000×1‰＋3000×1‰＝80603.52（元）

如果股民想以保本股价卖出 3000 股，则：

股价持平保本价（卖出价）＝（1.002×26.84＋0.002）÷0.998≈26.95（元），即股价涨到 26.95 元就保本了；如果超过 26.95 元，股民就获利了。

深市没有成交量每 1000 股收取 1 元的过户费，因此，股价持平保本价（卖出价）＝1.003×买入价。

为更快捷计算股价持平保本价（卖出价），可以粗略提高一点系数，即股价持平保本价（卖出价）＝1.006×买入价（换为 1.007 更保险）。

◎ 系列迹象缺口技巧分析之招

股价在上升、下跌周期内一般出现 6 个缺口（或少或多），即启动缺口、上升缺口、拉高缺口、派货缺口、杀跌缺口、止跌缺口。通过这些缺口特征，大致可以揣摩主力的动作迹象，以下结合图 6-2 沪指实际情况进行分析。

（1）启动缺口。股市经过至少半年以上的盘整后，突然借机发力，股指（股价）从长期盘整的底部一跃而起，成交量放大。此时 K 线图上留下主力开始做多的第一个迹象缺口，即启动缺口。股民此时应该考虑跟进建仓。例如，1999 年 5 月 20 日，沪指 5 个点的启动缺口就发生了波澜壮阔的“5·19”行情。

（2）上升缺口。主力完成启动缺口后，还要经过一段上升途中的必要整理，其目的就是将浮筹清洗出局，以便轻装前进。之后，主力再次发力，股指（股价）冲破启动缺口平台，发力向上，此时 K 线图上留下主力开始做多的第二个迹象缺口，即上

(a)

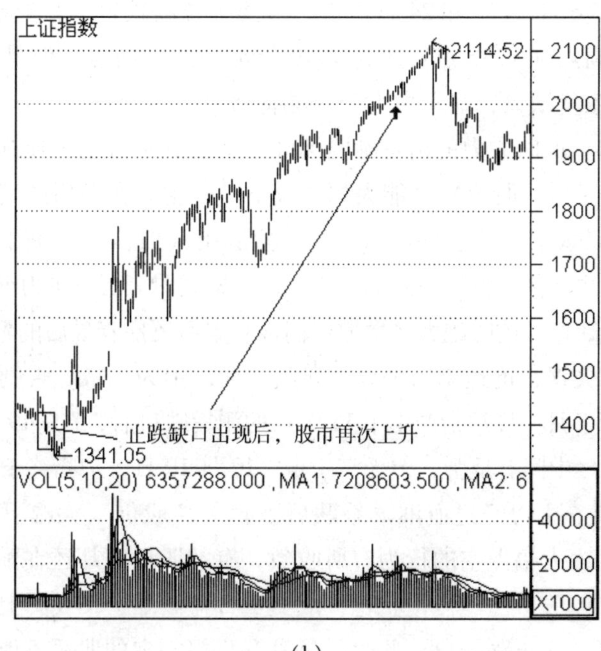

(b)

图 6-2　沪指上升、下跌中的 6 个缺口

升缺口。股民此时应该考虑继续持仓，千万不能被震仓下马。例如，1999 年 5 月 20 日沪指 5 个点的启动缺口发生后，经过上升途中的必要整理，5 月 27 日，沪指产生了 11 个点的上升缺口。由此拉开了股市上升的连续动作。

（3）拉高缺口。主力完成上升途中的必要整理后，边打边拉，快速推进，其目的是吸引外场资金和被震仓出局的资金入市烘托抬轿，为脱身做准备。此时的主力发力凶狠，成交量更加放大，**甚至不顾管理层的警告和各种利空消息，一副坚决做多的嘴脸，给人以舍我其谁的架势。此时股指（股价）更是气势如虹，连创新高，连续涨停。营业部人气沸腾，人头攒动，股评家们也配合主力大放做多的厥词**。此时K线图上留下主力持续做多的第三个迹象缺口，即拉高缺口。股民此时应该冷静，时刻考虑平仓。千万不能再追高，如果从见好就收的理念上看，最好提前平仓。例如，1999年5月27日沪指产生了11个点的上升缺口后，6月14日，沪指产生了11个点的拉高缺口后，6月24日再产生了9个点的拉高缺口。此时的沪指彻底冲破了6年零4个月的1558点，并向新的高度冲击。

（4）派货缺口。此时的主力既定目标完成，可以说赚得盆满钵溢，于是采取边出货边反弹的方法，其目的是吸引场内资金继续留驻，维持人气。而此时的主力积极为脱身而大量出货，出货发力凶狠，成交量放大，股评家们还在信誓旦旦、激扬啐沫大谈什么第几上升大浪。但此时股指（股价）不再连创新高，K线图上留下主力开始做空的第一个迹象缺口，即派货缺口。股民此时应该迅速平仓，千万不能优柔寡断。例如，1999年6月14日和24日沪指产生两次拉高缺口后，沪指不断创新高。6月30日，沪指最高点到1756点，此为1999年沪指的最高点。但是7月1日沪指就产生了11个点的派货缺口，显示主力开始准备撤退。

（5）杀跌缺口。此时主力的出货嘴脸彻底暴露，其本身也不掩饰做空的行为，因为只有充分杀跌，股指（股价）才能大幅持续下跌，主力在今后的底部捡到更便宜的筹码，以便为下次发动行情做新的准备。这阶段股指（股价）不断下跌，中间的反弹杯水车薪，终究无法挡住一波接一波的杀跌筹码，K线图上留下主力继续做空的第二个迹象缺口，即杀跌缺口。此时绝大多数散户们被套牢后还抱着最后的希望，但明智的股民应该承认自己的失误，迅速割肉平仓，夺路逃命，走为上策，否则将面临更大的危险。例如，1999年7月1日沪指产生了11个点的派货缺口后，7月19日则产生了19个点的杀跌缺口，虽然中间有反弹，但无济于事，10月19日，沪指终于跌破1500点。

（6）止跌缺口。主力经过血淋淋杀跌后，股指（股价）大幅下跌、持续暴跌的现象减少，说明主力大幅做空的行为有所收敛，有的股评家却还在配合主力唱空，一些股民割肉出局，但股市已经慢慢企稳，成交量日益萎缩，K线图上留下主力完成最后做空的迹象缺口，即止跌缺口。此时如果没有止损割肉的股民不能割肉平仓，只有通过补仓摊低成本，等待下一次行情的到来。而及时盈利平仓或夺路逃命的股民可以逐渐建仓，投入新的战斗。例如，1999年7月19日沪指产生了19个点的杀跌缺口后。12月21日，沪指产生了3个点的止跌缺口。接着沪指到年底的1341点区域完全止跌，然后进入新的上升周期。

以上是一个比较典型的按照6个缺口完整地揭示出主力动作迹象的例子。但是请注意，股市不可能每次都按部就班地照这 6 个缺口去运行。有时产生的缺口可能少于或多于 6 个，所以在实际运用缺口技巧时，一定要灵活处理。

◎ 早日解套之招

大多数人最烦恼的是被套，大多数人最希望的是早日解套。实际上，股市中解套是最难的。现在媒体上总有荐股冠军、亚军之类的人，如果谁能获解套冠军那才是股市中的顶尖高手。所以我经常说：炒股中盈利是徒弟，解套才是师傅。

我肯定当不上这个师傅，因为我至今还没有总结出解套的绝招，不过，我可以告诉你两个“低招”（以下结合图 6-3 具体分析）：一是千万不能被套住。这一点做起

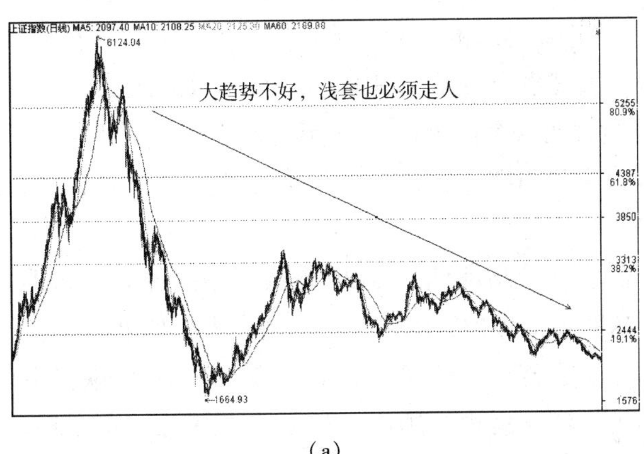

（a）

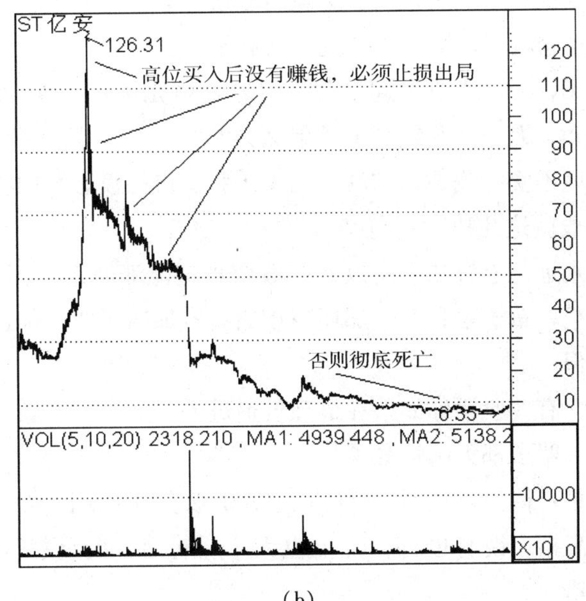

（b）

图 6-3　趋势不好时，学会止损

来不难，只要不贪，见好就收，按我讲的挣20%就走，这一招就准灵。二是万一被套怎么办。说不被套是假的，每人都可能被套，套住10%是浅套，套30%是中套，套50%以上就是深套了。我要告诉你的“低招”是：一旦套10%左右，坚决平仓割肉走人。这个“低”招许多人做不到，一怕平仓后再涨回去，抽自己嘴巴；二想套住就不割肉，反正迟早能涨回来；三盼什么神兵天将为我解套。**实际上这“一怕二想三盼”，正是你由浅套到中套再到深套的最根本原因。**我曾经大体统计过，真正浅套后短期内涨回来的仅占5%，涨回来又拉高的仅有3%，而95%左右的大多数股票都是上升后一路跌到30%甚至50%以上。因此，“一怕”的想法太不现实，而且概率太低。再就是一旦套住就不动了，哪怕亏损一分钱都不动了，这也是95%的人的操作方法。这种做法最错误，一旦套住而且大势不好，坚决割肉走人，千万别“二想”。天天盼望有主力进场为我的个股拉抬，这更不可取。现在这么多只股票，主力集中资金攻击个股，大多数个股无人理睬，“三盼”更不现实。

2006年行情最能说明这个浅招。2006年行情启动，究竟能涨多高，谁心里也没准（我当时最高也只看到4000点），但如果你已挣20%不走也罢，那么就看着大盘能涨多高吧。

2007年10月16日，沪指涨到了6124点后开始回调时，如果你并未真正套住，而是盈利损失了，这时你应保护胜利果实，坚决走人。如果你没走，还想、还盼，那么您可以等等看，是不是会跌破5000点。11月21日，杀跌缺口出现，5000点破掉，这时你有盈利必须走，浅套后也必须走。如果你还在想、还在盼，那么沪指反弹到5000点后跌破4000点，你真应该走了。

事实证明，这3次如果前后走人，你就可以避免20%左右的浅套，而等大盘跌进30%以上时，您再建仓就不仅解套，而且还获利了。

你会说，我卖了，万一大盘涨起来怎么办？这就是你“一怕二想三盼”在作怪了。我问你：你不卖，万一大盘继续下跌怎么办？

你还会说，我就不卖，我不信它涨不回来。我觉得已没必要回答了，因为这就是抬杠，超越了“炒股就这几招”的范畴。

我承认，股市永远是上升的，所以有些股票肯定能涨回来，不过那你得有耐心，等它三五十载，甚至一辈子也是等，那还叫炒股吗？那叫买股，你这种死猪不怕开水烫的行为不值得提倡。

不过我提醒你，有些股票你如果在最高位追进去，如中国船舶、亿安科技、银广夏等股票，恐怕你一辈子都无法解套了！

我们需要做的是：待沪指跌到2000点、1700点，你再买回来，岂不解套反向获利吗？因此，解套高招，说有也有，说无也无。一句话，大盘趋势不好时，学会止损，浅套就走，没错。

◎ 炒作中的补仓之招

补仓是炒股中必备的本领。一般理论认为，如果买某股被套住，当该股下跌时，应层层买入，可摊低成本。如某股票50元买入1000股，跌到48元，再买1000股，跌到45元，再买1000股，其成本价为47.67元（暂不计手续费、印花税等）。注意，如果买的股数不同，则不能简单平均计算股价。

我认为补仓一定要区分当前的大趋势及中短期（两周到一个月左右）趋势，是强市还是弱市，或说是反转还是反弹。如果是强市，则在回档时（不管套住还是盈利）坚持加码补进，不能迟疑；如果是弱市，不但不补仓，还应坚持斩仓出局，以防层层被套。

例如，1999年“5·19”行情刚一启动就可立即作出判断，这是经过一年多盘跌后的一次大行情，此时加码买进。《人民日报》特评文章6月15日发布后，此时应加强判断：①这不是一次一般行情，而是一次特大行情；②技术指标已失灵。因此，补仓必须坚决。

但是2007年10月16日，沪指涨到了6124点后，大盘有点“疯”了，加上许多股评人士大喷到8000点、10000点等，此时要及时平仓，即使回调也不能补仓，要等起码半年甚至1年再说。因此，补仓之招重点是判断股市当时是强市转弱，还是弱市转强。

◎ 每年保险炒波段之招

经常有朋友来信问我：是炒短期，还是炒中长期？我回答很简单：什么期都不炒，就是炒波段行情，因为不管大小，股市每年都有一波行情，赚20%的收益还是可行的。

炒股首先要保证资金的安全，赚不赚钱都是次要的。资金被套，一切都无从谈起。所以，保证资金安全就是炒波段，炒波段就是赚安全钱。几年一累计，您的账面资金肯定安全地升值。而且你一赚钱，心态就好，心态好，就更能赚钱，形成良性循环。否则，您永远处于赔钱、急躁、恶性循环的心态中。

炒波段实际上很简单，其判断标准是：大盘指数从高位跌去至少20%~30%以下，且盘整3个月左右甚至更长，大多数股票跌幅达40%左右，在年初你就可以大胆建仓了。如沪指2007年10月跌到2008年10月，此时建仓最安全。但建仓后，股市不可能第二天、第二周就涨，你要等一等。一旦大盘开始上涨，说明波段来了，一定要持股不动。当大盘涨到30%以上，您手中个股涨到20%左右，特别是众多股评人士一致看好后市时，你必须走人，留一点空间给别人。一旦平仓，要等到年底再看看是否建仓，每年这样反复炒波段，你比骑上黑马还强，而且还保险。

◎ 价量点脱节掌握卖点之招

股民决定买股票时，一定要注意其在底部盘整多月，成交量及成交额突然放大，才可迅速跟进。但跟进后何时出货，这需要看量价点是否脱节。例如，1999 年 5 月 10~18 日，沪市成交额每日约 22 亿元，成交量约 400 万手，沪指已跌到 5 月 17 日的 1047 点了。当然，你不可能在这个最低点进货，许多人还等着，希望能在更低点买入。这种思维不能说错，因为股指会不会跌，实在无法判断。但股市肯定有涨时，这时你要观察成交量的变化。5 月 19 日，沪市成交量发力升到 599 万手，成交额也突升到 42 亿元，较上日升了近 100%，充分显示市场已启动。如果你没在第二天 5 月 20 日买进，则 5 月 21 日也必须买进了。因为 5 月 20 日的成交量已达到 1067 万手，升 78. 13%，而成交额也升了 78. 57%，达 75 亿元。此后，沪指一路上升，但上升中量价点出现过几次背离。

第一次：5 月 25 日，成交额由 5 月 24 日的 145 亿元升到 173 亿元，成交量由 2074 万手升到 2874 万手，但沪指由 5 月 24 日的收盘价 1213 点降到 1202 点，显示短期获利盘第一次涌出。此时的量价背离程度是，成交额上升了 19. 31%，成交量上升了 38. 57%，而沪指反而下降了 0. 91%。但因是首次上冲出现的微小背离，投资者可忍住（见表 6-1）。

表 6-1　价量点三者的升降、背离（1）

第一次	5 月 24 日	5 月 25 日	幅度（%）
成交额（亿元）	145	173	↑19. 31
成交量（万手）	2074	2874	↑38. 57
沪指收盘（点）	1213	1202	↓0. 91

第二次：6 月 15 日与 6 月 14 日相比，成交额上升了 52. 97%，成交量上升了 48. 40%，而沪指跌了 2. 80%，量价背离度开始拉开。从技术上看，此时应离场，由于沪指触到 1427 点，此点为 1998 年的顶部，又距 1997 年 1500 点顶部的政策打压区不远，许多人心存疑虑，开始平仓，出现较大程度的量价背离差属于正常。但 6 月 15 日《人民日报》发表了《坚定信心　规范发展》的特评文章，把 1427 点肯定为“恢复性行情”，从而打乱了技术性调整，沪深两市发动又一次强攻（如果没有特评文章，此轮行情非常有可能暂告结束）（见表 6-2）。

表 6-2 价量点三者的升降、背离（2）

第二次	6月14日	6月15日	幅度（%）
成交额（亿元）	185	283	↑52.97
成交量（万手）	2527	3750	↑48.40
沪指收盘（点）	1427	1387	↓2.80

第三次：沪指发动攻击后，到6月25日，又出现一根中阴线。此时，成交额比24日升33.84%，小于6月15日的那次升幅；成交量升51.98%，大于6月15日的那次升幅，说明低价股开始补涨；而沪指下降3.69%，其幅度下降为最大，说明行情到头的可能性非常大了。聪明的股民绝对应该出货走人了，不应再想卖到顶部了（见表6-3）。

表 6-3 价量点三者的升降、背离（3）

第三次	6月24日	6月25日	幅度（%）
成交额（亿元）	331	443	↑33.84
成交量（万手）	3763	5719	↑51.98
沪指收盘（点）	1654	1593	↓3.69

第四次：6月30日与6月29日相比，成交额上升力度最小，仅为11.08%；成交量上升幅度也小，仅为21.83%；而沪指降幅接近3%，此时量价背离的趋势已定，而且当时市场狂热之极，有人已大喷、特喷2000点、3000点神话，如果股民再不离场就晚了。果然，从7月1日起，沪深两市双双下跌，行情一度不振（见表6-4）。

表 6-4 价量点三者的升降、背离（4）

第四次	6月29日	6月30日	幅度（%）
成交额（亿元）	343	381	↑11.08
成交量（万手）	4013	4889	↑21.83
沪指收盘（点）	1739	1689	↓2.88

"5·19"行情非常典型，价量点三者的升降、背离度，对一辈子炒股的股民把握卖点都非常重要，此绝招非学会不行。

而2007年的情况也类似，年初沪指成交量每天为1万多亿股，而当沪指在新高6124点前后，成交量只有5000万股左右，成交量明显滞后，反映出价量背离的特征，股民此时应该出货。

◎ 指数升降规律之招

股市每年都经历一次由低到高，再由高到低的升降过程。现以沪指1990~2011 年为例分析，历年沪市综合指数简表见最后附件 3。

由附件 3 沪指表可以看出以下规律：

（1）除个别年份，每年 10 月到次年 2 月，基本是探底的行情；3 月到 9 月，基本是上升的行情，都有一次从低点升到高点的过程，而且一般均是由年初低点走到年中高点，然后开始直到年底走入低点。因此，朋友们要掌握好全年的波段操作之招。

（2）升幅高，降幅也大。2007 年升幅达 92. 85%，但 2008 年降幅达 65. 43%。1993 年、1994 年也大致如此。而 1998 年升幅仅 28. 11%，降幅也基本最小，仅次于 1999 年，为 26. 65%。因此，朋友们可以据此考虑如何在合适的底部进货为佳，即如果升幅大，可考虑跌进 50%以上再进货；如果升幅小，可考虑跌进 20%~30%进货。

（3）指数顶部、底部逐渐升高。从 1996 年起，指数的顶部及底部不再回归到原来的基础，而是逐渐抬高。但震荡也减小，降幅大约是 30%。因此，投资者一般应在下跌 20%~30%时进行建仓或清仓工作。

（4）从升幅中可以发现，股指每年的升幅力度已越来越小，这与底部不断抬高，降幅不断缩小，盘子越来越大而相对进场资金不足有关。此外，也与投资者越来越成熟、管理层越来越成熟有关。所以，朋友们要考虑这个因素而择机操作。同时必须认清，今后在股市挣大钱、一夜暴富是越来越难了。

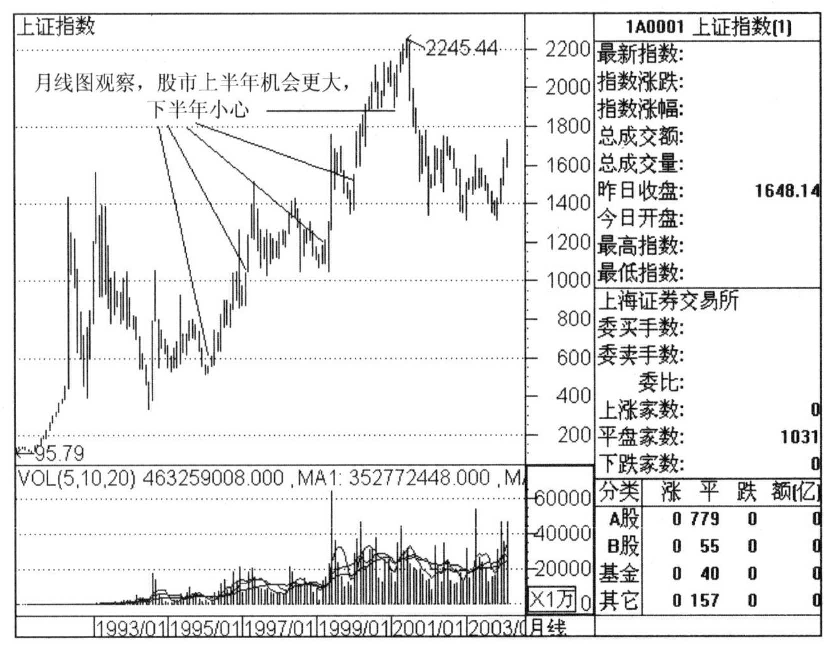

图 6-4　沪指上半年由低到高，下半年由高到低

（5）这些规律基本上是90%股票的走势规律，当然有10%的个股会独立大盘走出自己的规律，这是特殊情况。但不管怎么说，个性化的规律最终也要回归到共性的规律。因此，操作中朋友们幸运地碰到一只黑马股，也只能作为特例看待。过几年（往往第二年），黑马股也必须回归到共性规律上，如中国船舶、亿安科技、清华紫光、四川长虹等。

（6）从时间上观察，中国的股市，上半年股指几乎都处于上升期，而下半年几乎都处于下降期。所以为什么叫上半年，因为“上”代表上升；为什么叫下半年，因为“下”代表下跌。其中从下半年开始下跌的次数占66.67%。由此，为我们何时建仓、平仓，提供了宝贵的参考之招。

◎ 最佳月份买卖之招

中国股市发展多年，哪个月份进货、哪个月份出货基本遵循以上介绍的指数升降规律，买进的最佳时机是年初，3~6月是上升行情，1996年、1997年、2009年等行情，都是如此。

卖出的最佳时机又在哪里呢？答案不言自明，既然3~6月涨得最好，出货应该在7月比较妥。

股市这个规律会不会变化？如大家都知道6月涨、7月卖，主力干脆来个8月涨、9月涨，甚至年底涨，让众人跟不上节奏。这完全可能。**因为股市没有铁的规律，只有相反的思维方式和行动**。如2006年、2007年全年上升，2008年上半年暴跌，说明主力有时候会改变上升、下降的规律。

但是，我提出最佳月份买卖之招，意在告诉大家要自己总结规律，而且要随时根据市场变化来寻找新规律。不过有一点规律不可能轻易变，那就是春节前后买进，一年总得有一个月涨，您注意20%见好就收。

◎ 换手率“换”出高招

换手率通常反映买卖双方的活跃程度。由于有买才有卖，或有卖才有买，因此，买方大于卖方的“换手”才能推高股价，而如果卖方大于买方的“换手”则使股价降低。沪深两市A股平均换手率分别为473.16%和470.11%，相比美国要高出近4倍。可见中国的股民买卖股票短期行为很多，因此，换手率在判断个股升跌方面有一定参考价值。换手率的高招是：低位换手启动迅速“换进”，高位换手拉高迅速“换出”。一般有以下几种情况：

（1）在股价低位时换手率突然增大或逐步增大。此时股价会显示逐步上升的迹象，说明买方大于卖方“换手”，投资者可迅速跟进。

例如，五矿发展（600058），某年6月16~30日换手率及收市价见表6-5。由表可知，尽管换手率及股价有低的时候，但从趋势上看，换手率在逐步上升，股价也沿着14元上升，而且在6月26日换手率突然放大到1.05%，股价一跃至15元。6月27日，换手率又高达3.13%。假如投资者6月16日还犹豫的话，6月27日必须立即跟进，否则将踏空。事实证明，到12月4日，该股价最高达到32.6元。

表6-5　五矿发展换手率及收市价情况

时间（某年）	换手率（%）	收市价（元）
6.16	0.035	14.96
6.19	0.27	14.75
6.20	0.43	14.55
6.21	0.26	14.70
6.22	0.28	14.65
6.23	0.53	14.86
6.26	1.05	15.09
6.27	3.13	15.48
6.28	0.44	15.48
6.29	0.62	15.09
6.30	0.64	15.02

（2）在高位换手率加大但股价上升力度减弱，显示卖方大于买方换手时，投资者必须及时清仓，不可再贪。该股11月7~20日的换手及收市价情况见表6-6。

表6-6　五矿发展换手率及收市价情况

时间（某年）	换手率（%）	收市价（元）
11.7	1.98	27.97
11.8	1.67	27.96
11.9	1.62	28.10
11.10	1.76	27.75
11.13	0.46	27.40
11.14	2.51	27.59
11.15	3.30	27.80
11.16	4.22	27.79
11.17	0.55	26.88
11.20	0.70	27.99

由以上可以看出，当股价升到 27 元至 28 元时，换手率突然在 11 月 15 日和 11 月 16 日放大，但股价升幅不大，显然在高位主力已经开始出货。此时，投资者不能再贪，想卖到最高点，应该出货为好，而且该股价已翻番。尽管该股在 12 月 4 日升到最高价 32. 60 元，但我们绝不后悔。事实证明，到次年 2 月 23 日，该股股价最低跌到 20. 7 元。之后下半年更是一跌再跌。

（3）换手率高低也不完全决定于股价高低。如中国股市每年换手率最高的前 10 名和股价涨幅最高的前 10 名中，沪深两市没有一个股票同获换手率最高和股价涨幅最高前 10 名。

图 6-5　五矿发展换手率换出股价暴涨

◎ 市盈率可否“赢市”之招

市盈率是指当前股价与每股收益的比值，通常用来判断股价高低，是否值得介入。一般认为，市盈率 20 倍左右是低的，可以介入。而市盈率在 30~80 有一定风险，介入可以，但要小心。市盈率在 90 以上，入市风险很大。

我一直认为市盈率对于买卖股票的参考意义不大，这个指标可能是某些学者机械的“拿来主义”的一种空洞的工具而已，甚至成为一些人用来抨击指责股市的证据性工具。因为从市盈率指标本身看，收市价是动态的，每日都变化。而每股收益是静态，一年才计算一次。动态和静态之比本身就不科学，更说明不了问题。

还有亏损股，市盈率都无资格计算，可股价一再上升。反过来，业绩不错的上市公司有时候突然亏损，导致股民措手不及。

当然，我并不是说市盈率一点用处没有，我只是说这个指标只能参考，如 2006 年，上海 A 股市盈率 65 倍，深圳 A 股市盈率 87 倍，可是到 2007 年，股市又持续上涨了一段。

此外，从市场炒作角度看，一只股票被主力控盘后，该股价就越炒越高，市盈率已无任何意义了，如现在的ST股，它们都亏损，如果计算市盈率它们都没资格。但主力愣是把股价抬到比绩优股更高的价位，这是中国股市特色。炒一个股，就是看它有没有题材、有没有主力控盘、有没有介入的机会及如何出货以防被套。

中国股市正在逐步规范中，认为市盈率低了可以买进、高了不敢买进的想法，需要视不同情况而定，仅靠市盈率是不能“赢市”的。

◎ 喜新厌旧：上市新股炒作“次新”之招

喜新厌旧，乃人之常情，在炒股中体现得比较明显，尤其是新股首日上市，如华工科技当日上市，上涨310.23%。

新股上市就“一步到位”上涨，许多人不知所措，是否还参与炒作拿不定主意。对新股炒作我们应从以下几方面理解：

（1）谁敢在如此高价位“慷慨”接货？不言自明，肯定是大手笔的主力。如华工科技上市当天换手率达78.58%，这种“高价换手”说明主力当天就不惜成本收集筹码。

（2）主力大手笔收集筹码干嘛？难道是吃饱了撑的，有钱无处花，为中签者学雷锋奉献银子吗？显然不是。凡是到股市上炒作的人，都为了赚钱，主力更不例外，他买入新股的目的是从长计议。但是股民当天最好不要追进，以观察为主。

（3）由于新股的盘子小，主力好操作，而且发行溢价高，资本公积金大比例转股可能性大，如中小企业板经常送、转股。

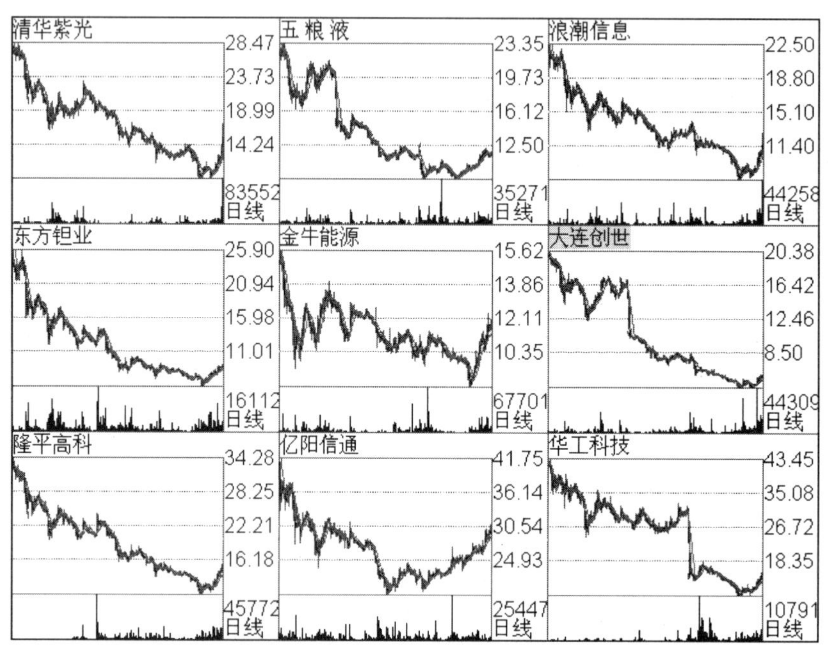

图6-6　当年上市猛炒的新股，后来一路下跌

（4）新公司上市当年发生亏损的概率小，新股上方无套牢压力，上升空间无定量标准，新股的活力较好等。因此，主力热衷于炒新股，是情有可原的，股民在炒作中可重点关注新股板块。

当然，新股经过两三年后，变成老股了，炒作价值也随之降低。因为今天它是新股，猛炒一气，明天就成落败黄花，主力弃旧图新是自然的，中小散民也要踏准喜新厌旧的炒作节奏，见好就收。

◎ 不买入僵尸股（蓝筹股）之招

股市里有一大批国家队的上市公司，被称为蓝筹股。它们特征是：具有垄断地位，盘子很大，业绩不错，股价很低。但是这些蓝筹股的股价往往是几年不涨，或是随着大盘上升，但是涨幅极慢。而一旦大盘下跌，这些股票比谁都跌得快，令股民非常头疼甚至愤怒。因此，股民称为僵尸股（或者是烂臭股），认为买这些僵尸股是陷入了“价值陷阱”。

那么到底买不买僵尸股（蓝筹股）呢？我的招法是：

一般蓝筹股有政府背景，盘子很大，股价很低，上升很慢，所以买蓝筹股，需要有耐心和牛市的配合。比如，2001 年 8 月 8 日上市的中国石化，868 亿股的盘子，流通股盘子 700 亿元，发行价 4. 22 元，社保基金当时申购了 3 亿股。该股上市后就一蹶不振，到 2003 年 1 月 3 日跌到了最低价 2. 93 元。但是该股有社保基金的背景，再加上长期盘整，因此，该股从 2005 年开始慢慢启动，在牛市的配合下，到 2007 年 11 月 5 日，最高价曾达到 29. 31 元，长期投资蓝筹股的股民得到了回报。

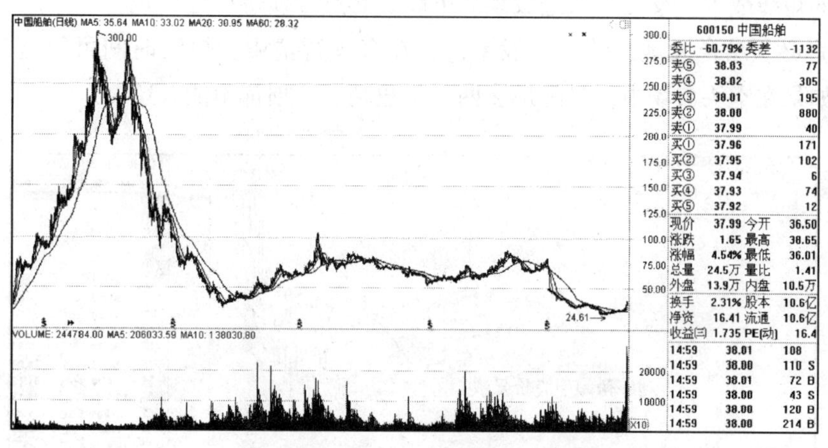

图 6-7　300 元买入的中国船舶一辈子解套无望

提倡买蓝筹股，理论上没有错误。问题是中国股市究竟有没有或者有多少蓝筹股？买入蓝筹股后是不是及时卖掉了？我认为中国股市除了贵州茅台外，真正称得上蓝筹股的很少，大部分是人为制造的炒作题材，其结果是昙花一现。比如，1996 年，当时大吹特吹的蓝筹股深发展和四川长虹等；2000 年的蓝筹股清华紫光、亿安科技、蓝田股份等；2006~2007 年的中国船舶、中国石化、中国联通等。到 2012 年，其股价都“腰斩”了，甚至还多。如果你相信了买入蓝筹股的神话而且没有及时卖掉，你就彻底上当受骗了。如果 1997 年 70 元买入的四川长虹，2007 年 300 元买入的中国船舶，你一辈子解套无望了。

所以，还是买入股性活跃、波段上升的股票比较好。

◎ 短线炒作机动灵活之招

炒股分长短线，有人推崇巴菲特的长期投资法，但中国的股票真正值得长期投资的不多。再说，咱股民一到营业部手就发痒，老想搏击短线，快速致富，这也符合中国国情，但短线炒作的招法需要机动灵活运用。

（1）必须具备不怕赔的心理。短线操作是以短为主，一旦买进发现情况不妙，必须坚持赔本出局。如某年 10 月 25 日，景谷林业（600265）突然放量上升，您可以在 21 元杀进。但过两三天，该股没量也没涨，而且连续阴线，此时应杀跌而走。后来到次年 2 月 16 日，该股已跌到 18 元。

（2）微弱盈亏必须走。有人说我买完就跌或卖完就涨怎么办？我说你既然是做短线，就应该以短期为标准，不应以“涨跌”为标准，否则就不是做短线。如亿利能源（600277），某年 10 月 20 日放量上涨，股价为 19 元，你杀进后，几天上升到 22 元，你卖出后，次年 1 月 8 日，又涨到 24 元，你不能后悔，因为你的目标是挣一把就走的短线战术；反之，买进股票后下跌，有点亏损也得赶紧跑。

（3）必须结合大盘走势。一般来讲，在多头行情中，短线时间可放宽到 3~10 天。但如果在空头市场中，时间最多两天，盈利、亏损都不能久留。

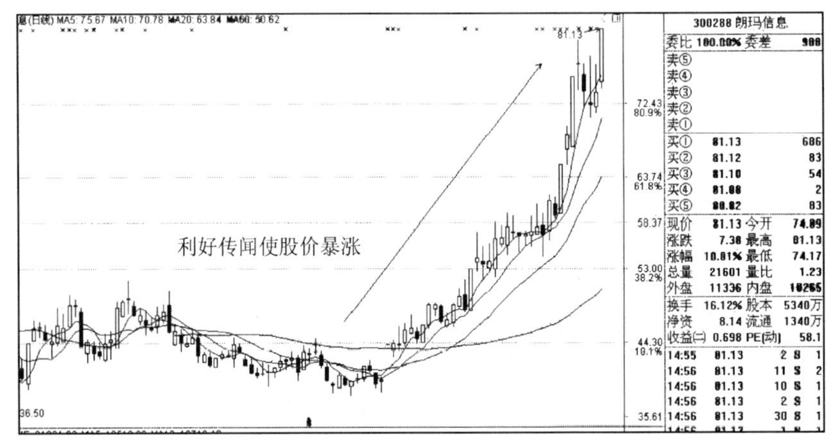

图 6-8　朗玛信息利好传闻使股价暴涨

（4）必须关注成交量变化。当某股的成交量在逐步堆积，然后突然放量上涨，可迅速跟进。但在第二天缩量上涨和下跌中及时出货。如桐君阁（000591），某年1月2日突发大量冲高到20元，你杀进后，发现后3天缩量而且上升力度减少，应立即出局，次年2月16日，该股跌到16元左右。

（5）必须有题材配合。有时主力利用题材短暂拉抬股票，所以你必须掌握题材。如朗玛信息（300238）2012年8月，有各种利好传闻，主力利用题材大幅拉高股价，你如果事先掌握了题材，就明白主力为何要拉抬股价，就能打一个漂亮的短差仗。

◎ 涨跌停板炒作之招

当10%（ST5%）涨跌停板的情况出现时，投资者往往不知所措。涨10%卖吧，担心明儿再涨10%；跌10%买，又怕明儿再跌10%。涨跌停板一般的炒作之招是：

（1）必须认识到，只有主力大资金（或大筹码）才能造成10%涨停（或跌停），我等散户资金小，且心不齐，所以断定这是主力所为，要密切关注。

（2）主力在拉升（或打压）过程的第2日，已开始悄悄出货（或进货），为第3日做准备。因此，散户朋友一般最好在第二次涨停赶紧出货（或第二次跌停进货）。一旦发生第三次涨停（跌停）也不要后悔，如果你非要等待第三日看行情再定，实际上股市不会再给你机会。

（3）从跌停情况看，一般不提倡第一个跌停进货。但在收市前半小时，跌板一旦被大笔买单打开，朋友们可迅速跟进。如原来的环保股份（000730），1998年3月23日年报公布后业绩不理想，下午开盘即封跌停。到2点20分，大笔买单将跌板打开，从这天起一直到2000年3月26日，股价从14.49元几次除权再到涨权，一直涨到51.7元。可见跌板一开，主力做多则很坚决。

（4）如果涨停板被打开，朋友们一定要果断出货。因为一是主力资金缺乏；二是主力在封涨停时吸引大量买单跟进，然后突然放出一大笔卖单，把货给你。如原来的郑百文（现在的三联商社，600898），2001年1月3日复牌即以7.07元涨停，以后又连拉四个涨停，股价已达8.18元。1月9日，该股再封停后曾被打开又封停。一直到1月12日，共上演了四次这种封停被打开又封停的手法。1月15日，该股以10.44元再封停后彻底掀盖直砸跌停到9.44元。此后到2001年2月15日，一直跌停6.07元。2月16日跌停到5.77元被打开跌盖。这个过程就是主力出货的极好写照。特别是在1月9~15日，主力边封停、边打开、再封停、边出货。

2013年8月底，上海自贸区板块暴涨，十几天后，这些股票（外高桥、上港集团、浦东金桥等）涨停板都被打开过，但是又被封闭过涨停，但您还是必须要抛掉了，因为主力已经在利用再次涨停派货了（见图6-9）。

因此，一遇到涨跌停板，实际上是给你一次最好的卖或买的机会，能否抓住，就看你的本事了（见图6-10）。

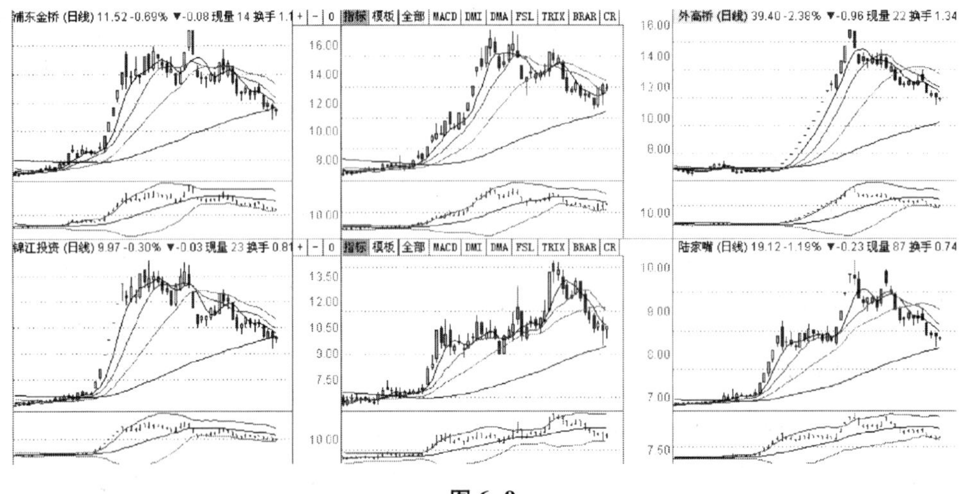

图 6-9

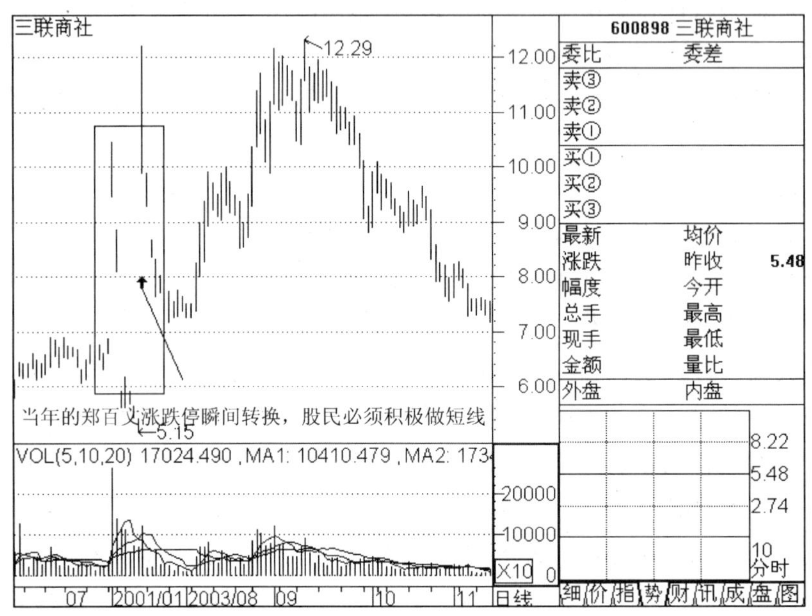

图 6-10 涨跌停瞬间积极做短线

◎ 借题发挥炒作之招

干任何事都要有个说由，通常讲借题发挥。炒股也不例外，必须要有题材，否则主力不可能“无题发挥”。所以，股市为什么总要制造各种题材、概念，说到底是为了两个字——炒作。

炒股有投机的成分，所以中国股市自建立以来，股市里就不断制造出各种概念和题材，题材炒作一直不断，吸引中小股民跟风。例如，1992 年有邓小平南方谈话、放开股价涨跌幅、党的十二大召开等概念题材；1993 年有《公司法》出台、宝延大战、中国证监会成立等概念题材；1994 年有四不政策、三大政策等概念题材；1995 年有 T+1、北旅的购并题材、国债期货等概念题材；1996 年有降息、后三大政策等概念题材；1997 年有邓小平逝世、香港回归、党的十五大召开、深发展和长虹的绩优股等概念等题材；1998 年有抗洪、《证券法》审议通过等概念题材；1999 年有“5·19”、降低 B 股印花税、《人民日报》特评文章等概念题材；2000 年有亿安科技和清华紫光的百元股、新世纪龙年、沪深两所成立 10 周年等概念题材；2001 年有 B 股放开、中国加入 WTO、网络股、纳米和高科技、国有股减持、郑百文资产重组、查处银广夏、中科创业、蓝田股份等概念题材；2002 年有党的十六大召开、停止国有股减持等概念题材；2003 年有温家宝就任总理、尚福林就任中国证监会主席、“非典”、《基金法》审议通过等概念题材；2004 年有国九条、中小企业板开板等概念题材；2005 年有股权分置改革、德隆系倒塌等概念题材；2006 年有股改全面推开、融资融券开始、QDII 启动、巨大航母工商银行和中国银行上市等概念题材；2007 年有党的十七大召开、预热奥运会等概念题材；2008 年有 4 万亿元资金启动经济等概念题材；2009 年有国庆 60 周年、创业板启动、新股恢复发行等概念题材；2010 年有股市成立 20 周年、融资融券和股指期货启动、上海世博会等概念题材；2011 年有郭树清出任中国证监会主席、股改产生的权证落幕、建党 90 周年、文化体制改革等概念题材；2012 年有党的十八大召开、退市制度改革、“7·21”北京暴雨等概念题材；2013 年有上海自贸区概念；2014 年有沪港通、降息等概念题材。

此外，一些短期的概念题材更是层出不穷，比如，2012 年莫言获得诺贝尔文学奖，结果就猛炒文化传媒类股票，新华传媒连续涨停；彭丽媛陪同习近平出访，就炒作彭丽媛的服装概念；习近平在北京吃包子，就炒作食品概念股，如全聚德等。至于什么节能环保概念、校车概念、假日旅游、领土争端、涉矿概念等，也潮起潮落炒作。

甚至股票换个名字都可以作为炒作的借口。比如，2012 年 7 月 2 日，“山下湖”更名“千足珍珠”后，当天股价放量涨停。第二天再次强势上扬，短短两天，该股股价累计大涨逾 15%。

面对这些五花八门的噱头概念和题材，我们不能当真，就是短期炒作，见好就收。如果你在此之前，已经建仓了，可以稍微等等。没有建仓的朋友，就不要盲目追高了，以免陷入击鼓传花的结果。至于这炒作、题材是否合理，不去讨论。我们需要的是：

（1）紧跟热点题材。例如，2000 年网络题材，就是最大的热点，主力猛拉没商量。你必须及时跟进，也要及时“变凉”出货。因此，这第一点是要“紧跟”，要注意“热变凉”，以防被一“网”打尽。

（2）提早发现题材。这一招学起来比较难，需要你从宏观上对大局有鉴别、分析的能力。比如，2007 年有党的十七大召开、预热奥运会题材；2008 年有启动 4 万亿元投资；2009 年有国庆 60 周年；2013 年的自贸区题材；2014 年有沪港通、降息题材等。你了解并及时发现这些题材，就会及时建仓，到时打一个漂亮仗。否则你永远只能“跟主力走”，吃点剩饭，甚至剩饭都吃不到。

这题材运用之招，可谓股市精华，朋友们要多多学习，每年思考一下，都有什么大背景题材，以便决定买股方向。

◎ 识牛股、骑黑马炒作之招

骑上一匹黑马、选一只牛股是每个股民热烈急盼的。但仅凭炙热的感情是不够的，这需要从历年的黑马和牛股的特征中去分析，从中筛选出符合特征的、尚未奔腾的黑马和牛股。以下以 1996~2013 年涨幅前 10 名个股为例分析：

（1）流通股本小。如 1996 年的黑马股深科技（000021）股本为 3174 万股；1997 年的湖北兴化（600886）股本为 2221 万股；2010 年的盛达矿业（000603）股本为 6058 万股；2012 年的华数传媒（000156）股本为 6393 万股等。

（2）股价低。如 1998 年青鸟天桥（600657）最低价 6.46 元；1999 年深华宝（000034）最低价 3.80 元和亿安科技（000008）最低价 8.14 元；2006 年大地传媒（000719）最低价 2 元左右；2012 年罗顿发展（600209）最低价 3.53 元等。

（3）每股收益偏低或为负值。如 1998 年托普软件（000583）每股收益为 0.01 元；2011 年中源协和（600645）每股收益为 0.07 元；1999 年亿安科技（000008）每股收益为-0.85 元；2012 年罗顿发展（600209）每股收益 0.0038 元。

（4）长期盘整冷落的个股。平均冷落年达 3 年以上，已无人关注。如 2000 年的粤华电（000532）；2011 年的国海证券（000750）；2013 年的亿晶光电（600537）等。

（5）资产重组题材。几乎所有的黑马和牛股都是受资产重组题材刺激而大幅上升的，如 1998 年的方正科技（600601）、1999 年的亿安科技（000008）、2000 年的深安达（000004）、2010 年的广发证券（000776）、2011 年的新华联（000620）、2012 年的泰复实业（000409）、2013 年的*ST 成霖（002047）和*ST 联华（600358）等。

（6）重组后改名。80%的重组股一改名，股价也大幅上扬。如 1998 年的川长征改为托普软件（000583）；1999 年的津国商（000537）改为南开戈德；2000 年的良华实业（600817）改为宏盛科技；2011 年的国祥股份（600340）改为华夏幸福；2013 年关铝股份改为五矿稀土等。

（7）含权股。如 1996 年、1997 年的深发展（000001）和四川长虹（600839）；2011 年的国海证券（000750）；2012 年和 2013 年的创业板块等。

（8）慢牛小步攀升。黑马股中有猛升上窜的，但也有类似牛慢慢勇攀的。典型的就是贵州茅台（600519）了，但是这类股票十分稀少。

（9）次新股占据主体。老股中几乎没有产生黑马和牛股的，而产生黑马和牛股的全是次新股，可见“新有所为，新有大为，新有黑马，新有牛股”。

不过实事求是地说，现在股票太多，你非要在其中挑一匹黑马是不现实的，也无必要。我劝各位，你实在看着某个股一个劲上涨，可以买 100 股“玩玩”（注意是“玩玩”），体会一下骑黑马、追高的滋味。但一定要见好就收，不能一玩不可收拾，因为毕竟是冒险嘛。

◎ 克服散户弱点之招

散户的弱点主要有：

（1）资金不多，心也不齐。据统计，60%以上的资金是由若干个散户掌握。但60%一分散到每个散户手中，也就在 3 万~5 万元。由于资金没有集中到一起，再加上散户不可能由一个什么领导组织起来去抵抗庄家，每个散户都有自己的小算盘，这种心不齐的状况是散户无法战胜庄家的弱点。

（2）普遍缺乏刻苦钻研的精神。在股市上想赚钱，靠瞎蒙、靠运气是不能长久的，必须要刻苦学习，钻研分析宏观经济、公司基本面、技术指标，关心国际大事。但目前很多人太缺乏这种精神了，有股民连财务指标都看不懂，怎么选股呢？

（3）寄托于股评。有些人买卖股票全靠股评，这是我一贯反对的，股评只能参考，或干脆不看不听，防止造成心理依赖。有时间，应多研究国家政策及公司状况。一切的一切，只能靠自己。

（4）心理素质欠缺。买完一跌就后悔，卖完一涨就后悔；赚了钱喜形于色，猛吃一顿；赔了钱垂头丧气，见谁都不顺眼。这种心态无形中对你的交易产生较大影响。无论盈亏，你都要冷静，多问几个为什么。尤其赔钱后，一定要先检讨自己，不要把责任都推给他人。

（5）天天看盘。股价不是你天天看它就涨的，越看心里越躁，天天盼涨，时间感觉过得太慢。实际上有天天看盘时间，不如花一两小时好好学习一些相关知识。

（6）“太贪”。这是股民自己也经常说的，一些人赚了钱也不卖，总想再多挣一些，真到了“多挣”的价位，还想多挣一些；又到了“再想多挣”的价位，又想再等等……如此反复，实际上是一种贪的心理，如果不克服这个最大的毛病，你在股市上就永远不会胜利。

（7）频繁操作。总共 3 万~5 万元，却来回买卖，好像不买手就发痒，不卖就赚不到钱。结果，一年到头为券商打工，自己却两手空空。因此，一个小散民，一年只炒股两次，赚 20%就走人。

◎ 摆正炒股心态是炒股制胜之招

在股市什么都一样，唯独心态不一样，其中最重要的心态是保持一份冷静，不贪心，这是克敌制胜的绝招。我们问问自己，为什么赔钱？因为是已经赚了钱还想再赚心理造成的，不是说赚了钱不能再赚，而是说赚钱后休息一下，总结一下，特别是抓紧时间学习国家宏观政策，学习别人经验，分析上市公司状况，研究技术指标，然后等待3~4个月再重返战场。

此外，就是贪，赚钱20%不够，50%不行，100%还不行。卖了一涨就后悔，买了一跌就害怕，实际上都是"贪"字造成的心理扭曲。实际上真正在股市上赚到20%的有几个？95%都赔30%以上。真正能赚50%以上的更是凤毛麟角。你也没必要去学习媒体宣传的赚50%以上的高人，这都是包装的骗子。心态摆正之时，就是你赚钱之日。

◎ 保卫胜利果实就这几招

要说咱股民没赚过钱那是瞎话，每一个人都有赚钱的辉煌经历，只不过最终可能没能保卫胜利果实，陷入了漫长的套牢境地。因此，夺取胜利重要，保卫胜利果实更重要。如何保卫胜利果实呢？应熟记以下几招：

（1）观察盘体涨幅是否惊人。例如，1999年5月19日盘体从5月17日最低点1047一直涨到6月30日最高点1756，一个多月，涨幅达67%；2005年6月到2007年9月的行情，上升长达2年多，涨幅达513%，这些都意味着行情结束为期不远。

（2）观察盘体上升斜率。牛市行情的上升大有强烈逼空的气势，走势几乎呈90度直线上升，因此，走势完结随时到来。

（3）观察前期高点。2001年沪指2245点是历史性的高点，2007年再创6124点新高，沪指3000点到6000点，要再次突破，需要题材、人气、资金等各因素集合发力方能成功。如果不能冲过，盘体的下跌是自然的。

（4）观察成交量的变化。股指推高必须靠成交量推动。2007年，2000多亿元成交量天量使股市狂创新高后，成交量已在慢慢削减，而且股指也开始回落，这些信号充分表明牛市行情的结束。

（5）观察宏观面、股市基本面的动向。宏观经济向好是决定股市启动上升的基础，上市公司质量是股市的命根，股市政策是股市波动的缘由。所以，紧密观察宏观面、股市基本面非常重要。

这几招是我们观察盘体动向的基本方法。只有对盘体何时上升、何时下降有一个正确的分析招法，才能保卫胜利果实。

此外，你必须端正认识，即没有只跌不升的股市，也没有只升不跌的股市。

你必须克服太贪的心理，赢了还想赢，解套了也不走，该止损也不止损，结果贪下去只能由盈转亏，由浅亏转深亏，前功尽弃。

此外，你不必受人左右。历史一次次证明，每当行情一涨，股评人开始大吹特吹，各种所谓利好传闻不断，有人更高看到3000点、5000点、1万点，说得你热乎乎的。实际上你千万别信那些传闻、股评，你只信你自己。

最后，你一定不要着急，可能这轮行情你手中的那个"破股"也没涨多少，跌起来比谁都快。没关系，今天的破股，就是明天的好股，中国石化都"破"了5年了，2007 年不也曾涨到 29 元左右了吗？因此，坚持到最后，就一定能保卫胜利果实。

不在乎一无所有，关键是曾经拥有；要把曾经拥有，变成永远拥有，就要学会以上的绝招。

第四节　流行股语理解分析之招

股民在炒股中，根据自身实践总结了许多股市语录并且广泛流传。这些流行股语除了幽默搞笑以外，有的股语确实有一定哲理，但也有的存在误区，所以要正确理解分析。

◎ 买是徒弟　卖是师傅

其含义是：股民会买不会卖，特别是买了股票后，也赚了钱，但是由于没卖好，结果由盈转亏。我认为，此股语有一定误区，因为买是第一位的，最关键，如果在低位买到了股票，那么你肯定赚钱无疑，只是赚多赚少问题。如果你在高位买了股票，那么无论你卖股票多么精明，也不能赚钱。所以，买股票更是非常关键的。

具体到卖股票，我认为只要你不贪就能赚钱。而大多数想当“师傅”的股民，实际是太贪，老想卖到最好价格，实际上是不可能的。

另外，有一点也很重要，即等待，就是说，一定要学会等待一段时间再建仓，不要仓位中时刻不离股。所以，**我将此股语改为，卖是师傅，买更是师傅，等待绝对是爷爷。这是关键之招。**

◎ 涨时看势　跌时看质

其含义是：买股要以股价上升时的趋势为主，哪只股票趋势好，就及时买进此股票。当股票下跌时，主要看上市公司的质量，即质量好的公司股票价格下跌较小，此时要买股票，就要找质地优良的股票。

我认为，当大盘处于上升趋势，买股票确实要以上升趋势强的为建仓主要对象，甚至可以考虑大胆追进。例如，1999 年、2000 年兴起的网络股，股民就要重仓买进。但是，如果当大盘处于下跌趋势，所有股票都要下跌，质地优良的股票也不例外。此时买任何股票都是错误的。又如，2007 年 11 月后，股市开始下跌，100%的股票价格都出现了 30%~50%的下跌。所以，**我将此股语改为，涨时看势，跌时看空。什么股票也不买。**

◎ 反弹不是底　是底不反弹

其含义是：股市下跌时，中途产生反弹，说明盘体还没有跌到底，反弹结束后，大盘继续下跌寻找新的底部。我认为，此股语有很深刻的道理。如果盘体底部确定后，产生的上升势头就绝不是普通的反弹行情，而是一轮反转的大行情。例如，2005 年 6 月底部基本确认，因此后来产生了 2006 年到 2007 年牛市行情；而 2007 年 10 月后，股市一直处于下跌探底之中，所以中途的任何行情只是一个反弹行情，不宜抢反弹。

事实证明，牛市期间股市暴涨，赚钱就是多少的问题，是不会亏损的。但是股市进入熊市后，亏损就分为两种情况：要不然你（一般是新股民居多）就是被套在顶部；要不然就是你（一般是老股民居多）屡次抢反弹，结果盈利前功尽弃。因此，在熊市下跌过程中，绝对不要抢反弹。

◎ 横有多长　竖有多高

其含义是：长期横盘卧倒的盘体躯干，一旦站起来则就是大盘本身躯体的长度，此股语有一定哲理。例如，1997 年 6 月到 1999 年 5 月，2001 年下半年到 2005 年上半年，大盘一直处于下跌横盘的态势，慢熊的盘体躯干躺在底部时间分别长达 2 年和 4 年。但是从 1999 年“5・19”和 2005 年 6 月开始，大盘躯体猛然站立，展开了一轮“竖有多高”的大行情。

个股也如此，如中国交建（601800，见图 6-11），2013 年 3 月到 2014 年 11 月，股价横盘长达 2 年，结果 10 月该股暴涨，实现了横有多长、竖有多高。

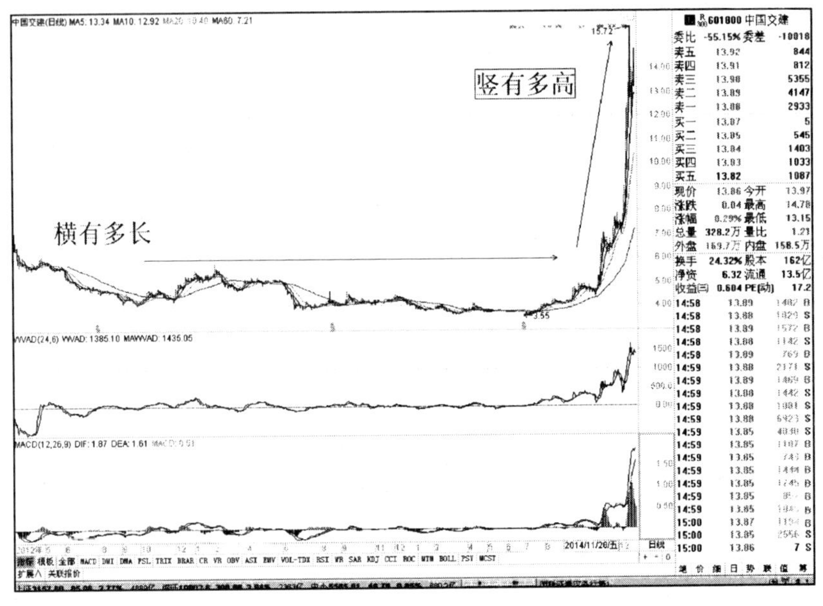

图 6-11　横有多长　竖有多高

不过我觉得应将此股语反向延伸一句话，即竖有多高、横有多长。其含义是：一旦站起来的大盘躯体，还会长期横盘卧倒。即一旦牛市行情结束，股市又长期在底部横盘疲软。例如，1999 年到 2001 年上半年和 2007 年 10 月行情结束后，大盘躯体就疲软卧倒了。

◎ 不怕套牢 就怕踏空

其含义是：一些股民认为，只有买了股票心里才踏实，不买股票，总怕踏空。所以，宁可暂时套牢，也不能空仓失去机会。我认为，如果股市处于上升趋势，特别是大牛市来临，此股语有道理。例如，1999 年“5·19”行情和 2006 年到 2007 年牛市行情，就要有“不怕套牢，就怕踏空”的疯狂胆识。但是如果大盘处于下跌趋势中（如 2001 年下半年到 2005 年），此股语就不适用了。此股语这时应改为：宁可踏空，也不套牢。

◎ 不怕套 怕不套 套不怕 死了都不卖

其含义是：套牢后也不怕，死猪不怕开水烫。此股语在 1996 年 10~12 月特别流行。因为当时股市不顾管理层的 12 次警告，连续猛涨。而且当时管理层每发一次利空，当天股市就又猛涨，使原套牢的股民反而解套盈利。于是，此股语在当时颇为流行。

例如，1996 年 10~12 月初和 1997 年 2~5 月，沪深股市开始猛涨，当时几乎每人的股票账户上都赚得盆满钵溢，有人甚至提出“不怕套，套不怕，怕不套”的多头口号，管理层当时接连发十几个利空政策，但是大多数股民不听。结果后来套得很惨。

2007 年 10 月 16 日，沪指创新高 6124 点后，此时的媒体、股评人更加激动，大肆渲染多头市场的发展趋势，为股民描绘一个又一个创新高的点位，8000 点、10000 点……此时还有人改编了歌曲，叫嚣“死了都不卖”，结果 2008 年暴跌害死了许多人。

我认为，此疯狂股语在大牛市中有道理，因为股市处于牛市趋势时，套牢是暂时的，所以可以实行“不怕套，怕不套，套不怕”和“死了都不卖”的战术。但是这种极端的战术非常不适用熊市。例如，2001 年 7 月和 2007 年 11 月开始的熊市行情，绝对不能实行这个既愚蠢又极端的战术，否则你必将处于“套死你，你套死，死套你”和“死了活该死”的悲惨境地。熊市中，我认为此股语改为：不怕空，怕不空，空不怕；死了也不买。

◎ 只看个股 不看大盘

其含义是：不管大盘走势如何，我专心炒个股。此股语我认为最错误，因为大盘代表了盘体的大方向，如果大盘向好上升，个股也没有太大的问题，迟早会随大盘上升的步伐而上升。如果大盘向坏下跌，99%的个股也必然下跌，个别逆市而行的股价，迟早会随大盘下跌的趋势而下跌。例如，1999年“5·19”行情和2006~2007年牛市行情，所有的股票价格几乎都上涨了50%，有的更高。而2001年7月和2007年10月开始的熊市行情，几乎没有一只股票逆市抵抗上升的，股价普遍拦腰斩断。因此，**我将此股语改为：要看个股，更要看大盘，甚至有时要“大盘必看，个股不看”。**

◎ 鸡蛋不放在一个篮子里

其含义是：买股不要集中资金买一只，而要分散买若干只，以分散风险。买卖股票时，也要分批、分期逐渐建仓（平仓）。此股语对中小股民而言，我认为意义不大。我认为，应该集中性一次性买或卖。

因为中小股民资金充其量为30000~50000元，如果按目前最低股价3元左右算，一个30000元的小股民，买10000股（暂不算各种费用），资金就用光了。如果分散为1000股买（卖），要买（卖）10只股票。如果分散为100股买（卖），要买（卖）100只股票。如果分批、分期（假如分10次）逐渐建仓（平仓）一只股票10000股，您要分10次运作。这种分摊操作法，实际运作中弊大于利。

第一，您无法面面俱到地分析这么多股票的基本面。

第二，行情平淡时无所谓，一旦遇到大行情，分散、分批、分期买卖如此多的股票，你会手忙脚乱，尤其是暴跌的时候，你甚至可能发生操作失误。如果岁数稍大的股民，更会遇到操作麻烦。

第三，费用、精力成本高。例如，1999年“5·19”行情开始爆发，你必须及时跟进建仓。如果你采用这种分摊操作法，分散买100股或分批、分期（假如分10次）逐渐建仓一只股票10000股，你要分10次运作，结果肯定是时间拉长，建仓的成本提高，你又忙又累。假如你就一次性将资金用光，买进一两只股票，你就节省了大量精力和成本。再如，2007年11月股市开始下跌，如果你采用这种分摊操作法，分散卖100股或分批、分期（假如分10次）逐渐平仓一只股票10000股，你要分10次运作，结果肯定是时间拉长，平仓的成本提高。100个股票价格开始下跌，一会儿一个价，你手指操作来回按键，肯定急得满头大汗，此时交易系统再出点问题（事实证明，越是关键时刻，交易系统越添乱），你更是屋漏偏下雨，急得团团转。假如你就买进了一两只股票，卖出时肯定很麻利，一键搞定，落袋为安。你就可以踏踏实实安心去干其他工作或休息，节省了大量精力和成本。

有股民一定会说：分摊买卖，可以分散风险；集中买卖，风险太大。对此我认为，如何操作是次要的，关键必须要对大盘的基本趋势有一个正确的判断，然后再实施买卖运作。如果大盘趋势处于上升态势（下跌态势），你就毫不犹豫地集中资金全仓杀进（杀出）；假设你对大盘的判断完全相反，你的分摊买卖依然给你极大的风险。

例如，1999 年“5·19”行情一启动，股市开始进入牛途，你如果判断错误，不认为是一轮大牛市来临，不管你怎么分摊买，都是踏空。而 2007 年 11 月，股市开始进入熊途，你如果判断错误，不认为是一轮大熊市来临，你怎么分摊买，都会套牢。所以分散风险，与采用什么操作方法无关，只与判断大盘趋势有关。

◎ 鱼头鱼尾

其含义是：有些股民老想在最低点买到股票（吃鱼尾），然后在最高点卖出股票（吃鱼头）。实际上这几乎不可能。我劝各位股民千万别异想天开，老想吃下整条鱼，连鱼头鱼尾都不放过，这是太贪的典型表现。炒股是大家的业务，你也给其他股友留一点盈利空间，你大体在底部区域买进股票，大体在顶部区域卖出股票（注意是区域）就相当不错了。

比如，2006~2007 年牛市行情，你在 2000 点建仓也可以；2007 年，你在 5000 点平仓也对，你吃鱼段，鱼头鱼尾就奉献给其他股友吧。

◎ 天花板 地板革

其含义是：有些股民总在最低价割肉出局，结果卖个地板革；有些股民总在最高价买进，结果买个天花板。最终的结果是，刚买进天花板，股价就下跌；刚卖出地板革，股价就上涨。可想而知股民的心情非常沮丧。我认为，要尽量避免天花板、地板革的糟糕操作，关键是判断一旦大盘趋势反转上升，立即不惜代价杀进，绝不能举棋不定。**而一旦大盘趋势反转下跌，更要当机立断，不惜代价、不惜血本、不惜割肉坚决杀出**，绝不能抱任何幻想。实际操作中，有些股民动作不利落，前怕狼，后怕虎，最后落得天花板、地板革的结局。

◎ 高位利好 撤腿快跑，低位利空 大胆冲锋

其含义是：当大盘经过一段时期的上升并处于高位时，主力往往就会借利好出货，即利多出尽就是利空；而当大盘经过一段时期的下跌并处于低位时，主力往往就会借利空拉抬，即利空出尽就是利多。

我认为此股语经过实践证明基本正确。例如，1999 年 5 月 8 日，美国轰炸我驻南斯拉夫大使馆，股市为此形成下跌的导弹缺口。2005 年，管理层推行全流通，这是重大利空。但当时股市处于长期盘整后的底部状态，所以低位出现利空，就要大胆冲锋。结果后来就分别发生了“5·19”爆炸性行情和 2006 年到 2007 年牛市行情。

2001 年 7 月 13 日，北京申奥成功；2007 年 10 月，党的十七大召开和奥运会的利好题材，这些绝对都是重大利好，但当时股市处于长期上升后的顶部状态，此时要高位利好，撤腿快跑。结果股市从此开始，就一路猛跌。

不过我将此股语延伸为：高位利空，迅速撤兵；低位利好，猛打猛冲。例如，

2001 年 7 月，股市开始暴跌的原因，就包括国有股减持、银广夏、“9・11” 等在内的 21 个利空因素，此时大盘在高位，又有这么多利空，所以必须迅速撤兵。而 1999 年 “5・19” 行情启动后，6 月又先后发布了降低 B 股印花税、银行利率降低、《人民日报》特评文章《坚定信心　规范发展》以及其他各种利好出台，此时大盘基本在低位，又有这么多利多，所以必须猛冲。

延伸这个股语的含义就是：高位不管利空还是利好，必须赶紧撒腿逃跑；低位不管利好还是利空，必须建仓大胆冲锋。

◎ 乘电梯　拉抽屉

其含义是：买完股票后没有及时卖掉获利，其股价又跌回原来的价位。循环反复，自己的账面业绩如乘电梯，来回上下；像拉抽屉，进进出出。此股语表达了股民的遗憾心情。我认为要克服乘电梯、拉抽屉的遗憾，必须要防止贪心，当电梯在一楼开门时，你必须马上进去；当电梯运行到 20 层，你必须马上出来。当你的盈利达到你事先制定的比例时（具体多少比例你自己制定，可灵活参考我经常说的 20%），你就要平仓，不要赚钱没够，贪得无厌。另外注意，如果你非要看看股价能涨多高也没关系，一旦出现股价到顶开始下跌时，你千万别犹豫，哪怕盈利缩水 2%、3%都要立即平仓走出电梯、关上抽屉。否则，你又要乘电梯、拉抽屉了。

◎ 顶部一日　底部一年

其含义是：股价上涨的日子一般很短，通常在 1~3 个月（特殊情况除外），其顶部最高价维持时间就更短，几乎是一瞬间见顶后就下落。而下跌探底，底部盘整，反复夯实的时间就相当漫长，最短也要 5 个月，最长可达一两年甚至更长。我认为此股语经过实践证明基本正确。例如，中国股市发展至今，只有 2000 年、2006 年、2007 年股市上涨的时间长达 1 年，而其他年份股市上涨的时间在 1~3 个月，而每年股市顶部最高价就是一瞬间的见顶，之后就下落。2001 年 7 月，股市开始下跌，探明底部，横盘整理，反复夯实的时间长达近 4 年。所以，股民在炒股中要注意掌握此股语映射出的节奏含义。即股市上涨超过 1 个月以上，随时注意平仓；而再次建仓的时间，原则上要耐心等待起码 5 个月以上。比如，2007 年 11 月到 2014 年 11 月，股市下跌已经 7 年了，何时大牛市来临还要等待，可见炒股的底部要探明是多么的煎熬人。

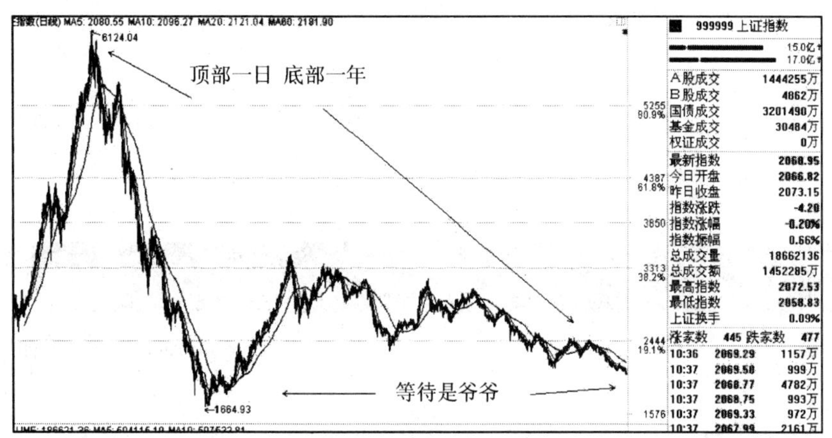

图 6-12 顶部一日，底部一年

◎ 举杠铃 站岗放哨

其含义是：股价上涨到高位时，股民在高位追进去被套住，犹如举重，抬着杠铃，为庄家站岗放哨。要防止这样，股民在炒股中一定要随时注意平仓，不能无休止地赚钱。

◎ 利好出尽就是利空 利空出尽就是利好

其含义是：股市发布利好（利空）政策后，结果大盘或个股反而出现下跌（上升）的相反走势。这是因为，利好（利空）一来，股价上升（下跌），众人都蜂拥买入（卖出），此时庄家就借利好（利空）已尽，出货卖出（进货买入），卖盘涌出（买盘增加），大盘或个股自然下跌（上升）了，所以利好出尽就是利空，利空出尽就是利好。因此，利好（利空）效应已尽，必须及早脱手（大胆买入），以防被套（踏空）。

比如，2013 年 1 月 19 日，首份年报威远生化公布了业绩，该股净利润同比增长 57.98%，但是该股股价却“见光死”，由 1 月 9 日最高价 13.2 元一直下跌到 6 月 25 日最低价 7.11 元才止跌反弹。还有 ST 股的业绩不好，而走势往往暴涨，更是令人大跌眼镜。

再如，2012 年，南大光电发行价 66 元，创造了发行价最高的奇迹，但是离奇的是，8 月 3 日，南大光电上市前夜，即爆出 2012 年 1~9 月公司的净利润同比下滑约为 40%，南大光电业绩“变脸”之快，也没有在招股说明书中做出风险提示，令股民震惊愤怒。可尽管该股业绩下滑，于 8 月 7 日首日上市，仍以 81.7 元高开，收盘为 81.82 元，上升了 23.97%。

可见，中国股市投机炒作特征非常明显。

第七大招　李几招十大绝招板块

（经典绝招　招招叫绝）

特别说明，股市实战中的技巧、绝招，年年翻新，兵无常势，水无常形，但万变不离其宗，其基本规律大体如此。我通过总结实战经验，同时为便于股民朋友记忆，用数字一至十和一个“大”字来编排招法，简称“十大绝招”奉献给股民朋友。

只要您熟记并灵活运用十大绝招，相对讲，就可以少走弯路，对您终生炒股都有益处。正可谓：**不听几招言，吃亏在眼前；听君几招话，胜读十年书；炒股就这几招，十大绝招是经典。**

一招：一年就炒一次

指炒股每年最好只炒一次。因为中国股市每年大体只有一次比较大的涨幅，所以炒股盈利的机会也只有一次，如果说还有第二次上升的机会的话，那基本上也是一波小反弹，**第三次机会几乎不存在**。因此，股民最好每年只买一次股票、卖一次股票。为保险起见，最好不抢小反弹，因为一旦抢不好，则前功尽弃。如果实在手痒痒，适当参与小反弹也可以，但是不要全仓介入，可以买100股左右“玩玩”。此外，如果你实在禁不住诱惑，或鬼使神差地再次全仓杀进股市，那么一旦大势不好，必须迅速退仓，保住仅存的胜利果实。再不行，止损、割肉也必须出局。

二招：“20”见好就收

“20”指20%，这是我提出的一个非常重要的绝招。我在各种场合反复强调“挣20%就平仓走人”的观点，但有人认为应挣够、挣足，不获全胜不罢休。他们的“牛市观点”虽然有时候有可取之处，但我还是我，坚决强调挣20%就走人的稳健观点。因为你必须正视以下现实：

现实一：你的信息、资金、能力等和主力不是一个等级，主力是控盘的主体，想拉就拉，想走就走。你呢，是跟盘的主体，所以你没有主动性，想狠赚一笔不大可能。

现实二：咱朋友们可能90%都是套牢族，深套程度可能达30%~50%，因此，盘体及你手中的个股上升时，你要将“套牢折扣”算进去。例如，将沪指2007年6124最高点与998最低点相比，上涨了513.67%，将50%套牢折扣算进去，则盘体仅升了256.84%。如果考虑个股千差万别的情况，90%的个股可能也就是解套微利水平。不信你自己算算你手中个股究竟如何。

现实三：朋友们都有体会，行情不火暴时，你交易的管道特别畅通，但一碰到大行情，刷卡机前排长队，委托电话打不进，网上交易速度放慢甚至死机，撤单撤不下，成交回报反应慢等，反正是关键时刻总掉链子（出错的意思）。大家在营业部挤得汗流浃背，稍微慢一点，股价的变化都使朋友们心惊肉跳。所以，你要把握住每次机会，必须提前做好进货、出货的准备。当盈利达到或接近20%时，提前一步走人，才能落袋为安。

现实四：朋友们会提出这样的问题，假如我刚卖，股价又涨怎么办？我一贯很严肃地认为，有这种心态的人最好别炒股！谁也不可能做到最低买入、最高卖出。股票卖出后又涨是经常发生的，但你不卖，股价有可能下跌。所以，20%的操作处于一种中间稳定状态，比较适合散民朋友。即使又涨了，咱也别后悔。在股市中后悔的事多了，关键看你是否真正赚到钱！

现实五：现在银行利率这么低，各行业平均利润率仅有10%左右。你在网上鼠标一点，电话一打，就挣了20%甚至更多的钱，知足吧，10%都该知足。咱不要贪了，贪来贪去，比来比去，20%挣不到，心态也易膨胀变形，最后反倒赔了20%甚至更多。有人说，能挣50%甚至更高，为何不挣？我不反对挣得更高，我衷心希望人人都挣2000%才好呢，但大家到年底一算账，有几个人挣到了20%？90%的人都被套了50%以上，90%的朋友都赔了20%甚至更多。因此，现实些，再降低些目标，先脱困解套，再扭亏为盈，最后再获利20%以上。所以，我认为20%见好就收，挣20%就走人，比较符合炒股现实。我认识的几个朋友，已这样严格地操作了几年，体会极深，收获极大，心态极好。

但是对20%见好就收的绝招要辩证理解。

第一，我讲的20%这招是一个平均值。即不能机械理解操作，要视具体情况而及时调整。如你在最低位买进的某只股票，**而又正好赶上这只股票是热点，那你就可以守仓不动，挣50%甚至更高**。如2013年的上海自贸区股票，如果您在低位买的，就可以守仓几天；假如您在中部位置打开涨停追进去的，还是以20%为边界操作；假如您在高位不慎买进的股票，就不能挣20%了，能挣5%都得跑，甚至有时赔个手续费，或者止损割肉也得跑。

第二，具体到每只股票又有不同的操作策略。如亿安科技、海虹控股等股票，

2000 年和 2007 年操作策略能一样吗？中国船舶、中国石化、中国联通、中信证券、万科、岁宝热电等股票，2006 年、2009 年的操作策略能和 2003 年一样吗？

第三，许多人都觉得 20%不过瘾，应挣它个成百上千倍。实际情况不可能，报纸上宣传的那些暴富的例子都是吹牛炒作骗人。再说，每人的资金、信息、技术、心态、经验都不同，没有可比性。还有，有上亿元资金的股民，赔得也大，今天他是股市座上宾，明天他就沦为股市阶下囚，大户变中户、中户变散户、散户变贫民的事例，在股市发展中数不胜数，我见得多了，只不过媒体不宣传这些负面信息，你不知道罢了。因此，我等凡人，还是摆正挣钱目标和心态，20%应该知足，10%都该知足。

第四，国际高手老虎基金、量子基金每年平均回报率也就是 23%。我们都是低手，挣 20%已和高手看齐了，这是比较现实的绝招。

三招：3 年波段循环

从中国股市发展的历程观察，基本上是 3 年（或者 4 年）左右为一个升降波段循环周期。例如，1991 年到 1993 年 2 月处于上升阶段，沪指最高点到 1558 点，然后从 1993 年 3 月开始调整到 1994 年 7 月；1994 年 8 月开始到 1995 年、1996 年，直至 1997 年 5 月，基本完成了一个先下跌再上升的波段循环过程，为期 3 年，沪指最高点到 1510 点；然后从 1997 年 6 月到 1999 年 5 月筑底，为期 2 年。1999 年 6 月开始到 2001 年 6 月，又进入一个新的波段循环，为期 3 年，沪指最高点到 2245 点；之后又进入下一个 4 年左右的波段循环，即 2001 年 7 月至 2005 年 6 月；然后 2006 年、2007 年展开了一轮牛市行情，2008 年行情结束。因此，我们要在 3 年左右的波段循环周期内（注意：是 3 年左右）炒好波段。

四招：四季歌

我们知道，地球在自转的过程中还有公转，由此产生春夏秋冬四个季节。人类的生产经营（包括生活）大体按照春播、夏长、秋收、冬眠这四个阶段活动。例如，每年春节过后，3、4 月的春光季节来到，此时春回地暖，大地苏醒，春暖花开，人们按照年初制订的计划开始各类投资经营活动。6、7 月的夏季，阳光明媚，稻浪翻滚，夏收大忙。人们经过半年的辛勤劳动，胜利果实回报在望。9、10 月进入金色的秋季，秋高气爽，五谷丰登，人们在秋风红叶下，摘采果实，五谷尽藏，但人们也感到了秋风习习的寒凉。11 月到次年 2 月，数九寒天，北风呼叫，满天飞雪，山水入睡，万物冬眠。人们此时已经不再进行新的投资活动，而是细算收益，憧憬未来，团圆聚餐，庆贺新年。

炒股是一种投资经营活动，所以也离不开春播、夏长、秋收、冬眠这四个阶段活动的规律。而且从中国股市升降的规律看，盘体一般也是从3、4月开始复苏，此时是股民春播建仓的机会；6、7月，盘体阳光高照，资金人气十分活跃，股指基本走到高点，此时是股民随时平仓夏收的机会；9、10月，天高气爽，各路投资者运作一年后都准备年底算账，股指开始回落，2007年10月最典型，此时是股民及时落袋为安的最后机会；11月到次年2月，主力及各路投资者的资金入账，刀枪回仓，股市进入冬眠态势。此时股民也应进入冬休状态，学习休整，互贺新年，来年再战。但是，1996年和2014年10~12月，却产生了一波上升行情，这是比较特殊的情况。从中国股市二十多年的总体发展情况看，10~12月的上升行情比较少。所以，股民在炒股中，要唱好“春播、夏长、秋收、冬眠”的四季歌。

五招：50中场5年换届

第一个内容——50中场：指一个很有规律的“分水岭”。喜欢足球的球迷都知道，足球中场争夺很重要，进攻者一旦快速突破中场进入前场，则形成强大的进攻威力，对方的球门可能就岌岌可危。如果守方能镇守中场不失，而且迅速反守为攻，则很可能打个反击，攻破对方城池。股市也一样，凡是遇到1000点、1500点、2000点、3000点、5000点、6000点……整数关口时，都是多空双方争夺激烈的地带。多方如果攻克中场整数点位，可能就会攻击下一个整数点位。如2006年和2007年，沪指攻击2250点成功，则下一个目标位是3000点。而3000点有效攻击并站稳后，则攻击4000点、6000点，事实证明是正确的。

反之，如果空头打压股市，多头无力防御中场整数关口，则股指就会到下一个中场整数关口寻求支撑。如2005年跌破1000点后，有了支撑，就产生了2006年到2007年的行情；而2008年沪指跌到1664点后，1500点成为多空双方争夺的“中场”，之后沪指进入反弹。

第二个内容——5年换届：指高级领导层5年要新老交替更新一次。2007年、2008年、2012年、2013年都是高级领导层新老交替更新的重要年份，举世关注。而新的领导层确定后，要总结过去5年的成绩和问题，制定颁布新的施政纲领，由此对经济、对股市，都会有非常重要的政策导向作用。2013年，新的领导层大力进行经济改革，决定建立上海自贸区等。俗话说，“新官上任三把火”，大概就是这个意思。

每当5年换届后，新的政策、新的领导层都会对股市产生新的影响，这种影响当年不会马上体现，因为新的施政措施和效果需要在次年或后年显示，之后又慢慢消退，等待下一个 5 年的换届。

事实证明也如此。例如，1992 年党的十四大召开后，1993 年 2 月沪指创新高 1558 点。之后到 1995 年再没有特大行情。另如，1997 年党的十五大召开前夕，沪指走到 1510 点，深成指创了新高 6103 点；1998 年第九届全国人大开完会后，新领导层的施政效果在 2000 年、2001 年显现，所以股市为此走出了特大牛市，沪指创新高 2245 点，行情再如何发展，又要等“新 5 届”施政的效果；2002 年党的十六大召开和 2003 年第十届人大召开，新的领导班子开始关注股市，2004 年就制定了“国九条”，于是 2005 年股市筑底，2006 年、2007 年在党的十七大召开和奥运会召开的前夕，走出了 6124 点的大牛市行情。

因此，掌握 5 年换届影响股市的规律，是炒股的一个绝招。

个股也一样，如某只股票，20 元守不住，就一直滑到 15 元左右，跌破 15 元后，就应跌到 10 元左右；反之，如果 20 元坚挺住，就应该上升到 25 元、30 元。认识了 50 中场作用，股民要学会控制中场，就可以解决临门一脚问题。

六招：6 月最为关键

指每年的 6 月左右（注意是左右）是股市的重要转折月份。其主要原因是：

第一，宏观面的宏观政策和具体措施基本在上半年出台完毕，所以不大可能再出台什么新的政策和举措。管理层的任务是从 6 月左右开始，着手准备制定明年的宏观战略，所以宏观面体现出平稳运行的态势。

第二，上市公司和各种经济单位的投资经营活动从年初启动到 6 月左右，基本进入高峰，时间过半，任务是否过半，根据中期半年度报告，大致心里有数。所以，6 月前后开始，制定下半年的炒股战术尤为重要。

第三，主力一般是在年初将资金投入股市，经过半年的拉升运行，主力资金基本用光，获利的空间已经确立。其他股民也大体如此。因此，主力和各路股民都在盘算如何平仓获利了结。因此，6 月以后的大行情很难发生。

事实证明，中国股市从 1990 年发展至今，只有 1996 年、2014 年 6 月以后有一波较大的行情，其余年度的 6 月以后，股市大体都是处于下跌态势。可见，每年的 6 月最关键。这招是股民重要的参考绝招。

七招：七炒七不炒

（1）炒新不炒旧。弃旧图新、喜新厌旧是一种规律，炒股亦如此。一般来讲，老股都被爆炒过，上涨的动力自然不足，有的爆炒后几年都无行情，如众所周知的四川长虹、深发展、亿安科技、银广夏等。所以，炒股一定要以新股为主。特殊情况例外。

（2）炒小不炒大。一般来讲，流通股在8000万股以下的小盘股，价格合适的股票，庄家易于控盘。历史上看，凡是翻倍的大黑马基本是小盘股。如亿安科技，1998年流通股为3529万股，2000年2月涨到126元。2012年和2013年的创业板股票，基本都是小盘股，所以产生了很好的行情。大盘股虽然也有行情，如2014年底就是大盘股的行情带动沪指冲破3200点。但是总体上看，大盘股盘身太重，庄家拉抬费时费力还不讨好，大盘股的行情可能几年才有一次，所以，小盘股应该多关注，但是如果小盘股价格已经抬高，就不宜进入。

（3）炒短（段）不炒长。由于目前中国的上市公司业绩不稳定，许多公司是“一年优，二年平，三年亏”，所以股民如果长期持股，就容易乘电梯，从终点又回到起点。到目前为止，还没有一只股票始终保持稳步上升的价格，100%的股价都是“电梯”价，所以，如果短期内获利，应该落袋为安。

但是，每年股市都会有一个波段行情，时间为2~5个月，所以，一年炒一次波段即可。从此角度讲，一年一次波段可以算是短期，所以，炒短不炒长的另一个理解是炒“段”不炒长。

（4）炒低不炒高。尽管某公司有题材、有业绩，但是其股价处于高位是非常危险的。如100元以上的股价，一旦遇到大利空，跌到50%以下，今后想解套很难。例如，中国船舶，2007年炒到300元，股民被套后，恐怕一辈子解套无望。而5元以下的低价股则风险相对要小，即使跌到50%以下，2.5元的股价再咸鱼翻身是完全可能的。例如，原北旅股份、原双鹿电器、原农垦商社等，这些股价，不仅咸鱼翻身，还翻身翻了几倍。而且从股市经验看，低价股也容易窜出大黑马，高价股则很难出现大黑马。所以，炒低不炒高非常重要。

（5）炒冷不炒热。不是不炒作热点，而是如果某股曾被作为热点炒过，原则上就不再参与炒作。如果某股热点形成，股价连续上升，处于高位，最好不要跟风炒作，防止击鼓传花，接最后一棒。血的教训证明，跟风炒作大部分失败而归。当然你提前建仓，可以持股获利。如果高位追进，必须微利出局。一般讲，炒冷是比较保险的，这个冷，不是曾被作为热点炒过后变冷的，而是指自从上市后就没人关注，股价也没有突出表现，这种冷股，往往是庄家战略股，蓄势待发。例如，贵州茅台，2001年8月上市后到2005年，从未被炒过，股价始终在40元附近。结果，现在其股价涨到复权价1200多元。还有大盘股，2008~2013年几乎没有行情，结果2014年底产生了暴涨行情。

（6）炒转不炒弹。反转、反弹概念对大盘而言尤为重要，如果大盘经过长期盘整，底部已经夯实，一旦行情趋势反转上升，股民假如没有在第一时间建仓也无碍大事，迅速在第二时间建仓跟进也不晚。即行情趋势反转上升，什么时候买都是对的，什么时候卖都是错的，这就是“炒转”的概念；反之，如果大盘经过长期上升，动力衰减，一旦行情趋势反转，由上升转为下跌，股民假如没有在第一时间平仓也无碍大事，迅速在第二时间平仓也不晚。即趋势下降，什么时候卖都是对的，什么时候买都是错的。而且原则上不抢反弹，这就是“不炒弹”的概念。换句话说，该做多时，坚决做多“炒转”不犹豫；该做空时，坚决做空“不炒弹”不犹豫。例如，1999 年“5·19”行情一启动，就意味着大盘趋势反转，一轮世纪行情到来，此时不能犹豫，迅速在第一时间或第二时间坚决做多“炒转”建仓跟进。2007 年 10 月行情由上升转为下跌，就意味着 21 世纪一轮下跌行情到来，此时不能犹豫，迅速在第一时间或第二时间坚决平仓做空，而且不抢反弹，一般人侥幸抢反弹成功率只有 1%左右，本来顺利逃顶获利，结果“炒弹”套牢亏损。

（7）炒亏不炒盈。这指关注亏损股，冷落盈利股。乍一听，你会奇怪，公司处于亏损状态，甚至有可能退市，怎么敢冒如此大风险？因为风险和盈利是绝对呈正比关系，即风险越大，盈利也越大；风险越小，盈利也越小。大家知道，把钱存在银行或购买国债，风险最小，但盈利微乎可微；炒作股票，风险很大，但盈利也很大。就炒股本身分类看，炒盈利股（绩优股），风险最小，但要想获翻倍的概率几乎为零。至今，盈利股（准确讲，也不是真正意义上的绩优股）只有 1997 年四川长虹和深发展有过一轮爆炒，而大部分业绩还凑合（是否造假或含水分不说，但可以说没有优秀的）的盈利股股价在二级市场上表现平平，而且也没有给股民什么高回报，反而在股市上反复圈钱（配股、增发等），有的甚至从盈利股转为亏损股，股民为此损失惨重。如银广夏（被 ST）、粤金曼（退市）等。而亏损股一旦扭亏为盈，则股价成倍翻番，股民也扭亏为盈，破涕为笑。如原*ST国祥、原苏三山、原*ST圣方等。当然也有失败的例子，如水仙电器、粤金曼、深中浩等就退市了。而 2013 年 7 月 5 日，*ST 轻骑恢复交易，当日跌幅 13.79%，接下来又继续下跌，打破了 ST 股恢复上市暴涨的规律。

这说明，炒亏损股，风险极大，但盈利也极大。例如，2013 年 2 月 8 日，11 家*ST公司恢复上市，结果都是暴涨。而且，*ST股票震荡非常厉害，甚至吓人。2012 年 7 月、8 月，上交所因对*ST的政策反复变化，导致了 ST 板块的暴跌暴涨。此外，ST 股票经常不按常规出牌，比如，ST 合臣（600490）2012 年上半年净利亏损，居然还实施每 10 股转增 15 股的高送转计划，令人匪夷所思。

因此，炒亏不炒盈，您必须把握几个原则：

（1）要有倾家荡产的准备。因为炒亏损股要冒极大风险；否则，你最好远离亏损股，这点切记！切记！

（2）亏损公司有资产重组概念和具体行动。其股价跌到 2 元以下，风险相对小；而股价介于 3~4 元，可以关注；股价超过 20 元以上，原则上不再理睬。

（3）对事关国计民生、国际影响大、涉众面宽、政府背景深的亏损股可关注。因为此类股票如不能扭亏为盈而退市的话，会在股市，甚至社会上引发一系列连锁反应，所以从稳定大局出发，此类亏损股政策给予优惠而扭亏为盈的概率机会增加，介入此类亏损股安全系数高。

（4）一旦发生不测，你买的亏损股退市，也不要过于恐慌。现在还开辟了全国性场外市场或其他符合条件的区域性场外交易市场，为退市股票提供挂牌转让，即俗称三板市场。转让的股价有时也会让你瞠目结舌。例如，水仙电器 2001 年 4 月 23 日从主板市场退市，退市股价为 4.8 元。同年 12 月 10 日，该股在三板市场正式挂牌转让，经过 16 个跌停，股价曾跌到 1.99 元。但是后来水仙电器创造 29 个连续涨停的水仙花盛开的纪录，2002 年 6 月 5 日，股价涨到 7.19 元。而且这些退市股一旦资产重组成功，主板恢复上市，其股价还会有上升空间。

在此专门告诫，炒亏不炒盈有特定含义，需掌握基本原则和具体的随机应变的炒作方法。你如果没有对巨大风险的承受能力，又没有深刻领会其特定含义，也没有掌握其基本原则和随机应变的炒作方法，你还是不炒亏损股最好。

所以，我在此特别声明，炒亏损股引起的一切正面、负面结果，您自己承担，与我、本书、出版本书的出版社无关。别到时候倾家荡产后，您把责任推到我身上；盈利翻番，没我什么事儿。

再次郑重提醒您：炒亏不炒盈，存在巨大风险。

八招：八仙过海，各显其能

指股市中高人很多，各有各的高招，有擅长分析宏观面；有擅长分析技术面；有擅长炒短线；有擅长炒波段；有擅长炒亏损股；有擅长跟庄；有擅长抄底；有擅长逃顶等。就技术面本身看，有擅长波浪分析；有擅长 MACD 分析；有擅长均线分析；有擅长 K 线分析；有擅长时间周期分析等。还有的人，自己发明了一套炒股方法，形成自己一派。可谓：八仙过海，各显其能。具体到你使用哪种方法炒股，要根据你自己的实际情况而定。由于每只股票形态不同（公司基本面、股价、成交量等），每个人情况不同（实战经验、心理状态、资金多少、信息收集分析、年龄精力等），所以，**“各村”的高招要因股而异，因人而异。**你不要死守一种方法炒股，也不要轻易否定别人炒股的方法。最好是在实战中，自己总结一套适合自己炒股的战略战术，也加入到八仙过海、各显其能的行列中。

九招：分久必合，合久必分

《三国演义》的开篇词就是：话说天下大事，分久必合，合久必分。此话引到股市上非常贴切。即不管是什么股票，有什么好业绩、好题材支撑，上涨到一定时候，特别是长期处于上升通道中，必然有下跌的时候。而且涨有多高，跌有多深。反之，不管是什么股票，下跌到一定时候，特别是长期处于下跌或横盘通道中，必然有反弹或反转的时候。而且横有多长，竖有多高。可谓，分久必合，合久必分；久涨久跌，久久归一。

例如，几个著名的久涨大牛股，亿安科技、银广夏、中国船舶、四川长虹、中金黄金等，最后都合久必分，久久归一了。而长期处于下跌或横盘通道中的久跌股票，如中国石化、贵州茅台、小商品域、宝钛股份、天银机电、梅花伞、美晨科技等分别在 2006 年、2007 年和 2013 年都有过分久必合很大的反转涨幅。由此提示我们，对长期处于下跌或横盘通道中的股票，既然你介入很久了，但迟迟未涨也不要着急。不是不涨，时机不到。时机一到，必涨无疑。

十招：10 年完整周期

10 年完整周期是指股市每 10 年左右为一个完整的循环周期，之后进入下一个 10 年新的循环周期。因为“10 年”这个整数概念在社会各个领域、生活各个层面都有神奇而特殊的阶段意义。比如，一个年代以 10 年为起点终点；各种纪念日逢 10 年大庆一次；各种规划以 10 年为一个周期；人生每逢 10 年则进入一个新阶段等。

股市也不例外，2000 年，我之所以大胆提出“股市涨一年”的观点，就是基于“十年”这个整数概念。因为 2000 年有许多“十年整数概念”，如 2000 年是 20 世纪第十个 10 年，新旧世纪就此更替；2000 年是中国制定 21 世纪“十五”规划的一年；2000 年是中国经济改革 20 周年纪念，也是深圳、珠海、厦门、汕头经济特区成立 20 周年纪念，即第二个 10 年纪念；2000 年 12 月是深圳、上海两个证券交易所成立 10 周年纪念等。还有国际方面的悉尼奥运会召开、美国等几国总统大选、美国道指冲上 10000 点等。如此众多的“十年整数概念”集合在一起实在难得。所以，不仅中国股市，世界各国的股市在 2000 年前后都欣欣向荣，走势喜人。而中国股市确实在 2000 年破天荒地涨了一年，并实现了 2000 年 2000 点的夙愿。

如果从五大波浪运行看，中国股市从 1990 年开始运行，在 10 年完整周期内，即到 2000 年正好完成第五大浪的运行，可见 10 年完整周期的神奇阶段作用。因此，

2006~2007年牛市行情就是发生在2001~2010年的十年周期里。也因此，2011~2020年、2021~2030年的10年周期里……我们都应特别关注。

大招：必须了解大政策

指股民在炒股中，要了解大政策，不能只低头拉车，不抬头看路。可谓，炒股就这几招，必须了解大政策。这就是大招的含义。

1. 中国股市是政策市

如前所述，我认为，政策市也没什么不好，关键是我们必须了解大政策。困惑的是：第一，不知道大政策；第二，即使知道了，也不了解更深入的背景；第三，面对洋洋千字、万字的大政策无法理解或理解不得要领；第四，无法正确判断政策对股市的支持走向；第五，不能有机地将大政策的作用与盘体技术的作用力结合，所以我们必须了解大政策。

2. 大政策指数的计算范围

这十几年，我一直研究如何将大政策量化成指数指标，且设计了大政策工程图纸，见表7-1。

表7-1 大政策工程图纸

层面设计	计算因子主要涵盖的范围	权重比例
政治层面	最高领导层的动态；外交形势；国际局势；国内外领导人的讲话、行踪、更替、风格、背景；国家颁布的各种法律、法规、条例、规则；国务院各个机构的变化整合；主流媒体动向；内幕信息证实等	略
经济层面	国民生产总值、固定资产投资、物价、就业、外贸、金融、保险、企业效益、能源、旅游、科技；内幕经济信息的分析、市场传闻、经济政策的背景等	略
股市层面	有关证券的各种法律、法规、条例、规则的出台背景和内容精华；上市公司动向和经济效益；证券管理层的领导风格、更替背景；主力内幕运作动向和力度；资金内幕流动的意愿；多空人气的内部较量；其他内幕的信息证实和分析等	略
其他层面	社会突发事件；社会流动信息；主流媒体的宣传态势；社会基层的情绪、社会中层的态度；社会民意的趋向等	略

3. 大政策指数如何计算

由于版权或盗版问题，所以大政策指数各种因素分解强度、内幕信息的获取和甄别分析等具体计算方法，是绝对机密的。如同在麦当劳，你可以尽情吃，但是其配方是绝对保密的。我发明大政策指标只是给股民提供味道鲜美的股市麦当劳，而不公布其配方。

大政策指标体系目前开发了三个：大政策指数、政策动能指标、对冲转换指标。

（1）大政策指数。以1990年12月19日为基期，100点为基期指数，通过计算机精确计算，每天计算大政策指数的开盘价、最高价、最低价、收盘价。通过大政策指数的升降，提前判断股市大盘的走向。

（2）政策动能指标。它是大政策的辅助指标，用柱体反映大政策的动力和能量。如果呈现红柱体，说明大政策的动力和能量强大，股民可以建仓或持仓；如果出现绿柱体，则表明大政策的动力和能量减弱，股民可以考虑平仓。

（3）对冲转换指标。它也是大政策的辅助指标，用柱体反映大政策和主力资金技术面的对冲较量结果。因为股市的升降，有时取决于政策，有时取决于主力资金技术面，这两者的较量，最终谁占上风，谁就是主宰股市的力量。这个指标如果呈现红柱体，说明大政策与主力资金技术面和谐，股民可以建仓或持仓；如果出现绿柱体，则表明大政策目前处于弱势，股民可以考虑平仓。

4. 运行效果良好

大政策指标是我自己发明、长期研究的成果，是唯一的政策指数，全国只此一家，别无分号。通过计算机处理，得到股市实践的验证后，基本正确。只要股民掌握了大政策绝招，股民就能从宏观战略上把握全局，在股市的交通十字路口道路前，真正做到：红灯停，绿灯行。

第八大招　与中小股民互动问答板块

（读者点题　有问必答　几招点明）

特别说明：此板块应视为读者朋友和我共同出招的板块。我每天收到大量中小股民的电邮。他们提出了很多有建议性的招法，也问了一些相当有水平、有深度的问题，有些问题我这个李几招也没招回答，可见股市中高人太多，“三人行，必有我师”，我只有努力学习，才能更好地为朋友们解招。

有些朋友提出一些个股问题，如某某股票能否上升等，这些太个性的问题只能“一对一”出招，书中我回答的都是一些共性问题。我也希望大家多交流一些共性问题，有利于把握投资理念。

由于时间和版面关系，不能全部刊登和回答中小股民的问题，只能选摘部分共性问题予以简单回答。有些问题不是一两句话能马上说清楚；有些问题我在此书有关板块已经详细介绍了，就不再详细回答了。为保护个人隐私，特隐去其提问人姓名。

◎ 党政干部、基金人员可以炒股吗

某国务院机关局长问：我是国家机关的局长，可以炒股吗？

李几招：可以的。2000 年以前，管理层明文规定党政干部是不准炒股的。2001 年 4 月 3 日，中央办公厅发文《关于党政机关工作人员个人证券投资行为若干规定》（中办发 2001 年 10 号），明确了“党政机关工作人员个人可以买卖股票和证券投资基金”。但同时又规定了一些禁止的行为，如不准利用职权或其他不正当手段，强行买卖股票；不准利用内幕信息买卖股票；不准利用工作时间、办公设施买卖股票和证券投资基金等。

基金管理人的董事、监事、高级管理人员和其他从业人员，其本人、配偶、利害关系人，也可以炒股，但是应当事先向基金管理人申报，并不得与基金份额持有人发生利益冲突，基金管理人应当建立规定人员进行证券投资的申报、登记、审查、处置等管理制度。

◎ 炒股能否从头讲起

河南纪××等许多新股民朋友问：能否从头讲如何炒股？

李几招：《炒股就这几招》就是一本从 ABC 起步，循序渐进地讲解炒股的通俗易懂书籍，这本书非常适合新股民、老股民阅读。另外，由于篇幅和随书光盘容量的限制，不可能面面俱到地讲解炒股的全部知识，因此我还专门为新股民制作了光盘一套，让股民听起来更加易懂。此外，今后每年 1 月以前，都要更新出版《炒股就这几招》，对书中的内容，要与时俱进，除旧布新，对下一年股市趋势提出我的看法，需要的朋友可到当地新华书店或出版社购买，也可与我的工作人员联系，联系方式见本书前言。

◎ 炒股需要具备什么条件，最少需要多少资金

众多朋友问：炒股需要具备什么条件，最少需要多少资金？

李几招：首先，必须具备风险意识，要有赔钱的心理准备，如果认为股市是个挣大钱的地方，是不对的，这是一个风险极大的场所，搞不好，一生积蓄全赔光；其次，应具备起码的经济知识、财会知识、操作技巧、分析能力、心理压力等，靠瞎蒙不行，努力学习是最重要的；再次，资金多少不限制，少则 1000 元，多则上万元、上亿元都行；最后，一定要靠自己，任何人的话只能作参考，不能全信。

此外，见我书前面强调的“八个千万不要”原则。

◎ 买股票品种不宜多

广东梁××等朋友问：买股票品种多少为好？

李几招：中小股民最好买两三只。一来可以有精力观察其走向；二来有精力研究公司基本面；三来卖起来也快，防止手忙脚乱，损失机会。如果买的股票达十几只，甚至更多，自己给自己增加负担，而且不一定能赚钱。当然买两三只的前提是，一定要看准，然后下手时，买要快，卖要狠。不可犹豫。

◎ 一卖就涨，一买就跌，很是头痛

武汉胡××问：我刚刚接触炒股，炒股老是一卖就涨，一买就跌，很是头痛。请您指点一下，谢谢！

李几招：您还是没有对股票研究透彻，这需要艰苦的磨炼，不可能立竿见影。正是，台上一分钟，台下十年功。或曰，买卖股票一分钟，研究股票十年功，您最好下大力气研究。

◎ 庄家有一大批吗

四川徐××问：庄家有一大批吗？

李几招：对，庄家是几个联合起来，这样资金实力更大。

◎ 庄家是否统一办公

天津张××等朋友问：大盘潮起潮落、齐涨齐跌，难道是那些庄家、操盘手统一在沪深两市办公，还是各自在各省统一操作？

李几招：真正上亿元的大资金不可能开一个账户，他们开上百个甚至上千个账户。当庄家认为是建仓（平仓）时机，他必然在他众多的账户上同时买进（卖出）股票。再加上全国许许多多大、中、小户也追涨杀跌，所以大盘经常发生齐涨齐跌状况。

这里我们也要认识庄家的特性，他是为了什么来的？学雷锋吗？不是。在股市上所有的人都不是学雷锋的，都为了赚钱。因此，庄家赚钱也无可厚非，中小散民恐怕永远都斗不过庄家，因此，我始终强调20%见好就收，是比较现实的战术。

◎ 长期在底部缩量的股票有庄吗

吉林秦××等朋友问：某只股票长期在底部缩量整理，一定有庄吗，可介入吗？

李几招：分两种情况：一种是被庄家爆炒过后跌入谷底后，长期缩量整理，不死不活，这种股票大多数不会再现往日风采，如1996年的四川长虹、深发展；2000年的亿安科技、清华紫光；2007年的中国船舶等。

另一种是刚上市的新股，庄家一直在底部吸筹，表面看不死不活，实际上是庄家时刻准备爆发新一轮行情的先兆。如2012年的朗玛信息、利德曼、三诺生物等。因此，对刚上市的新股可关注一下为好。

◎ 庄家控筹多少可大幅拉升

众多读者问：庄家控筹多少可大幅拉升？

李几招：庄家至少控筹30%才可拉升。因为剩下的70%中，有10%的筹码是散户的，拉升中又有20%的筹码跟风买进，这样庄家实际控筹及间接诱导控筹达60%以上，剩下的40%庄家边拉边控，跟风者也一同参与，股价越涨越高；然后突然一天巨量放出，股价突然下跌，庄家又边跌边走，完成一轮吸货→拉升→派货→回落（吸拉派落）的过程。所以，朋友们要小心。

◎ 庄家吸筹、拉升、派货、回落的手法

湖北邓××等朋友问：庄家如何操纵股价？

李几招：庄家的资金都在十几亿元以上，为此庄家控盘股票都经过吸筹、拉升、派货、回落的手法。如某只股票，股价一直不温不火，这是庄家吸筹阶段；之后，庄家利用控制的筹码，开始拉升阶段；拉升阶段后，马上要进入派货阶段，其特点是主力开始强攻，给人以轰轰烈烈的感觉，股民也难以抑制买进的冲动，而庄家在高位慢

慢派货，中间虽有反弹，但每次反弹都是庄家在派货；派货阶段结束后，庄家采取震荡出货法，股价慢慢回落，主力顺利完成了吸、拉、派、落的全过程。更具体的分析见有关章节。

◎ 如何判断庄家是否出局和进局

山东游××等朋友问：如何判断庄家是否出局和进局？

李几招：判断庄家出局的一般标准，一是在顶部成交量是否放大，二是题材是否用尽，三是是否有利空消息。

例如，2000年8月21日郑百文（600898）停牌，到2001年1月3日复牌。由于公司资产重组达成原则协议，主力立即利用题材连续拉9个升涨，股价从2000年8月21日的6.73元一直上升到2001年1月15日的最高价10.44元。在前3个涨停中，成交量每日大体在8000手，而后成交量放大到每日二十几万手，涨停也被打开过，说明主力有出货迹象。2001年1月15日，主力拉到10.44元涨停位后，全线甩出筹码，将股价砸到9.44元跌停，成交量放到自1999年以来的天量，共259080手，这个顶部巨大的放量，显示主力已大部分出局。

然后，庄家利用郑百文资产重组利好出尽及退市传闻，主力大举出货，不惜一切连砸12个跌停，到2月19日，股价已跌5.63元。庄家已首次出局。

最后，利用郑百文重组可能失败的消息，趁机大举做空，在6元以下区域反复震荡清除筹码，此时出局的庄家卷土重来的可能性较大，因为股价已很低，再加上“利空出尽就是利多”，庄家在郑百文2001年3月2日股权登记日全线出击，以5.48元封住涨停，庄家进局再次拼搏。

还有就是2013年的上海自贸区板块，也是庄家利用自贸区政策建仓、平仓的典型案例。

◎ 换手率超过70%是否为主力控盘

河南李××等朋友问：上市首日的新股如果换手率超过70%，是否为主力控盘？

李几招：主力控盘的可能性极大，但绝不是说70%的换手筹码都在主力手中，因为70%中毕竟有成千上万的中小户，甚至大户。因此，主力要达到真正控盘还需要时间吸筹，否则主力不可能马上拉升股票。

◎ 庄家成本可否参考

江西纪××等朋友问：有些网站或证券报刊列出“庄家成本”，他们是如何计算的？有无参考价值？

李几招：谁是庄家，不可能让任何人知道，既然连庄家都不知道，他如何坐庄，成本多少，外人又怎么会知道呢？再说，庄家坐庄和坐庄的成本，不可能公开，因此，这种计算是理论上的估算，参考价值不大，不能绝对相信。

◎ 如何掌握股东人数变化和庄家控盘

河南王××等朋友问：用何种方式能掌握股东人数的变化，特别是庄家的动向？

李几招：目前作为一个普通的股民是无法掌握股东人数变化的，此信息只能由沪深交易所提供，但这个信息属于高度绝密，不可以对外公布。从上市公司年报中可以知道前十名大股东的情况和每年的变化，仅供参考而已。至于庄家控盘和动向，更不可能让外人知道，都知道了，庄家也就不称其为庄家了。我们只能通过刻苦学习、揣摩、分析庄家的诡秘行踪（还不一定分析得准），争取战胜庄家。

◎ 股评人是否和庄家勾结

浙江陈××等朋友问：外传庄家和股评人勾结，糊弄散户，有没有这样的黑幕，有没有来拉您下水的？

李几招：首先我声明，的确有庄家找我让我说某某股好，或是不好。但我都坚决拒绝了。我觉得赚黑心钱迟早会遭报应，即“善有善报，恶有恶报，不是不报，时机未到”，这是千真万确的，我认识的几个股评人，就因为黑嘴锒铛入狱了。钱，谁都喜欢，这是事实，我也一样非常喜欢钱。但“君子爱财，取之有道”，昧良心赚黑钱是天理不容的。因此，我没有下水，而且永远不会下水，欢迎公众监督。

至于股评人勾结庄家、坑害中小散户之事，我认为大多数股评人是正直的、敬业的，可能有说错话的时候（包括本人经常说错），这里的原因是多方面的，如太年轻、缺乏社会阅历和股市的实战、仅靠考试获资格证书等。这些随着时间的推移，他们会成熟。但不可否认，少数股评人有勾结庄家的行为，为其大吹特吹，从中挣大把的黑钱。对这样的股评家您不要去听、看、读他的股评，躲开就是了。同时也要告诫周围的人，特别是新股民提高警惕。

◎ 看清庄家关系网

湖南陈××对庄家的关系网有独特看法，现摘录如下：

关系网之一：上市公司年报、中报，*ST、涨跌停等被庄家利用，成为进货、出货的工具而已。

关系网之二：扩容速度、节奏配合庄家需要。

关系网之三：上市公司配合庄家发布、制造题材、信息，诱导散民上当。

关系网之四：股评人士帮庄家以您意想不到的方式宣传、鼓吹。

关系网之五：个别电视台等媒体提供讲坛，参与宣传。

关系网之六：券商配合庄家，使散民们一年到头为券商打工。

以上言论有一定道理，但我们面对这些是无能为力的，只有自己保护自己。

◎ 选股的经验之招是什么

众多股民问：选股的经验之招是什么？

李几招：

（1）一定要在长期盘整中找被人冷落多年的股票。

（2）一定要找有题材、有热点的股票。

（3）一定要找流通盘 8000 万以下的中小盘股。

（4）一定要找有收购题材的股票。

（5）一定要找业绩有潜力增长的股票。

（6）一定要找股本有高扩张（送转可能）能力的股票。

（7）一定要找真正核实到准确消息的扭亏为盈的股票。

（8）一定要找刚刚启动热点的股票。

（9）一定要找庄家无法出局的股票。

上述招法，说易做难，要在众多股票中选出好股票，赚到钱，就必须“委曲”自己，挑灯夜战，下苦功夫，才能找到牛股。

◎ 散户如何选择风险小、收益高的股票

福建读者李××问：散户如何选择风险小、收益高的股票？

李几招：不仅散户愿意选择风险小、收益高的股票，而且所有入市的人都喜欢选择这样的股票。既然如此，在股市中就很难真正选择出类似的股票，因为一旦发现这只股票风险小、收益高，众人会一拥而上，股价猛涨，收益顿时被众人瓜分，风险加大。一只好股票反而被“买盘”惯坏了，如贵州茅台股价就被炒得如此高。

但一般选股原则：

（1）有增长潜力。

（2）不被人看好。

（3）股价长期低迷。

（4）有题材支撑。

（5）主力进场。

众多股票中，肯定有这种股票。仔细挑选，不动声色，您就有了机会。但切记，当众人开始发现这只股票，股价暴涨时，您必须走人；否则，您白费精力了。

◎ 依据什么标准选股

浙江郭××等朋友问：股票指标很多，如市盈率、净资产收益率、每股收益等，到底依据什么标准选股？

李几招：综合标准来选股，单一指标不可取。所以，您在选股时，首先看当时国

家大形势如何；其次看上市公司前景如何，有的公司业务前景堪忧，发展空间不大，而新兴产业有较大的发展空间，因此选前景好的公司；再看看股价是在高位还是低位，在高位最好不买；最后要看看这只股票历史上被爆炒过没有，已炒过了就不碰了，如中国船舶2007年爆炒到300元，到现在也没有风光的行情了。不过选股有一点也是不可回避的，即运气，炒股有运气，这是无法解释的，但运气大体占10%左右，主要还是靠自己的分析、判断去选股。

◎ 判断股票价格低估值

四川邹××等朋友问：怎样判断一只股票价格被低估？

李几招：理论上讲，股价应大体与公司的每股净资产匹配，因为公司的每股净资产是股东实实在在的权益。如果公司股票价格低于公司每股净资产，则表明股价低估了价值，如宝钢股份2012年的每股净资产是6.47元，但是2013年其股价平均在4元左右。不过在现阶段，很多股票炒作后，价格都大大超过公司每股净资产，如梅花伞，2012年每股净资产2.82元，但是2013年的股价平均爆炒到30元左右。有的亏损股，如*ST太光，其每股净资产是亏损1.52元，但是股价却爆炒到30元以上。

◎ 个股怎样把握波段行情

四川胡××问：如果大盘是波段行情，个股怎样把握波段行情？

李几招：我认为大盘与个股是紧密相关的。那种认为“只重个股，不看大盘”的观点是片面的。因为大盘是代表了全部个股的走势，大盘不好，说明90%的个股走势都不好，剩下的10%谁都没有把握买进就涨。因此，如果大盘不好，您手中的个股如果也跟跌，则迅速出局为上策。如果您手中个股逆市上扬，那是您的福气，不过也要迅速化为口袋中的钱才算真正的福气。反之，如果大盘好，您手中持有的个股心里就踏实，即使是亏损都不怕。因此，只要大盘是波段上升，您就耐心等待个股的上升；一旦大盘波段方向向下变化，您也别想您手中个股是否会有“逆市”波段行情了。

◎ 如何买一只长线股票

河北王××问：我现在很想买一只长线股票，不知买哪个？

李几招：业绩优良的股票可以适当长期投资，但是目前中国上市公司业绩长期优良的不多，您最好做波段行情。

◎ 新股民如何择股

江西黄××等朋友问：现在有许多新股民，如何择股？

李几招：第一，先买100股试试手气，找找感觉，不可下大单买进；第二，模拟选股试试；第三，认真学习公司基本面，分析股价走势；第四，找价位偏低的股票小试身手，一旦失误，也不会深套；第五，一定不要轻信股评家和小道消息。

◎ 牛股、反弹不是底、未来股市主旋律

罗××朋友问：为什么那些冷门股有可能成为大牛股，除了庄家比较容易吸筹、拉高外，是否还有其他的原因？"反弹不是底，是底不反弹"的理论是否也适用于个股？未来股市的操作理念会有什么变化，以什么为主旋律，是否也会像以前的股市一涨全涨，要不要把全球有可能发生的经济（金融）危机等风险意识一并放置股市来做投资决策？

李几招：冷门股关键在于冷，例如，2013 年的自贸区板块，2013 年 7 月之前，没有人关注，甚至 7 月初管理层已经有政策端倪了，还是没有人注意，这就是许多人对政策不敏感所致。

"反弹不是底，是底不反弹"的理论当然适用于个股。

中国股市体制不改变，未来股市的操作理念就不会有什么变化，主旋律还是像以前的股市一样，一涨全涨，一跌全跌。当然需要把全球有可能发生的经济（金融）危机等风险意识一并放置股市来做投资决策了。

◎ 买卖盘手数是否有假

四川徐××问：买卖盘手数是否有假？

李几招：肯定有假。这个假不是有意欺骗人的假，而是众人斗智的假，即你我互相玩招。因为炒股是商业秘密，把秘密告诉他人，就不能赚到钱。如同下棋，下一步怎么走，不会告诉对方，有时还佯装进攻。所以股市也一样，应正确看待这种假象。

例如，买盘 2000 手封涨停，是不是真有那么多人想买？不一定。制造假象让跟风盘一同挂买单，然后冷不防一笔 3000 万元大单卖出，给您了。接下来连续下跌，让您根本无法逃跑。ST 股票最典型，连续封涨停，然后连续砸跌停，让您跑不了，当您可以在底部跑时，ST 又连拉涨停。这就是招儿！所以，大买卖单介入时，要小心。

◎ 10 元以下……24 元以上，哪个价位收益高

河北高××问：10 元以下，10~18 元，18~24 元，24 元以上，哪个价位收益高？

李几招：从历年十大牛股看，价位在 10 元以下机会多，高价位的股票比较危险。

◎ 当股票盘整很久，一旦放量可介入吗

广东李××问：当股票盘整很久，一旦放量可介入吗？

李几招：可以，但盘整很久的时间概念起码要在 6 个月以上，因为这么久的盘整，放量不是小反弹，及时介入方能获利。

◎ 如何判断震仓

浙江戚××等朋友问：庄家的震仓如何识别？

李几招：通常震仓是发生在股价刚刚启动不久，庄家为在低位多吸取筹码或在中途拉升中减少阻力，就采用强烈震荡态势来清洗浮筹，更好地控盘，以便腾出更大的上升空间。因此，一只股票长期在低位不动时，该股票历史上又没有被爆炒过，如果该股出现放量启动时不久又下跌时，千万不能让庄家给震仓下马。应坚持住，等待最后的胜利。

◎ 如何介入振幅大的股票

山东王××问：如何介入振幅大的股票？

李几招：如果是做短线的朋友，应介入振幅大的股票，对那些不死不活的股票则以长线为主。

（1）振幅大，指股价近几日振荡幅度在10%~20%。

（2）振幅一般发生在新股上市的几天内，可适当介入。

（3）选活跃性强的股票惨跌时介入。振幅大的股票涨得快，跌得也快，也容易套住。对此要充分做好思想准备。

◎ 大盘是谁操纵的

四川徐××问：大盘是谁操纵的？

李几招：庄家，主力利用大盘股拉升盘体后，散户跟风盘和惯性将股指再上冲一个台阶。具体到哪个庄家操纵，不得而知，也没必要知道。今后遇到大盘暴涨情况，我们散民的招儿是，逢高坚决出货，逢低大胆建仓。

◎ 如何判断大盘盘整中的小反弹

河北闫×问：如何判断大盘盘整中的小反弹？

李几招：关键是看大盘盘整的时间有多长，如仅有2~3个月，中间突然上升，则视为小反弹。从中国股市多年发展观察，绝大部分时间大盘是在盘整，因此，盘整期有6个月以上才可以认为结束。其他情况应视为反弹，应该做短线，或止损出局。

◎ 如何判断大盘高低点

众多股民问：如何判断大盘高低点？

李几招：大盘的高低点谁也不可能准确判断，其误差能在10%左右就算是成功。一般最简单的判别方法是上升中接近20%~50%，则差不多快到高点了；而下跌也是如此。特别大的牛市除外，如1999年5月到2001年6月、2005年6月到2007年10

月。要强调的是，您不可能抄到（卖到）最佳底部（顶部），能在接近底部（顶部）时进货（出货）即可。

◎ 成交量在顶部放量出货法及如何最终逃顶

众多股民问：成交量在顶部放量出货法及如何最终逃顶？

李几招：我始终认为炒股一定不要有最终逃顶的想法和行为，任何人也做不到（偶尔碰到也是瞎猜的）逃顶。我们能在半途中逃掉就很幸运了，当股价越来越高，人气日益旺盛，成交量也天量式地放大时，您必须要小心，这时您注意当成交量越大时，股价上升力度是否减弱，一旦减弱苗头出现，应该迅速逃跑（不是逃顶）。例如，2007 年 10 月行情的最后冲刺中，成交量很大，但股价上升的力度减弱，再不逃跑，还想着逃顶，其结果必然挂在顶上套住。所以与其说最终逃顶，不如半路逃跑，更为安全。

◎ 根据成交量炒作波段

山东栾××等朋友问：成交量变化应如何炒作？

李几招：当成交量逐步放大时，应及时跟进建仓。例如，常山股份（000158），某年 8 月 16 日上市成交量为 23662 手，股价收盘以小阳 11.58 元收市。之后，到第 6 天，成交量再放大到 190359 手，股价突破 12 元。到 8 月 28 日，股价已升到最高价 13.24 元。然后主力放货出局，到 10 月初，成交量已缩减到 7000 手左右，股价跌到 11 元附近，股民应抓住成交量波段变化的势态赶紧逃跑，避免损失。

◎ 如何看突然成交上万手这种情况

广西郑××问：电脑显示某股票卖出一、二、三、四、五均只有几十手，卖出价 10 元左右。但在几分钟内，该股突然成交上万手，如何看这种情况？

李几招：显然是有庄家进场清扫卖单，拉升股价。如果一笔大资金入场，肯定会有跟风盘，这样买卖成交就会放大。此外，电脑显示的情况，实际在 10 元±10%的幅度内，还有挂单，如果庄家进场，他会统统吃掉卖单上的价位筹码。还有，庄家自己也进行对敲，造成成交量放大。

对这种情况操作上应把握以下原则：

（1）长期横盘中突然有几万手放量上攻，可迅速跟进。

（2）第二天如果继续强攻或高位整理，可观察不动。

（3）第二天如果下跌，必须立即卖出。

（4）分析一下该股是否有消息题材支撑，如市场已传很久的老消息，则卖出；如刚刚得到新消息，股价刚启动，可持有几天。

（5）如果上升几天后，突然放量上万手，肯定是庄家所为，可以大胆跟进。但要及时平仓，保住果实。如2013年的上海自贸区板块就是典型。

◎ 如何做好波段操作

众多股民问：如何做好波段操作？

李几招：每年的波段行情有1次、2次也有可能，在波段行情中，要注意：

（1）每一年只能操作2次，不能再操作第3次，否则很可能前功尽弃。

（2）第1次操作中，采用全仓杀进、全仓杀出法。

（3）第1次操作中，可持股时间稍长，争取到达次高点出货。第2次操作中，持股时间稍短些，时刻准备出仓，保住全年胜利果实。如果第2次操作失误轻微套住，在大市下跌时，必须割肉出局，争取两次加起来是2∶1胜，小赔大赚。

（4）第1次全仓买进时主要考虑时间，通常在1~3月年报公布中间寻找业绩好、价位低的股票。而卖出时主要考虑点位和成交量，在接近去年最高点时或是成交量放大到去年水平时（应考虑一定的浮动，不宜机械计算），坚决全仓出局。第2次买入则主要考虑点位，当跌至20%时，可再全仓杀进，赚1%~3%时，迅速全仓杀出。

股史证明，2006年至2007年的大牛市，也是以波段上升展开行情的，不是一蹴而就的，上升是由"2000点、3000点、5000点、6000点"波段、分2年完成的；而2008年的熊市，也是以波段下跌结束行情的，不是一夜完成的，下跌是由"6000点、5000点、3000点、2000点、1800点、1600点"波段、1年完成的，然后盘整到2013年。如果您不进行波段操作，而傻傻持股，就会陷入波段的套牢或者踏空，因此要跟上波段的节奏。

◎ 一月行情预言可信吗

河南高×等朋友问：市场流行"一月预言"，即一月大盘走阳，全年走阳；反之相反，此话可信吗？

李几招：以沪指为例，1991~2013年，1月行情收阳线或收阴线，全年行情也同步收阳线或收阴线的共有17次；1996年、1999年、2004年的1月行情和当年行情不同步，看来，此"一月预言"可做参考。

不过这个"一月预言"存在不确定性，1月的行情不能代表全年的行情，可以确认的是，每年1月的行情不可能是顶部行情。因此，1月建仓一般来讲比较保险，之后在上升波段行情中平仓，落袋为安即可。

◎ 短线操作基本要领有哪些

江苏冯×问：短线操作基本要领有哪些？

李几招：我不赞成短线炒股，那些所谓的短线高手是骗人的。如果非要短线炒股，您必须：

（1）有不怕赔的心理准备，因为短线操作风险最大，怕赔者不宜短线操作。

（2）操作时间不超过 3 天，如果 3 天到了仍没有获利，应卖出。

（3）借题材快进快出，一旦媒体公布利好消息，迅速高价跟进打短差。

（4）一旦发现暴跌中的股票有反弹迹象时，可立即跟进，第 2 天赶紧出货。

（5）打短线就不能因为买了就跌或卖了就涨而后悔。记住，您是打短线的。

◎ 如何进行中线操作

众多股民问：如何进行中线操作？

李几招：中线时间一般定在 6~8 个月。其招法是：

（1）年初到“两会”期间，要学习国家经济政策，分析宏观面将在本年对哪些行业有支持，从而寻找有潜力的板块。

（2）看准机会在 1~3 月全仓杀进，在 5~7 月，如果已有 20%获利或在此期间曾获利更高，应考虑全仓杀出。

（3）一旦建仓，不必为暂时下跌而震仓出局，因为您做的是中线，允许有暂时的损失。

（4）中线操作买入前必须有信心，买入后有耐心，“可去旅游度假”，静等收获。卖出时，要快、准、狠，即有决心、有“狠心”、动作要快。

◎ 什么是支撑位、阻力位、破位？如何计算

湖北黄石赵××问：什么是支撑位、阻力位、破位？如何计算？

李几招：以中国船舶为例，当涨到快 300 元时，阻力很大，可能难以再升，那么 290 元为上升阻力位；该股后来暴跌，下降到 16 元左右后获得买盘支撑，如果不会再降或相当长时间盘整，则 16 元是支撑位；如果 16 元附近盘整或公认的 16 元不会跌穿，结果股价突然一天跌穿 16 元，则为破位下行；如在 100 元附近上穿成功，则为破位上行。

具体如何计算，有各种方法，有的人根据股票历史最高价、最低价计算。例如，四川长虹 1995~1998 年，最高价近 70 元，最低价近 6 元，这可以认为是阻力位和支撑位。是破位下行，还是破位上行，要看该公司业绩及市场人气。此外，还可以根据黄金率计算个股的支撑位、阻力位。

◎ 如何分析、判断压力线、支撑线、轨道线、颈线的形态变化

深圳郭××等朋友问：如何分析、判断压力线、支撑线、轨道线、颈线的形态变化？

李几招：首先必须说明，股市中的各种形态线只是一种理论上的判断，这种判断是根据经验和原理得出的结论。在实战中根据走势证明，有些比较准确，有些失败

了。这点要有一个正确的认识，任何事情“哪有百分之百正确”（邓小平语）。

压力线：通常指股价上升时到达一定高点后压力就越来越大，尤其是一些老股，其前期的高点（至少3个）是巨大的压力区，判断压力线的主要位置，参考前期的高点，如中国船舶，200元、300元高价，构成了极强的压力点。如没有特大利好，很难冲过去。如果某股价由10~11元构成了一个压力线，该压力线一旦冲过去，其股价上升有较大空间。

支撑线：通常指股价跌到某一区位后就有较强支撑，再跌破位的可能性也较小。如某股票支撑位在2元左右，一般就不会破位下行；如果碰到重大利空，该股破位下行了，股民必须立即斩仓出局。

轨道线：指由压力线、支撑线构成的上下边界的轨道。利好时，股价沿轨道线上升，碰到上轨可能遇阻，或冲破或回落；碰到下轨，或支撑或破位。这要视当时情况分析，没有固定模式。但在大利好时，股价会直冲上轨而上；大利空时，股价会直破下轨而下。炒作中要灵活处理。

◎ 如何从K线图上分析个股在不同价位上筹码分布的情况

四川刘××读者问：如何从K线图上分析个股在不同价位上筹码分布的情况？

李几招：了解股票筹码的具体情况是很难的，因为K线图毕竟是一张图，而且是公众皆知的一张图（无秘密可言），所以，筹码真正掌握在谁的手中，是无法知道的。但有一点可以肯定，从K线图及成交情况可大体分析股价在此的成交筹码密集状况及今后走势。

◎ 技术指标根本没用吗

众多朋友问：技术指标根本没用，容易被庄家利用，我们也容易受骗，对吗？

李几招：技术指标有一定参考作用，但不是万能的。有时还管点用。比如，在顶部时，如果成交量指标VR没劲了，OBV也淡化了，可能庄家要出货了，需要警惕。但是庄家会利用指标骗人也是千真万确的，如烟台万华（600309）除权后也放出除权前700万股的成交量，“显示”涨权的气势，这就是骗人了。因为一复权，该股已在80元的顶部了，而且是一根放量大阴线，可见庄家骗线，在掩护自己出货，所以对技术指标还是留个心眼为好。

◎ 靠技术指标能赚钱吗

辽宁贾××问：靠技术指标能赚钱吗？

李几招：不能。技术指标只能是参考，绝不是万能的。现在各种软件发明了各种指标，您也别太信，如果真能赚大钱，这些软件为什么几百元就卖给您？他留着自己赚几千万元好不好？再说，有些技术指标可能不错，但一公开就无任何价值了。大家知道MACD上升金叉买进，那很可能就被主力控制的骗线法给套住了。此外，中国股市升跌中不确定因素太多，技术指标根本无法显示，谁会想到2011年1月13日上市爆炒到88.8元的华锐风电2012年突然亏损，2013年居然暴跌到4元左右了？谁会想到2008年股市会暴跌？这些，技术指标都无法显示，所以，参考技术指标，可能——赚到钱；但光靠技术指标，很可能——赔钱。

◎ 技术指标应优先考虑哪一种

郑州伍×问：技术指标应优先考虑哪一种？

李几招：看股票趋势参考MACD；看成交量参考VR指标；看人气参考OBV指标；打短线参考KDJ指标；看强弱参考RSI指标。总之，每个指标功能不一样。至于优先考虑哪一种指标，我认为，MACD、RSI、VR指标是应该参考的。在此基础上，CR、KDJ也是很重要的。

◎ 技术指标参数如何确定

湖南邓××问：技术指标参数如何确定？

李几招：每一个技术指标都有其特定内涵，定参数时要符合它的计算原理，也可根据个人情况及市场当时情况适当增减天数。如MACD，一般定12天、26天为好，稍微加减几天也没关系。但设在3天、5天就不符合指标原理，参考意义不大了。一般讲，K线平均线设5日、10日、30日；成交量平均线设5日、10日；MACD设快速线12、慢速线26；RSI设6日、12日；DMI设10日；VR设10日；BOLL设10日；SAR设4日；BRAR设26日；CR设26日。

有朋友问：您书中说的技术指标的参数和我炒股软件使用的参数不一样，要不要调整呢？

李几招：这要看你的操作风格了，没有统一的技术指标参数，我书上讲的是一般人习惯使用的参数。

◎ 技术指标何时失灵

桂林卢×问：技术指标何时失灵？

李几招：如果股市比较平稳，上升下降也很温和，或经过一段暴涨暴跌后趋于平静，这时技术指标还是有重要参考价值的。但如果有重大利好、重大利空、重大突发事件，股市就会发生突变，技术指标的正常形态就发生突变，这是技术指标失灵的重要原因，此时参考技术指标意义不大。如1999年“5·19”行情突然爆发，技术指标就暂时失灵。

◎ 技术指标全涨时可否买股票

山西张××、北京王×等问：当5日、10日、30日均线上升，MACD、RSI、KDJ也上升，是否可以买股票？

李几招：一般而言，当股票价格跌到一定程度并盘整6个月左右，此时技术指标开始有上行动作时，即可以买入；如果股票在高位盘整，然后再向上拉升，技术指标也开始上升，此时最好不要再追，高处不胜寒。

技术指标一旦发生背离，在底部低价位时可买入；在高位时不但不买，还应卖出。例如，广州浪奇（000523），某年5月开始，几乎所有的指标都上升，此时股价在7元左右低位，买入正逢时机。但在拉升中，中间发生过背离，又如，6月8日，RSI进入89.40%高位区，KDJ值处于下降，但MACD未破位下行，股价才升到8.36元左右，因此底部发生背离可不必担心，继续持股。到10月，MACD处于平滑阶段，RSI处于40%左右，KDJ震荡加剧并下滑，股价此时大体在11.60元，此时应择机卖出，不应再买入。到11月，几项指标全都处于下降通道，股价已升到12.50元左右，主力出货的可能性加大，此时必须逃走。到次年2月23日，最低价为8.96元。

◎ 哪几个技术指标最好使

广西陈×问：我从您的书上看到的常用技术指标有那么多，您能告诉我哪几个技术指标最好使吗？谢谢赐教！

李几招：每个指标各有其优缺点，您最好根据自己的偏好选择某个指标参考。注意，技术指标仅仅是参考，不能完全相信或依赖它。

◎ 仅看几个指标行吗

湖北熊××等朋友问：只看上市公司每股收益、净资产收益率、每股净资产和股价中的MACD等指标就可以吗？

李几招：当然不行。如果有精力、有能力，还是多看一些其他指标，如每股现金流量、VR、CR指标，多看看总没有坏处吧。虽然这几个指标，也能满足一般人的需要，但凭此炒股就欠妥了，要炒股，还必须结合国际、国内、行业、上市公司基本面以及市场技术面，甚至有时还要对庄家心理、散户心理、管理层心理作分析，知己知彼，百战百胜，这样才能有效保证炒股70%的胜算把握。

◎ 日线是顶，周线是底，如何操作

新疆顾××朋友问：有些股票日线是顶而周线是底，如何操作？

李几招：日线是顶而周线是底，如果要搏短期收益，可以适当建仓，不行就赶紧平仓。我认为，最好再观察，如果月线见底，半年线见底后，建仓就保险了。

◎ 计算时间为1秒还是1分钟

林××问：在分时图和成交明细表中，是按1分钟计算的，据说计算时间间隔也有1秒的，国际上的规定究竟是按哪种方法计算？

李几招：一般就是按1分钟计算，按1秒计算肯定更精确，不过我们股民炒股不是发射神舟飞船，需要那么精确，就是精确到毫秒，炒股没有掌握好方法，该赔也得赔。所以精确计算时间不重要，1分钟比较合理，炒股成功还是要靠自身努力。

◎ 为何满仓踏空，赚了指数赔了钱

众多朋友问：为什么股民普遍感到满仓却踏空，赚了指数赔了钱？

李几招：股民经常对比自嘲说，满仓踏空，赚了指数赔了钱。大盘上升，你的股票不涨，关键是你选择的股票有误，热点没追上，或追上热点被震仓出局后又追回去，结果成本提高，出现了亏损。今后在操作中，一是要跟热点，如2014年的大盘股行情；二是在牛市中，不要被震仓出局，就一定能又赚指数又赚钱。

◎ 外盘大于内盘的买入时机

福建刘××等朋友来信批评我，说正是看了我写的“外盘大于内盘”可以买入的观点，2007年10月买进了某只股票，损失惨重，并批评我是“什么东西”。

李几招：首先我表示歉意，任何过激语言我都能理解。至于您赔钱，很可能还有其他原因。对外盘大于内盘买入的招法，从一般理论上讲是行得通的，因为买的人多，股价才会涨，况且是主动性买盘，但有一点很重要，即如果股价在高位，各种技术指标已钝化，如他说的这只股票，2007年10月，MACD已钝化，BOLL已收口，BR上升无力，股价在80元高位，此时虽然外盘大，说明进场接棒的人多，主力已经在加快派货。因此，就不能简单用“外盘大于内盘”的方法买进股票了。对此要吸取的教训是，不管“外盘大于内盘”多少，要多观察其他指标，坚决不买高位的股票。

此外声明：买卖股票，绝不能用一个指标，如这位朋友仅用“外盘大于内盘”的指标就买股票，肯定不行；另外我提供的所有招法，都是个人意见仅供参考，据此操作，盈亏自负。

◎ 委比分析要灵活处理

四川李××等朋友问：委比值较大时，是否决定买入？有的分析讲委买大不一定是好事，因为是未成交的买盘大，表明买方保守，不是主动买盘。

李几招：从理论上讲，委比大当然是买盘多，只有买盘多，股价才上涨。比如，经常看到的涨停即是，大量的买盘将股价推到10%。2001年2月28日至3月2日B

股连涨 3 天，达到 10%，都是大量买盘造成的。

当然，从具体实践而言：第一，等待性买盘虽不如主动性买盘更直接推动股价上升，但它既然有等待的耐心，说明买盘看好前景，争取在低位多吸筹，减少推动成本。

第二，委比大有时相对卖盘小而定，并不是真正对上升有特大的信心。如 2000 年 2 月，亿安科技（000008）冲击 100 元时，买盘并不大，有时只有 50 手，但卖盘更少，仅有 10 手，此时委比值为（50-10）÷（50+10）= 66.67%。这 66.67%不能说明有大量买盘，而只能说明有少量卖盘造成委比值大。而每日的基金委比值有时虽然少，但由于买卖盘基本平衡，如有的基金委买数达上万手，而委卖数也基本达上万手，造成比值不很大。因此，现场观察委比值时，要结合观察绝对值和相对值。

第三，股价时刻在变化，委买和委卖也不断变化，所以在交易时间内，一会儿是买盘多，一会儿是卖盘多，这需要临场分析。

最重要的是，股价在底部长期横盘不动，突然几天委比值放大，可追进；如果股价已经很高，如中国船舶股价已到 300 元，委比值再大也不能追了，就是因为股价太高了。

◎ 是否跟踪所有中小盘股

新疆杨××等朋友问：我把所有中小盘股都跟踪，自画每日 K 线图，一旦有哪只股票庄家拉升就跟进。短线我用 CDP 指标结合 K 线组合买卖，这种方法可行吗？

李几招：如果有精力并配有先进的电脑软件，跟踪所有的中小盘股当然最好，但如果是自画 K 线，只能跟踪五六只。太多了也顾不上，精力有限。最好重点跟踪几只股票。

如果庄家拉升就跟进肯定对，关键是您要判断出是真拉，还是假拉。用 CDP 做短线虽然可以，但最好要结合大盘及其他经济指标、技术指标。如 2006~2007 年的牛市行情，您用 CDP 做短线岂不吃亏？

◎ 股票在高位谁买：傻大胆的人

深圳刘××等朋友问：许多股票到高位后，如果没人买，那岂不卖不出去了？

李几招：股价虽然很高，但总有人会认为它还会再涨，因此会有傻大胆的人在高位买。再加上有的股评人大吹特吹“××股可能涨到 500 元”或列一大堆可涨到 300 元以上的股票，让您怦然心动，热血沸腾，最后“一刷卡成千古恨”，高位的股票惨套一批人。

如果真没人买，那就卖不出去，如中国船舶涨到 298 元，您填卖单 300 元，没人买，您当然卖不出去了。问题是，总有人认为还会上升，所以就有傻大胆的人在 300 元还买进。

◎ 什么情况下散户无法出局

广东曹××等朋友问：什么情况下散户无法出局？

李几招：只要不发生跌停板情况，均可出局（盈亏不计）。发生跌停板，您填单排队，也可能轮不上您，为避免跌停无法出局的险境，您一定要提前出局，不要赚到顶部。

◎ 能买亏损股吗

四川谭××等朋友问：亏损股能买吗？

李几招：我一贯认为中国目前没有真正意义上的绩优股，包括蓝筹股，所以我不对“绩优股”有什么好感。像银广夏、湖北兴化、四川长虹等，当时哪一个不是“绩优股”，后来成为了套人股。有人说，*ST股应该退市，我认为，最应该退市的就是那些烂臭股（蓝筹股），他们圈钱（首发就大规模圈钱，然后再增发、配股等）最多，涨幅最小，分红最少，说不定哪天业绩又变脸了……还不如 *ST，*ST在明面亏损，不能圈钱，但是资产重组后反而涨幅惊人，股民倒是可以解套赚钱，这才是蓝筹股啊。

给股民回报多的才叫绩优蓝筹股，上升幅度大的才叫绩优蓝筹股。整天不涨，还反复圈钱的就是垃圾股，还不如 *ST呢，起码 ST 资产重组上升，也比死气沉沉的所谓烂臭股（蓝筹股）强。

我认识的一个股民，在我的反复提示风险下，买了 *ST 生化（000403），该股停牌接近 6 年，结果 2013 年 2 月 8 日恢复上市，这哥们暴赚了 20 多万元，他打电话兴奋地对我说，这是他炒股有史以来第一次冒险买了 ST 股票，也是第一次赚钱最多、最容易的一次。类似的例子还有新华联（*ST 圣方）、金城股份（*ST 金城）、五矿稀土（*ST 关铝）等。所以，亏损股是个很“特殊”的股票，当然有极大风险，但也有极大机会。

◎ 如何看待 *ST股票

吉林江××问：如何看待 *ST股票？

李几招：尽管 *ST股票有上升的机会，甚至是狂升，但这种利用资产重组诱多的机会往往风险极大，我认为 *ST股票暴涨后一定不能久留仓位，要及时出货，见好就收。

◎ *ST股票买入后会血本无归吗

江苏杨××等朋友问：买 *ST股票最坏的可能性是不是血本无归？

李几招：买 *ST 股票当然有可能血本无归，但 *ST股是中国特色，是管理层从爱护股市、爱护股民、爱护上市公司出发，实施的一种缓兵之计。其给 *ST公司更多的空间和时间，让其扭亏为盈，这是利国、利民、利企、利市的大好事。现在有人指责好像非要弄出个退市公司才有利于股市发展，我不明白这种做法对谁有好处，我认为应该让所有 *ST公司都资产重组成功，让股民资金都解套、翻一番才是硬道理。

1998 年苏三山亏损停牌（现在是四环生物，000518）时，吉林一位朋友写信诉苦，我写信告诉他，“留得三山在，不怕没柴烧”。后来苏三山资产重组成功，改为振新股份上市，当日股价上升了 2 倍多，这个股民喜笑颜开，这不是挺好嘛。试想，如果苏三山退市，上市公司和股民都倒霉，没有赢家。

因此，对 *ST股票既要看到它血本无归的风险，又要结合中国实际，看到它潜在的扭亏为盈的价值。

退一步讲，*ST股真退市了，您可以在三板市场炒作，您还是公司的股东，您仍享有股东的权利、义务、责任。如果公司不上市，在场外扭亏为盈，您仍可以参与分红，而且公司还可以再申请上市。由此可见，血本无归从理论上讲是会发生的，但在实际中，还有许多因素促使其尽量不发生。

◎ 绩优股、蓝筹股能退市吗

山西刘××等朋友问：一些绩优股和蓝筹股，如工商银行、中国石油等，是否有退市的风险？

李几招：当然有，无论什么公司，如果连续 3 年亏损，就要暂停上市，之后不能扭亏为盈，则必须退市。因此，对老牌绩优股和蓝筹股也不能掉以轻心。如早先的粤金曼（000588）1993 年每股收益为 1.01 元，与当年的绩优蓝筹股深发展持平，而流通股仅有 2300 万股，当年可谓是绩优小盘股。但该公司经营不善，在 2001 年不也黯然退市了吗？

还有，2011 年和 2012 年，中国远洋净利润巨亏合计 200.08 亿元，连续两年位于亏损第一位。2013 年 3 月 29 日，该股的“中国”两字消失，更名为 *ST 远洋，成为 A 股市场上央企最大的 *ST 股，也是 A 股市值最大的 ST 股，结果该股价连续跌停 3 天，由曾经的最高价 68.40 元跌到 2013 年底的 3 元左右，如果该公司 2013 年不扭亏为盈，就会暂停上市，2014 年还不能扭亏为盈，就必须退市了。

◎ 股票退市后能恢复上市吗，股权转让时股民能得到补偿吗

众多朋友问：股票退市后，资产重组成功后能恢复上市吗？买了该类股票会血本无归吗？股权转让时股民还能得到补偿吗？

李几招：如果上市公司退市了，资产重组成功后扭亏为盈，当然可以恢复上市。因为它们还是股份公司，有这个规定。已经买了该类股票的人，也别着急，不会血本无归，股票不上市，但公司还在，公司的地产、资产还在，重组也会进行，血本不可

能无归。如果一旦恢复上市，当时承担巨大痛苦压力的股民们还可以得到股价上升的惊喜，当年琼民源改为中关村恢复上市、2013 年初 11 家 ST 股集体恢复上市暴涨，其股东最后不都破涕为笑了吗？

至于转让补偿，不太可能。因为转让是市场行为，双方自愿。除非买方愿以高价接受您的转让，您才可能从市场中得到“补偿”。

◎ 多关心自己的股票以防退市

有朋友问：我买了股票，不管不问行吗？

李几招：当然不行，一定要多关心，否则万一退市怎么办。例如，2013 年，ST 创智（000787）就退市了，结果南京 64 岁股民阚女士 6 年前 3 元多买入的 ST 创智，一直就没有关注，本来她还有小赚，结果该股退市后，她价值 28 万多元股票化为乌有，她还全然不知。

◎ 熊市中如何炒股

福建章××等朋友问：熊市中如何炒股？

李几招：我不赞成熊市炒股，应该休息。但是非要熊市炒股，则要把握的原则是：①紧追热点，不能放弃；②炒短线，挣一把钱就溜；③不能期望太高，有 3%就满足；④多申购新股，少碰少炒老股；⑤下半年最好停止一切炒作（申购新股除外），静心学习，以逸待劳。

◎ 止损还是不止损

四川文×等朋友问：经常听到劝告止损、止损，还是止损。设立止损不是让股民以亏损面对股市吗？您认为该不该止损？

李几招：我认为对止损的理解不是让您亏损，而是“停止继续亏损”，即止损。如中国船舶您 300 元追上去，跌到 280 元、200 元、170 元、100 元……您应果断斩仓出局，否则股价跌到 20 元了，您是不是亏损得更多？所以要止损。

这里有几个问题您肯定会问：

（1）我不斩仓，死扛到底，只要没真正卖掉股票，肯定没亏损。这种想法是自我安慰，您账面上的亏损就是亏损，跟您卖不卖股票无关。

（2）我不斩仓，不止损，股价迟早会涨回来。这种想法过于乐观。如果您不止损，股票价格可能会涨回来，但您要等几年，甚至十几年，像中国船舶再涨回到 300 元，一辈子没戏。凡是被炒高的股票再涨回是不容易的，因此，您与其坐以待涨，不如止损换股，扭亏为盈。

（3）中国船舶股价涨到 300 元，您怎么能判定它会跌到 20 元，万一我 200 元、170 元止损，它又涨回 300 元，我不是“两边挨耳光”吗。中国船舶股价会不会跌到

20元，当时谁也无法判断，但是下跌的趋势不可改变，所以，止损需要分析，更需要勇气。只有学会止损，您炒股才是博士毕业。

◎ 学会止损很重要

北京康××等朋友问：止损概念以前体会不深，这几年大跌才有体会，如何止损呢？

李几招：其实很简单，只有大势不好，不管个股是否赔赚，必须清仓。如何判断大势不好呢？请记住，每年股市只有一次好行情，最多两次。两次行情过后，甚至一次行情过后，哪怕是赔钱，都必须走人，这就是止损。

止损的最关键一招是勇气。因为很多人买入股票后，一跌就不知所措，实际上是不愿意赔1分钱。这时您如果认定大盘必跌无疑，则需要鼓足勇气，坚决止损卖掉。有人说“我已赔了1元了”。如果您没勇气赔1元卖掉，您就可能赔2元甚至更多。如中国船舶300元买进，跌到200元、100元还不卖，您说您亏了多少？当然，止损的勇气来源于对大盘的判断，具体如何判断大盘的升跌，那是另一种技巧（此招在书中有详细论述，请参考）。

◎ 如何割肉换股

吉林戈×问：如何割肉换股？

李几招：如果一只股票的暴涨期已过，又没什么新题材，必须割肉。如四川长虹（600839），1996年、1997年风光一阵，主要是有高送转、高业绩题材，但如果朋友们在70元高位买入后，该股后来也没有起色了，就应高位割肉，不能死守。由于市场热点年年轮换，所以应紧跟热点换股，如2013年的自贸区题材股等。但切记，这些热点有凉的时候，必须趁热打铁，才能成功。一旦凉下来，必须获利了结（或割肉换股）。

◎ 股票买卖中如何迅速成交

四川邹××等朋友问：在“价格优先、时间优先”时，个股报价20元，如果您报20.1元买入，成交是19.9元；如果您报19.9元卖出，成交是20.1元。有此现象吗？如何在股票买卖中迅速成交？

李几招：这种情况经常出现。有时为迅速买（或卖），必须在遵循10%涨跌幅的规则下，高填买入价（或低填卖出价），成交的把握就大。如果当时卖盘一档处价格报19.9元，您填买价20.1元，可速成交；当买盘一档处价格为20.1元，您填卖价19.9元，也可速成交。

当行情火暴时，您必须经常采用这种办法，即高价格买或低价格卖，尤其是股市大跌时，您要迅速逃跑，必须低填卖出价格，甚至可以按跌停板价填，以保证迅速成交；当行情刚一启动，您必须高填买入价格，甚至按涨停板填，以防止踏空。

注意：您按涨停价买入（或按跌停价卖出），如果当时股价没有涨停（跌停），就不会按涨停价（跌停价）成交，而是迅速以买一档（卖一档）的报价成交。

如1999年“5·19”行情一启动，您买入股票一定要高填，如通化东宝（600867），1999年5月20日，您在集合竞价阶段，就应该以9.9元涨停价买进（5月19日收盘价9元）。该股实际开盘为9.05元，您就以9.05元迅速成交（假如不考虑您买入的股数），您就可以避免踏空。

1999年7月1日，股市大跌，您必须迅速按跌停价12.56元填卖单卖出该股，赶紧撤退。7月1日开盘价为13.89元，您肯定在第一时间第一个溜走，避免了一场大损失，保卫了胜利果实。

◎ 涨停买不进，跌停卖不出怎么办

众多朋友问：碰到涨停板买不进，跌停板卖不出怎么办？

李几招：（1）10%的涨跌幅无论是升10%，还是跌10%，一般仅为连续3次，再升（跌）第4次罕见。再加上连续3天升（跌）10%，公司股票应停牌1小时。因此，3天应视为股价涨停（跌停）的界限。

（2）一旦有涨停，应果断出仓。如坚持持仓，应最多坚持2天，不要等第3个涨板。反之，一旦有跌停，应考虑在第2个跌停处半仓杀进，第3个跌停处可全仓杀进。但是以上两种情况也要根据当时的具体情况而定，这里仅是泛泛而谈。比如，2013年上海自贸区股票启动，就应该多等几天再卖出；而银广夏的连续下跌，就要慎重多等几天再说。

（3）一旦跌停板打开，考虑杀进。因为能打开跌板的不是一般人，肯定有大主力介入（见图8-1）。

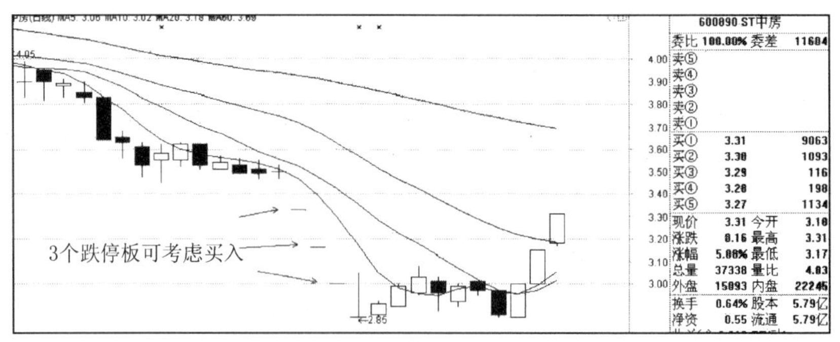

图8-1 一旦跌停板打开，考虑杀进

（4）一旦涨停打开，应果断出仓。因为肯定有主力大笔卖单涌出。投资者应在涨停那日坚决卖出（见图 8-2）。

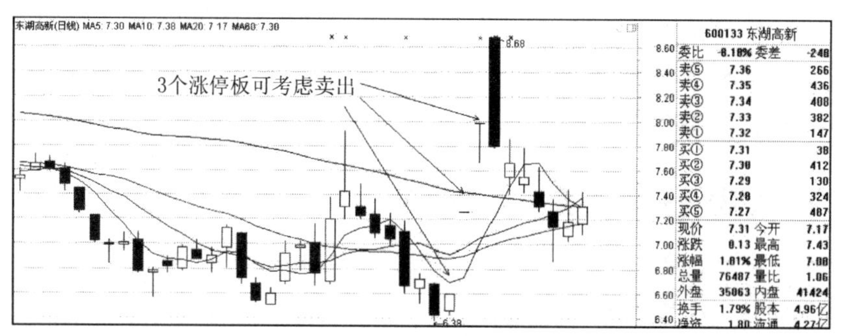

图 8-2　一旦涨停板打开，应果断出仓

以上招法仅供参考，具体情况还要因股而宜，千万不能照本宣科。

◎ 巴菲特不对：如何分析宏观形势进而分析大盘走势

众多股民问：如何分析宏观形势进而分析大盘走势？

李几招：宏观形势包括政治、经济、国际、社会生活、自然科学等，当然，也要注意其他宏观面，如政治形势、重大灾害、国际战争、突发事件等，都会对股市产生重大影响。

有人很崇拜巴菲特，可是巴菲特有一个错误的论点就是不关心宏观面，他在 2013 年伯克希尔·哈撒韦股东大会上说：我通常不理会宏观预测，无法想象在一只正发生宏观讨论的股票上做出决定。

巴菲特的这个观点是非常错误的，2004 年 4 月，中国管理层决定进行宏观调控，此时预测宏观面未来的利空非常重要，您就完全可以避免 2004 年到 2005 年的下跌；而 2008 年 12 月，中国管理层决定 4 万亿元投资，此时预测宏观面未来的利好非常重要，您就完全可以跟上 2009 年的小牛市，避免踏空。

◎ 怎样收集宏观政策题材

四川邹××等朋友问：您说要注意研究宏观经济政策，关注宏观题材，平时怎样收集这些信息呢？

李几招：按惯例，每月中，要公布宏观面经济数据；每年初要开“两会”，《政府工作报告》及总理记者招待会有很多值得深思的信息；9、10 月，中央一般要开“××全会”，制订下一年工作计划；12 月左右，中央要召开经济工作会议，布置下一年经济工作；紧接着国务院各部委也要开会，具体贯彻中央经济工作会议精神；银行、保监会、证监会一般在下一年 1 月召开工作会，等等；这些会议都有新的信息，这是宏观政策的先导信号。

宏观面题材一般是由政策面奠定，如高科技、西部开发、创业板、新三板、上海自贸区、国际板等均是中央表态支持后形成的题材。

此外，一些重大的活动发生日，如 5 年一次的党、政换届选举；每 10 年一次的国庆阅兵；每年 5~7 月的敏感热点；每年年底的清算结账；每年 1~4 月的年报和 7~8 月的中报公布；每年 12 月的两市证交所成立日等，都是反复炒作的题材。

◎ 李几招宏观面能为我们及时报警吗

众多朋友建议：李几招，宏观面您能否在关键时刻为我们报警，以避免损失，因为您的宏观面预测比我们准。

李几招：我预测也发生过失误，我也不是股市政策的决策者和发布者，所以我不可能“及时”报警。20 多年来，我一直把宏观面和股市面结合起来分析，只是尽我的知识和 20 多年的经验，做出了一些判断而已，有蒙对的，也有蒙错的。

炒股还要靠自己分析判断，而我在有关场合中的语气、用词您可以留意，是说风险多呢？还是说机会多呢？特别是转折点很重要。比如，2000 年，我提出“股市涨一年，2000 年 2000 点”，全年的文章几乎不提风险；2011 年 6 月，我的口气发生了转变，提醒大家注意风险；2006 年，我提出了牛市的观点，沪指起码涨到 5000 点；2007 年 9 月，我口气转折（这是转折点），始终强调“注意风险，不要太贪”。而 2009 年到 2013 年的 5 年里，我一直强调没有大牛市，要波段操作的观点。

今后，我尽力而为，每天在博客、微博、QQ 和其他媒体上，尽量发出我对宏观面的分析，但是仅供参考，盈亏自负。炒股只要自己获利了，就要自己给自己报警：不要再贪了，落袋为安。

◎ 如何理解政府支持股市

广东陈××问：如何理解政府支持股市？

李几招：对政府支持股市这一点不容怀疑。即使出利空政策，也是为了防止股市过热。虽然政府支持股市发展，但股市就是股市，下跌也正常。

◎ 国家对股市操作面支持吗，汇金入市股市就上升吗

陕西孙××等朋友问：国家对股市的支持有政策面和有操作面的吗？

李几招：您这个问题提得很独特，善于深层思考。从国外及我国香港、台湾地区的股市看，凡是股市大跌时，政府会动用资金入市，如大家熟知的香港特区政府在 1998 年 8 月，先后动用了 100 多亿美元入市营救香港特区的股市、期市。中国内地股市也有降低印花税、新股暂停发行、汇金入市等具体挽救股市的举措。所以，中国股市真发生暴跌时，政府不会坐视不管，适当动用储备金入场保护股市是可能的。

比如，股市到关键时刻，“国家队”中央汇金公司就会动用资金入市增持银行股

（或者基金），具体见表 8-1：

表 8-1 “国家级庄家”中央汇金公司入场沪指的反映

入场时间	增持工、农、中、建股份	沪指反映
第一次：2008 年 9 月 18 日至 2009 年 9 月 27 日	4.91 亿股	2008 年 9 月 18 日，最低点到 1802.33 点后，开始上升，到 9 月 25 日最高点为 2333.38 点。10 月 28 日探底到最低点 1664.93 点后，开始一路上升到 2009 年 8 月 4 日最高点 3478.01 点，2010 年 4 月 15 日，次高点到 3188.66 点才结束行情
第二次：2009 年 10 月 11 日至 2010 年 10 月 12 日	5133.88 万股	2009 年 9 月 29 日，探底到 2712.3 点后开始上升，2010 年 1 月 11 日，最高点到 3306.75 点，同年 11 月 11 日次高点到 3186.72 点才结束行情
第三次：2011 年 10 月 10 日至 2012 年 10 月 9 日	8.32 亿股	2011 年 10 月 10 日，探底到 2338.69 点次低点后开始上升，同年 11 月 15 日，次高点到 2534.06 点才结束行情
第四次：2012 年 10 月 8 日至 2013 年第一季度	8.39 亿股	2012 年 9 月 26 日，跌破 2000 点，最低点到 1999.48 点后开始上升。2012 年 12 月 4 日，再次探底到 1949.46 点后开始上升，2013 年 2 月 18 日，次高点到 2444.8 点才结束行情
第五次：2013 年 6 月 13 日至 2013 年底	5873.28 亿股（含部分基金）	2013 年 6 月 25 日，沪指暴跌到 1849.65 点后开始反弹，7 月份到年底，维持在 2200 点附近

可见，“国家队”进入股市对股市有一定支撑作用。

◎ 中国股市会长期牛下去吗

广东李××等朋友问：中国股市会像美国股市那样上涨十多年吗？

李几招：会，一定会的。尽管这几年有曲折，但总体上讲是上升的。到 2020 年，中国股指应涨到 1 万点，但愿我的愿望兑现。

◎ 股市有投资的价值吗

福建陈××问：我粗略计算，股民付出了 6000 亿元的交易成本去追逐上市公司仅 1200 亿元利润，这是严重的负回报投资。何况中国的上市公司大多好景不长，ST 退市股一片，您说股市还有投资的价值吗？

李几招：您的分析很透彻，中国股市起码目前没有投资价值，中国股市离不开一个字——炒！2014 年出现了埃博拉病毒，就炒作达安基因。所以，不要太理想化，入乡随俗，炒吧。

◎ 为何中国股市投机性强

山东邢××朋友问：为何中国股市投机性强，难以形成投资市场？

李几招：总体看，中国股市不完善，所以投机气氛很浓，因此在操作上也应现实些，不要太理想化，不管投资、投机，赚钱是硬道理。

◎ 如何分析公司、板块、行业的前景

众多股民问：如何分析公司、板块、行业的前景？

李几招：公司前景很大程度上取决于宏观政策，比如，纺织业，1998 年、1999 年是国家重点压缩的对象，要压锭减员，可见纺织业发展前景会短期受到调整的影响。现在国家重点倾斜在高新技术产业、环保产业等，因此，类似的公司股票就有一定的潜力。

此外，股民还要对上市公司在行业中的地位、所占市场份额、财务状况、未来成长性等方面做出分析。比如，银行板块谁是领头羊；上市公司的资源、交通、产品竞争能力、市场份额、品牌战略、管理层的素质、现金分红能力、财务状况等。

◎ 股市循环周期从哪天算起

山东王××问：股市循环周期从哪天算起？

李几招：从大的方面看，沪深两市指数起点应从 1990 年 12 月算起；从中的方面看，应从年初算起；从小的方面看，应从每月最低点（最高点）算起。

◎ 基金专家炒股行吗，可否买基金

山西刘××等朋友问：经常有人劝我们买基金，说基金炒股是专家，基金专家行吗？可否买基金？

李几招：记住，股市没有专家，谁承认基金是专家了？有自己封自己是专家的吗？即使是专家，也要凭炒股业绩证明，由权威机构认可，由广大股民认可才行。

自 1998 年基金正式成立以来，基金除了管理费旱涝保收外，其炒股的业绩实在不敢恭维，甚至有的惨套在银广夏身上。有些人连股都没炒过，刚大学毕业，或仅凭海外的某个招牌或某个学历就当起“专家”，所以基金号称他们是专家理财，应称代客理财为妥。

可是基金为了蒙骗人，就忽悠说他们是专家，说买基金不会亏损，蒙骗了不少人。买基金的人刚开始不懂，被基金忽悠了，尤其是老年人，我 80 多岁的老父亲都让基金这帮小年轻的忽修了，赔了十几万元，所以凡买过基金的人，都后悔莫及。

所以，我认为，还是自己买股票为好，通过买卖股票，您还可以学习、领悟很多股票内在的东西。

◎ 基金为何跌破净资产值，如何看待基金走势

武汉程××、浙江李××问：基金为何跌破净资产值？如何看待基金走势？

李几招：基金的净资产值是基金价格的“铁底”，跌破了，说明基金的炒股人水平太差。基金的走势是随着股市走势而定，基金管理人不能决定走势。

◎ 一天可买卖一只股票吗？上网炒股要注意哪些问题？卖出股票之后，资金能马上到账吗

山西李××问：我是一个想加入股市的民众，看了您的书后，受益良多。但我仍有几个问题想问您：能一天之内买进卖出一只股票吗？自己在家上网炒股要注意哪些问题？卖出股票之后，资金能马上到账吗？

李几招：一天之内能马上买进股票，不能卖出；但是当天卖出股票成交后，资金可以立即到账，您可以马上再买进股票。自己在家上网炒股要注意了解信息，因为您毕竟是自己一个人，同时要注意保护密码。

◎ 如何避免踩地雷

湖南李××等朋友问：如何避免踩地雷？

李几招：目前，中国的上市公司、中介机构都存在不同程度的问题，这是我们中小散民无法控制和解决的，我们也不具备工兵排雷技术，如银广夏，曾经是许多股评人、媒体大肆吹捧的神话。因此，中小散民更无主心骨了，对此我们只能以毒攻毒，一是不信任何人的神吹；二是炒一只股，只要有获利赶紧跑。长线投资可能还得磨合一段时间，等上市公司和中介机构规范了再说吧。

◎ 骗子欺骗股民的手法：如何防止证券诈骗

全国各地若干股民问：我们周围的股民经常被咨询公司诈骗，如何防止证券诈骗？

李几招：这个问题主要发生在新股民和严重亏损并急于翻本的股民身上。骗子就是利用你们的心理实施诈骗的。这些骗子非法开展证券投资咨询业务，通过电视台、电台、网络、QQ群等形式，利用诸如免费推荐股票、推荐黑马、提供内幕信息、合作操盘、保证盈利之类的花言巧语诱骗客户加入，然后变为有偿咨询服务，最后股民被骗得血本无归。

比如，骗子开始吹嘘：“昨天我给会员推荐的股票今天暴涨，看某某股票，已经翻番了好多，是不是？您还犹豫吗？如果您汇款2万元，我还会马上推荐一只大黑马。”

如果股民犹豫不决，骗子就会说：“机不可失失不再来，你汇款吧，我肯定再给

你大牛股，让您扭亏为盈，推荐的股票不暴涨我就退款，怎么样？”

这时候，股民肯定汇款了，如果股票真暴涨了，你就更相信了，于是就加大汇款的金额。最后就彻底上当受骗了。如果股票没有暴涨，骗子不可能退款，早溜之大吉了。

有些骗子每天早上推荐10多只股票，然后好多托就开始一起忽悠，QQ群这样的骗人忽悠的情况特别多。

因此，股民要注意，在你接受有关机构提供的证券服务前，应通过当地工商管理部门网站等途径核查该机构是否办理了工商注册登记手续；通过中国证监会或中国证券业协会网站等途径核查该机构是否已取得中国证监会颁发的证券经营业务资格证书，了解其业务经营方式是否合法，并与该机构签订相关的服务协议，依法约定双方的权利和义务，谨防上当受骗。同时，一定要牢固树立风险防范意识，自觉抵制不当利益的诱惑，克服侥幸心理，拒绝推销荐股服务的陌生电话，绝对不能将资金打入他人或非法机构的账户。

特别提醒：因参与非法证券活动受到的损失由参与者自行承担，非法证券活动受害人可以通过民事诉讼等途径维护自身的合法权益。

◎ 北京、上海、深圳人士分析股市的特长

上海沈××问：有这样一种说法，即京派人士看大市，沪深人士看指标，这种说法是否有可取之处？

李几招：这种说法有一定道理。北京是全国政治、经济（经济的含义已不再是过去的工业概念，应包括高新科技、交通、人才、信息等）、文化的中心，因此对政策的敏感度、对信息的获取相对有一定优势，擅长宏观经济及股市大趋势的分析研究（我这几年也主要以研究分析宏观为主）。而沪深两市是全国证券的交易中心，由此产生了一批贴近市场的分析人士，他们在技术分析及对市场的敏感度方面更具有优势。京沪深三地的股市研究是互相交叉的，但特长是有一定区别的。所以，投资者在听、读、看京沪深三地人士的分析时，也要了解这些人士的背景，从而对他们的分析择其重点。

◎ 股评的马后炮：收听、收看股评，信还是不信

众多股民问：收听、收看股评，信还是不信？

李几招：绝不能信，现在很多股评人就是骗子。据我统计，股评可信度只有5%。据有关媒体调查，股民对股评的不满意程度为96.27%。

而且所有的股评人都是根据股市上升或者下跌之后的结果，再反过来进行马后炮分析，股市一跌，就说跌，而且找出一大堆理由；股市一涨，就说涨，而且也可以找出一大堆理由。所有这些理由都是同样一个理由。

比如，国务院出台调控房地产的消息后，事先不分析，事后根据股市的上升或者下跌再总结。如果股市上升，股评人就会说，房地产调控后，炒房的资金流入股市炒股了，所以股市上升；如果股市下跌，股评人就会说，调控房地产引起资金恐慌，宏观面收紧了，所以导致股市下跌。这种股评，就是根据股市最后的收盘结果来反过来分析过程，所以他们永远都正确，这样的马后炮分析有什么用啊？这样的马后炮分析谁都会。

实际上不仅股市分析，所有分析（体育、经济、发生事故后、食品安全出问题，甚至包括天气预报等）都是马后炮分析。比如，刘翔起跑前，谁也不敢说刘翔第一。如果刘翔得到第一名，就一通分析什么“今天精神好，准备充足，起跑虽然慢了，但是加快速度很合理，冲刺更加有力”云云；如果刘翔没有得到第一名，就一通分析什么“今天刘翔状态不好，身体恢复不够，准备不充足，起跑也慢，步伐节奏不合理，冲刺乏力”云云。总之，结果出来了，怎么样分析都对。

我始终认为，炒股只能靠自己，股评可以基本不看、不听，更不能相信。

◎ 小道消息不可信

湖北田××等朋友问：目前个别网站和小报，经常散布股市各种消息，尤其在股市下跌时，害得大家惊慌失措。这些消息可信吗？

李几招：坚决不信，这些小道消息，百分之百是胡编乱造，股指涨到6000点时，它说能涨到10000点；股指跌破2000点时，它说能跌到800点，完全是信口开河，不负责任，所以坚决不信。

◎ 不能听信任何人的消息

江苏曹××等朋友问：炒股中经常会听到各种消息，不知如何应付？

李几招：第一，坚决不信；第二，不要乱传；第三，相信自己。如果您信了某某消息，炒股输了很难翻身，即使赢了也是瞎蒙。况且一条消息传到中小散民耳朵里，早成旧闻或添枝加叶了。大家想一想，听消息有几个盈利了？因此对消息，一笑了之，让它见鬼去吧。

如果您乱传消息，也不好。一旦有人听您的消息，套牢了，就会把怨气撒在您身上（他自身的原因不说）；即使盈利了，他也不会感谢您，更不会与您“分红”，再说，现在乱传言，还会触及刑法，严重的会判刑。

炒股只能靠自己，自己的钱自己挣，谁会为您操心？放着钱自己不挣，放出消息让您挣钱，可能吗？

◎ 管理层指定披露信息的媒体有哪些，选择看哪些电视股评和证券报比较理想

河南焦××等朋友问：因时间关系，只能选一两家电视台，一两家证券报了解信息，面对如此多的股票媒体，如何选择？

李几招：中国证监会指定的披露上市公司信息的报刊有《中国证券报》、《上海证券报》、《证券时报》、《经济日报》、《金融时报》、《中国日报》、《中国改革报》和《证券市场周刊》。在报刊和广播电视上发表文章、评论或谈话，必须有资格证书，要注明作者所在证券咨询机构名称和本人姓名。

现在股票的节目、报纸、书刊、网站太多了，也太滥了，骗子无处不在，说真话、有创意、有思想、有深度的分析寥寥无几，建议股民通过实践检验，看看哪个媒体对股民真正有帮助，您就可以与其为伴。由于我不能厚此薄彼，再加上也不太看股票媒体，所以不好替股民选择，包括本人的股评节目、文章和拙作《炒股就这几招》系列书，也有股民不满意，甚至讥讽我水平低等。因此，“萝卜白菜，各有所爱”吧。

◎ 电视上、报纸上推荐的个股可信吗

众多股民问：电视上、报纸上、网站上推荐的个股可信吗？

李几招：当然不可信，只能参考。许多人套牢的原因就是轻信电视、报纸、股评家、网站推荐的个股，结果至今解套无望。我反复强调，电视、报纸、股评家、网站的股评基本上无价值，一年到头就是那“八股文”式的废话和马后炮，要么就是模棱两可、含糊其词的语言。我认识的一位70多岁的老大妈，她不懂股票，她对我说过：“就电视上的那些股评分析，我都会说，不就是那几句今天谁领涨了大盘，谁下跌了，成交量放大了，如果怎么怎么样，就怎么怎么样……”可见这些股评的价值何在？

一天到晚拿着遥控器、鼠标，奔波于各个股评讲座的股民，纯属浪费时间。我认为，股民应该把时间花在学习研究上，必要时到上市公司实地考察，时刻关心国际、国内大事，保持一种良好心态，就一定能成功。

◎ 荐股高手、大师可信吗

安徽张××问：我是个新股民，选股不知如何下手。前几天我在网上看到一个叫王老师（电话130×××××）的人，他说他是荐股高手，他为您推荐股票，一周可赚10%~30%，按3∶7分成，赚了钱才交费。一天，他给我推荐了××股票，叫我及时买入，结果收盘时亏损近5000元。望李老师在百忙中抽点时间为我指点指点。

李几招：这些所谓的荐股高手绝不能相信，都是骗子借机骗钱，炒股主要靠自己，任何人都靠不住，包括我自己。

◎ 股神推荐的股票为什么不好找

内蒙古丁××问：我看过一些关于股神的文章，他们举出的例子都非常典型，让人一看就明白，为什么让自己去找这样的股票却不好找？望李老师百忙中指点迷津。

李几招：这些所谓的股神文章是事后总结、马后炮，而炒股实践要靠自己，如同我们在学校学习 1+1=2 一样，但是实际生活中，哪有 1+1=2 这样简单的运算呢？

◎ 黑嘴股评置之不理

河南马××等朋友问：如何识别黑嘴股评？为什么股评人不负责任瞎说？

李几招：股评人的水平参差不齐，特别是一些 20 多岁人刚毕业，考个证就做股评，缺乏经验。因此，对股评只能参考，包括本人的宏观分析和盘体预测也有失误。至于黑嘴股评，识别的方法很简单，就是上官方网查看他的资质，如果确有黑嘴证据，而且给您造成了损害，还可以寻求司法救援，打官司弥补您的损失。

◎ 您为何不做个股推荐

山西王××等朋友问：您为何不做个股推荐？

李几招：第一，我个人水平很有限，充其量也就纸上谈兵吧。第二，按国家规定，我不能推荐个股，只能分析大势。2005 年中国证监会颁布过《会员制证券投资咨询业务管理暂行规定》，该规定指出，“未取得证券投资咨询相关资格的机构和人员，非法从事会员制业务及其他证券投资咨询业务的，将会同工商、公安等部门予以严肃查处”。根据这个国家规定，没有咨询资格不能做股票推荐咨询，所以我不能违反规定，否则我将受到证监会处罚。

再说，我反复强调，炒股就是靠自己分析，不能依靠任何人。

◎ 炒股没有救世主，不靠别人，靠自己

北京王××等朋友问：我原先炒股总靠别人指点，人家说买我就买，说不让我卖我就不卖，结果有些股票涨得很好，我听别人说不卖，结果从高位跳水而下。炒股要听别人的话吗？

李几招：任何人对您说的话只能参考，绝对不能全信，包括本人书上写的，网站、报纸、电视上发表的分析观点只能参考。我认识一个高层领导的亲戚，按理说，他最知道消息了吧，可是他炒股赔得一塌糊涂；我认识的中央电视台的一个女主持人，整天和做客央视的嘉宾股评家打得火热，结果后来连嫁妆钱都赔进去了。再说，现在骗子太多，完全照搬非吃亏不可。因为股市是一个千变万化的市场，没有一成不变的公式套用进去就赚钱了。所以炒股没有救世主，分析靠自己，炒股靠自己，挣的钱当然也归自己了，岂不乐哉。

◎ 股评家很富有吗

河北李××等朋友问：您所接触的股评家是否很富有，包括您自己？

李几招：有些股评家替庄家股评，坑蒙拐骗，挣黑钱，他们“很富有”。但正经做股评，也不富有，与常人一样过着普通的生活。如本人居住小两间鸽子窝，经常吃方便面，拣最便宜的商品买。

◎ 您炒您自己的股让别人去说吧

北京纪××等朋友问：本来是正确的操作思路，听信别人一句话后，就产生了压力，而且别人对您的操作评头论足，这些压力如何克服？

李几招：首先，一定要有失败的承受力。股市不是银行提款机，它是“冒险家的乐园”，有成功，更有失败，克服这个最大压力，一切就迎刃而解。其次，炒股只听自己的，别人的话仅作参考，或干脆不听，千万不能人云亦云，排除影响，轻装上阵。再次，也提醒其他人，您不听别人的话，您也别传话，省着人家听了您的话，赚钱没您份，赔钱全赖您。最后，就是操作时，不要让人家看到您买卖情况，也不要到处张扬（尤其是盈利了），自己悄悄炒，慢慢挣，不动声色，成竹在胸，等几年后挣了大钱，再稍微向别人总结一下，当然不总结也行，省得别人眼红，免得别人评头论足。您炒您自己的股，让别人去说吧。

◎ 学生炒股能赚到出国等费用吗

北京宋××问：我是一名北京在校大学生，我的同学都去拼命打工，想赚钱出国学习，看到累得半死就挣那么一点点钱，我真是觉得还不如去用心炒炒股，既赚钱又学到知识，不知道我的想法是否可行，会不会太盲目偏激或小儿科呢？

李几招：您对炒股很有兴趣，这非常好，但是学生最好以学为主，兼学别样，适当炒股有助于您的学习，这是对的，但是不要影响上课。至于能否赚到您所想的出国等费用，这不好说。反正股市能挣到钱的是极少数的人，这点您要有思想准备。

◎ 学生可以炒股吗，炒股软件实用吗

上海王×问：我是一位学生，我对股票很感兴趣，但我除了看了您写的这本书外，其他的什么都不了解，我想请您帮我介绍几款比较实用的模拟炒股软件，当然免费的更好。我买您的书时，没光碟，我向零售商索要，他们说没有。

李几招：目前炒股软件鱼龙混杂，炒股最好靠自己。买书没给光碟不对，您应该立即向书店索要。

◎ 股票最长停牌不能超过多长时间

南阳刘××问：我买的中小板上市公司股票因重大资产重组停牌了，最长停牌时

间不能超过多长时间？

李几招：根据《中小企业板信息披露业务备忘录第 17 号：重大资产重组（一）——重大资产重组相关事项》规定，中小板上市公司应在“上市公司重大资产重组停牌申请表”和《停牌公告》中对停牌期限作出明确承诺，停牌期限原则上不得超过 30 天（即 30 个自然日）。

◎ 网上申购新股资金何时解冻

宜宾王××问：我参与深交所网上申购新股，我的申购资金何时解冻？

李几招：申购日后第三个交易日（T+3 日）解冻未中签部分的新股申购资金。

◎ 可转换公司债券换成股份后什么时候到账

海南秦××问：我买了某公司的可转换公司债券，换成股份后，什么时候到账？

李几招：一般情况下，第二天就到账，即 T+1 日到账。

◎ 本地的账户卡到其他地方炒股有影响吗

揭阳杨×问：如果我在广州开了炒股的账户卡，如果以后到其他地方炒股会不会有影响呢？

李几招：不会，可以电话、网上下单。但在自己常住的地方开户最好，因为您和证券营业部彼此有紧急事情好沟通。

◎ 开通了创业板交易，到其他证券部交易需要等待吗

沈阳善××问：我在一家证券公司开通了创业板交易，现在想到其他证券公司进行创业板交易，还需要等待吗？

李几招：不需要，您到新营业部马上可以进行创业板股票交易。

◎ 行情表是否显示网络投票信息

吉林王××问：我参加上市公司网络投票，如何看到投票结果？行情表是否显示网络投票信息？

李几招：投票结果上市公司会公告，在证券交易行情中也会标出当天进行网络投票的股票。沪深两所网站还发布网络投票预告，包括投票时间、投票议案等信息。

◎ 股民闲置的资金利息归谁

上海邱××问：股民闲置的资金利息归谁？

李几招：股民闲置的资金要计算活期利息，自然归股民本人。

◎ 为什么要加权计算股本

很多朋友问：为什么要加权计算股本？

李几招：假如某年您月工资是 3000 元，当年 9 月开始给您加薪 200 元，您就不能简单计算您的全年工资是 38400 元（3200×12）。因为您的工资是从 9 月加薪的，实际加薪仅有 4 个月，所以要加权计算，即 200×4/12 = 66.67 元，全年工资是 36800.04 元 [（3000+66.67）×12]。

由此可知，上市公司的股本变化也不能简单平均计算，要加权计算才科学。例如，某上市公司年初股本 3200 万股，当年 9 月增发了 350 万股，简单计算，该公司股本为 3550 万股（3200+350）；按加权计算，350×4/12 = 116.67 万股，总股本为 3200+116.67=3316.67 万股。

◎ 股权登记日由谁来决定，送转股方案可变吗

吉林省孙×问：股权登记日由谁来决定？送转股方案可变吗？

李几招：公司送股、配股、派息都要确定股权登记日。股权登记日由上市公司决定。上市公司送转股分配预案，需股东大会审议批准。如股东大会不批准预案，就可能改变。但从大多数情况看，预案被否决的情况甚少。

◎ 送转股的股票除权前后究竟卖不卖

河南刘×问：送转股的股票除权前后究竟卖不卖？

李几招：（1）从获利角度看，除权前在高点卖掉比较保险，因为股票除权后要走入涨权行情时间长，大多是横权，甚至跌权。

（2）如大盘走势极好，您就不要在除权前卖掉；如碰到牛市行情启动后，您持有含权股，就可以再持一段等待涨权，但是熊市就最好卖掉。

（3）如果中期送转股，可考虑暂不卖，等待涨权。因为中期送股除权在9~10月，距离明年不远，走高涨权可能性大。

不过送转股的股票除权前后究竟卖不卖，还是要根据当时的具体情况而定，不能机械理解，股市没有定律。

◎ 申购新股、股票转托管等收费吗

新疆丁×问：申购新股收费吗？股票转托管收费吗？股票账户从一处变更到另一处收费吗？

天津刘×问：转增股份要收费吗？

李几招：以上这些项目都不应收费。

◎ 不想参加配股何时卖出

新疆西××问：不想参加配股何时卖出？

李几招：一定要在股权登记日前卖出。否则您不配股，则该股除权后您岂不吃亏。因此，股权登记日前，一定要认真考虑到底配不配股。

◎ 同事之间炒股可以商量、合作吗

福州市吕××、大连市王××问：同事之间炒股可以商量、合作吗？

李几招：炒股大家在一起商量，相互传授经验、绝招完全可以。但如果几个人合作共用一个账户由一个人操作是万万不可的，这种合作炒股的最终结果可能是不欢而散，甚至伤了和气。因为朋友之间合作炒股的根本目的是为了赚钱，但谁也无法保证100%赚钱，一旦赔钱，几个朋友互相间会产生埋怨情绪，指责对方水平低等；有些心眼小的人更是唠唠叨叨，整天“逼”代炒合作人尽快捞本，甚至想单独把自己的本金提出来而不管他人亏损。因此，本来是件互相帮忙的好事，最后变成彼此不高兴的“坏事”。别说几个朋友之间了，就是父母、兄弟、姐妹，包括自己老婆，都最好不要合作炒股，还是各自为政。一来避免伤和气甚至伤家庭；二来也比试一下，到底谁是真正的英雄，谁是狗熊。

◎ 上市公司送、转股后为什么要除权摊平

众多朋友问：派息、送股、转股后，一除权摊平，不等于没分红吗？为什么？

李几招：此问题我在本书有关章节详细讲过，股民可参考。在此特别说明一下，作为上市公司，它分红只管它自己的股东实际分红的情况，而二级市场的股价与它分红无关。由于送、转股后，股东变化了，市价就必须重新确定，这就是除权。如果不除权，股价不真实，比如，原来1股市价值10元，送1股后，1股市价改为5元了，由此反映出公司股权的真实价值，如果不除权，二级市场股价就不真实了，对其他股东就不公平。

上市公司送、转股，股价除权摊平后，股民岂不等于没分红一样？不对，从公司股东而言，您增加了股份，股价除权后股价表面下降了，您没有吃亏，股价应该是持平；从股东的科技含量看，您在送、转股后，增加了更多的责、权、利，您无形中提高了自己的股东地位。

由于二级市场是一个炒作市场，主力往往借机拉高炒作，引诱跟风，除权后再一路派货，所以股民感到在股价上吃亏了，但是事实上，经过长期等待，除权后的股票都能够涨权，迄今为止，还没有一个除权后长期跌权的，都是涨权。所以，利用送、转股炒短线肯定没戏，必须炒长线，如果你没有耐心，就不能享受涨权的收益。

如果你非要炒短线，在除权前出货还是除权后出货，要具体情况具体分析，因股而异。

◎ 上市公司回购股份和送股哪个好，如何操作

湖南胡××问：有的上市公司予以业绩补偿，采取回购股份或送股，哪个好？如何操作？

李几招：2014年，四川双马和大连重工就因为业绩不达标，原来想采取回购股份的办法，后来被中小股民否决，就都采取了送股的办法，看来中小股民喜欢送股。

实际上，回购股份相当于缩股，股价要涨权；送股股价要除权。所以，某股价每股10元，1送1后，原来的股票数量变成2股，股价就是5元；某股价每股5元，回购股份1后，原来的2股变成1股，股价就是10元。因此，理论上看，都是一碗豆腐、豆腐一碗。但是股市是投机炒作，所以具体情况就不同了，比如，四川双马的股价十几天连续暴涨，而大连重工则连续五个跌停，可见要因股而异。

◎ 股票软件中平均线设置不一样怎么办

云南董××问：您说5日到20日为短期平均线，30日到100日是中期平均线，100日以上则为长期平均线，但我在一些股票软件中设置不一样，怎么办？

李几招：每个人都有不同的设置标准，因人而异，您可以在软件上根据自己的情况重新设置。

◎ 均线如何设置最佳

广东陈×等朋友问：均线设10日、20日、50日、200日等，哪个好呢？

李几招：一般设置是5日、10日、20日、30日，也有设100日、200日的，这要根据具体每人炒股风格而定，均线不宜太短，也不宜太长，否则失去了“均”线的意义，适中最好。

◎ 公司送股、转股、配股能否提前知道

山东连××等朋友问：什么是10转4送5配2，如何提前知道这些消息？如何操作？

李几招：公司年终分红方案有送股份、转股份、配股份。送多少呢？一般以10股为单位，如某公司分红方案是每10股送2股，转增3股，派现金0.8元。每10股配3股，配股价3.6元，一般简称10送2转3派0.8配3。送股、转股不需股民掏钱，而配股需股民掏钱。如果送转股在前，配股在后，如果您有100股该公司股票，那么该公司送2转3后，您一分钱也不掏，您的股份变成150股了。如果您参加配股，150股可以配45股，这45股需您按每股3.6元，共162元买；之后，您150股变为195股。但公司送转配派的消息普通人不可能事先知道，是否有他人先知道？股市上，什么事都会发生。

◎ 上市公司发行股票、境外投资是否需要披露信息

北京张××问：上市公司发行股票和在境外有投资，是否需要披露这个信息?

李几招：上市公司在发行股票前，要接受上市辅导，并予以公告，接受社会各界和公众的监督。上市公司不管对内投资还是对外投资，必须履行相关信息披露义务。

◎ 如何迅速获得上市公司第一手信息

安徽唐××等朋友问：作为散户，应如何快速、准确、详尽获得上市公司第一手信息？公司网站上的信息可靠吗?

李几招：股民要做到快速、准确、详尽获得上市公司信息，只有三个渠道：

一是电话咨询。您可以经常用电话咨询，又方便又简单。如您拨打的上市公司老是无人接听，或者接听了对您敷衍了事，您可以向上市公司所属地证监局或公司挂牌上市的交易所反映情况，监管机构必将严查严办。各地证监局及交易所的联系方式，请查询证监会或交易所官方网站。更多办法见有关的介绍。

二是索取上市公司资料或在网上看。您必须由表及里学会分析，走马观花没有用。

三是亲自上门走访。不在本地的股民难以做到这一点，您可以多联络一些各地朋友，大家各自走访自己本地的公司，然后互相传递亲身感受的信息，共享资源。不过，现在真正走访上市公司的本地股东也少得可怜，大家整天泡在股市上来回炒短线。我想，作为一个成熟的股东，最好到本地上市公司去看一看、听一听，这样才能做到心中有数。

不过从中国股市实际出发，一些上市公司“破破烂烂”，但股价却炒得很高，令实际到访的股民奇怪。这是股市，特别是中国股市初级阶段形成的“反差”怪圈，随着股市的规范化，这种反差一定能克服。

关于公司网站上的信息，应该说可以参考，如果公司本身网站的信息都有假，那真是没法了。不过我们承认，上市公司确有做假行为，如果您对某条信息有疑问，可立即质询。如果由于经营外因、内因环境不佳，造成公司实际业绩和网上预测的业绩有出入，则另当别论。总之，对公司网上信息要参考性地相信，不能绝对化。

◎ 散户如何参加股东大会

上海杨××等朋友问：散户如何参加股东大会，有什么条件?

李几招：只要您持有公司的股票（多少不限），在公司召开股东大会的登记日前（含登记日）没有卖掉（如登记日后卖掉股票，也不影响您参加股东大会），您就可以凭股东卡、身份证参加股东大会，食宿自理。

◎ 上市公司公布的电话或电子信箱形同虚设怎么办

北京、天津、山东等地若干股民问：上市公司董事会秘书及证券事务所公布的电话或电子信箱形同虚设，怎么办?

李几招：我也试着打过电话和发邮件，结果99%的上市公司对电话咨询和电子邮件留言根本就不予理睬。今后遇到这种情况，深圳的可以通过拨打0755-82083000、0755-82083000或者深交所举报电子信箱 cis@ szse. cn 进行投诉举报。此外，深交所网站有“上市公司投资者关系互动平台”，上市公司会有专人及时回复。

◎ 新股发行价定100元就敢炒到200元

北京焦××等朋友问：新股当日上市猛炒一通，为何不把新股定高些，如6元发行价，上市炒到9元，干脆发行价定到9元可否?

李几招：新股发行价也不能定太高，总有个上限。再说，“魔高一尺，道高一丈”，您真定价9元，上市当天可能又炒到12元；您真敢定100元，主力真敢炒到120元。比如，2010年，海普瑞（002399）发行价就高高地定为148元，由此创造了股市历史上最高发行价。当年5月6日，海普瑞上市，当日最高价炒到188元，为此，该公司高管李锂、李坦夫妇身价当天达到504亿元（见图8-3）。

图8-3　李锂就这样一锤敲响上市钟声身价瞬间暴涨超500亿元（李几招摄影）

马克思说过，如果没有股份制，世界上恐怕至今没有铁路，而股份制转瞬之间就完成了。而马克思绝对没有想到股份制会使中国的个别人，转瞬之间就成为500亿元的富豪了。

2000年7月31日，闽东电力（000993）发行市盈率高达88.69倍，上市当天也上升了34.61%，没办法，这就是中国股市的特点——炒作。

不过，炒作就是炒作，生命力不会长久，2012 年底海普瑞复权价仅为 20 元左右，2005 年 4 月闽东电力股价也曾经跌到 2 元左右。

◎ 新股申购一定要亲自对号

安徽潘××朋友问：我在申购新股中发现营业部有做手脚的地方，经及时发现追查，才“还”给了我的中签 1000 股，可前几次的中签情况由于太相信营业部，没有亲自对号，请问哪儿可以打出我的申购、交易资料？

李几招：我也经常接到许多朋友反映过此事。申购新股一定要亲自对号，有的营业部确有这种不道德的行为，将别人的中签号窃为己有，股民们不可掉以轻心，一旦发现营业部有这种行为，可向管理层举报。此外，股民可以拨打新股中签查询电话——（沪）（021）16883006、（深）（0755）82288800 进行查询。

◎ 年底主力资金清算吗

河南李××等朋友问：一到年底，主力机构是不是都存在资金回笼清算的问题？

李几招：对。因为按我国会计制度规定，每年年底，企业都要进行资金核算，会计要上报报表。因此，主力机构也存在这些客观情况。这也是为什么一到年底行情就熄火的原因之一。

◎ 遇到重大突发事件是否关闭股市

湖北王××问：遇到重大突发事件，如战争、重大灾害等，是否关闭股市？是否有先例？

李几招：中国香港股市在 1987 年 10 月黑色星期五时，就关闭了一周。如果真遇到如战争这样的重大突发事件，为保证股市的安全，股市应暂时关闭，目前我国还没有先例。

◎ 集中筹码到哪儿查

广东胡××等朋友问：股票集中的筹码哪里可查到？

李几招：目前公开信息查不到，沪深两所都有这些信息，但不能公开查。随着信息公开化的发展，越来越多的信息应让中小股民知晓。

◎ 炒股能凭感觉、走捷径吗

河北李××等朋友问：炒股是凭感觉、走捷径呢，还是多学习、实际操作呢？

李几招：凭感觉、走捷径是绝对不行的，这是一门投资加投机的高超技术。因此，只有勤奋学习，刻苦钻研，融会贯通，不骄不躁，身心良好，才能成功。记住，有上亿人参与的股市战场，是一场无声无息的战斗，没有人会白白送银子给您，您只有高人一筹，才能让对方就范。否则，您只能任人宰割。

◎ 1+1=2 对吗，市盈率多高合适

江苏吴×等朋友问：有的人说中国股市市盈率过高，您认为多高市盈率为好？

李几招：首先，我认为中国股市很特殊，有很多东西需要不断完善，在发展中解决。其次，市盈率我认为意义不大，甚至不合常理，因为收盘价是时点动态指标，每股收益是时期静态指标，相比较无任何意义。只能参考吧。此外，什么叫“合适”，这本身对市盈率很难确定。如 20 倍合适，19.99 倍是否合适？60 倍高了，59.99 高吗？炒股，不是做数学题，数学中 1+1=2 是对的，炒股 1+1=5 是对的，而 1+1=2 是错的，或起码说不全对。因此，只能用一句话说，凡是存在的就是合理的。

我突然想起邓小平精彩之言：“不管黑猫、白猫，捉到耗子就是好猫！”有道理啊。管它市盈率高还是低，只要咱股民能赚钱就是硬道理，算来算去，市盈率即使降低了，咱赚不到钱还不是白搭？

◎ 个性决定输赢吗

山西郑××等朋友问：每个人都有不同性格，在炒股中，个性决定输赢吗？

李几招：炒股是一项技术性极强、拼争力极大的脑力劳动和体力劳动，所以个性在炒股中有一定作用。和风细雨、性格柔和、以静制动、不骄不馁的性格，炒股比较稳健；大刀阔斧、激情澎湃、万难不屈、气贯长虹的性格，炒股轰轰烈烈；勤恳学习、吃苦耐劳、洞察秋毫、见好就收的性格，炒股业绩最佳；心急如焚、畏首畏尾、急功近利、贪得无厌的性格，炒股业绩平平。

为此，每个炒股人一定要改变、修炼其负面性格，在股市中锻炼成钢，钢铁是怎样炼成的？股民会有新的答案。

◎ 为什么没挣到钱反而亏了，难道散户不能做股票吗

杭州李××问：我经历了从 2006 年到 2007 年的大行情，为什么至今没挣到钱反而亏了？短线是不是不能赚钱，难道散户不能做股票吗？

李几招：可能您没有买到牛股，或买到牛股后没有持股到底。短线赚钱难度大，长线好些。但是股市走熊时，长线也不行。散户可以炒股，但是需要下功夫学习，靠运气不行。

◎ 90%的股民赔钱，股市风险比例是多少

山东林××等朋友问：股市的风险比例是多少？

李几招：平均看，股市的风险比例至少在 90%左右，即 90%的股民炒一年股，甚至炒一辈子股，90%的风险伴随着 90%股民，仅有 10%的机会出现在 10%的股民

身边，如果10%的股民再不抓住这10%的机会，就遗憾了。

当然，在某个阶段风险和机会比例有调整，如2006~2007年，其机会大于风险；从2008年开始，风险就大于机会了。但是总体看，股市的风险还是比机会多，如果没有风险意识和承受能力，最好远离股市。

换句话说，90%股民炒股一辈子，赔钱的可能性占90%，这就是为什么在股市中大多数人都赔钱的道理。

◎ 血本无归，如何找到支点撬起地球

湖南覃××等朋友问：如果血本无归没有资金了，如何找到支点撬起地球？

李几招：我理解就是没钱了，还怎么捞本，这是个理论假设，实际上我们不可能一分钱也没有，只要有100元，还可以买100股价格低的股票，翻身的机会就肯定有。再说，人是最主要的，只要人在，就不怕挣不来钱，关键是不能急，要想挣钱，就不能一口吃个胖子，要一步步、扎扎实实地炒股，不贪不追，见好就收，20%甚至10%都知足。这样年复一年，别说地球了，任何庞然大物，都会踩在我们股民的脚下。

◎ 买卖股票献四招

河北杨××来信献了买卖股票四招。他认为：一是买入股票首先看30日均线是否安全（走平或上扬），同时结合成交量及其他技术指标。二是选股利用中、长期指标，如周KDJ、月KDJ。KDJ在20左右金叉买入，J线冲出80卖出。三是介入中小盘股票，中、低价为主。四是一般不介入股评推荐的股票。

◎ 炒股另一绝招——五点法

河北孙××来信讲到他炒股的绝招——炒股五点法。现摘录如下：

第一是“势”：它是股海的大潮，政策势、大盘势、个股势。无势而往必将淹没在股海的潮汐中。

第二是“飞”：飞越巅峰才能创造无数的神话。

第三是“筹码”：它是股市的神算子，能洞察庄家的账本。

第四是“成交量”：水能载舟，亦能覆舟，成交量是推动股价之舟的水。

第五是“指标”：给您一个心理安慰而已，大多数指标仅是一个参考，只有指标的多周期共振，才有分析价值。

李几招：孙先生的看法有一定道理，透彻、有悟感。

◎ 如何看待波浪理论

北京苑×、辽宁陈×问：如何看待波浪理论？

李几招：波浪理论我认为必须辩证看，不能过度强求吻合。特别是中国股市

“政策浪”很明显，一条利好或利空政策就会将“浪花”打破，其波浪形态破坏，无法去用波浪理论预测股市的变化。此外，各种人将波浪的起点定在不同处，因此得出不同结论。有人假设 2007 年的浪是第 3 大浪，所以得出沪指会在 2010 年上升到 1 万点，事实证明是错误的。这说明波浪理论本身的不确定性，如果是科学定理的话，就不可能有两种结论，如同 1+1=2 而不能算出 1+1=3 之类的假设，所以这种不同的起点分析没什么实际意义。对那些为分析而分析随意挪动时间起点的股评人，更有点愚弄大众的味道，可不去理会。再有就是有人计算什么子浪、孙浪、重孙浪……弄得特神秘，把人算蒙晕了。我觉得这种特具体的“神秘”分析投资者也别信，没什么意义，白浪费时间。对波浪理论，我们了解大概即可，在实际操作中可以参考；符合波浪形态更好，我们借此操作；不符合波浪形态，我们赶紧获利走人。

◎ B 股市场希望何在

青岛于××等朋友问：B 股市场是否还有希望？

李几招：有希望。一是 B 股市场规模小。二是管理层正在逐步解决 B 股的历史问题，2012 年和 2013 年，闽灿坤和建摩 B 的缩股方案；中集集团、万科和丽珠 B 转 H 方案；上柴 B 股回购方案；东电 B 的 B 转 A 方案等，都在解决 B 股的出路上，做出了有益的探索。虽然每只 B 股改革整合的方案不同，但是一个共同点就是当方案公布后，其股价都纷纷暴涨。

◎ 您对证券从业人员和股民、基民有什么建议

联合证券庞×问：李教授：您好！我是联合证券的证券投资顾问，作为一名证券从业人员您对我们有什么建议？您对股民和基民有什么建议？我们非常想知道。

李几招：您作为一名证券从业人员一定要努力学习，提高业务能力。一定要实事求是地分析行情，不能忽悠客户。对股民的建议是：要时刻牢记风险，不能到处打听消息，要扎扎实实地炒股。胜不骄，败不馁。对基民的建议是：股市没有专家，所以基金也不是什么专家，他们仅仅是代客理财而已，所以买基金也要注意风险。这十几年，基金炒股是亏损累累。

◎ 要学炒股先学做人

长春李××：李几招老师：您好！我是 2006 年 10 月底进入股市的，经过近一年的操作感触很深，股市是一个无情的战场，让我学会了很多在生活中没有的东西。一个偶然的机会让我在网络上看到了您的介绍，当然还有您的《炒股就这几招》，非常喜欢。对您所提到的“要学炒股先学做人”的论点特别的赞同，这也是触类旁通的事情，要做好任何事情都要先学会做人，人品是第一位的。

李几招：做任何事情都必须先做好人，要与人为善，否则一事无成。好人才有好

报，炒股也是一样。顺便说一句，有几个匿名网友在网上对我的炒股理念断章取义，甚至造谣中伤。这几个人就是人品太差，我可以断定这几个人炒股必败无疑。

◎ 股票升值30%卖出行吗

沈阳徐××问：李老师，我在单位上班，没有太多的时间顾及炒股，我的长线组合是×××、×××等，等它们升值30%才卖出，您看这样行吗？

李几招：是否30%卖出，要看股市实际情况，牛市要持股；而熊市5%，甚至亏损都要卖出。

◎ 不理解20%这一招

上海李××等朋友问：因切入点不同，故对20%这一招理解有些模糊。

李几招：股民不理解20%这一招，我也很理解你们，因为你们觉得20%不过瘾，应挣它个成百上千倍。实际情况不可能，报纸上宣传的那些暴富的例子是包装出来的骗子。正确理解20%绝招，我在十大绝招中讲得很详细了，不再重复，你可以去看看。

◎ 20%这招应灵活运用

四川覃×、广西马××、海南金××、山西刘××、广东谭××等朋友很理解20%这招，并且屡试不爽；而深圳夏××朋友说“赚5%就行，20%难度大”；河北姚××朋友说“在大牛市时赚20%还比较容易，而大盘一跳水，手中股票不到20%收益，怎么办”？河南姬××朋友说“赔的原因是股票是在低部买的，股价也赚过，但没卖，结果被套。因为按您的20%算却没涨到，算算才赚了5%，再等等，结果被套”。

对以上朋友的问题，我认为：

第一，必须要灵活运用20%概念。股市上“1+1=2”是错的，“1+1=5”都是对的，为什么？因为您不能就非要赚到20%才走，到19.9%都不走，我就遇到过这样的股民，那怎么行？如果大势急转直下，别说赚5%了，赔5%都得走。

那您说我20%没赚到，凭什么赔5%走？这是一个灵活运用的问题。因为我指的20%是一个平均概念，具体到个股上不一定都能涨20%，您正好买了一只问题股，那不可能赚20%，赔20%就不错了。众多只股票，把平均涨幅加起来算，一年从底部启动到顶部卖出，平均涨幅差不多就是20%。

第二，我很赞同深圳夏××朋友“只赚5%”的想法。因为随着牛市一终结，赚5%也很不错了，但一旦碰到大牛市，还是可以赚20%甚至更多。

第三，我说20%这个概念是针对有些媒体宣传的骗子高手一年挣几十倍而言的，这些高手您也别信，都是骗人的。而我们是一个普通人，您自身的实力有多大？素质有多高？心理能力有多强？这些一定要有自知之明，万不可攀比，只要正确度量自己，才能正确把握自己。比如，本人也就是20%的料，甚至10%的料，所以我提出20%认为比较符合赚钱的边界，目标定得太高，反而事与愿违。

所以我想，咱们要正确理解20%这招的含义并灵活运用。

◎ 炒股是您的爱好吗

河南省许昌市巩××朋友说，股民大都说炒股、炒股，我看过您的经历，你不是在炒股，您好像是从事一项爱好。如果中国在清朝初期能够实行改革开放的话，您现在恐怕就不会做股票啦。

李几招：哈哈，谢谢，炒股的确是我的一项爱好，还有每年写一本《中国股市发展报告》，记录中国股市发展情况。不谦虚地说，全中国仅我一个人在写中国股市的史记。做任何事情，首先要爱好它，才能成功，兴趣是第一老师嘛，虽然有时候也很累，但是乐在其中。

◎ 如何关注李几招微博和加入李几招 QQ

北京段×：现如今不炒股，简直就是活在原始社会，但是我对此一窍不通。前些日子，趁着头脑发热我也想蹚蹚股海，在新华书店看了许多书，最后选择买了您的《炒股就这几招》一书，我想干脆把您加到我 QQ 里面吧，这样可以随时向您请教。

李几招：现代社会当然需要了解股票知识，但是炒股要小心为妙。您可以实名制加入我的 QQ 群，关注我的微博，具体方法见我的博客或电子邮箱 cgjzjz@ 163. com。

附件

附件1 中国证监会等管理层联系方式

中国证监会网址：http：//www. csrc. gov. cn（在各大网站还有证监会的官方微博）

中国证监会投诉电子信箱：csrctousu@ csrc. gov. cn

中国证监会主席热线：010-88061700（主席热线）

010-88061710（投诉）

信访：010-66210166，010-66210182

中国证监会举报热线：010-12386

中国证券投资者保护基金公司网址：http：//www. sipf. com. cn/OnlineCall

中国证券投资者保护基金公司电子信箱：hjzx@ sipf. com. cn

中国证券投资者保护基金公司电话：010-58352888；传真：010-58352888-3

中国证券投资者保护基金公司地址：北京西城区金融大街5号新盛大厦B座21层中国证券投资者保护基金呼叫中心（邮编：100140）

中国证券业协会电话：010-66575825

中国证券登记结算公司电话：010-58598888（北京）；021-68870587（上海）；0755-25938000（深圳）

股民个人股票持有信息查询网址：http：//www. chinaclear. com. cn（可查询持股情况，新股中签等）

上海证券交易所网址：http：//www. sse. org. cn

上海证券交易所公众咨询热线：4008888400

上海证监局热线电话：021-50121047

上海证监局地址：上海市浦东新区迎春路555号

深圳证券交易所网址：http：//www. szse. cn

深圳证券交易所公众咨询热线：400-808-9999

深圳证券交易所热线电话：0755-82083000（9:30~15:00）

深圳证券交易所监管部电话：0755-25918134，0755-25918097

深圳证券交易所投资者服务中心电话：0755-82083225，0755-82083226

深圳证券交易所举报电子信箱：jbxx@ szse. cn

深圳证券交易所股民维权热线电话：021-58391111转2414，0755-83276615，96000315

深圳证券交易所股民维权电子信箱：wq315@ cnstock. com

新股中签查询电话：（沪）021-16883006；（深）0755-82288800

中国证监会、沪深两所的微博、微信可直接在网络上搜索。

注：以上联系方式如有变化，请读者以媒体公布的新联系方式为准，本书不另行通知，但会在下一本新书中予以更新。

附件 2　沪深股市收费表

品种	收费项目	收费标准（按成交金额）
A 股	印花税	买入股票不征收，卖出股票征收 1‰
	佣金	每个营业部不同，在 1‰~0.2‰浮动
	过户费	沪市 1‰，起点 1 元，深市无
B 股	印花税	同 A 股
	佣金	同 A 股
	结算费	沪市 0.5‰；深市 0.5‰，最高不超过 500 港元
	交易规费	深市 0.341‰，沪市无
债券	佣金	2‰，起点 5 元
投资基金	佣金	浮动
可转换债券	佣金	2‰，起点 5 元

附件3　沪深两市历年指数简表

沪市历年综合指数与GDP涨幅比较简表

年份＼指数	开盘点位	最高点位（时间）	最低点位（时间）	收盘点位	沪指涨幅（%）	GDP涨幅（%）
1990	96.05	127.61（12/31）	95.79（12/19）	127.61	32.86	3.80
1991	127.61	292.75（12/31）	104.96（5/17）	292.75	129.41	9.20
1992	293.74	1429.01（5/26）	293.75（1/2）	780.39	166.57	14.20
1993	784.13	1558.95（2/16）	750.46（12/20）	833.80	6.84	14.00
1994	837.70	1052.94（9/13）	325.89（7/29）	647.87	−22.30	13.10
1995	637.72	926.41（5/22）	524.43（2/7）	555.29	−14.29	10.09
1996	550.26	1258.69（12/11）	512.83（1/19）	917.02	65.14	10.0
1997	914.06	1510.18（5/12）	870.18（2/20）	1194.10	30.22	9.30
1998	1200.95	1422.98（6/4）	1043.02（8/18）	1146.70	−3.97	7.80
1999	1144.89	1756.18（6/30）	1047.83（5/17）	1366.58	19.18	7.60
2000	1368.69	2125.72（11/23）	1361.21（1/4）	2073.48	51.73	8.40
2001	2077.08	2245.44（6/14）	1514.86（10/22）	1645.97	−20.62	8.30
2002	1643.48	1748.89（6/25）	1339.20（1/29）	1357.65	−17.52	9.10
2003	1347.43	1649.60（4/16）	1307.40（11/13）	1497.04	10.27	10.00
2004	1492.72	1783.01（4/7）	1259.43（9/13）	1266.50	−15.40	10.10
2005	1260.78	1328.53（2/25）	998.23（6/6）	1161.06	−8.33	11.30
2006	1163.88	2698.90（12/29）	1161.91（1/4）	2675.47	130.43	12.70
2007	2728.19	6124.04（10/16）	2541.52（2/6）	5261.56	96.66	14.20
2008	5265.00	5522.78（1/14）	1664.93（10/28）	1820.81	−65.39	9.60
2009	1849.02	3478.01（8/4）	1844.09（1/5）	3277.44	79.99	9.21
2010	3289.75	3306.75（1/11）	2319.74（7/2）	2808.08	−14.32	10.03
2011	2825.33	3067.46（4/18）	2134.02（12/28）	2199.42	−21.68	9.30
2012	2212.00	2478.38（2/27）	1999.48（12/4）	2269.13	3.17	7.81
2013	2289.51	2444.80（2/18）	1849.65（6/25）	2115.98	−6.75	7.70
2014	2112.13	3239.36（12/31）	1974.38（3/12）	3234.68	52.87	7.00

注：上交所1990年12月19日成立，沪指正式发布时间为1991年7月15日，之前为静安指数。

深市历年综合指数简表

年份＼指数	开盘点位	最高点位（时间）	最低点位（时间）	收盘点位
1991	98.43	136.94（11/14）	45.66（9/7）	110.37
1992	109.22	312.20（5/26）	109.22（1/1）	238.29
1993	238.29	368.00（2/22）	194.07（7/20）	238.27
1994	238.07	234.96（9/13）	94.76（7/29）	140.63
1995	139.61	175.70（5/22）	112.04（4/27）	113.24
1996	112.83	476.72（12/12）	104.90（1/23）	341.74
1997	326.33	520.26（5/13）	295.44（1/7）	381.29
1998	382.85	442.03（6/4）	310.83（8/18）	343.85
1999	343.29	528.88（6/30）	308.80（5/17）	402.18
2000	402.71	656.21（11/24）	401.67（1/4）	629.90
2001	636.62	665.56（6/14）	438.00（10/22）	475.94
2002	475.14	523.38（6/25）	366.85（1/23）	388.76
2003	386.61	453.45（4/16）	349.86（11/19）	382.08
2004	377.92	472.18（4/7）	314.98（9/13）	315.81
2005	310.62	334.14（3/9）	235.64（7/19）	278.75
2006	278.99	552.93（12/29）	278.99（1/4）	550.59
2007	553.69	1567.74（10/8）	631.49（2/6）	1447.02
2008	1472.44	1584.40（1/15）	452.33（11/4）	553.30
2009	560.10	1240.64（12/4）	566.72（1/6）	1201.34
2010	1207.33	1412.64（11/11）	890.24（7/2）	1290.86
2011	1298.59	1316.19（1/6）	828.83（12/28）	866.65
2012	871.93	1020.29（3/14）	724.97（12/4）	881.17
2013	887.37	1106.27（10/22）	815.89（6/25）	1057.67
2014	1055.88	1504.48（12/16）	1004.93（4/25）	1415.19

注：全流通后，深综指反映深圳股市的态势比较全面，深成指数就单薄了，因此，列出深综指的简表。深交所 1990 年 12 月 1 日试营业。1991 年 4 月 3 日编制深综指数，基点定为 100 点，4 月 4 日对外正式发布，当日收盘 98 点。同年 7 月 3 日深交所正式开业，该指数收在 69.85 点。

沪指与世界主要股指涨幅比较简表

单位:%

年份＼股指	中国沪指	美国道琼斯	伦敦金融时报	日经 225	法兰克福 DAX	巴黎 CAC	香港恒生
2001	-20.62	-20.62	-18.23	-23.52	-17.39	-21.97	-24.50
2002	-17.51	-17.75	-25.19	-16.67	-44.50	-34.40	-18.89
2003	10.26	24.98	13.46	24.45	39.30	15.19	29.66

续表

年份 \ 股指	中国沪指	美国道琼斯	伦敦金融时报	日经 225	法兰克福 DAX	巴黎 CAC	香港恒生
2004	-15.40	3.31	7.67	7.61	7.34	7.59	13.15
2005	-8.33	0.61	16.38	40.24	26.74	23.42	4.54
2006	130.43	16.29	10.71	6.92	21.04	16.55	34.20
2007	96.66	7.24	3.99	-11.13	21.94	0.99	37.09
2008	-65.39	-33.84	-31.33	-42.15	-40.37	-42.70	-48.27
2009	79.99	18.82	22.07	19.04	23.85	22.32	52.02
2010	-14.31	11.02	9.00	-3.28	16.06	-3.84	5.32
2011	-21.68	5.53	-5.55	-17.10	-14.69	-16.95	-19.97
2012	3.17	5.89	5.84	22.94	29.21	15.23	22.91
2013	-6.75	28.13	14.43	56.72	1.58	17.99	2.87
2014	52.87	7.52	-2.71	8.83	26.81	0.99	1.28

附件 4 股民如何信访反映问题

股民炒股中，难免要和沪深两所、券商、上市公司、基金等发生纠纷，一旦发生纠纷又不能“私了”，股民就可以采用书信、传真、电话、走访、互联网等形式，向中国证监会及其派出机构反映情况，提出建议、意见或者投诉请求。

证券期货信访工作坚持属地管理、分级负责，谁主管、谁负责，深入调查研究，以事实为依据，依法、及时、就地解决问题与疏导教育相结合的原则。中国证监会及其派出机构在办公场所或者通过报纸、网站等媒体向社会公布其通信地址、网址、信访电话、传真号码、信访接待时间和地点等相关事项。信访事项应当自受理之日起 60 日内办结，并书面答复信访人。情况复杂的，可以适当延长办理期限，但延长期限不得超过 30 日，并告知信访人延期理由。股民信访人对证监会派出机构作出的信访事项处理意见不服的，可以自收到书面答复之日起 30 日内向中国证监会提出复查请求。中国证监会应当自收到复查请求之日起 30 日内提出复查意见，并书面答复信访人。收到改进建议的有关部门应当在 30 日内书面反馈情况；未采纳改进建议的，应当书面说明理由。

附件5 李几招友情交流方式

1. 宗旨：彼此交流炒股的经验，倡导投资理念，互授新型投资知识和吸取教训。

2. 交流方式：通过电子邮件、QQ等，不回复纸介信。由于我的工作很忙，回复很慢，谢绝来访，请见谅。

3. 交流办法：将本书登记表用电邮发来，我将编号、存档，永久保存。参与交流起点时间无限制，可随时参加。

4. 凡购买正版书者，我将电邮回信。

5. 登记须知：登记表用文字写好，发电邮即可，不用麻烦制成表格。您的联络方式如有变动，请及时告知。我的联系方式：《炒股就这几招》邮箱：cgjzjz@163.com。

李几招友情交流登记表

姓名		邮编	
永久详细通信地址（家庭或单位）			
电 话（含区号、手机）			
电子邮箱			

以上项目必须填写。

以下项目填写自便。

性别		出生年月		文化程度	
职业		炒股年限		入市资金	
炒股赚赔情况（可另纸写）					
您炒股有什么高招（可另纸写，我将转选发表于下一本书中）					
对本人、本书建议（可另纸写）					
填表日期：				签名：	

填好此表（不用麻烦制成表格，用文本文字逐项填写项目即可），请发送至电子邮箱 cgjzjz@ 163. com；为防止病毒传播，该表不要用附件发送。